ENVIRONMENTAL ETHICS

환경윤리

**Environmental Ethics,
Fifth Edition**

Joseph R. DesJardins

Original edition © 2013 Wadsworth, a part of Cengage Learning.
Environmental Ethics, 5th Edition by Joseph R. DesJardins
ISBN: 9781133049975

ISBN: 979-11-6087-000-8

Cengage Learning Korea Ltd.

14F YTN Newsquare 76 Sangamsan-ro
Mapo-gu Seoul 03926 Korea

Cengage is a leading provider of customized learning solutions
with employees residing in nearly 40 different countries and
sales in more than 125 countries around the world. Find your
local representative at: **www.cengage.com**.

To learn more about Cengage Solutions, visit
www.cengageasia.com.

Every effort has been made to trace all sources and copyright
holders of news articles, figures and information in this
book before publication, but if any have been inadvertently
overlooked, the publisher will ensure that full credit is given at
the earliest opportunity.

Printed in Korea
Print Number: 03   Print Year: 2024

ENVIRONMENTAL ETHICS 제5판

환경윤리

조제프 R. 데자르댕 지음

김명식 · 김완구 옮김

연암서가

✿ Cengage

Australia · Brazil · Canada · Mexico · Singapore · United Kingdom · United States

옮긴이

김명식

고려대학교 철학과에서 박사학위를 받았다. 현재는 진주교대 도덕교육과 교수로 재직 중이며, 국제저널 Environmental Ethics 편집위원이다. 계간『과학사상』편집주간과 한국환경철학회 회장을 지냈다. 저서로는『환경, 생명, 심의민주주의』,『숙의민주주의와 환경』,『연구윤리와 학습윤리』(편저),『처음 읽는 윤리학』(공저),『생태문화와 철학』(공저),『음식윤리』(공저)가 있다.

김완구

서강대학교 철학과에서 박사학위를 받았다. 현재는 서강대와 충북대에서 강의하면서 서강대 생명문화연구소 선임연구원, 한국환경철학회 연구이사로 있다. 저서로는『생태 생명의 위기와 대안적 성찰』(공저),『과학기술과 환경 그리고 위험커뮤니케이션』(공저),『음식윤리』(공저)가 있고, 역서로는『탄생에서 죽음까지: 과학과 생명윤리』(공역),『생태학과 포스트모더니티의 종말』,『산책 외』가 있다.

환경윤리 제5판

2017년 1월 20일 초판 1쇄 발행
2024년 4월 20일 초판 3쇄 발행

지은이 | 조제프 R. 데자르댕
옮긴이 | 김명식 · 김완구
펴낸이 | 권오상
펴낸곳 | 연암서가

등 록 | 2007년 10월 8일(제396-2007-00107호)
주 소 | 경기도 고양시 일산서구 호수로 896, 402-1101
전 화 | 031-907-3010
팩 스 | 031-912-3012
이메일 | yeonamseoga@naver.com
ISBN 979-11-6087-000-8 03190

값 25,000원

어느 여름날 아침, 시골길을 운전하고 있을 때였다. 네 살 난 아들이 "아빠, 나무는 무엇 때문에 좋은가요?"라고 물었다. 아버지로서 소중한 순간이라고 느끼면서, 나는 부드럽게 설명했다. 나무도 살아 있는 생명체이기 때문에 꼭 다른 것을 위해 좋은 것일 필요는 없다. 하지만 나무는 많은 생명체들에게 보금자리를 마련해 주고, 우리에게 깨끗한 공기를 만들어 주며, 또 장엄하고 아름답기 때문에 소중하다는 이야기를 했다. 그때 아들은 다음과 같이 말했다. "그런데 아빠, 나는 과학자이고, 아빠보다 더 많은 것을 알아요. 왜냐하면 아빠는 가장 중요한 것을 잃어버렸기 때문이죠. 나무는 거기에 올라갈 수 있기 때문에 좋아요."

나는 이 책을 쓰는 동안 다른 많은 중요한 진실을 잃어버리지 않았기를 소망해 본다. 이 책을 마이클과 매튜에게 바친다.

몇 년 전 어느 겨울날 저녁, 알도 레오폴드(Aldo Leopold)의 『모래 군의 열두 달*A Sand County Almanac*』을 다시 읽어 보았다. 필라델피아의 도시 지역에서 미네소타의 농촌 지역으로 이사 가고 몇 달이 지나서였다. 나는 레오폴드의 다음과 같은 2월의 기록을 우연히 접하게 되었다.

농장을 소유하지 않으면 두 가지 정신적 위험이 있다. 하나는 아침식사가 마치 식료품점에서 온다고 생각할 위험이 있고, 다른 하나는 난방열이 난방로에서 생긴다고 생각할 위험이 있다. 첫 번째 위험을 피하기위해서는 식료품점이 없는 곳에서 채소밭을 가꾸어 보아야 한다. 그리고두 번째 위험을 피하기 위해서는 난방로가 없는 곳에서 참나무 장작을난로 받침대에 올려놓고 쪼개 보아야 한다.

만약 대도시에서 계속 살았더라면 이 구절은 그 정도로 마음에 와닿지 않았을 것이다. 밖의 온도는 영하 27도인데 나는 활활 타오르는 장작더미 앞에 앉아 있으니, 강하게 마음에 와닿았던 것 같다. 나는 농장을 갖고 있지 않으면 이 두 가지 정신적인 위험 말고도 다른 위험이 있다는 것을 알게 되었다. 그것은 삶과 일을 분리시키는 것이다. 그날 저녁 나는 환경 문제에 대한 강의도 도시에서 했을 때보다 나에게 개인적으로나 직업적으로 더 큰 의미를 지닌다는 것을 깨달았다. 이 책은 이렇듯 나의 일과 삶을 보다 완전하게 통일시켜야겠다는 다짐에서 나온 것이다.

이 책의 기본 목표는 간단하다. 환경 관련 논쟁 배후에 놓인 철학적 문제들을 명쾌하고 체계적이며 포괄적으로 소개하는 것이다. 21세기를 시작하면서 인류는 지구 역사상 유례없는 환경 위기에 처하게 되었다. 대개는 인간의 활동으로 인해 지구의 기후가 변화하고 있고, 지구의 생명체들은 6500만 년 전 공룡시대 이후로 가장 엄청난 대량 멸종 시대를 맞고 있다. 지구 생명체의 삶의 토대인 대기, 물, 땅 등은 놀라운 속도로 오염되거나 파괴되고 있다. 인구 역시 기하급수적으로 증가하고 있다. 이 책의 초판이 나왔던 1990년에 전 세계의 인구는 55억 명이었는데, 2012년에는 70억 명으로 늘었다. 불과 20년 만에 인구가 27%가 증가한 것이다. 자연자원이 계속해서 감소하고 고갈되리라는 전망은 인구 증가와 더불어 더 심각해질 것이다. 미래 세대를 괴롭힐 유독 물질은 전 세계에 걸쳐 계속 축적되고 있다. 또한 야생지, 삼림, 습지, 산, 초지 등은 개발되고, 도로로 포장되고, 간척되고, 불태워지고, 지나치게 뜯어 먹혀 사라지고 있다.

우리의 문화는 이런 문제들을 단순히 과학적, 기술적, 또는 정치적 문제로만 보는 경향이 있다. 하지만 그것들은 그런 차원에 국한된 문제가 아니다. 그것들은 인간으로서 우리는 무엇을 소중하게 생각해야 하는가, 우리는 어떤 존재인가, 우리는 어떤 삶을 살아야 하는가, 자연에서 우리의 위치는 어디인가, 우리가 추구해야 할 세계는 어떤 것인가 등의 근본적인 물음을 제기한다. 요약하면 환경 문제는 윤리학과 철학의 문제인 것이다. 이 책은 이 철학적 문제들을 체계적으로 소개하려 한다.

개관

지난 몇십 년 동안 환경과 생태 문제에 대한 철학적으로 흥미롭고도 중요한 연구가 상당히 많이 이루어졌다. 이 책의 구성은 환경윤리와 환경철학 분야가 이 기간 동안 어떻게 발전해 왔는지를 보여 준다.

1, 2장에서는 환경 문제와 철학의 관련성을 소개하고, 전통적인 윤리 이론과 원리들을 살펴본다. 3, 4장에서는 응용윤리학의 주제들을 다룬다. 환경 문제를 명료화하고 가치평가하기 위해 전통적인 철학 이론들이 응용된다. 내 생각에 환경윤리의 초기 저작의 상당 부분은 이런 응용윤리의 모델에 토대를 두고 있다.

철학자들은 곧 전통적인 윤리와 이론이 새로운 환경 문제를 다루는 데 불충분하다는 것을 깨닫는다. 이에 대한 대응으로 철학자들은 전통적인 개념과 원리들을 환경 문제에 맞게 확장시키기 시작했다. 5장에서는 개별 동물, 미래 세대, 나무, 기타 자연물로 도덕적 지위를 확장하려는 시도들을 검토한다. 여기에서 전통적인 이론과 원리는 본질적으로 변화하지 않은 상태로 남아 있게 되지만, 이전 철학자들이 다루지 않았던 주제들을 망라할 수 있도록 그 영역과 범위가 확장된다.

이 분야에서 활동하는 많은 철학자들은 윤리적 확장주의는 환경 문제와 논쟁에 대한 불충분한 철학적 대응이라고 생각한다. 그리고 그들 중 상당수는 전통적인 윤리 이론과 원리는 오히려 오늘날의 환경 파괴에 책임이 있는 세계관의 일부로 간주한다. 그들이 보기에 필요한 것은 더욱 근원적인 철학적 접근이고, 이것은 윤리적인 것뿐만 아니라 형이상학, 인식론, 정치적인 것에 대한 재검토를 포함한다. 이러한 점에서 이전에 환경윤리학이라 간주되던 분야는 이제 환경철학으로 더 잘 이해된다. 끝부분의 7개의 장에서는 보다 포괄적인 환경 생태 철학을 다룬다. 여기에는 생명 중심주의(모든 살아 있는 것은 도덕적 지위를 가질 자격이 있다는 견해), 생태 중심주의(환경에 대한 전통적인 관심에서 벗어나 보다 전체주의적이고 생태적인 것에 초점을 맞추는 견해), 심층생태주의, 사회생태주의, 생태여성주의가 포함된다.

제5판 서문

새로운 개정판을 쓸 때마다 책을 더 두껍게 쓰고 싶은 유혹을 강하게 느낀다. 최근의 사례와 논쟁을 포함시키고 새로운 개념들을 집어넣으면서 변화에 발을 맞추다 보면 책의 두께가 더 두꺼워진다. 하지만 우리가 생태학에서 배우는 교훈 중 하나는 변화가 다 좋은 것은 아니며, 커진다고 해서 다 발전이 아니라는 것이다. 환경 문제의 배후에 깔린 철학적 문제를 명쾌하고 간결하게 소개한다는 이 책의 원래 목표는 20년 전의 초판이나 지금이나 마찬가지다. 이 책이 철학 외부의 강좌에서 많이 사용되어 왔다는 점에서 이런 나의 목표가 어느 정도는 성공하지 않았나 생각한다.

이 새로운 개정판에서 나는 이 책을 이전에 사용했던 선생님들과 학생들의 충고와 제안을 수용하려고 노력했다. 이들에게 많은 빚을 지고 있는데, 이들의 충고와 제안은 이 책을 개정하는 데 많은 도움이 되었다. 이 개정판의 중요한 목적은 간결한 개론서를 쓴다는 원래의 목표를 희생하는 것 없이 이 분야에서의 최근 동향을 반영하는 것이다. 나는 철학적 깊이와 실용적 적합성 사이에서 균형을 유지하려고 노력했다. 인정하건대 학생들은 세세한 철학적 논쟁보다는 오히려 핵심이 무엇인가에 더 관심이 있었다. 그러나 서로 미워하고 당파성에 기초한 주장만 앞세우는 현재의 정치 현실에서 교훈을 얻는다면, 우리에게 요구되는 것은 좀 더 주의 깊고 숙고된 판단이 아닐까 생각한다.

이 개정판은 각 장 서두를 새로이 개정된 사례에 대한 토론으로 시작한다. 새로운 사례에는 지구 기후 변화, BP의 멕시코만 석유 유출, 합성생물학, 동물과 음식, 지속가능성, 사냥, 환경 난민, 탄소 경감 등이 포함된다. 나는 이런 새로운 자료들로 인해 이 책이 학생과 선생님들에게 신선하게 느껴지기를 바란다. 그러나 기본 구조는 동일하다. 이전 판들이 환경윤리의 내용을 소개하고 가르치는 데 효율적이라는 평이 있어, 기본 구조는 그대로 유지한다.

그러나 좀 더 명확하고 효율성 있게 하기 위해 조금씩 구조를 바꾼 부분도 있다. 이전의 9장(심층생태주의)과 11장(생태여성주의)을 하나의 장으로 묶었다. 이 두 분야가 지난 10년간 별로 발전한 것도 없고, 더 이상 이전처럼 첨단의 새로운 것도 아니라는 논평자들의 지적에 동의한다. 그러나 심층생태주의와 생태여성주의는 매력적이면서 철학적으로 흥미 있는 관점을 갖고 있고, 또한 현대 환경주의에 중요한 영향을 미쳤다는 점에서 다룰 필요가 있다. 이것들을 합해서 하나의 장으로 묶은 이유는 이것들이 개량적인 것을 거부하고 보다 급진적이고 극적인 변화를 추구하는 환경주의의 유형(나는 이것을 급진적 환경주의라고 부른다)을 잘 보여 주는 사례이기 때문이다.

주의 깊은 독자라면 다른 몇 가지 사소한 변화를 눈치챘을 것이다. 윤리적 상대주의 부분은 윤리 이론을 다룬 장(2장)에서 1장으로 옮겨 와서, '철학, 정치학, 그리고 윤리적 상대주의'라는 새로운 절에 포함시켰다. 또한 1장에서는 같은 맥락에서 현재의 분파주의적 정치 풍토를 다루면서 환경 정책을 결정하는 데 있어서 과학에 지나치게 의존하는 이전의 관심에서 탈피할 것을 주장한다. 내 생각에 20년 전에도 그런 경향이 있었는데, 지금도 여전한 것 같다.

끝으로 이전에 에필로그였던 부분은 다원주의, 실용주의, 지속가능성에 대한 논의로 좀 더 확대했다. 처음 에필로그를 덧붙였을 때, 다원주의와 실용주의는 환경철학자들 사이에서 중요한 주제로 막 떠오르는 중이었다. 나는 이 논의를 지속가능성에 대한 최종적 성찰을 포함하는 방향으로 확대했다. 내가 보기에 이론가들이 환경철학 이론들의 상대적 장점에 대한 논의를 계속하는 동안에도 환경 파괴라는 우리 모두를 자극하는 문제는 계속 진행되고 있다. 다원주의와 실용주의에 대한 철학적 논의는 지속가능한 발전이라는 주제와 함께 이런 와중에도 우리는 무엇인가를 해야 한다는 절박한 필요성을 공유하는 것 같다. 이 세 주제에 관심을 갖는 사람들은 보다 이론적인 주제들에 대한 통일된 합의가 이루어지기 힘든 상황에서도 합리적인 방식을 발전시키려고 노력한다.

학생들과 선생님들에게

이런 교재를 쓰는 데는 두 가지 지적인 위험이 있다. 하나는 학생들이 선생님들만큼 추상적인 철학적 주제에 관심 있을 것이라고 가정하는 것이고, 다른 하나는 환경윤리의 실천적 적합성에 치중한 나머지 주의 깊고 엄밀한 개념 분석의 중요성을 간과하는 것이다. 나는 이 두 가지 위험을 피하기 위해 다양하게 노력했다.

각 장은 현대의 환경 논쟁에 대한 설명으로 시작하는데, 그것은 그다음에 전개되는 철학적 논의를 위한 디딤돌이 될 것이다. 이 토론 사례들은 지금의 환경 문제에서 쟁점이 되는 것이면서 동시에 근본적인 윤리적, 철학적 문제를 제기하는 것들이다. 약간의 방향 제시와 토론이 있은 후, 학생들이 환경과 생태에 대한 자기 나름의 입장을 발전시키는 과정에서 스스로 철학적 문제를 다루어야 할 필요성을 알았으면 좋겠다. 그리고 각 장은 일련의 탐구 문제로 끝난다. 탐구 문제는 그 장의 내용을 재검토할 기회를 제공하는 동시에 심화 학습을 위한 토대가 될 것이다.

두 번째 위험을 피하기 위해서 철학자들이 어떻게 추리하고, 그 추리가 어떻게 진행되는가를 보여 주는 데 부족하지 않을 만큼 충분히 철학적 논의를 진전시켰다. 물론 이 책에서 내가 이용한 1차 자료를 읽고 세밀히 검토하는 것만큼 좋은 일은 없을 것이다. 하지만 교재의 속성상 그것은 불가능했다. 지나치게 세세히 논의하다 보면 학생들이 흥미를 읽고 싫증을 느낄 것이기 때문이다.

수업을 진행하면서 느낀 점은 주제를 소개하기 위해 관련 맥락을 설명하는 것과 깊이 있는 분석을 하는 것의 균형을 잡기 힘들다는 것이다. 왜 알아야 하는지에 대한 동기를 제공해 주는 관련 맥락이 없으면 학생들은 종종 철학적 분석에 매몰된다. 반면 깊이가 없으면 학생들은 자기가 모든 것을 다 안다고 생각하기 쉽다. 물론 맥락을 설명하다 보면 그만큼 깊이 있는 분석을 할 시간이 없어질 것이고, 철저하게 분석하다 보면 전체 윤곽을 잡는 데 어려움이 있게 된다.

이 책은 이러한 긴장감 위에서 쓰인 것이다. 나는 이 책이 관련 맥락을 설명하고 문제 제기를 해주기 때문에, 수업 시간에 선별된 주제를 보다 깊이 다루는 데 사용할 수 있지 않을까 생각해 본다. 가령 고전이나 현대의 1차 자료를 다룬다든지, 월드워치에서 나온 경험적 자료를 다룬다든지, 웹에서 환경 관련 논란을 알아본다든지, 환경 관련 비디오를 본다든지, 시에라클럽에서 어스 퍼스트!에 이르는 환경운동단체의 주장을 검토하다든지 할 수 있을 것이다. 물론 선생님들도 나름의 수업 계획을 발전시키겠지만, 나는 이 책이 학생들로 하여금 실제적인 환경 문제에 관심을 갖는 만큼 중요한 철학적 문제에도 계속 관심을 가질 수 있도록 충분한 맥락을 제공해 줄 수 있기를 희망한다.

감사의 글

나는 이 분야에서 독창적인 연구를 수행하고 있는 사상가들에게 가장 큰 빚을 지고 있다. 그래서 매번 그들의 노고에 감사를 표하려 애써 왔다. 그러나 미처 몇 분에게 감사를 표하지 못했다면, 이 글로 대신하고자 한다.

여러 해 동안 많은 논평자들이 철저하고 예리하며 유용한 충고를 많이 해주었다. 특히 위스콘신 대학(매디슨 캠퍼스)의 클라우디아 카드(Claudia Card), 매사추세츠 대학(보스턴 캠퍼스)의 아서 밀먼(Arthur Millman), 노스 플로리다 대학의 엘런 클라인(Ellen Klein)에게 감사한다. 이들의 충고로 인해 이 책은 몰라보게 좋아졌다. 그렇지만 이 책에 잘못된 것이 있다면 물론 책임은 전적으로 나에게 있다. 특히 홈스 롤스턴(Holmes Rolston)과 어니 디드리히(Ernie Diedrich)의 충고에서 많은 도움을 받았다. 또한 이

14

전 판에 도움을 준 캘리포니아 대학(새크라멘토 캠퍼스)의 메리 브렌트우드 (Mary Brentwood), 텍사스 대학(오스틴 캠퍼스)의 더글러스 브라우닝(Douglas Browning), 비터보 대학의 래리 하워드(Larry D. Harwood), 찰스턴 대학의 네드 히팅어(Ned Hettinger), 오하이오 주립대학의 도널드 허빈(Donald Hubin), 콜로라도 대학의 데일 재미슨(Dale Jamieson), 레드랜드 대학의 캐시 제니 (Kathie Jenni), 터프츠 대학의 셸던 크림스키(Sheldon Krimsky), 뉴멕시코 대학의 도널드 리(Donald C. Lee), 리치먼드 대학의 유진 마우라키스(Eugene G. Maurakis), 애리조나 주립대학의 존 맥그리거(Jon McGregor), 사우스 다코타 주립대학의 그렉 피터슨(Greg Peterson), 로체스터 기술연구소의 웨이드 로빈슨(Wade Robinson), 캔자스 대학의 아서 스키드모어(Arthur Skidmore), 크레이튼 대학의 윌리엄 스티븐스(William O. Stephens), 세인트 올러프 대학의 찰스 탈리아페로(Charles Taliaferro), 샌디에이고 주립대학의 유진 트록셀(Eugene Troxell), 하워드 대학의 찰스 베르하렌(Charles Verharen)에게도 감사드린다. 그리고 새로운 개정판을 논평해 준 워싱턴 대학의 베니타 비먼(Benita Beamon), 미시간 주립대학의 조지프 차트코프(Joseph Chartkoff), 브리티시 컬럼비아 대학의 조나 피셔(Johnna Fisher), 스톤힐 대학의 앙드레 고듀(Andre Goddu), 샤미나드 대학의 게일 그라보스키(Gail Grabowsky), 콜로라도 대학의 벤저민 헤일(Benjamin Hale), 스톤힐 대학의 수전 무니(Susan Mooney), 로욜라 대학(시카고 캠퍼스)의 폴 오트(Paul Ott), 미시간 주립대학의 카일 포이스(Kyle Powys), 매니토바 대학의 패트릭 월시(Patrick Walsh), 버트 대학의 웨이밍 우(Wei-Ming Wu), 마케트 대학의 제이슨 와이코프(Jason Wyckoff)에게 감사드린다.

세인트 베네딕트 대학과 세인트 존스 대학의 학생들은 이 책 초기 원고를 가지고 수업을 했다. 그 수업에서 나를 포함해 모두가 학생이었고,

그들의 논평은 교수법 측면에서뿐만 아니라 실질적 측면에서 많은 도움이 되었다. 세인트 베네딕트 대학은 이 책을 쓸 동안 재정적으로 후원해 주었다. 워드워스 출판사 관계자들은 또다시 아낌없는 유능하고 지적인 도움을 주었다.

지구 환경윤리학 지킴이

환경윤리학에 대한 보다 더 많은 정보를 얻고자 한다면 '지구 환경윤리학 지킴이(Global Environmental Ethics Watch)'를 방문해 보라. 하루에도 여러 번 최신 정보로 갱신되는 '지구 환경윤리학 지킴이'는 환경, 에너지, 천연자원에 대한 전 세계 자료(Global Reference on the Environment, Energy, and Natural Resources, GREENR)를 다루는 전문 포털로, 강의와 연구 프로젝트를 위한 이상적인 원스톱 사이트다. 여러분은 학술지, 신문, 잡지 등의 최신 정보는 물론 통계, 기초 자료, 사례 연구, 비디오, 팟캐스트 등의 자료도 얻을 수 있을 것이다.

1부

기본 개념들

ENVIRONMENTAL ETHICS

ENVIRONMENTAL ETHICS

1장
과학, 정치학, 윤리학

토론 사례 | 지구적 기후 변화

과학자들은 오래전부터 이산화탄소가 수증기, 오존, 메탄, 질소 산화물들과 더불어 지구의 기온을 안정시키는 데 중요한 대기 가스의 하나라는 것을 알았다. 이른바 이들 '온실가스'는 마치 온실의 유리창처럼 따뜻한 햇볕이 들어오는 것은 허용하고, 따뜻한 공기가 밖으로 나가는 것은 막는 역할을 한다. 이러한 온실효과는 어떻게 대기가 지구의 기온을 조절하는가에 대한 지배적인 영향력을 가진 과학적 설명이다.

100여 년 동안 인간의 활동, 특히 자동차나 산업에서 화석연료를 태우는 것과 연관된 활동은 대기 중에 이산화탄소의 양을 심각하게 증가시켰다. 이산화탄소는 석탄, 석유, 가솔린 등 화석연료를 태우는 데서 발생하는 부산물로, 우리가 화석연료를 많이 쓰면 쓸수록 그만큼 이산화탄소의 총량은 증가한다. 1980년대에 몇몇 연구자들은 온실가스의 증가는 지구의 기온 상승, 혹은 '지구온난화'에 이르게 할 수 있고, 그리고 아마도 이르게 하는 중이라고 주장했다. 그러면서 지구의 기온 상승은 심각한 환경 피해와 인간의 고통을 야기할 거라고 예측하면서, 화석연료의 사용을 최소화하는 한편 온실가스의 방출을 제한하는 정책을 펼 것을 주장했다.

지구온난화와 관련한 자연의 변화 과정은 직접적이다. 햇빛은 지구 표면에 부딪힌 뒤 열이 되어 다시 대기 중으로 방사된다. 지구의 대기는 주로 질소(78%)와 산소(21%)로 구성되어 있다. 그러나 나머지 요소들, 특히 이산화탄소, 수증기, 메탄, 오존 등은 방사된 열을 흡수해 그것을 다시 대기에 반사하고, 다시 지구에 반사하는 분자 구조를 갖고 있다. 이러한 최초의 지구온난화 가정에 따르면 온실가스는 대기에 열을 가두어 놓기 때문에 온실가스의 증가는 반사된 열을 증가시켜 지구의 기온을 높인다. 그리고 지구 기온의 상승은 극지방에 있는 눈과 빙하를 녹여 해수면의 상승과 같은 결과를 가져올 수 있고, 기후 변화, 전 지구적 가뭄과 기아, 해류의 변화, 그리고 생태계 파괴의 결과로서 동식물의 대량 멸종 사태 등을 불러올 수 있다.

이러한 무시무시한 예언들로 인해 많은 환경론자들은 특히 이산화탄소의 배출 감소를 포함하는 중요한 정책 및 삶의 양식에서의 변화를 주장했다. 많은 이들은 여러 나라들이 화석연료에 대한 의존을 줄이고 이산화탄소 감축을 요구하는 국제적인 협약을 지지할 것을 권고했다. 정부는 탄소를 기반으로 하는 연료들의 사용을 줄이기 위해 세금이라든가 탄소배출권 거래를 포함하는 유인 프로그램들을 고안해야 한다. 정부는 또한 대체 에너지 자원들을 위한 장려금과 보조금을 지급해야 한다. 기업이나 대학 같은 기관들은 '탄소 배출을 제로(carbon neutral)'로 하겠다고 서약해야 한다. 근대 산업경제의 사실상 모든 부문은 탄소 배출 감축을 목표로 하는 정책들에 영향을 받을 것이다.

그러나 비판자들은 이런 추론 방식들에 이의를 제기했다. 일찍이 어떤 비판자는 온실효과라는 아이디어 자체나 지구 기온 상승의 진실성에 대해서 이의를 제기했지만, 보다 최근의 비판자들은 온실효과를 증대시키고 기후 변화에 영향을 주는 데 있어 인간 활동의 역할에 비판의 초점을 맞추었다. 한파나 폭설을 지구온난화에 불리한 증거로 인용하는 사람들도 있지만, 과학적 데이터는 점점 대부분의 관찰자들에게 지구의 평균 기온이 상승하고 있다는 것을 납득시키고 있다. 물론 그렇다고 해서 모든 사람들이 기온 상승의 의미에 동의하는 것 같지는 않다.

회의론자들은 이제 이산화탄소와 그 밖의 다른 온실가스의 변동은 장기적인 관점에서 본다면 정상적인 범위 내에 있다고 주장한다. 그들은 지구의 기후는 항상 변해 왔고, 현재 일어나는 어떤 변화들도 정상 범위 내에 있지 않다거나 그것들이 인간에 의해서 발생했다는 것을 보여 주는 것은 아무것도 없다고 말한다. 또한 그들은 지구온난화라는 진위가 의심스러운 사실에 기초한 재앙적인 예측들에 반론을 제기한다. 예를 들어 상승된 기온은 물의 증발을 증가시켜 보다 더 많은 양의 구름을 만들어 낼 수 있고, 그리고 그것에 의해서 지구 표면에 도달하는 전체 햇빛의 양이 줄게 되어 결국은 기온을 떨어뜨릴 수 있다. 게다가 기온의 상승은 기존의 황량한 지역을 온화하고 살기 좋은 곳으로 변화시킬 수도 있다.

요약하면 어느 누구도 약간 상승된 지구 기온이 무슨 일을 야기할지를 확실하게 알지 못한다는 것이다. 변화는 어떤 방식으로든 천천히 일어나게 될 것이고, 인류에게 적응을 위한 충분한 시간을 주게 되리라는 것이다.

게다가 비판자들은 지구온난화 옹호자들이 제안한 많은 정책의 변화를 거부한다. 개발도상국들은 이산화탄소 감축 비용이 형평성에 어긋나게 가난한 사람들에게 부과될 것이라고 주장한다. 부자들은 이제 화석연료에 기반을 둔 경제를 통해 높은 생활수준에 도달했기에, 그들의 탄소 발자국(carbon footprint)을 줄인다는 미명하에 보다 더 가난한 나라들의 경제 발전을 제한하기를 원한다. 게다가 화석연료로부터의 대대적인 전환으로 인해 요구되는 경제적 변화는 회피한 만큼의 많은 새로운 문제들을 만들어 낼 가능성이 있고, 그리고 솔직히 지구의 경제에 동력을 부여하는 데 석탄, 천연가스, 석유만한 대안도 없다.

　이러한 논쟁들이 진전됨에 따라 '지구적 기후 변화(global climate change)'라는 용어를 지지하면서 '지구온난화'라는 용어로부터 벗어나려는 움직임이 있었다. 근본적 이유는 지구적 기후 변화라는 용어가 평균적인 지구 기온 상승의 결과로서 일어날 수 있는 폭넓은 범위의 기후 변화를 지칭하는 반면, 지구온난화라는 용어는 평균 표면 온도를 지칭한다는 것이다. 증가하는 대기의 이산화탄소가 지구 기온의 상승을 가져올 것이라는 몇십 년 전에 제기된 예측이 사실로 입증되었다. 그러나 그러한 증가된 평균 기온의 결과들은 여전히 진행 중이다. 온실가스의 증가와 전체적인 평균 표면 온도의 증가가 모든 곳에서 항상 보다 더 따뜻한 기온을 불러오는 것은 아니다. 대기 온도, 강우량, 대양 온도, 해류, 그리고 해수면 사이의 복잡한 관계는 어떤 장소에서는 보다 더 낮은 기온과 보다 더 맹렬한 겨울 폭풍을 포함하는 날씨 패턴을 가져올 수 있다. 이러한 용어의 변화를 옹호하는 사람들은 지구온난화보다는 지구적 기후 변화가 이러한 논쟁에 보다 높은 정확성과 명확성을 가져다줄 수 있다고 주장한다.

　그러나 비판자들은 이것을 지구온난화의 증거 부족으로부터 주의를 전환시키고 환경론자들로 하여금 날씨나 기후에서의 어떤 변화든 이산화탄소 배출 증가의 결과라고 주장하기 위한 수사적인 책략이라고 본다. 만약 모든 날씨 관련 문제를 지구적 기후 변화의 증거라고 주장할 수 있다면, 이러한 함부로 주장된 문제들은 결코 시험될 수 없다. 그리고 이것은 결국 과학적으로 정당성이 입증된 경험적 주장이 아니라는 것을 보여 준다. 게 다가 지구적 기후 변화는 수사적으로 보다 중요하고 재앙적인 변화를 암시하지만, 사실 지구의 기후는 끊임없이 변하고 있고 항상 변해 왔다. 지 구적 기후 변화는 일반 표준이지, 알려진 것처럼 문제는 아니다.

언뜻 보기에 지구온난화 논쟁은 기본적으로 과학적인 논쟁으로 보일 수도 있다. 온실효과는 태양 복사와 같은 현상들에 대한 질문들과 대기과 학, 물리학, 화학과 같은 과학 분야에서의 분자구조에 관한 질문들을 포함 하는 것으로 생각될 것이다. 과학은 또한 인간의 활동이 이산화탄소의 증 가와 그 밖의 다른 온실가스의 증가를 야기하고 있는 정도를 결정하기 위 한 적정 분야로 생각될 것이다.

극지방 만년설의 다양한 높이에서의 이산화탄소 양이나 오래되고 화석 화된 나무들의 나이테에서 발견되는 성장 속도와 같은 것들을 측정하고 비교함으로써, 과학자들은 대기 중 이산화탄소의 양과 비교적 초기의 지 구 역사에서 전 세계 기온들의 상관관계를 예측할 수 있다. 이러한 상관관 계를 활용하면서 과학은 예상된 이산화탄소 수준에 기초해 미래 기온을 예측한다. 그리고 기온 예측이 가능한 기간보다 더 짧은 기간에 대해, 과 학은 지구 기온의 동향, 빙하들의 상대적 크기, 해수면과 기온, 그리고 특 히 북부지방에서의 서식지 변화를 추적할 수 있다.

다시 말해서 지구온난화에 관한 논쟁을 해결하는 것은 사실을 결정하 는 문제로서 보일 것이고, 우리가 보통 이해하는 바와 같이 과학이 다루어 야 할 영역이다. 우리가 단순히 보다 더 많은, 그리고 보다 더 좋은 과학을 수행해 나간다면, 즉 보다 많은 데이터를 얻고, 상관관계와 인과관계의 더 중요한 양식을 확립하고, 그리고 보다 많은 예측들을 확증한다면, 우리는 보다 더 설득력 있는 결론에 도달할 것이고 정책 대안들에 대한 합의에 이르게 될 것이다. 또한 많은 사람들이 지구온난화와 기후 변화라는 사실들에 대한 과학적인 합의가 존재한다면, 우리가 그것에 관하여 무엇을 해야 하는지에 대한 실제적 결론들은 논리적으로 따라 나올 것이다.

그러나 과학적인 연구가 확대되어 가는데도 불구하고 논쟁의 여지는 남아 있는데, 지구온난화에 관한 논쟁들이 단순히 과학과 사실에 관한 것만이 아니기 때문이다. 특히 미국 내에서 지구온난화는 정치적인 리트머스 시험지와 같은 어떤 것, 즉 강력한 정부, 세금, 그리고 낙태에 대한 논쟁들처럼 당파에 치우친 어떤 것으로 알려져 왔다. 지구온난화에 대한 사람들의 견해는 사실들에 의해서 결정되는 것 못지않게 사람들의 정치적 신념에 의해서도 결정되는 것처럼 보인다.

2008년 갤럽 여론조사에 따르면, "지구온난화의 영향이 이미 시작되었다", "지구온난화는 자연적인 원인보다는 인간의 활동에 기인한다", "지구온난화는 일어나고 있는 중이다"라는 등의 진술에 대한 민주당원들과 공화당원들 사이의 격차는 지난 10년 동안 꾸준하게 벌어져 왔다. 공화당원들은 민주당원들보다 지구온난화의 과학에 대한 확신이 더 적었다. 2010년 의회 선거는 지구온난화에 대한 회의주의를 주요 신조로 삼았던 공화당의 지도자들을 탄생시켰다. 미 의회 에너지 및 통상위원회(House Energy and Commerce Committee)의 위원장이 된 지 한 달도 안 되어 프레드 업튼(Fred Upton) 의원은 기후 변화가 인간에 의해 야기된다는 것을 부정했다. 에너지 및 통상위원회와 에너지 환경 소위원회(Subcommittee on Energy and Environment)에 소속된 존 심커스(John Shimkus) 의원은 지구온난화에 관한 자신의 회의주의를 지구는 두 번 연속 홍수에 의해서 멸망하지 않을

것이라는 노아에 대한 신의 약속으로 표현했다.[1]

　지구온난화와 지구적 기후 변화에 대한 전망은 개인으로서 그리고 사회로서 우리가 무엇을 해야 하는지에 관련해서, 우리가 소중히 여기는 것이 무엇인지에 관련해서, 그리고 우리가 어떻게 살아가야 하는지에 관련해서 근본적인 문제를 제기한다. 즉 그것들은 과학뿐만 아니라 윤리학의 근본적인 질문을 제기한다. 사실들에 대한 지식만으로는 무엇이 이루어져야 하는지를 결정하지 못한다. 지구온난화에 관한 정치적인 논쟁들 또한 우리가 믿어야 하는 것이 무엇인지에 관련해서는 물론이고 우리가 정책 결정을 내릴 때 과학에 어느 정도 의존해야 하는지와 관련해서도 중요한 질문들을 제기한다. 다시 말해 지구온난화에 대한 전망은 다른 많은 환경 쟁점들과 마찬가지로 우리로 하여금 다음과 같은 근본적인 철학적 질문들을 제기할 것을 요구한다. 우리는 무엇을 믿어야 하고, 그 이유는 무엇인가? 우리는 개인으로서, 그리고 사회적인 존재로서 무엇을 해야 하는가? 우리가 소중히 여겨야 하는 것은 무엇인가? 신념과 가치로 인해 갈등할 때 어떻게 해야 하는가? 우리는 어떻게 살아야 하는가?

토론 주제

1. 개인 스스로는 과학적 주장의 타당성을 평가할 능력이 없으므로 전문

---

1 Riley E. Dunlap, "Climate-Change Views: Republican-Democratic Gaps Expand: Sharp divergence on whether the effects of global warming are yet evident", http://www.gallup.com/poll/107569/climatechange-views-republicandemocratic-gaps-expand.aspx.(2011년 3월 13일); Judith Warner, "Fact-Free science", *New York Times Magazine*(2011년 2월 25일); "Shimkus: No more water but the fire next time", *Chicago Tribune*(2010년 11월 11일).

가의 판단에 의지해야 한다. 예를 들어 여러분은 얼마나 자주 의사나 엔지니어의 판단에 의지하는지를 생각해 보라. 어떤 증거가 여러분으로 하여금 지구온난화와 지구적 기후 변화는 실제적인 사건이라고 주장하는 과학자들에게 의지하도록 하는가? 또한 어떤 증거가 그러한 과학자들을 의심하게 하는가? 여러분은 지구온난화에 관한 정보를 어디에서 얻는가? 그것은 믿을 만한 정보인가? 이러한 논쟁에서 양측의 옹호자들은 동등하게 신뢰할 만한가? 여러분은 지구온난화를 믿는 '과학 전문가'와 회의적인 전문가를 어떻게 구별할 것인가?

2. 수백 개 대학의 총장들은 가능하면 탄소 배출을 제로로 줄이겠다는 총장기후위원회(Presidents' Climate Commitment) 선언에 서명했다(http://www. presidentsclimatecommitment.org/). 여러분 학교의 총장도 이 선언에 서명했는가? 왜 했고, 혹은 왜 하지 않았는가? 만약 서명했다면 여러분의 학교는 온실가스의 배출을 줄이기 위해서 어떤 조처들을 취하고 있는가? 여러분은 학교의 이런 선언을 지지하는가?

3. 여러분은 미국, 캐나다, 영국, 독일과 같은 선진국이 중국, 인도, 브라질 같은 개발도상국보다 온실가스 배출을 줄이는 데 더 큰 책임을 져야 한다고 생각하는가? 이러한 논쟁의 당사자들에게는 어떤 논증이 제공될 수 있는가?

4. 여러분은 탄소 배출을 줄이기 위한 수단으로 세금을 부과해서 전기와 휘발유 가격을 올리는 것을 지지하는가? 그렇다면 왜 그렇고, 그렇지 않다면 왜 그렇지 않은가?

1. 서론: 왜 철학인가?

21세기에 이르러 인류는 지구의 역사상 유례없는 환경 위기에 처하게 되었다고 말할 수 있을 것 같다. 주로 인간의 활동으로 인해서 지구의 생명체들은 6500만 년 전 공룡시대의 종말 이래로 가장 엄청난 대량 멸종 시대를 맞고 있다. 매일 100종 이상이 멸종하고 있으며, 이러한 추세는 앞으로 수십 년 안에 두세 배 증가하리라는 관측도 있다.[2]

지구에서 생명을 부양하는 자연자원인 기후, 대기, 물, 토양 등은 놀라운 속도로 변화하거나 오염되거나 고갈되고 있다. 인구는 기하급수적으로 증가하고 있다. 전 세계 인구는 60억 명에 이르게 된 지 불과 12년 만인 2011년에 70억 명에 이르게 되었다. 전 세계 인구가 처음으로 10억 명에 이르게 된 것이 1804년까지의 인류의 전 역사를 필요로 했다면 가장 최근에 10억 명이 증가하는 데는 겨우 12년이 걸렸다. 이후 인구의 증가 속도는 다소 느려지고 있다. 다음 10억 명이 추가로 증가하기까지는 15년이 걸릴 것으로 추산된다.

하지만 불행하게도 질병, 기근, 가난, 전쟁 등이 인구 증가 속도의 하락에 기여한다. 자연자원이 계속 파괴되고 고갈되리라는 전망은 인구 증가와 함께 배가된다. 보다 많은 사람들이 보다 많은 자원을 이용하게 될 것이고, 이들의 생활양식은 생물권(biosphere)에 대한 요구사항을 증대시킬 것이다. 미래 세대를 괴롭힐 유독성 폐기물은 전 세계적으로 계속 축적되고 있다. 어떤 형태의 핵 쓰레기들은 수천수만 년 동안 치명적인 것으로 남아 있다. 세계의 야생지역인 삼림, 습지, 표토, 산맥, 초지 등은 개발

---

2 에드워드 윌슨은 여러 곳에서 이와 같은 추산을 하고 있다. 예를 들어 "Threats to Biodiversity", *Scientific American* 261(1989년 9월), 108-116쪽을 보라.

되어 포장되고, 간척되고, 불태워지고, 지나치게 뜯어 먹혀 사라지고 있다. 지구의 온난화를 가져오게 될 오존층의 광범위한 파괴와 온실가스의 현저한 증가는 인간의 활동이 바로 지구의 대기와 기후를 파괴하려고 위협하고 있다는 것을 보여 준다.

문제를 복잡하게 하는 것은 지구온난화로부터 땅의 이용에 이르는, 그리고 에너지 정책에서 식품 생산에 이르는 많은 환경적 주제들이 특히 미국 내에서는 신랄한 파벌정치에 휩쓸려 들어가게 되었다는 사실이다. 공화당 총재 리처드 닉슨(Richard Nixon)과 민주당 의회가 수질오염방지법과 대기오염방지법, 멸종위기종보호법과 같은 포괄적인 환경 법안들을 3년이라는 기간 내에 통과시키기 위해 하나로 뭉칠 수 있었던 시절은 이제 먼 옛날의 기억이다.

우리는 이 같은 잠재적으로 재앙적인 환경의 미래에 직면했기에 중대한 결정을 해야 할 상황이다. 그렇다면 현재와 같은 정치 상황에서 어떻게 그러한 결정들에 착수하는가? 우리는 또한 현재 우리가 직면한 많은 환경적인 도전들이 분별없고 부도덕한 사람들에 의해서가 아니라, 우리의 이전 세대들에 의해서 신념을 갖고 이루어진 결정들의 결과라는 것을 인정해야 한다. 사실상 많은 결정은 이전 세대와 현재 세대 모두에게 부족하지 않은 음식, 저렴한 에너지, 기대 수명의 증가라는 유익한 결과를 가져다주었다. 그러나 이러한 결정들은 또한 파괴적인 결과를 가져오기도 했다. 마찬가지로 우리가 신념을 갖고 내린 에너지 정책과 인구, 그리고 식량 생산에 관한 결정들이 똑같이 애매한 결과를 가져오지 않으리라고 어떻게 확신할 수 있는가? 그러한 중대한 결정을 내리기 전에, 우리가 의사결정 과정 자체에 대해 반성하기 위해 한 걸음 물러나는 것이 합리적인 것 같다.

철학적 윤리학은 우리의 의사결정에 대해 반성하기 위해 한 걸음 물러나는 과정이다. 철학적 윤리학은 우리가 어떤 삶을 살아가야 하는지, 어떻게 행위해야 하는지, 그리고 어떤 사람이 되어야 하는지에 대해 반성하기 위해 우리의 삶으로부터 한 걸음 물러설 것을 요구한다. 이 책은 두 가지 사고의 단계, 즉 우리가 무엇을 해야 하고 어떻게 살아야 하는지를 결정하는 실제적인 단계와 무엇을 하고 무엇을 소중히 여겨야 하는지를 어떻게 결정하는지에 관해 **생각하기 위하여 한 걸음 물러서는** 보다 더 추상적이고 이론적인 단계를 거쳐서 작업을 함으로써 환경윤리학을 소개할 것이다. 철학적 윤리학은, 이 책에서도 다루었듯이, 사람들이 해야 할 것과 하지 말아야 할 것을 결정하는 실천적인 규범 윤리학의 요소들과 그러한 실천적인 결정들을 정당화하고 옹호하기 위해 이용된 추론을 평가하는 비판적 사고의 요소들을 포함한다.

서양에서 철학적 윤리학은 아테네 사회와 그 사회 안에서의 개인의 역할에 대한 소크라테스(Socrates)의 질문이 좋은 예가 된다. 신들이 인간들에 기대하는 것에 대해 스스로 선언한 권위를 가지고 이야기할 때, 소크라테스는 2500년 전에 오직 권위에 기초한 결론을 받아들이는 것을 거부함으로써 철학적 추론의 표준을 정했다. 에우티프론(Euthyphro)이 자신은 대부분의 사람들이 모르는 신의 욕구에 관한 많은 것을 알고 있다고 종교적 권위를 주장했을 때, 소크라테스는 우리가 무엇이 참인지를 혼자 힘으로 알 수 있도록 "우리가 말하는 것을 검토해 보자"라는 아마도 가장 중요한 철학적 요청이라는 것을 가지고 응답했다.

이 책은 환경이라는 주제와 관련하여 여러분을 유사한 소크라테스적 여행에 초대한다. 참인 것이 무엇인지, 그리고 우리가 해야 하는 것이 무엇인지 혼자 힘으로 생각하고 보다 잘 이해할 수 있도록 어떤 것들이 이야기되고 있는지 살펴본다. 또한 윤리학과 철학이 분별 있고 현명한 환경정책을 만드는 데 기여할 수 있는 많은 방법을 소개한다. 지구온난화와 같은 환경적 도전은 근본적인 과학적이고 정치적인 문제들을 제기하지만, 그것들은 또한 중요한 철학적 질문들도 제기한다.

윤리학은 근본적인 가치들에 관한 질문을 다루는 철학의 분야이고, 이것들은 이 책의 핵심 주제다. 하지만, 앞으로 살펴보겠지만, 환경 쟁점들에 대해 충분히 분석하는 것은 철학의 다른 분야들로부터의 폭넓은 질문들을 본격적으로 다룰 것을 요구한다. 환경적 이익과 위험의 할당과 분배라는 주제는 사회정의와 정치철학의 중요한 질문들을 제기한다. 미래 세대, 동물, 그 밖의 인간이 아닌 생명체들의 도덕적 지위, 그리고 종과 생태계와 같은 추상적인 실재들의 본성에 대한 쟁점은 인식론과 형이상학에서의 중요한 질문들을 제기한다.

이 책의 기본적인 가정은 환경정책이 과학 실험실에서의 전문가, 회사의 회의실 혹은 정부 관료가 아니라 정치적 영역에서 결정되어야 한다는 것이다. 그러나 이것은 모든 정치적 견해가 동등하다고 말하는 것은 아니다. 욕설, 시끄러운 말다툼, 동의하지 않는 사람들을 악마로 만드는 것이 정치적 논쟁으로 통용되던 시대에 비판적 사고에 대한 요구, 즉 논의의 여지가 있는 쟁점들에 대한 주의 깊고 논리적인 검토에 대한 요구는 결코보다 더 중요한 것이 아니었다. 철학적 윤리학은 우리에게 「폭스 뉴스」나 「데일리 쇼」에서 정치 전문가나 해설자로부터 들은 것을 제쳐 두고, 우리의 가정과 우리가 이미 안다고 생각하는 것을 중지하고, 할 수 있는 한 공평하고 균형 잡힌 방식으로 주의 깊게 생각하도록 요구할 것이다.

그래서 시민들이 중요한 공공정책 토론에 충실하고 사려 깊은 참여자가 될 능력을 갖추도록 하는 것이 이 책의 또 다른 목적이다. 그러한 논쟁들에 포함된 윤리적이고 철학적인 쟁점들에 정통하는 것은 이러한 방향에서 중요한 첫걸음이라 할 수 있다. 환경적 논쟁으로 분류된 모든 입장은 철학적 가정을 포함한다. 여러분의 도전은 좋은 논증과 나쁜 논증을 구분하고, 합리적인 결론과 증명되지 않은 결론을 구분하는 것이다. 우리가 말하고 있는 것을 검토하기 위해 소크라테스와 함께하라. 그럼으로써 우리는 무엇이 참인지를 알게 될 수도 있다.

2. 과학과 윤리학

환경론자들은 오랫동안 과학과 기술과 애매한 관계를 맺어 왔다. 한편에서 과학은 바로 시민들이 정보에 입각한 합리적인 의사결정을 위해 필요로 하는 편견 없고 합리적인 유형의 정보 출처를 제공해 준다. 과학을 신뢰하는 것은 분별 있는 전략으로 보인다. 기술은 대부분의 환경 문제들을 다루기 위한 희망을 제공한다. 다른 한편 과학과 기술은 우리가 직면해 있는 최악의 몇몇 환경 문제들을 발생시키는 데서 중요한 역할을 담당해 왔다. 과학과 기술에 대한 맹목적인 신뢰는 정치 전문가들에 대한 맹목적인 신뢰와 마찬가지로 분별없는 것으로 보일 수 있다. 확실히 과학과 기술은 환경 문제들을 다루는 데 있어 주요 파트너임에 틀림없지만 우리는 의사결정의 책임을 과학에만 맡겨서는 안 되고, 과학과 기술의 적절한 역할에 관하여 주의 깊게 생각해야 한다.

현대 환경운동의 중요한 사건들 중의 하나는 1962년 레이첼 카슨(Rachel Carson)의 『침묵의 봄Silent Spring』의 출간이었다. 이 책은 DDT와 그 밖의 다른 화학 살충제의 치명적 효과에 대한 세계적인 관심을 집중시켰다. 카슨에 따르면, 이들 '죽음의 만능약(elixirs of death)'이 지속적이고도 무차별적으로 사용됨으로써 죽음과 약물 중독이 '봄의 소리'를 침묵하게 만들었다. 이 책은 화학적 오염과 환경보호에 대한 대중들의 태도에 심대한 영향을 끼쳤다. 처음으로 환경 문제에 대한 기술적 해결책의 안전성과 바람직함에 관한 공개적인 의문이 제기되었다.

농경이 시작된 이래로 해충을 통제하고 농작물의 수확량을 늘리기 위해 화학약품을 사용해 왔지만, 살충제를 발견하고 생산하고 이용하는 것이 크게 발전한 것은 2차 대전 직후 얼마 동안의 일이었다. 농민의 감소와 더불어 인구 증가와 그에 상응하는 식량 수요의 증대는 농업 생산성을 높여야 한다는 강한 압박을 가져온다. 이러한 노력의 큰 부분을 차지하는 것이 바로 작물 손실을 줄이고 작물 성장을 촉진하기 위해 화학약품을 사용하는 것이다. 『침묵의 봄』이 출간되기 전에 살충제와 화학비료와 관련해서 과학자와 일반인이 제기한 거의 유일한 질문은 그것의 효능에 관한 것이었다. 즉 그것들은 인간이나 작물에 해를 끼치지 않고 달갑지 않은 해충만 제거하는가? 수확량을 높일 수 있는가? 그러나 카슨의 저작이 나온 이후로 화학적으로 발전된 농업의 인간과 자연계에 대한 장기적인 결과는 물론이고, 그것의 정치적이고 윤리적인 함의까지도 세상의 주목을 받게 되었다.

화학비료와 농약의 이용과 같이 보기에 문제가 될 것 같지 않은 쟁점들조차 철학적 질문을 제기할 수 있다. 예를 들어 우리는 주위의 다양한 생명체들을 보존할 윤리적 책임을 갖는가? 어떤 살아 있는 유기체를 해충으로 규정하고 그것을 박멸하려고 노력하는 것에 잘못된 점이 없는가? 이러한 논쟁에 참여하는 곳에서는 어디서나 철학적 가정이 뒤따른다. 살충제는 사용되기 전에 안전성이 입증되어야 하는가, 혹은 입증 책임은 위험을 예측하는 사람에게 있는가? 이러한 질문에 대답하는 것은 또한 윤리학과 정치철학의 쟁점을 포함한다.

관련된 윤리적, 철학적인 문제를 고려하지 않고 과학이나 기술(혹은 경제학이나 법률)에 의존하는 것은 그것을 해결하는 것만큼이나 많은 또 다른 문제를 일으킬 수 있다. 환경과 관련된 정책 결정을 과학 기술 분야의 '전문가들'에게 일임하는 것은 이러한 결정이 객관적이고 가치중립적일 것이라는 걸 의미하는 게 아니다. 그것은 단지 그 쟁점을 결정짓는 가치들과 철학적 가정들이 바로 이러한 전문가들 자신이 간직하고 있는 가치들과 가정들이라는 것을 의미할 뿐이다.

이 책은 철학적 윤리학에서 지침을 찾고 있지만, 많은 사람들은 과학과 기술에서 대답을 기대한다. 이들은 우리가 안전하고 값싸며 효과적인 화학 살충제를 개발할 수 있다면, 화석연료를 태워서 발생하는 이산화탄소를 가두어 두기 위한 탄소 격리 공정을 설계할 수 있다면, 보다 효과적인 태양전지판을 설계하거나 지열, 풍력, 조력 등의 잠재적인 에너지를 이용할 수 있다면, 내연기관의 대체물로 수소연료 전지기술을 발전시킬 수 있다면, 그리고 저온 핵융합(cold fusion) 기술을 터득할 수 있다면 좋을 것이라고 생각한다.

우리 문명 안에 살고 있는 많은 사람들에게, 특히 정책을 입안하는 위치에 있는 많은 사람들에게 과학과 기술은 환경 문제들을 해결하기 위한 유일한 희망을 제공해 준다. 그들이 보기에 환경 문제는 흔히 고도로 기술적인 문제들과 관련되어 있기 때문에 이러한 기술 분야에 있는 전문가에게서 그 대답을 구하는 것만이 온당하다. 지구적 기후 변화에 대해서 기상학자보다 우리에게 더 잘 이야기해 줄 수 있는 사람이 있겠는가? 살충제의 안전성과 효능에 대해서 화학자보다 더 잘 이야기해 줄 수 있는 사람이 있겠는가? 과학은 감정이 격해지기 쉽고 논쟁이 넘쳐나는 분야들에서 객관적이고 사실적인 대답을 제공해 주기 때문에, 많은 사람들은 과학이야말로 환경적 관심사를 다루는 데 도움을 구할 수 있는 영역이라고 믿는다. 만약 과학에 의지하지 않는다면 유일한 대안은 텔레비전 토크쇼에서 전형적으로 등장하는 말싸움에 맡기는 것이겠으나, 그런 식으로 해서 문제가 해결될지에 대해서는 회의적이다.

카슨의 책이 암시하듯이, 우리는 환경 문제를 단지 몇몇 전문 분야에 의해서 해결을 기대할 수 있는 단순한 기술적인 문제로 생각할 때가 있는데, 이는 위험하다. 그 이유는 환경 문제들의 범위가 어떤 특정 분과의 문제로 국한되지 않기 때문이다. 예를 들어 살충제 오염 문제는 농업, 생물학, 화학, 의학, 경제학, 정치학, 법학과 관련된다. 지구적 기후 변화도 마찬가지로 다양한 학문 분야와 관련된다. 그러나 가치에 대한 기본적 질문을 제기하지 않는 환경 문제들을 찾기란 불가능하다. 기술적인 단기적 해결책을 발견하려는 기대를 가지고 심각한 환경 문제에 접근하는 것은 실제 문제에 대한 한정되고 편협한 이해만을 가능하게 한다. 카슨의 『침묵의 봄』은 이러한 접근 방식에 내재된 위험을 드러내 준다. 우리가 이러한 예들에서 보았듯이 기술적이거나 과학적인 '해결책들'은 결과적으로 그것들이 해결했던 만큼의 많은 새로운 문제들을 만들어 냈다.

세계가 어떻게 움직이는지를 이해하는 데 도움을 받기 위해서 과학에 의존하려는 것은 합리적이고 교양 있는 사람들의 특징이다. 그러나 윤리적이고 정치적인 문제들을 해결하기 위해 과학과 기술에 의존하려는 것은 그렇지 않을 수 있다. 예를 들어 이산화탄소와 지구온난화가 증대되는 수준에 대한 응답으로 어떤 사람들은 대규모의 기술적이고 지구공학적인(geo-engineering) 해결책을 제안한다. 대기와 대양의 생물물리학적인

(biophysical) 과정을 조작하는 것이 증가하는 대기 중 이산화탄소의 영향을 줄이기 위한 수단이라는 것이다. 그러한 대규모의 실험들에 관한 회의는, 카슨과 같은 사람들이 충고하듯이, 합리적이고 교양 있는 시민의 특징으로 보인다.

그러나 과학과 기술에 지나치게 의존할 때의 위험은 이러한 기술적 복잡성이라는 단순한 문제의 범위를 훨씬 뛰어넘는다. 과학은 많은 사람들이 가정하는 것처럼 그렇게 가치중립적이지 않다. 우리의 문화는 과학을 지식과 진리에 대한 문제들과 관련해서는 궁극적 권위로서 생각하는 아주 뿌리 깊은 믿음을 가지고 있다. 비록 이러한 점을 과장되게 말하지 않는 것이 중요하긴 하더라도(물론 과학은 우리가 환경 문제들을 이해하고 해결하는 것을 수월하게 해주기 위한 굉장한 잠재력을 가진다), 과학은 많은 사람들이 가정하듯이 그렇게 순수하게 객관적이거나 가치중립적인 것은 아니다.

예를 들어 경제학은 많은 환경 논쟁에서 지배적인 역할을 한다. 따라서 경제학이 환경과 관련된 대부분의 중요한 공공정책을 결정하는 데 신뢰할 수 있는 주요 도구라고 말하는 것은 온당하다. 이렇게 신뢰하는 근본적인 이유는 경제학이라는 사회과학은 사회적 비용과 편익을 분석하기 위한 객관적인 방법론을 제공하기 때문이다. 하지만 이 책 3장에서는 환경 정책에서 경제학의 역할에 대해 자세히 살펴보고, 가치중립적인 학문이라고 생각되던 경제학이 사실은 가치의존적(value-laden)이라는 것을 논증할 것이다. 또한 효용성, 행복, 비용, 편익, 그리고 자기 이익과 같은 개념이 철학과 윤리학에서 논쟁의 여지가 있는 가정을 얼마나 포함하고 있는지를 보여 줄 것이다.

여기에서 과학의 객관성에 대한 쟁점을 충분히 논의할 자리는 아니지만, 우리가 환경 문제의 해결을 위해 오직 과학과 기술에만 의지하려는 유혹을 받을 때, 우리는 잠시 멈추어 고민해야 한다. 어떤 점에서 과학은 지식에 대한 상세하고, 주의 깊고, 검증된, 그리고 증거가 마련된 접근 방식 이외의 어떤 것도 아니다. 과학은 과학자로 하여금 가정을 최소화하고, 편견을 버리고, 결과를 검증하고, 결론을 증거에 의해 지지될 수 있는 범위로 한정하고자 노력할 것을 요구한다. 이러한 의미에서 과학적 방법은 사실상의 '윤리(ethic)'를 포함한다고 할 수 있다. 그것은 바로 불편부당하고, 정확하고, 합리적인 결과에 이르는 것을 보장해 주는 것을 목표로 하는 윤리다. 과학적 실천이 이러한 윤리에 들어맞는 만큼 우리는 그 결과의 합리성에 대해 확신을 가질 수 있다. 지식에 대한 이러한 편견 없는 접근 방식은 또한 현대의 정치적인 논쟁에 흔하게 있는 신랄한 수사에 대한 중요한 대안을 마련해 준다.

그럼에도 불구하고 이러한 방법은 과학적 연구에 영향을 미치는 숨겨진 가정을 포함할 수도 있다. 예를 들어 9장은 근대 과학이 물리학에서 가져온 모델에 의해 지배된다는 주장을 살펴볼 것이다. 그러한 견해에 따르면, 우리가 어떤 대상(예를 들어 물리적 대상)을 가장 단순한 요소들(원자나 전자 같은 것)로 환원하고 그러한 요소들에 작용하는 힘(중력과 전자기 같은 것)을 탐구하게 될 때 그 대상을 가장 잘 이해할 수 있게 된다. 그러나 비판자들에 따르면 환원주의적 접근 방법은 다른 분야에서는 부적절하다. 예를 들어 경제학, 사회학, 정치학과 같은 사회과학은 '사회'가 자기 이익이라는 힘에 의해 기계적으로 움직이는 개인들의 단순한 집합으로 환원된다면 당연히 진실을 왜곡하게 된다.[3] 우리의 관심사와 보다 관련이 깊은 것은 어떤 생물학자들은 물리학의 모델이 특별히 생태계에 대한 연구를

3　J. Mansbridge, *Beyond Self-Interest*(Chicago: University of Chicago, 1990) 참고.

잘못 이끌고 있다고 믿는다는 것이다. 이러한 환원주의적인 경향은 생태계 내에 존재하는 복잡한 관계들을 무시하거나 왜곡할 수 있다. 환원주의는 말 그대로 나무만 보기 때문에 숲을 보지 못한다.

마찬가지로 기계론적 설명을 받아들이는 것은 생태학적 관계에 대한 우리의 이해를 왜곡할 수 있다. 예를 들어 동물의 행위에 대한 우리의 이해와 관련된 논쟁은 때때로 기계론적 용어로 이루어진다. 동물의 행위는 환경 조건에 의해 야기되거나, 유전자 프로그래밍에 의해 통제된다. 어느 쪽이든 그러한 설명은 불변적이고 결정적이며 기계적인 '자연의 법칙들'로 진술될 수 있다. 또 한편 많은 생물학자들이 볼 때 이것은 동물의 행위에 대한 왜곡되고 지나치게 단순화된 설명에 해당한다. 가장 단순한 유기체조차 그 자신과 자손들이 환경에 의해 변화되는 만큼 그 환경을 변화시킬 수 있다.

생물학적이고 환경적인 변화는 결정론적 법칙들에 의해 일어나기도 하지만 무작위적인 우연을 통해서도 일어나는 것으로 보인다.[4] 따라서 동물 행위의 기계론적 모델에 기반을 둔 야생생물 관리 정책은 불변성보다는 변화가 일반 표준이라고 가정하는 정책과는 판이한 결과와 권고 내용을 지니게 될 것이다. 그래서 과학이 불편부당성과 객관성이라는 가치들과 연관되어 있음에도 불구하고 과학의 관행은 생각만큼 늘 그렇게 편견 없는 절차는 아니다.

과학은 또한 때때로 방법이나 절차로서가 아니라 정보나 사실의 집합체로서 이해된다. 확실히 사실들이 객관적이고, 과학이 그 사실들을 발견하는 것이라면, 과학적 지식은 객관적이어야 하거나 혹은 과학의 객관

---

4 생태학적 시각에서 행해진 과학의 기계론적 관점에 대한 비판은 Daniel Botkin, *Discordant Harmonies*(New York: Oxford University Press, 1990)를 보라.

성에 대한 신화가 우리로 하여금 그렇게 믿도록 할 것이다. 우리가 환경적 도전에 대처하기 위해 과학적 정보에만 의존할 때, 우리는 얼마나 위안이 돼야 하는가? 사실들이 주의 깊고, 방법론적이고, 검증된 절차를 통해서 확립될 때조차도, 사실들은 좀처럼 모든 것을 다 말해 주지 않는다는 것을 인정할 필요가 있다. 잘 확립된 과학적 정보에 의존하는 것도, 그 정보가 우리에게 완벽한 설명을 제공해 주지 못한다면 위험한 것일 수 있다. 아마도 모든 이야기를 다 아는 데 있어 가장 큰 장애물은 대답을 얻는 데서의 과학의 무능이 아니라 물음을 제기하는 데서의 과학의 한계일 것이다. 환경 문제를 해결하기 위해 과학적 대답에 의존하기 전에 과학자들이 어떤 질문을 하고, 그들의 질문이 종종 과학의 영역 밖에 있는 요인들에 의해 결정된다는 사실을 인지할 필요가 있다.

예를 들어 내가 사는 지역의 정치 지도자들은 최근에 주요 습지와 드물고 환경적으로도 민감한 오크 삼림지대를 통과하는 4차선 도로를 건설하려는 계획과 마주했다. 이 계획을 구체적으로 논의하기 전에 지방의회는 토목기사에게 도로 건설에 따른 타당성 조사를 의뢰했다. 토목기사는 사실들이 도로가 필요하다는 것을 증명하기 때문에 도로가 건설돼야 한다는 보고서를 보내왔다. 사람들은 과학적 연구에 의해서 결정된 사실들에 기초했기에 이 보고서를 우리가 해야 하는 것으로 받아들였다. 그렇다면 이러한 결론에 이르게 한 '사실들'은 무엇인가? 토목기사는 인구성장, 주택 조밀도, 교통량, 건설 비용 등에 관한 계획을 나타내는 그래프와 숫자로 가득한 보고서를 제출했다. 그는 환경적 관심사와 이웃의 관심사는 과학적이고 객관적인 방식으로 측정할 수 없기 때문에 보고서에 포함하지 않았음을 인정했다.

우리는 이 같은 상황에서 어떤 일이 벌어지는지 인식해야 한다. 사회는 여러 가지 관심사들을 불러일으키는 결단에 직면하게 되는데, 어떤 것은 과학적으로 측정되거나 계량될 수 있지만 그렇지 않은 것들도 있다. 이것을 생각하면 정책 입안자들은 두 가지 선택에 놓이게 된다. 과학적으로 측정할 수 없는 관심사는 무시하고 오로지 '과학적 사실'에 기초해서 결정하거나, 혹은 과학이 의사결정을 위한 적절한 기초라는 점을 거부하는 것이다.

세계적으로 인정받는 에너지 과학자 애머리 로빈스(Amory Lovins)는 "당신이 얻는 대답은 당신이 묻는 질문에 달려 있다"라는 말을 우리에게 상기시키면서 유사한 주장을 하고 있다.[5] 로빈스는 이 점을 설명하기 위해 에너지 정책의 예를 든다. 만약 우리가 에너지 문제를 공급의 문제로 규정한다면, 우리는 에너지를 다 써버리고 있고 새로운 에너지 자원을 필요로 한다고 쉽게 결론지을 수 있다. 과학은 자원 고갈이라는 사실을 통계로 입증할 수 있고, 석탄과 석유 그리고 우라늄의 매장량을 추정할 수 있으며, 다양한 에너지 자원의 기술적 이점을 비교해 볼 수 있고, 석탄과 석유, 핵에너지 등을 연료로 하는 발전 설비들의 비용과 효과를 예측할 수 있다. 그래서 에너지 생산의 다양한 대안에 관한 과학적 자료를 수집하는 것을 생각해 낼 수 있을 것이다. 또한 이러한 사실들을 가정할 경우 하나의 대안(예를 들어 원자로)이 가장 합리적인 선택이 아닐까 생각할 수도 있을 것이다. 우리는 이러한 결정이 과학의 객관적이고 중립적인 사실들에 근거한다고 생각할 수 있다.[6]

---

5 Amory Lovins, "Technology Is the Answer(But What was the Question?)", in G. Tyler. Miller, *Environmental Science*, 3d ed.(Belmont, Calif.: Wadsworth, 1991), 56-57쪽.

6 에너지 공급에 대한 이러한 접근 방식의 예들에 대해서는 2001년 4월 30일자 AP통신의 당시 부통령이었던 리처드 체니(Richard Cheney)에 의한 에너지 정책 주소를 보라. 다양한 온라인 출처들이 이용 가능하다.

그러나 우리가 에너지 문제를 수요의 문제로 규정한다면 다른 대답을 내놓게 될 것이다. 우리는 에너지 이용에 관한 문제, 에너지 자원을 에너지 이용과 조화시키는 문제, 에너지 효율에 관한 문제, 적정 기술 등에 관한 문제를 제기하기 시작한다. 이러한 문제들을 제기하는 과학자는 아마 가정 난방, 단열재, 전기모터, 조명, 전기기구들의 효율성, 저연비의 자동차, 대중교통, 수소연료 전지, 태양에너지와 같은 문제에 초점을 맞출 것이다. 분명 이러한 질문들에 대답하기 위한 노력에서 나오는 정보는 공급 문제들로부터 나오는 정보들과 마찬가지로 아주 사실적이고 객관적이지만, 상이한 에너지 정책들을 제시할 것이다. 이러한 사실들은 전기로 가정 난방을 하는 것은, 비록 그 전기의 공급원이 다른 대체 공급원과 비교해 안전하고 효율적이라고 할지라도, 상당히 불합리하다고 판정할 것이다.

그래서 우리는 과학적 관점에서 제각각 똑같이 타당하고 객관적인 두 부류의 사실들이 아주 다른 정책 권고안들로 인도하는 상황을 맞이하게 된다. 한 부류의 사실은 새 발전소를 건설하는 것을 지지하고 다른 한 부류는 적정 기술을 보다 더 강조하는 것을 지지한다. 그러한 시나리오에서 과학적 사실들이 단독으로는 우리가 선택해야 할 대안이 어느 것인지에 관해 아무것도 말해 주지 않는다.

다음 장들에서는 사실로부터 가치를 추론하는 것과 관련된 보다 더 일반적인 어려움을 살펴볼 것이다. 철학자들은 오랫동안 세계에 대한 기술은 그 자체로 우리로 하여금 세계가 어떠해야 하는지에 관한 특별한 결론에 이르게 하지 못한다는 것을 인정해 왔다. 여기서는 사실에 대한 진술과 가치에 대한 진술 간의 차이를 인식하는 것만으로도 우리가 과학과 기술에 지나치게 의존하는 것에 대하여 경종을 울리기에 충분하다. 우리

1부 기본 개념들

는 환경과학자들이 어떤 질문을 제기하는지에 대해 각별히 주의를 기울일 필요가 있다. 만약 질문이 제한된다면 대답 또한 제한될 것이고, 그러한 대답에 기초해서 사회가 채택하는 정책 권고 역시 제한될 것이다.

그렇다면 과학자들은 어디에서 질문을 얻는가? 과학적 질문은 대개 과학적 연구를 위해 자금을 지원하는 사람들에 의해 만들어진다. 최첨단 기술을 이용한 과학적 연구는 비용이 많이 드는 기획이다. 일반적으로 정부와 기업이 그 자금을 제공한다. 자금을 지원받고 이루어지는 연구 사업들은 정부나 기업에 의해서 제기된 질문에 대답하는 것들이다. 예를 들어 화학산업에 종사하는 과학자들이 새로운(그리고 일반적으로 보다 더 값이 비싼) 화학 살충제를 권장하면서 곤충들의 저항력 문제에 대답할 때, 우리가 놀랄 필요는 없다. 물론 이런 조건들하에서 관리된 과학이 항상 정부나 기업이 원하는 대답을 만들어 주지 않을 수도 있지만, 근본적으로 다른 대답들을 제공할 가능성은 아주 제한적이다.

로빈스의 예를 계속 들자면, 핵에너지에 관해 이제까지 알려진 것들의 대부분은 미국 정부의 지원을 받은 연구로부터 나온 것이다. 특히 미국 국방부는 핵무기를 개발하는 데 수십억 달러를 썼다. 사실 핵발전소의 표준 설계는 잠수함에 동력을 공급하는 원자로를 변형한 것이다. 그래서 핵에너지에 관한 우리의 지식은 매우 다른 맥락에서 이루어진 정치적 결정에서 그 기원을 찾을 수 있다(살충제에 대한 우리의 지식 또한 마찬가지다. 그러한 연구의 대부분은 세계 대전 동안 이루어진 화학무기에 대한 연구와 더불어 시작했다).

이것은 그러한 지식이 생각보다 덜 합리적이거나 덜 타당하다고 말하는 것은 아니다. 하지만 우리는 우리가 내리는 환경적 결정이 우리가 이용할 수 있는 정보, 기술, 재원에 의존한다는 것을, 그리고 이것들은 과학자들이 묻는 질문의 종류가 무엇인지에 의존한다는 것을 인정할 필요가 있다. 예를 들어 지난 60년에 걸쳐 핵무기와 핵 연구에 쓰인 돈이 태양에너지 연구에 쓰였다면, 우리가 태양에너지 분야에서 갖게 되었을 지식과 기술을 상상해 보라.

우리는 과학자들의 전문 지식을 지나치게 일반화해서는 안 된다는 것이 적절한 경고가 될 것이다. 과학이 객관성과 중립성을 요구하기 때문에, 그것의 모든 이용도 객관적이고 가치중립적이라고 생각해서는 안 된다. 비록 과학적 전문 지식이 불편부당하고 객관적인 방법에 연관된다 하더라도, 그리고 비록 그 연구 결과물이 타당하다고 하더라도, 우리가 과학적 정보를 실제로 이용할 때는 합리적이지 않을 수 있다. 우리는 또한 많은 환경 문제가 기술적인 문제를 포함하기 때문에, 그것들 또한 윤리적인 문제를 제기하지 않는다고 생각해서는 안 된다. 이따금 과학을 둘러싼 객관성의 신화는 이러한 점들을 흐리게 할 수 있다. 환경철학의 한 가지 역할은 대안적인 환경정책에 숨겨져 있는 가치가정들(value assumptions)을 분명하게 드러내 보여 주는 것이다. 때때로 이것은 우리가 과학과 기술에 함축되어 있는 가치가정들을 검토할 것을 요구한다.

그럼에도 불구하고 어떤 추상적 윤리 이론이 환경적 논쟁을 해결할 수 있다고 생각하는 것도 잘못이다. 과학, 기술, 그리고 다른 관련 분야들에 대해서는 알지도 못하면서 추상적으로만 이루어진 윤리적이고 철학적인 분석은 환경 문제를 해결하는 데 공헌하는 바가 많지 않을 것이다. 임시방편적인 해결책을 위해 철학적 윤리학에 의지하는 것은 과학에 지나치게 의존하는 것과 마찬가지로 근시안적이다.

우리가 세계를 어떻게 이해하고, 그 결과 어떻게 평가하며, 무엇을 평가하는지 하는 것은 주로 과학자들이 세계에 관해 우리에게 말해 주는 바가 무엇인지에 의해 구체화된다. 최선의 접근 방식은, 우리가 직면하고 있는 환경 문제들에 대처하는 데 의미 있는 진전을 이루고자 희망한다면, 과학과 윤리학 모두가 반드시 필요하다는 것을 인정하는 것이다. 우리는 오래된 철학적 격언을 각색함으로써 이러한 시각을 표현할 수 있다. "윤리학 없는 과학은 맹목이고 과학 없는 윤리학은 공허하다." 이 책에서 우리는 철학자들이 환경과학과 환경정책을 위해 그러한 비전을 마련해 주려고 시도하는 다양한 방식들을 살펴볼 것이다.

3. 철학, 정치학, 그리고 윤리적 상대주의

환경과 관련된 결정은 과학 전문가에게만 맡겨서는 안 되고, 정치 영역에서 이루어지는 것이 맞긴 하지만, 그렇다고 해서 정치를 통해 환경 발전이 이루어질 것이라고 기대하는 것은 순진한 일일 수 있다. 현재 미국에서의 당파적인 정치적 풍토를 감안한다면, 환경 문제가 정치적인 영역에서 합리적으로 해결될 수 있다고 생각하는 것은 순진하다. 그렇지만 합리적인 정치적 논의에 대한 유일한 대안은 그러한 결정을 가장 큰 소리로 떠들어 대는 사람들, 로비스트에게 가장 많이 지불하는 사람들, 매스컴을 가장 잘 조작하는 사람들에게 맡기는 것으로 보일 수 있다. 우리는 정치학이 분별 있는 환경적 결정을 내리는 것을 신뢰할 수 있는가?

이러한 쟁점과 관련한 철학적 견해를 살펴보기 위해 소크라테스 시대로 되돌아가 보자. 일찍이 플라톤(Plato)의 『국가The Republic』에서 소크라테스와 그의 동료들은 정의에 대한 철학적인 검토에 참여했다. 여러 사람들이 정의에 대한 설명을 하고 난 후에 소피스트(sophist)인 트라시마쿠스(Thrasymachus)가 논의에 끼어들어 "정의는 강자의 이익 이외의 어떤 것도 아니다"라는 냉소적인 대답을 내놓았다. 다시 말해 옳고 그름, 정의와 부정의는 힘을 가진 사람에 의해 좌우된다는 것이다. 즉 힘이 곧 정의라는 말이다.

이들 회의론자에 따르면 윤리학, 정의, 도덕에 대한 모든 이야기는 그저 무대 뒤에서 실제로 벌어지는 일들을 가리기 위한 연막에 불과하다. 정치적 의사결정은 경쟁하는 이익집단들이 그들 자신의 선호를 주장하고 승자들이 옳고 그름을 정의하는 권력 정치 이외의 어떤 것도 아니다. 거기에는 옳고 그름을 결정하기 위한 독립적이고 합리적이며 객관적인 수단이란 없다. 현대의 정치 용어로 말하자면, 이러한 견해는 정치적 현실주의(political realism)로 불릴 것이다. 철학 용어로 이것은 이른바 윤리적 상대주의(ethical relativism)의 한 변형이다. 그리고 이것은 이 책의 출발점에서 검토해 볼 가치가 있다.

트라시마쿠스의 주장은 윤리학 연구에 대한 가장 심각한 도전의 표본이다. 트라시마쿠스에 동의하는 사람들의 견해가 바탕이 된다면 윤리학은 무익한 것이다. 왜냐하면 윤리적 가치들은 궁극적으로 개인적 견해나 신념의 문제이기 때문이다. 이러한 이유로 그들은 윤리적 논쟁은 합리적인 대답을 가질 수 없다고 생각한다. 윤리학은 단순히 개인적인 견해의 문제이고, 따라서 정치적인 불일치는 오로지 정치적이고, 경제적이고, 군사적이고, 물리적인 권력 행사를 통해서만 해결될 수 있다. 가장 큰 소리를 지르는 사람들이 논쟁에서 승리한다. "정의는 강자의 이익이다."

윤리적 상대주의에 따르면 편견 없고 객관적인 윤리적 판단을 내리는 것은 가능하지 않다. 상대주의자는 윤리적 기준은 개인의 믿음, 느낌, 문화, 종교 등에 의존한다고, 즉 **상대적**이라고 주장한다. 그들의 믿음, 느낌, 문화, 종교 등이 다르기 때문에 윤리적 불일치를 해결할 합리적 방법이란 없다. 상대주의자는 우리가 그것에 의해 윤리적 판단을 평가하고 편견이 없는 결론에 도달할 수 있는 독립적인 합리적 규범들의 존재를 부정할 것이다.

그렇다면 대안이 있는가? 시민의 대화가 이성에 근거한 결론과 편견 없는 합의에 이르게 할 수 있다고 생각하는 것은 비현실적일 정도로 순진한 것인가? 소크라테스는 트라시마쿠스의 회의주의를 부정했고, 주의 깊고 논리적이며 이성에 근거한 대화가 합리적 근거로 옳음과 그름을, 정의와 부정의를 구별할 수 있다고 주장했다. 소크라테스의 모델을 따라서 이러한 회의적인 입장을 살펴보자.

첫째, 우리는 사람들이 윤리적 쟁점들에 관해 불일치한다는 **사실**을 객관적 일치가 불가능하다는 철학적 **주장**과 혼동해서는 안 된다. 서로 다른 문화권에서 서로 다른 배경을 가진 사람들은 윤리학의 질문들에만 한정되지 않는 많은 다른 질문들에 관해서도 서로 다른 믿음을 갖는다. 따라서 단순히 두 문화가 다른 믿음을 갖는다는 사실만으로 옳은 대답이 없다고 결론짓는 것은 잘못이다. 예를 들어 어떤 사람들은 지구는 평평하고 우주의 중심에 놓여 있다고 믿을 수도 있다. 그러나 우리는 단지 사람들의 믿음이 서로 불일치한다는 사실로부터 이러한 믿음을 평가할 객관적 기준이 없다고 결론지을 이유가 없다. 그래서 문화들이 가치와 관련해서 서로 불일치한다는 사실로부터 어떤 올바른 대답도 존재하지 않는다고 추론하는 것 또한 잘못이다. 지구가 평평하다고 믿는다고 해서 지구가 평평하게 만들어지는 것은 아니다. 그리고 살인행위가 올바른 것이라고 믿는다고 해서 살인이 올바른 것이 되는 것도 아니다.

우리는 또한 윤리적 추론에서 지나치게 많은 것을 요구하지 않도록 주의해야 한다. 이 책에서 살펴보는 어떤 논쟁들도 도덕적 확실성을 가지고 해결될 수 있는 것은 거의 없다. 만약 윤리학이 확실하게 어떤 결론을 '증명'할 수 없다면, 어떠한 객관적 결론도 존재하지 않는다고 생각하고 싶은 유혹이 있다. 그러나 이러한 증명의 기준이 비록 수학과 그 밖에 불과 몇 개 되지 않는 다른 영역들에는 적용 가능할 수 있겠지만, 윤리학에서는 확실히 부적절하다. 의학과 생태학, 기상학 등이 이러한 판단이 의심의 여지없이 확실하다고 증명하지 않고도 합리적이고 객관적인 판단을 제공하는 것과 마찬가지로, 윤리학 또한 수학에서 찾아볼 수 있는 것과는 다른 추리의 표준을 갖고 있는 것이다.

마지막으로 우리는 상대주의가 함축하고 있는 것들을 지적해야 한다. 일관된 상대주의자라면 증오와 살인과 노예 소유와 전체주의를 비난하면서도 우정과 사랑과 자유와 민주주의를 찬양할 객관적 근거는 없다고 믿어야만 한다. 상대주의자는 전제군주를 공공연히 비난하거나 영웅을 칭찬하기 위한 어떤 객관적인 근거도 없다는 결론을 받아들여야만 한다. 일관된 윤리적 상대주의자는 윤리학에서 합리적인 설득과 대화가 가능하다는 것을 부정해야 한다. 또한 옳고 그름은 힘을 가진 사람에 의해서 정의되고 힘없는 사람은 의견이 불일치할 때 어떠한 (합리적인) 수단도 갖지 못한다는 트라시마쿠스의 입장을 계속 유지해야 한다.

우리에게는 권력 대 권력만이 남겨진다. 비록 몇몇 사람이 윤리적 상대주의자인 양 이야기할 수는 있겠지만, 우리 중 어느 누구도 일관된 상대주의자로 인생을 살아갈 수는 없다. 아마 이러한 실천적인 모순이 상대주의의 입장에 대한 가장 설득력 있는 논박일 것이다. 우리가 모든 정치적인 불일치를 권력 투쟁으로 남겨 두기를 원치 않는다면, 우리는 아마도 소박하게 합리적인 대화와 진보가 가능하다고 가정해야 한다.

4. 환경윤리학

아마도 윤리학에서 상대주의와 합리성의 문제를 올바르게 해결하기 위한 유일한 방법은 윤리학의 실천에 있다. 윤리적인 논쟁을 해결할 합리적인 방법이 있는가? 윤리적인 진보는 가능한가? 만약 그렇지 않다면 윤리적으로 타당하고 책임 있는 결론에 다가가기 위하여 정치의 영역은 신뢰할 수 있는가? 혹은 우리는 트라시마쿠스에 만족하고 우리의 견해를 다른 사람들에게 강요할 수 있도록 가장 힘 있는 자가 되려고 노력해야 하는가? 그러면 이제 합리적인 진보가 가능한지를 보기 위해 환경윤리의 실천에 참여하여 환경과 관련한 폭넓고 다양한 윤리적 쟁점들을 처음부터 끝까지 자세히 살펴보자.

일반적으로 환경윤리학은 인간과 자연환경 간의 도덕적 관계에 대한 체계적인 설명이다. 환경윤리학은 윤리적 규범이 자연계에 대한 인간의 행위를 제어할 수 있고 또 실제로 제어한다고 가정한다. 그렇다면 환경윤리학의 이론은 이러한 규범이 무엇인지를, 그리고 인간은 누구에게 어떠한 책임을 지는지를 설명해 주어야 하며, 이러한 책임이 어떻게 정당화되는지를 설명해 주어야만 한다.

환경윤리학의 상이한 이론들은 이러한 질문들에 다양한 대답을 내놓는다. 이 대답들 중 몇 개를 간략하게 살펴보는 것이 이 책을 개관하는데 도움이 될 것이다. 어떤 철학자들은 자연환경에 대한 우리의 책임은 그저 간접적이라고 주장한다. 예를 들어 자원을 보존할 책임이라는 것은 우리가 다른 인간들에게 지는 책임이라는 점에서 가장 잘 이해된다는 것이다. 인간 중심적(anthropocentric, 인간이 중심이 된(human-centered)) 윤리학은 오로지 인간만이 도덕적 가치를 갖는다고 주장한다. 그래서 비록 우리가 자연계에 **관련한** 간접적인 책임을 갖는다고 애기될 수 있을지라도, 우리가 자연계에 **대한**(to) 직접적인 책임을 갖지는 않는다.

환경운동 초기 10년간 일어났던 공기나 수질 오염, 유독성 폐기물, 살충제의 남용 등과 같은 많은 쟁점은 인간 중심적 윤리학으로부터 제기된 문제들이다. 살충제로 오염된 음식과 더러워진 식수는 인간의 안녕에 직접적인 위협을 가한다. 그래서 인간 중심적인 환경윤리학은 표준적인 윤리적 원리를 새로운 사회적 문제에 단순하게 적용할 필요가 있다. 3장에서는 이러한 접근 방법의 몇 가지 사례를 살펴볼 것이다.

인간 중심적 윤리학의 한 가지 확장은 미래 세대를 우리의 도덕적 책임의 대상으로 고려하는 것이다. 이러한 접근 방법은 오로지 인간만이 도덕적으로 간주된다는 점에서 여전히 인간 중심주의적인 것으로 남지만, 이것은 우리의 책임을 존재하지 않는 어떤 인간들에게까지로 확장한다. 이러한 확장은 우리로 하여금 윤리적 문제뿐만 아니라 인식론적이고 형이상학적인 문제를 제기할 것을 요구한다. 다른 사람들에 대한 나의 책임에 대해 묻는 것은 의미가 있지만, 존재하지도 않고 결코 존재할 수도 없는 사람들에 대해 내가 책임을 갖는다고 말하는 것이 의미가 있는가? 예를 들어 현재의 인간들은 10만 년 동안 존속할 수도 있는 인간들에게 책임을 져야 하므로 핵폐기물 저장 방식을 바꾸어야 하는가? 자원보전과 핵폐기물 처리와 같이 초기 환경운동에서 강조했던 다양한 문제들은 이러한 윤리적 관점에서 고려되었다. 4장은 미래 세대에 대한 우리의 책임과 관련한 다양한 철학적, 윤리적 쟁점을 다룰 것이다.

또 다른 철학자들은, 다른 인간에 대한 책임에 더하여, 우리는 확실히 자연 대상들에 대한 직접적인 책임을 갖는다고 주장해 왔다. 탈인간 중심적 윤리학은 동물이나 식물과 같은 자연 대상들에게 도덕적 지위를 부여한다. 일반적으로 이러한 접근 방법은 표준적인 윤리적 원리들을 더 확장하고 개정할 것을 요구한다. 동물들 그리고 멸종 위기에 처한 많은 식물과 동물 종들에 대한 윤리적 대우를 둘러싸고 벌어지는 논쟁은 탈인간 중심적 윤리학의 가장 잘 알려진 쟁점들 중 하나다. 5장과 6장은 다양한 탈인간 중심적 윤리 체계를 살펴볼 것이다. 환경윤리학의 또 다른 발전은 개별적인 생명체들(예를 들어 얼룩올빼미나 아메리카 삼나무)에게 초점을 두는 것으로부터 종이나 개체군, 혹은 생태계와 같은 집합이나 '전체들'에 초점을 두는 것으로 전환함으로써 이루어진다.

전체주의적 윤리학(holistic ethics)은 우리가 전체를 구성하는 그 개별자들에 대해서보다는(혹은 더하여) 개별자들의 집합들(혹은 개별자들 간의 관계들)에 대해서 도덕적 책임을 갖는다고 주장한다. 예를 들어 전체주의적 환경윤리학은, 종들의 개체군이 위험에 빠지지 않는 한, 개별적 동물들의 선별적 사냥을 허용할 수도 있다. 생태학이라는 과학에 의해 큰 영향을 받은 전체주의는 좀 더 개체주의적인 윤리학이 문제를 일으키는 것보다 더 심각한 철학적 문제들을 제기한다. 예를 들어 어떤 것이 살아 있다는 것, 고통을 느낄 수 있다는 것, 의식적이라는 것 등과 같은 도덕적 지위를 위한 기준들은 집합들보다는 개별자들에게 더 그럴듯하게 적용된다.

8장부터 11장에 걸쳐 소개되는 전체주의적 윤리학과 비인간 중심주의적 윤리학은 최근의 환경철학자들이 어떻게 이러한 어려운 문제들에 대처해 왔는지를 고찰한다. 대체로 이러한 환경윤리학의 발전과 정당화는 옹호자들로 하여금 인식론이나 형이상학, 그리고 정치철학의 영역들로 보다 충분하게 옮겨 갈 것을 요구한다. 나머지 장들에서는 보다 폭넓은 환경철학들에 대해 소개한다.

논의를 마치기 전에 마지막으로 한 가지 주의할 점이 있다. 많은 철학자들이 윤리학을 과학과 기술과 마찬가지로 일반적 유형의 실천적 지침을 마련해 주는 것으로 생각한다고 말하는 것은 온당하다. 많은 사람들은 윤리학의 역할이 어느 특정한 경우에 적용될 수 있고 우리가 특정한 실천적인 결론을 연역할 수 있는 일반적인 원리나 이론을 마련해 주는 것이라고 생각한다. 그래서 어떤 윤리적 원리는 우리로 하여금 전체적인 행복을 극대화하는 방식으로 행동하도록 명령할 수도 있다. 그러므로 윤리적 행위는 A와 B라는 두 행위 중에 어느 것이 사실상 전체적인 행복을 극대화할 것인지를 결정하는 것을 필요로 한다. 일단 우리가 이러한 결정을 했다면, 우리는 윤리적으로 책임 있는 행위를 연역해 낼 수 있다. 이러한 관점에서 볼 때 윤리학도 과학과 똑같은 종류의 객관적이고 애매하지 않은 결론을 내릴 수 있다. 그러나 미리 경계할 필요가 있다. 환경적 쟁점들을 포함하여 어떤 유형의 윤리적 쟁점들도 좀처럼 그러한 애매하지 않은 해결의 여지가 없다는 것이다. 세계는 우리가 바라는 것처럼 그렇게 단순하지 않다. 이 책은 윤리적으로 올바른 대답들의 목록을 제공하지는 않을 것이다. 운이 좋다면 그것은 자연환경을 포함하는 일련의 윤리적이고 철학적인 쟁점들에 관하여 보다 주의 깊고 체계적으로 생각하도록 도와줄 것이다.

5. 요약

이 책은 이야기 속의 이야기를 다룬다. 그 일차적인 목적은 철학자들이 환경적 논의들에 공헌해 왔던 것들을 살펴보는 것이다. 이것들은 환경과학자들과 정책입안자들에게 제공되는 철학적 '통찰력'을 의미한다.

이 이야기의 목적은 독자들에게 문제가 되고 있는 쟁점들을 보다 완벽하게 이해하도록 도움으로써 환경적 쟁점들에 관한 토론에서 시민들로 하여금 충실한 참여자가 되도록 하는 것이다. 모쪼록 환경적 문제들이 합리적인 시민 담론을 통해서 성공적으로 다루어질 수 있기를 바란다.

그러나 이 이야기 속에는 철학적 윤리학 자체가 오늘날의 환경적 위기와 생태적 위기에 직면해서 어떻게 논의되고 또 확장되는지에 대한 설명도 포함된다. 많은 철학자들에게 전통적인 철학 이론은 환경 논쟁을 해결하기에는 부적합한 것으로 드러났다. 따라서 이 책은 철학적 윤리학을 독자들이 수동적인 관찰자가 아닌 적극적인 참여자가 되도록 하는 진행 중인 지적 활동으로서 소개할 것이다. 이 이야기의 목적은 여러분으로 하여금 단순히 철학에 관하여 배우는 것이 아니라 철학의 실천에 참여하도록 만드는 것이다.

생각해 봅시다

1. 온실가스의 영향이나 화학 살충제의 안전성을 평가할 때 누가 수용 가능한 위험 수준을 결정해야 하는가? '위험'은 과학적 사실의 문제인가, 아니면 가치의 문제인가? 무엇이 하나의 쟁점을 가치 쟁점으로 만드는가?

2. 지구온난화에 대해 인터넷 검색을 해보고, 가장 인기 있는 사이트들 중 몇 개를 살펴보라. 여러분은 어느 것을 편견 없고 객관적이라고 평가하고, 또 어느 것을 편견을 가지고 있고 당파적이며 비합리

적이라고 평가하는가? 그리고 어떤 근거를 가지고 그러한 결정을 했는가? 동료들도 여러분의 결정에 동의하는가?

3. '자연적(natural)'과 '자연(nature)'이란 개념의 다양한 용법에 대해 살펴보라. 여기에 어떤 가치가 함축되어 있지는 않은가? '자연적'이라면 모두 좋은 것인가? '인간의 본성(nature)'은 어떤가? 인간에 있어서 '자연적'이지 않은 것은 무엇인가? '자연적인' 비료와 '비자연적인' 비료의 차이는 무엇인가?

4. 좋은 과학과 나쁜 과학에 차이가 있는가? 우리는 흔히 과학은 가치 중립적이어야 한다는 말을 듣는다. 이것은 맞는 말인가? 여러분은 좋은 과학적 활동에는 어떤 가치가 포함되어 있다고 생각하는가?

5. 윤리적 문제에 관한 추론은 과학적 문제에 관한 추론과 어떻게 다른가? 과학자들은 과학에서 논쟁이 되는 많은 주장들을 어떻게 평가하는가? 우리는 논쟁의 여지가 있는 윤리적 주장들을 어떻게 평가할 것인가?

6. 믿음과 진술을 객관적인 것으로 만들어 주는 것은 무엇인가? 이것을 주관적인 믿음이나 진술과 대조해 보라. 예를 들어 나무에 관한 어떤 진술이 객관적이고 또 어떤 진술이 주관적인가?

2장

윤리 이론들과 환경

토론 사례 | 왜 멸종위기 종을 보호해야 하는가?

미국에서 중요한 환경 관련 법률은 상당수가 1970년대에 제정된 것이다. 1970년의 대기오염방지법(1977년 개정), 1972년의 연방수질관리법(1977년 수질오염방지법으로 개정), 1973년의 멸종위기종보호법은 환경 문제들을 다루기 위한 국민적 합의에 기인한다. 각각의 법들은 원래 민주당 의회에서 제정하고 공화당 대통령이 서명했다.

비판자들은 법률 제정 초기부터 규제가 지나치다고 비난했다. 비난은 두 가지에 집중되었는데, 하나는 환경 관련 법률이 경제적인 비용은 물론 규제의 충분한 결과들을 고려하지 않았다는 것이고, 다른 하나는 이러한 법률이 사유 재산 소유자들의 권리를 침해한다는 것이다.

비판자들은 환경 관련 법률은 개인이나 기업에게 돈이 들게 한다는 점을 지적한다. 그들의 주장처럼 규제는 값비싼 오염 통제 기술을 요구하고 경제 발전을 저해하며 토지 이용을 제한한다. 많은 중요한 공공사업과 민간사업이 시어(snail darter, 민물고기의 일종), 얼룩올빼미, 아메리카 송장벌레, 투구벌레와 같은 잘 알려져 있지 않은 생물들의 이름으로 지연되거나 좌절되었다. 비판자들은 종의 보존이 하나의 공적인 목표이기는 하지만 그것은 경제 성장과 발전의 가치들과 균형이 이루어질 필요가 있다는 것을 인정한다. 환경정책의 목적은 공적인 편익은 극대화하고 비용은 최소화하는 것이어야 한다.

게다가 많은 환경 관련 규제는 개인의 권리를 침해한다. 따라서 정부는 시민들의 권리를 보호할 의무를 갖고, 이것이 이루어지지 않았을 때는 권리를 침해당한 사람들에게 보상을 해줘야 할 책무를 갖는다. 최근 여러 주들과 의회는 정부 규제로 인해 발생하는 재산 가치의 손실에 대해 보상을 요구하는 이른바 공용수용 법률 제정(takings legislation, '또한 사유재산은 적절한 보상 없이는 공적인 용도로 이용될 수 없다'라는 미 수정 헌법 제5조의 공용수용 조항으로부터)을 고려해 왔다. 그래서 개발업자가 멸종위기 종들의 서식지를 제공하기 위한 지역에서 주택 건설 계획을 금지당한다면, 정부는 개발업자가 그 땅을 개발할 경우 얻을 수 있는 이득을 보상해 주어야 한다는 것이다. 이 법률의 지지자들은 정부의 행위가 사람들에게 부여된 당연한 권리를 침해했다면, 정부는 공정성에 입각해서 그러한 손실을 보상해야 한다고 주장한다.

특히 멸종위기종보호법(ESA)은 몇 년에 걸쳐 광범위하게 비판을 받아 왔고 수정되어 왔다. 대머리독수리, 흑등고래, 회색 곰, 캘리포니아 콘도르, 연어, 이리와 같은 보다 중요한 종들의 보호에 대해서는 일반적으로 사람들의 강력한 지지가 있었다. 그러나 보다 덜 알려진 종들, 특히 비교적 진기하고 처음 보는 식물과 곤충 종들의 보호에는 지지가 덜 했다. 그

1부 기본 개념들

렇다면 왜 식물이나 동물 종을 보호해야 하는가?

멸종위기종보호법을 지지하는 사람들은 이 질문에 대해 다음 세 가지 대답을 내놓는다. 첫째, 많은 사람들은 종들의 보존이 인간의 안녕과 만족에 기여한다고 주장한다. 이런 주장은 종의 멸종과 그에 따른 유전자 풀(gene pool)의 감소와 더불어 잃게 될 수도 있는 미래의 이익, 특히 농업적이고 의학적인 용도들을 열거한다. 둘째, 식물과 동물이 인간에게 거의 혹은 전혀 이용 가치가 없다고 할지라도 그 자체로 존중되어야 하는 생명에 대한 권리를 갖는다고 주장한다. 셋째, 사물들의 자연적 질서에 호소하고, 동물과 식물 종이 본래적 가치를 갖거나 인간이 존중해야 하는 보다 높은 목적에 봉사한다고 주장한다. 때때로 이러한 주장은 특정 종들이 포식자나 먹이동물과 같이 생태계에서 하는 역할이라는 면에서 이루어진다. 이러한 주장의 또 다른 형태는 각 종들이 신의 피조물로서의 고유한 위상을 갖는 가치 있는 존재라는 종교적이거나 영성적인 부분에 호소한다. 지구상의 생명 다양성을 인간이 창조한 것은 아니기 때문에, 인간은 이 창조물들을 파괴해서는 안 된다는 것이다.

토론 주제

1. 다양한 종들을 보호함으로써 인간이 유익한 결과를 얻을 수 있다는 점에서 멸종위기종보호법을 지지하는 사람들이 있다. 그러나 비판자들은 종들을 보호하는 것이 해로운 결과를 가져올 수도 있다는 점을 지적한다. 여러분은 특정 종들이 유익한 결과를 더 가져올지 혹은 덜 가져올지를 어떻게 결정할 것인가? 여러분의 계산에는 어떠한 편익과 비용이 포

함되어야 하는가? 여러분은 어떤 종들이 가치 있는지를 어떻게 결정할
것인가?

2. 어떤 종은 다른 종보다 더 가치가 있는가? 천연두 바이러스가 멸종하는
것은 좋은 일인가? 우리는 에이즈 바이러스나 질병을 옮기는 모기를 박
멸하는 것을 목표로 해서는 안 되는가? 여러분은 어떻게든 보호되어야
할 종과 그렇지 않은 종 사이의 경계선을 어디에 그을 것이고, 어떤 근
거에서 그렇게 할 것인가?

3. 자연적으로 존재하는 종과 품종 개량이나 복제를 통해, 즉 인간의 기술
에 의해 창조된 종 사이에 윤리적 차이는 있는가? 복제를 통해 멸종된
종을 복원할 수 있다면 좋은 일인가? 인간에 의해 창조되거나 가공된
생명체에 대해서는 어떻게 생각하는가?

1. 서론

1장에서는 환경 논쟁을 과학 전문가나 파벌 정치에 의해 결정되도록
내맡기는 것이 아니라 정치 영역에서 편견 없이 합리적으로 의사결정하
는 것이 가장 책임 있는 대안이라는 점을 언급했다. 이 장에서는 윤리학
에서 합리적인 의사결정에 지침을 제공할 수 있는 여러 윤리 이론을 소개
할 것이다. 나는 여러분이 윤리 이론을 여러 세대에 걸친 철학자들에 의
해서 체계적으로 발전되고 검토되어 온 추론의 양식으로서 이해하기를
바란다. 그것들은 이미 우리가 윤리학에 관해 생각하는 방식에 깊게 뿌리
박혀 있는 추론 양식이고, 철학자들이 그것들에 관해 이야기해 왔던 것은
우리가 환경적 의사결정의 타당성을 판단하는 데 도움을 줄 것이다.

권리, 공정, 정의, 유용성과 같은 윤리학의 기본 언어와 범주 없이 환경 논쟁들을 검토하기란 쉽지 않다. 환경 규제에 반대하는 사람들은 종종 재산권, 공정, 사회적 편익 등에 호소한다. 마찬가지로 환경론자들은 자연의 권리, 야생지의 가치, 그리고 오염의 피해에 호소한다. "왜 멸종위기 종들을 보호해야 하는가"라는 질문에 대한 세 가지 대답에 은연중 내재되어 있는 것은 이 장에서 소개할 세 가지 주요 윤리 이론들이다. 각각의 대답은 윤리적 쟁점들에 관한 추론의 상이한 양식들을 미리 가정한다.

윤리학에 대한 한 가지 접근 방식은 우리 행위의 결과들에 의해서 결정을 내리고 사회의 전체적인 이익을 극대화하는 방식들로 행동하도록 충고한다. 공리주의는 우리가 하는 행위의 전체적인 결과에 의해서 옳고 그름을 결정하는 윤리 이론이다. 종들을 보존하는 것이 유용한 결과를 가져다주기 때문에 그렇게 해야 한다고 주장하는 것은 바로 이러한 윤리적 추론 양식에 따른 것이다.

두 번째 접근 방식은 권리와 원리라는 점에서 추론을 하고, 우리가 어떤 근본적인 윤리적 의무를 갖는다고 이야기한다. 그런데 그 의무는 바로 우리로 하여금 어떤 특정한 방식으로 행동할 것을 요구하고 다른 방식에서는 행동을 자제할 것을 요구하는 그러한 의무다. 이른바 윤리에 대한 의무론적 접근 방식은 행위를 지배하는 근본적인 윤리적 원리가 토대가 된다. 종들을 보존하는 것은 그것이 살아갈 권리를 갖기 때문이라거나 멸종위기종보호법의 적용을 제한하는 것은 그것이 누군가의 사유재산권을 침해하기 때문이라고 하는 것은 바로 이러한 윤리적 추론 양식에 들어맞는다.

세 번째 접근 방식은 윤리적 행위를 명령하는 자연법(natural law)에 의해 규정된 자연권과 의무가 있다고 주장한다. 이러한 접근 방법의 한 중요한 변형에서는 자연법이 신의 법으로부터 유래한다는 것이다. 자연법 윤리학은 옳은 행위의 표준을 자연의 법칙으로부터 끌어낸다. 종을 보존하는 것은 그것이 본래적 가치를 갖기 때문이라거나, 자연의 균형에 중요한 역할을 하기 때문이라거나 하는 것은 이러한 추론 양식에 들어맞을 것이다.

이러한 이론들을 살펴보기 전에 1장에서 제기했던 문제를 상기해 보자. 환경적 쟁점들에 대한 신뢰할 만한 접근 방식, 즉 의사결정을 과학 전문가나 당파에 사로잡힌 정치에 넘겨주지 않는 접근 방식은 바로 우리가 주의 깊고 엄밀하게 추론하는 것이다. 다행히 우리는 맨 처음의 출발점에서부터 출발하지 않아도 된다. 역사를 통해서 철학자들은 윤리적 삶에 대한 체계적이고 포괄적인 설명을 발전시켜 왔다. 우리가 이 장에서 검토하는 윤리 이론들은 윤리적 결정을 이해하고, 분석하고, 평가하고, 결정할 수 있도록 기초를 제공한다. 이 장은 이러한 이론들의 적절성을 고려하고, 이 책에서 논의되는 많은 것들 중 중요한 몇 가지를 간략하게 기술할 것이다.

2. 철학적 윤리학: 주제에 익숙해지기

윤리학(ethics)이란 말은 '관습적인(customary)' 혹은 '습관적인(habitual)'과 같은 의미의 그리스어 **에토스(ethos)**에서 나왔다. 이러한 의미에서 윤리학은 **관습적 행위를 안내하는 일반적인 신념, 태도 혹은 표준**으로 이루어진다. 그래서 어느 사회든 관습적인 것을 결정하는 어떤 전형적인 신념과 태도와 표준을 가질 것이라는 의미에서 그 고유의 윤리학을 가질 것이다. 의식적으로든 아니든 모든 개인의 행위는 어떤 신념, 태도, 표준에 의해서 지배를 받는다. 그러나 소크라테스가 아테네의 권위에 도전했던 그리스 철학의 초창기부터 **철학적 윤리학**은 단순히 관습적인 것을 옳은 것으로 받아들이는 것에 만족하지 않았다. 철학의 한 분과로서의 윤리학은 우리가 어떻게 살아가야 하는지에 관해 관습이 우리에게 이야기해 주는 바에 대한 합리적인 검토를 하고자 노력한다. 실제로 서양 철학은 그리스 사회의 관습적 규범에 대한 소크라테스의 일생을 통한 비판적 고찰에서 태어났다고 말하는 것이 온당하다.

이러한 비판적 검토는 일상적인 경험으로부터 한 걸음 물러나 생각하거나 물러나는 것을 포함한다(아마도 이것은 철학에 대한 일반적인 생각을 '지나치게 추상적인' 것으로 해석한다). 우리는 모두 일상적이고 관습적인 경험에 관한 일정한 신념과 태도와 가치를 지니고 있다. 철학은 이러한 경험에 대해서 비판적으로 반성하기 위해서 이것들로부터 거리를 두고 생각할 것을 요구한다. 즉 우리는 왜 우리가 지금 믿고 있는 것들을 믿는가? 우리는 우리의 태도를 바꾸어야 하는가? 우리의 가치들은 정당화되는가? 이러한 첫 번째 분리 단계에서, 관습적인 행위는 **행해야** 하거나 **행해져야 하는** 것의 어떤 규범이나 표준에 호소함으로써 검토된다. 일상적 경험과 철학적 추상이라는 첫 단계 사이의 차이는 **행해지는 것**(혹은 소중히 여겨지거나 믿어지는 것)과 **행해져야 하는 것**(혹은 소중히 여겨져야 하거나 믿어져야 하는 것) 사이의 차이다.

윤리학에 대한 연구에서 첫 번째 도전들 중의 하나는 어떤 쟁점을 윤리적인 쟁점으로 하느냐 하는 그 정체성을 확인하는 것과 관련된다. 우리 모두는 일상적인 경험에서 윤리적인 문제를 인지하기 위해 거리를 두고 생각해 볼 필요가 있다. 예를 들어 레오폴드는 고전적 환경 에세이인 「땅의 윤리The Land Ethic」에서 트로이 전쟁에서 돌아온 오디세우스의 이야기를 다른 형식으로 바꾸어 이야기한다.[1] 오디세우스는 부정행위를 저지른 것으로 의심되는 12명의 여자 노예들을 목매달아 죽였다. 그리스 사람들은 노예를 재산으로 간주했기 때문에 그의 이러한 행위가 윤리적으로 잘못된 것이라고는 보지 않았다. 레오폴드는 땅에 대한 인간의 관계를 포함하는 데까지 '윤리학의 확장'을 요구하기 위하여 이러한 예를 사용한다. 오디세우스가 노예를 죽이는 악에 대해 윤리적으로 무감각했던 것과 마찬가지로, 우리는 땅에 대한 무자비한 파괴를 깨닫지 못하고 있다.

레오폴드가 말하고자 하는 요지는 때때로 우리는 어떤 윤리적인 쟁점을 알아차릴 수 있도록 하기 위해 지적으로 작업을 할 필요가 있다는 것이다. 멸종위기종보호법의 새로운 제정은 이전에 인정받지 못했던 윤리적 쟁점이 대중적인 주목을 받게 되는 또 하나의 예로 보여질 수 있다. 레오폴드나 카슨과 같은 주목할 만한 환경 저술가들의 주요 공헌은 바로 우리로 하여금 이전에 우리가 관습적인 신념, 태도, 가치에 사로잡혀 미처 알지 못했던 윤리적이고 철학적인 쟁점들을 알아차리게 해주었다는 데 있다.

우리의 윤리적, 환경적 의식의 한계를 밝히는 일은 다음 장들에서 다루게 될 것이다. 이것은 또한 윤리적 논의의 특징을 이루고 우리가 윤리학에서 요구되는 주의 깊은 사고를 끝까지 계속해 나가는 것을 방해하는 몇 가지 좌절의 원인으로 판명될 수도 있다. 많은 환경 논쟁들은 세계에 관한 상이한 태도와 가치에 기대고 있다. 우리의 기본적인 관점이 도

---

1 Aldo Leopold, "The Land Ethic", *A Sand County Almanac with Essays on Conservation from Round River*(New York: Oxford University Press, 1949), 237-264쪽.

전을 받는 것만큼 우리를 좌절감에 빠지게 하는 것도 없다. 그러나 오디세우스와 마찬가지로 우리 자신도 윤리적으로 무지할 수 있다는 가능성을 열어 놓을 필요가 있다. 철학적 윤리학의 일차적인 목표는 우리의 이해를 넓히고 관점과 의식을 전환하여 습관적인 사고방식에 내재하는 한계를 벗어나도록 도와주는 것이다.

우리가 윤리적 판단을 내리고, 충고를 하고, 당연히 해야 하는 것과 반드시 해야 하는 것에 대해 평가하는 것은 **규범 윤리학**(normative ethics)에 관여하는 것이다. 이러한 추상의 첫 단계는 대부분의 사람들이 윤리학 하면 연상하는 윤리적 추론 유형이다. 규범적 판단은 행위를 규제한다. "이산화탄소 배출을 줄여야 한다." "살충제의 사용을 줄여야 한다." "멸종위기 종들을 보호해야 한다." "핵발전소는 홍수 지역에 위치해서는 안된다." 이러한 규범적 판단은 명시적으로나 암시적으로나 윤리적 행위의 어떤 규범과 표준에 호소한다. 많은 환경 논쟁들은 규범 윤리학의 논쟁들을 포함한다. 한쪽은 비록 목재산업을 희생하더라도 얼룩올빼미를 보호해야 한다고 생각하고, 다른 쪽은 인간을 위한 일자리가 미천한 새들의 생명보다 더 중요하다고 생각한다. 양쪽은 모두 그들의 판단을 지지해 줄 어떤 증거를 예로 들고 어떤 규범들에 호소한다. 규범적 논쟁들은 윤리적 토론들이 불일치와 논쟁으로 가득 차 이러한 수준에 머물러 있을 때 절망적일 수 있다.

하지만 철학은 우리가 규범 윤리학의 수준에 머물러서는 안 된다고 주장한다. 논쟁을 해결하기 위해 우리는 갈등하고 있는 가치들과 그 갈등의 밑바닥에 놓인 경쟁하고 있는 요인들을 검토하기 위하여 다시 한 번 특정한 불일치로부터 한 걸음 물러서서 사고하는 것이 필요하다. 이렇게 보다 추상적인 사고의 수준으로 옮겨 가는 것이 바로 규범 윤리학에서 철학적 윤리학으로 옮겨 가는 것이다.

철학적 윤리학은 일반론과 추상화의 다음 단계로, 우리는 여기에서 규범적 판단과 그것을 지지해 주는 근거를 분석하고 평가한다. 이것은 우리가 규범적 주장을 옹호하고 설명할 때 이용하는 일반적인 개념, 원칙, 그리고 이론의 단계다. 이것은 철학자들이 가장 쉽게 다룰 수 있는 단계이고 제공해 줄 것을 가장 많이 가지고 있는 단계. 철학적 윤리학의 핵심은 규범적 판단을 지지하는 근거를 평가하거나 그러한 판단에 포함된 개념을 명료화하고자 하는 노력과 관련된다. 이러한 의미에서 환경윤리학은 환경론의 많은 부분을 차지하는 규범적 판단들의 체계적인 연구와 평가에 종사하는 철학의 한 분야다.

여기에서 사용된 **윤리 이론**이라는 용어는 윤리학에 대한 기술적이고 규범적인 접근 방법에 의해서 제기된 철학적 질문들에 체계적인 답변을 마련해 주고자 하는 시도를 가리킨다. 이러한 질문들은 개인의 도덕적 관점과 사회나 공공정책의 관점으로부터 제기된다. 개인적인 도덕적 질문은 다음과 같은 것을 포함한다. 나는 무엇을 해야 하는가? 나는 어떤 사람이 되어야 하는가? 나는 무엇을 소중히 여겨야 하는가? 나는 어떻게 살아야 하는가?

사회철학이나 공공정책의 질문은 다음과 같은 것을 포함한다. 어떤 유형의 사회가 최선인가? 집단으로서 우리는 어떤 정책을 추구해야 하는가? 어떤 사회 제도와 관행이 개인의 안녕을 최고로 잘 유지하고 증진시키는가? 개인들 간에 서로 의견이 일치하지 않을 때는 어떻게 해야 하는가?

서양 철학의 초창기부터 윤리학은 개인적이고 사회적인 도덕성의 문제들을 포함하고 있었다. 따라서 이러한 폭넓은 의미에서 윤리 이론은

도덕적, 정치적, 경제적, 법률적, 사회적 문제에 대한 철학적 분석을 포함한다.[2]

　이론과 환경윤리학 연구의 관련성에 대한 네 가지 일반적 고려 사항이 있다. 첫째, 윤리 이론은 윤리적 쟁점을 논의하고 이해하기 위한 공통의 언어를 마련해 준다. 환경윤리학은 깊이 있는 논쟁이 많은 것이 특징이다. 이러한 논쟁을 검토하고 해결하기 위해서 우선적으로 필요한 것은 논쟁을 완벽하고 정확하게 이해하는 것이다. 윤리학의 기본 개념이자 범주라고 할 수 있는 '권리', '책임', '유용성', '공동선' 등과 이 개념들 간의 상호관계는 우리의 상호 이해와 대화를 가능하게 하는 토대가 된다. 윤리 이론은 특정한 논쟁들에 종종 함축되어 있는 공동의 믿음과 가치를 명확히 해주고 체계화한다. 철학적 윤리학의 언어를 배움으로써 우리는 이해 능력과 평가 능력을 더 높일 수 있으며 의사소통을 더 잘할 수 있게 된다. 또한 그럼으로써 환경과 관련된 논의에 참여할 수 있는 능력을 갖게 된다. 철학적 윤리학은 합리적인 대화에 필수적인 공통의 언어를 구축하는 데 이바지할 수 있다.

　둘째, 다양한 윤리 이론들은 우리의 전통들에서 중요한 역할을 해왔기 때문에 많은 사람들이 생각하는 방식들 속에 반영되기 쉽다. 윤리 이론들을 배움으로써 우리는 우리가 생각하는 방식들의 양식들과 거기에 반영된 가정들을 더 잘 알게 된다. 그래서 우리 자신의 견해를 보다 분명하게 말할 수 있고 더 잘 옹호할 수 있다. 그리고 이에 못지않게 중요한 것

---

2 환경윤리학에서의 윤리적 이론과 원리가 갖는 역할의 표준적인 해석에 대한 통찰력 있는 비판은 Ken Sayre, "An Alternative View of Environmental Ethics", *Environmental Ethics*(1991년 가을), 195-213쪽을 보라. 켄 세이어는 윤리학 이론의 추론적(inferential) 견해라고 불렸던 것, 즉 우리가 앞으로 응용윤리학이라고 부르게 될 것과 매우 유사한 것에 대항하는 논의를 펼친다. 세이어처럼 이 책은 윤리적 이론의 추론적/응용적 견해가 환경 문제들을 본격적으로 다루기에는 불충분하다는 것을 보여 준다.

은 우리가 우리의 사고방식에 대해서 비판적으로 검토하는 것을 가능하게 해주는 철학적 관점을 얻게 된다는 것이다. 이러한 양식들을 분명하게 했을 때 우리는 쟁점들을 윤리적 쟁점들로 바라보고 이해하는 더 좋은 위치에 서게 된다.

셋째, 윤리 이론의 한 가지 전통적인 기능은 지침과 평가를 제공하는 것이다. 우리는 이론들을 특정한 상황에 응용할 수 있고, 그것들을 이용해 특정한 권고안을 만들 수도 있다. 윤리학의 오랜 역사는 우리에게 그러한 권고들을 분석하고 제공할 수 있는 합리적이고 강력한 기초를 마련해 준다. 우리가 환경 논쟁들을 가지고 애를 쓸 때, 매 단계마다 그러한 기초를 마련하는 일을 다시 반복할 필요가 없다면 그 또한 상당히 도움이 될 것이다. 사람들은 윤리학에 관하여 표준적인 방식으로 추론하는데, 그중 많은 것들은 표준적인 윤리 이론들과 잘 들어맞는다. 철학자들이 오랫동안 이러한 이론들을 깊이 생각해 왔고 그 장점과 약점을 밝혀 놓았기에, 이론에 대한 지식은 앞으로의 논쟁을 위한 중요한 자원이다.

마지막으로 윤리 이론들에 친숙하다는 것이 중요한데, 왜냐하면 몇몇 주석가들은 일반적인 사고방식 속에 이미 깊게 젖어들어 있는 이러한 이론들이 사실은 우리가 직면하고 있는 어떤 환경 문제들에 책임이 있다고 주장하기 때문이다. 즉 환경윤리학의 실천은 이따금씩 철학자들이 열심히 두둔하기 바빴던 바로 그 윤리학의 이론들에 대한 도전을 필요로 한다. 어떤 사람들은 이러한 이론들이 문제의 일부이고 우리를 잘못된 방향으로 이끌어 왔다고 주장한다. 그래서 환경윤리학의 중요한 부분은 윤리학에 관한 철학적 이론들을 검토하는 것이다. 이렇게 환경윤리학은 전통적인 윤리 이론으로부터 도움을 얻을 뿐만 아니라, 이러한 분야의 철학 발전에 기여하기도 한다.

1부 기본 개념들

3. 자연법 전통: 목적론과 덕들

환경윤리와 관련된 가장 오래된 윤리적 전통 중의 하나는 **자연법**(natural law) 또는 **목적론적 전통**(teleological tradition)이다. 이러한 전통과 관련된 윤리적 견해는 아리스토텔레스(Aristotle, B.C. 4세기)와 토마스 아퀴나스(Thomas Aquinas, C.E. 13세기)에서 그 기원을 찾을 수 있다.

아리스토텔레스는 윤리학과 과학을 우리가 오늘날 구분하는 것처럼 그렇게 명확하게 구분하지는 않았다. 아리스토텔레스는 생물학과 심리학에 대한 연구가 윤리학의 필수적인 부분이라고 생각했는데, 그 이유는 그것이 최소한 기본적인 인간의 요구, 일반적인 능력과 잠재력, 그리고 동기에 대한 지식을 요구했기 때문이다. 게다가 21세기에는 물리학과 수학이 지배적인 것으로 보이지만, 아리스토텔레스는 생물학을 지식의 중심에 두었다. 생물학과 윤리학의 흥미 있는 융합은 왜 이러한 윤리적 전통이 환경 문제와 관련될 수 있는지를 보여 주는 하나의 이유다.

아리스토텔레스에게 있어서 뭔가를 과학적으로 이해한다는 것은 그것이 바로 그러한 방식으로 존재하게 되는 **원인들**을 이해하는 것이다. 과학은 존재하는 것을 단순히 기술하는 것 이상을 필요로 하고, 그것은 또한 우리로 하여금 **왜**(why) 어떤 것이 그러한지를 설명할 수 있는 능력을 요구한다. 아리스토텔레스는 이 '왜?'라는 질문이 네 가지 다른 방식들로 대답될 수 있다고 이야기했다. 이른바 대상의 존재의 4원인인데, 바로 **질료**(material), **형상**(formal), **작용**(efficient), **목적인**(final cause)이다.

대상의 질료인은 한 대상이 무엇으로 만들어지는지, 즉 그 재료가 무엇인지를 말하는 것이다. 형상인은 그 재료가 어떻게 조직되거나 구성되었는지를, 그러므로 이 질료가 똑같은 재료로 만들어진 그 밖의 어떤 것과는 다른 것이 되는지를 설명한다. 그래서 나무와 탁자는 똑같은 질료인을, 즉 목재를 갖지만, 그것은 두 개의 다른 형태로 존재한다. 우리는 얼음과 물과 수증기는 똑같은 질료인을 갖지만 다른 구조와 모양을 갖는다고 말할 수도 있다. 작용인은 어떤 것이 어떻게 바로 그것으로 되는지를 설명한다. 목수는 어떤 재목이 탁자가 되게 하는 작용인이다. 마지막으로 목적인은 대상의 목적이나 특징적인 활동을 설명한다. 열은 얼음이 물이 되고 물이 수증기가 되게 하는 작용인이다. 탁자의 목적인은 여러분이 앉아서 식사를 할 수 있는 자리를 마련해 주는 것이다. 나무의 목적인이나 나무의 특징적인 활동은 다른 생명체들이 하지 못하는 것을 나무가 하는 활동이 될 것이다. 의심할 여지없이, 아리스토텔레스는 현대의 생물학이 제공하는 그러한 유형의 설명, 즉 나무는 주위 환경으로부터 영양분을 섭취하고 그것을 성장과 번식의 과정에서 목재, 나무껍질, 잎사귀로 변화시킨다는 설명에 만족할 것이다.

아리스토텔레스의 과학은 우리가 어떤 대상의 목적인 혹은 특징적이거나 자연적인 활동을 이해할 때까지는 그 대상을 충분히 이해했다고 할 수 없다고 주장한다는 점에서 보다 더 현대적인 과학과는 부분적으로 다르다. 자연에 대한 관찰에 기초해서 아리스토텔레스는 모든 자연적 대상은 확실히 자연적이며 특징적인 활동을 갖는다고 믿었다. 이러한 활동의 목표, 즉 그것이 겨냥하는 그 무엇(때로는 목적 혹은 기능이라 불리는)은 그리스어로는 대상의 **텔로스**(telos)로 확인되었다. 그러므로 아리스토텔레스의 과학과 윤리학은 종종 **목적론적**이라 불린다. 아리스토텔레스에 따르면, 어떤 대상을 충분히 이해하기 위해 우리는 어떤 대상의 재료, 구조, 그리고 그것에 작용하는 힘은 물론 그 자연적 기능이나 활동을 이해해야 한다.

예를 들어 심장을 과학적으로 설명하려 한다고 가정해 보자. 아리스토텔레스에 따르면, 우리는 심장의 특징적인 활동을 이해하기 전까지는 심장을 충분히 이해하지 못한 것이다. 심장에 대한 목적론적 설명은 다음과 같은 질문에 대답한다. 심장의 독특한 활동은 무엇인가? 심장은 다른 신체기관들과 구별되는 어떤 기능을 수행하는가? 우리는 순환계통 내에서의 심장 기능을 이해할 때 심장을 이해하게 된다. 목적론적 설명은 심장을 온몸에 혈액을 뿜어 주는 기관으로 기술할 것이다.

하지만 보다 근대적인 설명은 심장을 그 구성 성분(혹은 재료), 즉 근육 조직, 세포 등으로 설명할 수 있다. 근대적인 경향은 연구 대상을 보다 더 단순한 요소들로 환원하고 그 구조(형상)와 물리적, 기계적, 화학적 힘(작용인)을 탐구하는 것이다.[3]

아리스토텔레스는 자연 대상들의 두 가지 기본적 유형, 즉 살아 있는 것과 그렇지 않은 것을 구별한다. 살아 있는 것들의 특징적인 활동, 이른바 생명 자체의 원리라고 하는 것은 프시케(psyche)라고 불리거나, 혹은 나중에 번역된 것처럼 영혼(soul)이라고 불린다. 그래서 어떤 것이 영혼을 가지고 있다고 말하는 것은 바로 그것이 살아 있다고 말하는 것의 또 다른 방식일 뿐이다. 아리스토텔레스는 생명의 세 가지 근본적인 활동을 영양, 감각, 사고로 기술한다. 살아 있는 어떤 것들은 오직 하나('영양'의 영혼)만을 소유한다. 반면에 어떤 다른 것들은 두 가지(영양의 영혼과 '욕구' 혹은 '감각'의 영혼)를 소유하고, 또 다른 어떤 것들은 세 가지(영양, 욕구, '사고'의 영혼)를 모두 소유한다. 식물은 오직 영양의 영혼만을 소유하는 생명체다. 이

---

3 4원인에 대한 아리스토텔레스의 설명은 그의 책 *Physics*, book 2, ch. 3을 보라. 환경과학에서 기계론적 모형의 폐해에 대한 비판은 Daniel Botkin, *Discordant Harmonies*(New York: Oxford University Press, 1990)를 보라.

것은 식물의 특징적 활동이 영양, 성장, 생식의 능력만을 포함한다는 것을 의미한다. 동물은 영양의 영혼에 더하여 욕구의 능력을 소유한다. 이 것은 그들의 자연적 활동은 감각, 욕구, 운동의 능력을 포함한다는 것을 의미한다. 마지막으로 오직 인간만이 영양, 욕구, 사고의 세 가지 생명 활동을 소유한다.

이러한 간략한 묘사에도 불구하고 우리는 이제 아리스토텔레스에게서는 과학적 사실과 윤리적 가치 사이의 구별이 오늘날처럼 그렇게 명확하지 않았다는 것을 알 수 있다. 예를 들어 우리가 심장의 특징적 활동을 이해할 때, 우리는 또한 **훌륭한** 심장이 어떤 것인지를 이해하게 된다. 훌륭한 심장이란 규칙적이고 안정적이며 연속적으로 온몸에 혈액을 공급해 주는 것이고, 오랜 기간에 걸쳐 그러한 기능을 수행하는 것이다. 훌륭한 심장이란 그 특징적 활동을 잘 수행하는 심장이다.

아리스토텔레스는 이러한 목적론적 체제가 인간을 포함한 모든 자연적 대상에 적용될 수 있다고 믿었다. 모든 것은 본래의 활동이나 기능을 갖는다. 사물은 이러한 기능을 다할 때, 혹은 이러한 전통에서 보다 일반적인 용어로 말하자면, 사물은 그것들의 잠재력을 실현시킬 때 훌륭한 것이다. 다시 말해 모든 살아 있는 것은 그 자신의 선(good)을 갖는다고 할 수 있다. 살아 있는 것들의 선은 그 자연적 활동을 충분히 달성하는 것(혹은 그 영혼을 충분히 실현하는 것)이다. 그래서 식물의 선은 영양을 흡수하고 성장하고 생식하는 영양의 기능을 다하는 것이다. 동물의 선은 여기에 욕구를 달성하고 욕망을 실현하는 것을 포함한다. 인간의 선은 이러한 모든 목적들뿐만 아니라 생각하고 숙고하는 삶을 살아가는 것까지도 포함한다.

이러한 목적론적 체계는 13세기의 토마스 아퀴나스의 저작들에서 더

1부 기본 개념들

발전했다. 아퀴나스는 기독교 신학을 아리스토텔레스의 과학과 윤리학에 종합하려고 시도했다. 자연법과 목적론의 윤리학은 아마도 아퀴나스의 저작들, 그리고 기독교와 과학의 통합을 통해서 서양 사상에 가장 큰 영향을 끼쳐 왔다.

아퀴나스는 아리스토텔레스의 과학적이고 윤리적인 목적론을 신의 계획이 자연에서 작동하는 증거로 해석했다. 아리스토텔레스의 전통에서 발견되었던 자연의 법칙들은 종교적 세계관과 결합될 때, 자연계의 창조자에 의해 확립된 법칙들이 된다. 모든 자연적 대상들의 특징적인 활동은 신의 계획에서 비롯된 것이다. 과학은 각각의 살아 있는 것의 자연적 목적을 이해하게 하기 때문에, 과학은 우리가 신의 목적을 이해하도록 돕는다. 신은 지고의 선으로 가정되기 때문에, 그리고 자연 안에서 발견된 목적은 신의 목적이기 때문에, 자연의 질서는 도덕적 질서와 동일시될 수 있다. 자연 자체는 목적을 갖고 있고, 자연이 조화롭게 기능하는 것은 신의 계획이 선하다는 것을 드러내 보여 준다. 이러한 이론에서 자연의 법칙들은 우리가 자연 속에서 발견하는 기술적 규칙성을 포함할 뿐만 아니라, 이러한 규칙성도 신의 계획의 일부이기 때문에 우리가 윤리적으로 따라야 하는 규범적이고 규제적인 규칙까지도 모두 포함한다. 이러한 윤리적 전통에서 우리가 자연적 잠재력, 즉 나머지의 자연과 은연중 조화를 이루고 있는 잠재력을 실현하는 것은 개인에게는 최고 형태의 윤리적 활동이다.

이 같은 전통이 갖고 있는 궁극적인 특징으로 언급할 가치가 있는 것은 덕(virtue)이 수행하는 역할이다. 대부분의 근대적인 윤리적 사고(특히 다음 절들에서 다루게 될 공리주의와 의무론적 윤리학)는 규칙에 기반을 두고 있고 인간의 행위에 초점을 맞춘다. 윤리학의 목적은 우리가 훌륭한 삶을 살아

가기 위해 준수해야 하는 규칙과 원리를 제공하는 것이다. 이러한 견해에 따르면 윤리학의 기본적인 질문은 "우리는 무엇을 해야 하는가", "우리는 어떻게 행동해야 하는가"와 같은 것들이 된다. 덕 윤리학은 행위보다는 성품이나 습관을 강조한다. 그리고 "나는 어떤 종류의 인간이 되어야 하는가"를 묻는다. 아리스토텔레스와 아퀴나스로부터 이어지는 윤리적 전통에서, 덕은 윤리적으로 훌륭한 사람을 기술하는 성격 특성이나 습관으로 이해된다. 플라톤에게 중요한 덕은 용기, 절제, 정의, 지혜다. 아리스토텔레스는 관대함, 긍지, 온화한 성질, 정직, 친절, 겸손을 포함해 많은 다른 것들을 추가한다. 기독교인은 믿음, 소망, 사랑과 같은 덕을 장려한다.

아마도 덕 윤리학과 규칙에 기반을 둔 보다 근대적인 윤리학 사이의 중요한 차이는 우리가 각각의 윤리학이 자기이익(self-interest)의 역할을 어떻게 이해하는지를 고려할 때, 특히 자기이익과 윤리가 어떻게 관련되는지를 고려할 때 드러난다. 근대의 규칙에 기반을 둔 대부분의 이론들에서 자기이익은 윤리적 책임의 주요 장애물이다. 윤리학과 자기이익은 일반적으로는 충돌한다. 윤리학의 규칙과 원칙은 자기이익을 제한하는 작용을 하고, 사람들로 하여금 내키지 않는 일까지도 하도록 강요한다. 그러나 덕 윤리학에서 자기이익은 그렇게 편협하게 이해되지도 않고, 그렇게 문제 있는 것도 아니다. 관대한 사람은 이기심과 맞붙어 싸우지도 않고, 어떤 규칙이 그것을 요구한다는 이유만으로 관대하게 행동하고자 결심하지도 않는다.

덕 윤리학이라는 관점에서 볼 때는 윤리적인 사람이 해야 하는 것과 그들이 하고자 원하는 것 사이에는 어떠한 갈등도 없다. 즉 윤리학과 자기이익 사이에 어떠한 갈등도 없는 것이다. 훌륭한 사람은 관대하고, 정직하고, 정의롭고, 자비로우며 겸손하게 되기를 원한다. 이러한 성격상의 특성들은 자기이익의 장애물이 아니다. 윤리학과 자기이익은 서로 갈등하기보다는 오히려 동시에 일어나는 것이다. 양쪽의 특질들은 실제로 내가 누구인지를 말해 주는 것이기 때문에(나의 '자아'를 말해 주는 것이기 때문에) 윤리학과 자기이익 사이의 갈등은 없어진다. 내가 윤리적으로 행동하는 것은 그것이 내가 하기를 원하는 것이기 때문이고, 내가 그것을 하고자 원하는 것은 바로 내가 그러한 종류의 사람이기 때문이다. 품성의 형성을 이렇듯 강조하기 때문에 덕 윤리학은 도덕 교육과 도덕 심리학의 문제에 관심이 많다. 사람들이 올바른 습관과 품성을 어떻게 계발하느냐 하는 것이 덕 윤리학의 주요 초점이다.

4. 목적론에 대한 현대적 견해들

현대 환경론의 여러 주제들은 이러한 윤리적 전통을 생각나게 한다. 예를 들어 우리는 윤리적 덕목들이 중요한 역할을 하는 여러 가지 쟁점들을 검토할 것이다. 미래 세대에 대한 배려, 생명 외경, 모든 생명체에 대한 존중, 그리고 심지어는 자연에 대한 사랑은 모두 덕 있는 행위들이 한 역할을 담당하는 쟁점들이다.

또한 자연적으로 훌륭한 질서라는 자연법의 주요 이념은 환경 논쟁에서 한 역할을 담당하고 있다. 몇몇 생태학자들의 연구 결과에 기초하여 많은 환경론자들은 자연 생태계는 아주 질서 있고 조화를 이루고 있다고 가정한다. 생태계의 모든 부분들, 그리고 특별하게 모든 생물 구성원은 전체 체계 내에서 그 자신만의 자리를 갖는다. 그리고 자기 나름의 방식으로 자연 질서에 기여한다. 방해받지 않고 그대로 있는 자연이 좋은 것이다. 생태학적 문제는 인간이 자연적 질서에 간섭을 하고, 다른 자연 대상을 인간의 목적에 이바지하는 한에서만 가치를 갖는 것으로 취급할 때 발생한다. 이러한 견해에서는 세계가 존재하는(is) (또는 인간들이 간섭하지 않았을 경우에 존재하게 될) 방식은 세계가 존재해야 하는(should be) 방식이다. 이러한 윤리학은 보존주의와 불간섭이라는 일반적인 정책을 처방할 것이다.

또 다른 환경론자들은 모든 살아 있는 것의 윤리적 지위를 강조하면서, 이러한 지위의 근거를 모든 살아 있는 것은 그 자신의 선을 갖는다는 사실에 둔다. 이러한 견해의 한 형태가 6장에서 생명 중심(biocentric) 윤리학을 검토할 때 등장한다. 비록 아리스토텔레스의 체계가 동물 '보다 더 높은' 인간, 식물 '보다 더 높은' 동물이라는 도덕적 위계를 허용하기는 하지만, 그럼에도 그것은 또한 모든 살아 있는 것은 그 자신의 선을 갖는다고 볼 수 있는 가능성을 허용한다. 그래서 자연계는 인간의 이익과 용도와는 관계없는 선과 목적을 갖는다. 끝으로 우리는 미래 세대, 가축, 모든 살아 있는 것, 생태계 등을 돌보는 쟁점들과 관련해 덕에 기초한 접근 방식을 살펴볼 것이다.

불행하게도 다음의 주요 반론은 현대적 논의에서 아리스토텔레스적 전통이 갖는 적절성을 약화시킨다. 첫 번째 반론은 자연적 대상들이 하나의 일정하고 독특한 목적을 갖는다는 것을 부정한다. 몇몇 대상이 일정한 목적이나 기능을 갖는 것은 사실인 것 같다. 의자나 컴퓨터와 같은 인간의 가공물이 분명한 예다. 심장이나 염색체와 같은 하나의 자연적 전체의 어떤 **부분들** 또한 자연적 기능을 갖는 것 같다. 그러나 한 사물이 한 체계 내에서 기능을 갖는다는 것은 그것이 그 자신의 선을 갖는다는 것과 똑같지는 않다. 게다가 이러한 전체들이나 체계들 자체가 목적을 갖는지는 분명치 않다. 예를 들어 인간의 특징적인 활동이나 기능, 목적은 무엇인가? 얼룩올빼미의 특징적인 활동은 무엇인가? 근대의 많은 철학자들과 과학자들은 어떤 자연적 목적이나 계획을 가정할 필요 없이도 자연 대상들을 충분히 이해하고 설명할 수 있다고 생각했다.

두 번째 반론은 우리가 어떤 것이 단순히 자연적이라는 사실로부터 그것이 좋다고 결론지을 수 없다는 것이다. 예를 들어 죽음과 질병, 그리고 자연재해로부터 야기된 고통이나 괴로움과 같은 자연적 사건은 나쁜 것처럼 보이기 때문에, 그것들이 좋은 것인지를 보여 주기 위해서는 자연에 호소하는 것과는 다른 어떤 이유가 필요하다. 예를 들어 HIV 바이러스의 특징적인 자연적 활동으로부터 바이러스는 좋다고 결론을 내리는 것은 엄청난 비약이다. 자연법적인 전통에서, 자연적인 것과 선한 것 사이의 관계에 대한 가장 흔한 설명은 신의 계획에 의존하는 것이다. 하지만 이러한 호소는 사실상 철학적 논의의 종말을 고하는 것이다. 왜냐하면 이것은 이미 신성한 창조자를 가정하는 사람들에게만 이유를 제시해 주기 때문이다. 다른 종교적 전통을 가진 사람들이나 지고의 선한 창조자를 믿지 않는 사람들에게 이러한 이유는 거의 아무런 영향력을 갖지 못한다.

규범적인 판단을 오로지 자연적인 사실에 기초해서만 정당화할 수 없다는 주장은 18세기의 스코틀랜드 철학자 데이비드 흄(David Hume)과 관련된다. 흄은 아이작 뉴턴 경(Sir Isaac Newton)을 자신의 작업 모델로 삼아서 주의 깊은 경험적 관찰을 통해서만이 합리적인 믿음들(즉 흄이 사실의 문제들이라고 했던 것)과 '궤변과 착각'을 구별할 수 있다고 생각했다. 흄은 비록 과학이 우리가 자연에 관하여 알 수 있는 모든 것을 말해 줄 수 있을

지는 몰라도, 그것이 자연으로부터 규범적인 결론을 끌어내기 위한 근거를 제공해 줄 수는 없다고 결론지었다. 경험과학은 사실의 문제들에 관한 판단을 위한 합리적인 근거를 제공할 수 있지만, 규범적 판단들 자체를 위한 과학적이거나 경험적인 정당화는 있을 수 없다. 규범적 결론들은 자연적인 사실들로부터 추론될 수 없다는 주장은 '사실과 당위(is/ought)' 또는는 '사실과 가치(fact/value)'의 간극이라 불리게 되었고, 목적론적 윤리학의 가장 심각한 도전들 중 하나가 되었다.

　마지막으로 근대의 진화론은 자연법적 전통에 중요하고도 아마 극복할 수 없는 반론을 제기한다. 자연선택의 과정은 어떤 목적 혹은 텔로스에 호소하지 않고도 자연에서 발견된 분명한 설계에 대한 답변을 마련해 준다. 자연에서 발견되는 질서는 신의 계획에서 비롯되는 것이 아니라, 종들의 무작위적인 돌연변이와 자연선택의 과정을 통해 환경에 적응하려는 과정에서 나타난 것이다. 예를 들어 자연법 지지자는 기린이 긴 목을 갖게 된 것은 나무에 높게 달려 있는 잎사귀를 따먹기 위해서라고 설명할 수 있다. 한편 자연선택 지지자는 우연히 다른 기린보다 더 긴 목을 가진 기린이 보다 쉽게 잎사귀에 닿을 수 있었고, 그래서 환경에 더 잘 적응할 수 있었기 때문에 짧은 목을 가진 기린보다 더 확실하게 생존했다고 주장할 수 있다. 긴 목은 무작위적인 진화론적 변화의 결과다. 그래서 목적론의 언어는 물리학의 보다 더 기계론적인 언어로 환원될 수 있다. 이러한 견해에 따르면 오늘날 우리가 보고 있는 자연은 수억 년에 걸친 무작위적인 진화론적 변화의 산물이라고 할 수 있다. 자연은 선하지도 악하지도 않고 그저 자연일 따름이다.

　그러나 자연법적 전통의 매력은 여전히 남아 있다. 현대의 생물학자들은 자연계에 대해서 이야기할 때 목적론적 범주들을 매우 편안하게 사용한다. 다윈의 체제 내에서조차도 기능(function), 목적(purpose), 목표 (goal), 설계(design)와 같은 목적론적 개념들이 과학자나 철학자에 의해서 정식으로 사용된다.[4] 생물학은 보통 대상들의 목적, 목표 혹은 기능을 언급한다. 다음과 같은 예들을 고려해 보자. "콩팥의 목적은 혈액의 노폐물을 걸러 내는 것이다.""수컷 새의 반짝이는 깃털의 목적은 암컷을 유혹하는 것이다.""포식자 종들의 기능은 먹이동물 종들의 개체 수를 조절하는 것이다.""습지대는 홍수 조절과 물을 여과하는 기능을 한다."

아리스토텔레스와 자연법의 전통에서 다음의 문장들은 목적론적 원인에 대한 설명으로부터 가치나 규범적인 결론으로의 논리적이고 합리적인 추론이다. "이것은 건강한 콩팥이다.""이것은 성공한 수컷이다." "포식자는 보존되어야 한다.""습지대는 훼손되어서는 안 된다." 현재 우리가 해야 할 과제는 이러한 추론이 정당한지, 그리고 이것의 윤리적이고 규범적인 의미가 무엇인지를 결정하는 것이다.

많은 전문가들은 자연적인 사실로부터 어떤 가치 주장으로 추론하는 것을 계속해서 반대해 왔다. 한 가지 접근법은 생물학에 흔하고 적합한 기능적 용어가 선행하는 원인들에 의해서 충분히 설명될 수 있다고 주장하는 것이다. 그래서 비록 콩팥, 깃털, 포식자, 습지대, 그리고 심지어는 긴 목이 어떤 기능을 수행할 수 있을지라도 앞선 목적이나 설계로부터 그러한 기능을 수행하는 것은 아니다. 기능들 자체는 이전의 진화론

---

4 이러한 논쟁에 관심 있는 독자는 다음을 참고하기 바란다. Colin Allen, Marc Bekoff, and George Lauder(편), *Nature's Purposes: Analyses of Function and Design in Biology*(Cambridge, Mass.:MIT Press, 1998); David Buller(편), *Function, Selection, and Design*(Albany, N.Y.: SUNY Press, 1999); David Hull and Michael Ruse(편), *The Philosophy of Biology*(New York: Oxford University Press, 1998). 훌의 책을 읽는 사람들은 특히 에른스트 나이젤의 "Teleology Revisited"와 마크 베다우의 "Where's the Good in Teleology?"를 참고해야 한다.

적이고 생화학적인 과정에서 나온 산물일 따름이다. 이러한 사실로부터 가치와 관련된 결론을 추론하는 것은 이미 그 안에 내재된 가치와 관련된 요소를 요구한다. 예를 들어 오로지 적응과 생존이 좋다고 가정해야만, 사람들은 반짝이는 깃털은 수컷 새에게 좋은 것이라거나 긴 목은 기린에게 좋은 것이라고 추론할 수 있다.

그렇다 하더라도 적응과 생존이 좋고, 그러므로 생물학적 사실로부터 규범적인 결론에 이르는 것이 합리적이라고 가정하는 것은 합당한 것처럼 보인다. 한 종들이 포식자들을 피해 달아나고 몸을 숨기기 위해 발전시킨 적응 능력은 그 종들에게 좋다고 결론짓는 것은 합리적인 것처럼 보인다. 긴 목을 갖는 것은 기린에게 좋고, 혈액을 효과적으로 거르지 못하는 콩팥은 나쁜 콩팥이다. 6장에서는 생명 중심 윤리학에서 발전한 목적론적 추론의 한 변형을 살펴볼 것이다.

지금도 논쟁은 계속되고 있다. 이러한 논쟁들을 평가하기 위해서는 기능, 목적, 설계, 목표와 같은 개념들을 주의 깊게 구별할 필요가 있다. 이러한 개념들을 과학에서 사용하는 이유는 어떤 현상들(콩팥, 긴 목, 반짝이는 깃털, 포식자, 습지대)을 어떤 미래의 상태나 활동(피를 거르는 것, 높이 있는 먹이에 닿는 것, 상대를 유인하는 것, 먹이동물들의 개체 수를 조절하는 것, 홍수를 완화하는 것)의 관점에서 설명하기 위해서다. 그리고 이것이야말로 목적론적 설명의 핵심이다. 그러나 문제는 여전히 남아 있다. 이러한 미래를 내다보는 설명은 과학적으로 타당한가? 그렇다면 이러한 미래의 상태에 이르거나 이러한 활동을 수행하는 것은 항상 좋은 것인가? 미래의 어떤 상태를 목표로 삼고 그러한 상태에 이르는 것을 위한 이런 개념에는 이미 가치가 개입된 것이 아닌가? 만약 그렇다면 이러한 가치는 반드시 윤리적으로 옳은 것인가?

근대의 많은 과학들, 특히 물리학과 역학의 영향으로 발전된 과학들은 유일하게 정당한 과학적인 설명은 어떤 선행하는 원인을 언급하는 설명이라고 주장한다. 그래서 어떤 이들은 생물학에서의 목적론적 설명의 정당성을 의심한다. 또 비록 목적론적 설명이 정당하다고 하더라도, 어떤 가치 결론들도 그것으로부터 도출되지 않는다고 주장하는 사람도 있다. **만약** 생존이 좋은 것이라고 생각된다면, 혹은 **만약** 적응하는 순응성이 좋은 것이라고 생각된다면, 사람들은 어떤 특성들이 어떤 종들에게 좋다고 결론지을 수 있다. 그러나 에이즈의 예가 보여 주듯이 생존과 적응이 항상 **윤리적으로** 좋은 것은 아니다. 종들에게 좋은, 혹은 개체에게 좋은이라는 것은 윤리적으로 좋다는 것과 항상 일치하는 것은 아니다. 의무론적 윤리학을 다루는 절에서 살펴보겠지만 많은 철학자들은 윤리적 규범과 선은 무조건적이고 정언적(categorical)이어야 한다고 주장한다.

그래서 비록 자연법적 전통은 자연과 윤리학의 관계에 관하여 생각하고 추론하기 위한 틀을 마련해 주기는 하지만, 이에 대한 중요한 철학적 도전이 없는 것은 아니다. 지금까지 짧게 설명했지만, 이것은 이후에 우리가 현대의 환경 문제들에 응용된 전통으로부터의 다양한 통찰을 다룰 때 도움이 될 것이다.

5. 공리주의적 전통

공리주의는 환경윤리학의 연구에 도움이 되는 두 번째 윤리적 전통이다. 이것은 우리가 내리는 결정의 결과가 무엇을 해야 할지를 결정하는 데 중요한 역할을 해야 한다는 상식적인 통찰을 발전시킨 철학적 이론이다. 비록 이러한 전통에 대한 고전적 주장들은 19세기 제레미 벤덤(Jeremy Bentham)과 존 스튜어트 밀(John Stuart Mill)의 저작들에서 발견되고, 18세기 애덤 스미스(Adam Smith)의 경제적 사유에 근원을 두고 있지만, 공리주의는 오늘날까지도 영향력이 있는 이론이다.[5] 공리주의적 추론은 특히 경제학, 공공정책, 그리고 정부 규제에서 영향력을 갖는데, 이것은 공리주의적 추론이 또한 환경정책과 관련해서 중요한 역할을 담당해 왔음을 의미한다.

일반적으로 공리주의는 우리에게 전체적인 선을 극대화하거나 최대 다수를 위한 최대의 선을 만들어 낼 것을 명령한다. 그래서 공리주의 이론은 두 가지 요소에 의존하는데, 하나는 선에 대한 설명이고 다른 하나는 그 선에 의하여 모든 행위와 결정을 판단하기 위한 규칙이다. 그 규칙은 우리에게 어느 특정한 행위의 **결과들**을 확인하고, 그 결과들에 의해 그 행위의 윤리적 상태를 평가하라고 이야기한다. 만약 어떤 행위가 좋은 결과를 극대화하는 데 이바지한다면, 그 행위는 윤리적으로 옳고, 그렇지 못하다면 그 행위는 윤리적으로 그르다.

결국 공리주의자들은 가치의 두 가지 기본 유형, 즉 그 자체로서 소중히 여겨지는 선과 그 선과의 관계 때문에 소중히 여겨지는 그 밖의 모든 다른 것을 구별한다. 그래서 모든 행위나 결정은 그것들의 공리, 즉 좋은 결과를 낳는 그것들의 유용성에 의해서 판단된다. 이러한 구별은 때때로

---

[5] 공리주의에 대한 고전적 저작으로는 Jeremy Bentham, *Introduction to the Principles of Morals and Legislation*(Oxford: Clarendon Press, 1781), George Sher가 편집한 John Stuart Mill, *Utilitarianism*(Indianapolis, Ind.: Hackett, 1979)을 보라. 공리주의에 대한 현대의 옹호로는 J.J.C. Smart와 Bernard Williams의 *Utilitarianism: For and Against*(Cambridge, England: Cambridge University Press, 1973)를 보라.

본래적, 그리고 **도구적** 가치라는 말에 의해서 이루어진다. 공리주의자들은 본래적 가치(예를 들어 쾌락이나 행복)에 대한 어떤 견해를 옹호하고 나서, 그다음에 모든 다른 것과 행동의 가치를 판단하는데, 그것은 바로 그것들이 본래적 가치의 최적치를 달성하는 데 얼마나 적절하게 기여하는지에 따라서 판단한다.

물론 공리주의자들의 과제는 모든 다른 가치들의 기초로 기능할 수 있는 선에 대한 설명을 성공적으로 옹호하는 일이다. 만약 이러한 선이 이러한 방식으로 기능을 하려면 그것은 **객관적**(특정한 인간의 이익에 의존하지 않는 방식으로 선한)이어야 하고 **보편적**(언제나 모든 사람을 위한 선)이어야 한다. 그리고 선이 무엇이라고 설명하느냐에 따라 다양한 형태의 공리주의가 구별될 수 있다.

공리주의의 다음 두 가지 입장이 앞으로 우리가 살펴보게 될 환경 쟁점과 관련해서 중요하다. 공리주의의 한 입장은 쾌락 혹은 최소한 고통이 없는 상태를 그 자체로 가치 있는 유일한 선으로 받아들인다. 쾌락 혹은 고통이 없는 상태는 사람들이 보편적으로 원하는 것이다. 일반적으로 고통을 원하거나 쾌락을 피하는 사람들은 불합리하게 행동한다는 의심을 받는다. 쾌락은 객관적으로 선하고 보편적으로 소중히 여겨지는 가치의 그럴듯한 후보로 보일 것이다. 이러한 견해는 **쾌락주의적 공리주의**(hedonistic utilitarianism)라 불리고, 이것은 동물의 윤리적 지위에 관한 최근의 사유에서 한 역할을 담당해 왔다.

공리주의의 두 번째 입장은 선을 우리의 욕구 만족으로부터 발생하는 행복으로 이해한다. 사람들은 자신들이 원하는 것을 가질 때, 즉 자신들의 욕구가 만족될 때 행복감을 느낀다. 가능한 한 많은 사람들이 자신들이 욕구하는 것을 가능한 한 많이 갖는 세계가 윤리적으로 가장 좋은 세계일 것이다. 현대에 들어와 이러한 입장을 지지하는 사람들은 개인들에게 자신들의 욕구를 선택하고 우선순위를 매기도록 최대한 맡겨야 한다는 요건을 추가하기도 한다. 때때로 **선호 공리주의**(preference utilitarianism)라 불리는 이러한 입장은 우리에게 가능한 한 많은 개인적 선호를 만족시키도록 명령한다. 3장에서 소개하겠지만, 이러한 윤리 이론은 자유시장 경제이론과 밀접하게 관련되고, 또한 환경정책과 관련해서도 중요한 함의를 갖는다.

공리주의적 사고에 대해서는 수많은 반론이 제기되는데, 그중 몇 가지를 간략하게 살펴보자. 우리는 **측정**의 문제와 같은 일련의 문제들을 한 덩어리로 묶을 수 있다. 공리주의는 본질적으로 측정과 비교의 과정을 필요로 한다. "전체적인 선을 극대화하라"라는 구절과 "최대 다수의 최대 선"과 같은 구절은 필연적으로 측정하고, 비교하고, 계량화할 것을 요구한다. 하지만 우리가 원래 질적인 것을 계량화하려고 할 때 어려움이 나타난다. 선은 공리주의자들에 의해 본래적 가치를 갖는 것으로 여겨진다. 그러나 본래적 가치는 쉽게 셀 수 있거나, 측정될 수 있거나, 비교될 수 있는 종류의 것이 아니다.

이러한 고찰은 여러 심각한 철학적 문제에 이르게 한다. 먼저 쾌락, 행복, 욕구 등의 양을 잴 수 있는지에 대한 의문이 제기된다. 우리는 모든 쾌락이나 욕구가 질적으로 같다고 가정해야 하는가? 모든 쾌락은 동등한가? 내가 맑은 공기를 들이마심으로써 얻는 쾌락은 당신이 담배를 피움으로써 얻는 쾌락과 동등한가? 만약 그렇지 않다면 우리는 그것을 어떻게 측정할 수 있는가? 어떤 척도를 이용할 수 있는가? 선호 공리주의는 선호가 욕구와 달리 등급이 매겨질 수 있다는 이유로 이러한 문제를 어느 정도 극복하려고 시도한다. 예를 들어 나는 휴가도 원하고 일을 마치기 위한 보다 더 많은 시간도 원하지만, 일보다 휴가를 **더 선호**한다. 하지만 비록 이러한 접근 방식이 개인들의 욕구를 비교하는 데 있어서 몇 가지 문제를 극복할 수는 있을지라도, 서로 대립하는 욕구를 가진 두 사람이 경험하는 쾌락(혹은 가치)을 비교하는 것에는 별 도움이 되지 않는다.

두 번째 문제는 여기에서 비롯된다. '선'은 계량화하기 어렵기 때문에 공리주의자들은 선을 계량화할 수 있는 어떤 것으로 대체시키고자 한다. 예를 들어 건강을 우리가 극대화하고자 하는 사회적 목표로 여긴다고 가정해 보자. 우리는 다양한 오염 방지 정책이 건강에 미치는 결과를 어떻게 측정하고 비교할 수 있는가? 실제로는 건강을 기대 수명, 유아 사망률, 상해율 혹은 1인당 건강관리비 지출과 같은 계량 가능한 사항들로 대치하는 것이 쉬울 수 있다. 그러나 그러한 요소들은 당연히 건강에 대한 하나의 지표는 제공해 주지만 건강에 대한 모든 것을 말해 주지는 않는다. 게다가 실제로는 건강의 일차적인 목표를 잊기가 쉽고, 단순하게 이러한 계량 가능한 요소들을 최종 목표와 동일시하기 쉽다. 가장 손쉽게 계량화할 수 있는 선의 대체물이 돈이라는 것을 깨닫게 될 때, 이 문제는 중요한 물음들을 제기한다.

비판자들은 이것이 정확하게 환경 규제가 비용 편익 분석에 의해 다루어질 때 발생하는 문제라고 주장한다. 규제자들은 건강 자체의 가치를 측정할 수 없는 것으로 보고 대신 건강과 연관된 다양한 경제적 요인을 측정한 다음 건강 비용을 오염원을 폐쇄하는 비용과 비교함으로써 문제를 해결한다.

측정과 연관된 마지막 문제는 포함되는 사람들의 **범위**와 인격체로 간주되는 것의 **한도**를 고려할 때 발생한다. 이론상으로 공리주의자는 개별 행위에 의해서 영향을 받는 모든 쾌락이나 행복에 관심을 가져야 한다.

그러나 실제로 이것은 거의 불가능하다. 우리는 결코 어느 행위든 그 모든 결과를 다 알 수는 없다. 공리주의자들의 일반적 경향은 고려 사항을 바로 가까이 있는 사람들에 예상되는 결과로 제한한다. 게다가 미래 세대나 다른 나라 사람들 혹은 동물들(쾌락과 고통을 느끼는)에 대한 행위의 결과들은 흔히 무시한다. 이러한 각각의 한계는 중요한 환경적 함의를 갖는다.

이제까지 제기된 비판들에 대해서는 공리주의 원리의 적용 방법을 조정함으로써 대응할 수도 있을 것이다. 그러나 다른 비판들은 이론 자체에 대한 보다 더 직접적인 도전을 하게 되는데, 이는 이론을 교정하기보다는 오히려 포기할 것을 요구한다.

이러한 도전은 공리주의적 판단이 잠정적인 성질을 갖는다는 데서 비롯된다. 공리주의자에 따르면 어떤 특정한 행위는 그 자체로 옳거나 그르지 않다. 어떤 행위이든 그 윤리적 지위는 항상 그 밖의 어떤 것, 즉 그 결과에 의존한다. 옳고 그름은 맥락에 의존하고, 그래서 인간의 통제 밖에 있는 요인들에 의존하게 된다. 그러나 이러한 추론은 윤리적 관심 영역의 중요한 부분(이를테면 윤리적으로 올바른 결정이 결과에 상관없이 원리에 따라 행위하는 것이 되는 경우)을 놓치고 있는 것 같다. 우리는 어떤 행위의 전체적인 결과가 선한 것으로 판명되었을지라도, 그 행위가 원리적으로 잘못되었다고 판단할 때가 있다. 때때로 어떤 행위의 전체적인 결과가 나쁜 것으로 판명되었을지라도, 그 행위가 원리적으로 옳다고 판단할 때가 있다. 공리주의는 그러한 중요한 문제들에 대해 설명할 수 없을 것처럼 보이기 때문에, 비판자들은 이 이론은 아무리 좋게 보아도 불완전하다고 비난한다.

다음 두 가지 예가 이러한 점을 설명하는 데 도움이 될 것이다. 내가 친구를 배반할 경우에만 의미 있고 좋은 결과가 나오는 상황을 생각해 보

1부 기본 개념들

라. 또한 이 친구는 내가 그 배반 행위에 책임이 있다는 것을 결코 알지 못할 것이라고 생각해 보라. 그러한 시나리오에서, 공리주의적 결정은 친구를 배반하는 일일 것이다. 하지만 비판자들은 이러한 배반이 중요한 윤리적 원리("친구를 배반하지 말라")를 어기는 것이고, 친구를 배반하지 않았을 때의 결과가 비록 나쁘더라도 그렇게 해서는 안 된다고 주장할 것이다.

두 번째 예는 잘 알려진 환경 논쟁으로부터 전개될 수 있다. 최근 몇 년 동안에 많은 환경론자들은 북서 태평양 연안의 원시림을 벌목하는 것을 막기 위해 노력했다. 벌목으로 인해 멸종위기 종인 얼룩올빼미의 서식지가 파괴될 우려가 있었기 때문이다. 만약 벌목이 계속되었다면 얼룩올빼미는 곧 멸종되었을 것이다. 다른 한편 벌목산업의 성장은 중대한 사회적 이익을 가져올 것이다. 올빼미의 용도가 알려진 바가 없고, 또 어떤 식으로든 사회에 분명하게 기여하는 바가 없기 때문에, 공리주의적인 계산은 벌목이 허용되어야 한다고 제안할 수 있다. 하지만 환경론자들은 종을 멸종시키는 것이 사회적으로 큰 이익을 가져올지라도 그것은 원리적으로 잘못되었다고 비난할 것이다.

6. 공리주의에 대한 현대적 견해들

이 장을 시작할 때 우리는 윤리 이론이 연구되어야 하는 이유는 무엇보다도 몇몇 표준적인 이론들이 사고하고 추론하는 일반적인 방식 속에 깊이 스며들어 있기 때문이라고 말한 바 있다. 아마 이것은 공리주의에 가장 많이 해당될 것이다.

공리주의는 여러 가지 면에서 북미와 서유럽의 많은 나라들에서 공공정책을 위한, 그리고 점점 세계 정책을 위한 비공식적 윤리 이론이다. 환경 논쟁들은 빈번하게 공리주의적인 용어들로 이루어진다. 대기오염방지법, 수질오염방지법, 멸종위기종보호법에 대한 최근의 정치적인 논쟁들이 바로 이런 경우에 해당하고, 핵발전소와 얼룩올빼미 보호를 둘러싸고 진행된 공공정책의 결정 과정 또한 이러한 예다.

우리는 공리주의적 추론을 이 책의 두 군데 주요 부분에서 자세하게 살펴볼 것이다. 다음 장에서는 환경 문제들에 대한 시장경제의 중요한 영향에 대해 살펴볼 것이다. 시장에 기반을 둔 대개의 정책에는 전체 행복을 극대화하려는 공리주의의 원리가 은연중에 내재되어 있다. 앞으로 살펴보겠지만 이러한 주장은 논쟁의 여지가 있다. 5장에서는 동물 복지의 윤리적 고려 사항에 대한 공리주의적 분석을 검토할 것이다. 어느 정도는 벤덤의 견해가 반영되었기 때문에 현재의 일부 동물 복지 옹호자들은 동물의 고통과 괴로움을 최대 다수의 최대 선이라는 공리주의적 계산에 포함해야 한다고 주장한다.

이 두 가지의 특정 쟁점들 외에 공리주의적 사고는 많은 환경적인 쟁점들에, 특히 사회 정책의 문제들에 깊이 스며들어 있다. 경쟁하는 이해관계가 있고, 그리고 모든 이해관계가 동등하게 보상받을 가치가 있는 것으로 취급되는 상황에서, 최적의 결과가 달성되도록 하기 위해 경쟁하는 이해관계들의 균형을 잡아주고자 하는 공리주의의 바람은 분명 윤리적인 접근 방식으로 보인다. 공공의 이해관계를 만족시킬 책임을 지고 있는 공무원들은 불가피하게 공리주의적인 입장에서 정책을 마련한다. 공리주의에 대한 이 같은 간략한 소개는 독자들이 이러한 추론과 우연히 마주하게 되었을 때 그것을 인지하는 데 도움을 줄 것이다. 이 절의 목적은 독자들이 이러한 일상적인 공공철학에 내재하는 장점들과 위험들에 민감해지도록 하는 것이고, 이러한 전통적인 윤리 이론에 기초한 환경정책을 더 잘 평가할 수 있도록 만드는 것이다.

7. 의무론: 의무와 권리의 윤리학

마지막으로 살펴볼 윤리적 전통은 결과보다는 원리에 따라 행동할 것을 강조한다. 이러한 견해에서 윤리학의 주요 개념은 의무와 권리를 포함한다(윤리학에 대한 이러한 접근 방식은 때때로 '의무(duty)'를 뜻하는 그리스어에서 유래한 '의무론(deontology)'이라는 말로 불린다). 이러한 견해에 대한 고전적인 철학적 옹호는 18세기 독일의 철학자인 이마누엘 칸트(Immanuel Kant)의 저작들에서 발견된다.[6]

공리주의에 대한 중요한 반론 중 하나를 다시 생각해 보자. 즉 공리주의는 우리 행위의 윤리적 지위를 우리가 통제할 수 없는 요인들에 의존하게 만드는 것으로 보인다는 것이다. 나의 행위는 그 결과에 의해서 판단되지만, 그러나 나는 확실히 나의 행위의 모든 결과를 예견할 수도 없고 통제할 수도 없다. 그래서 공리주의는 사람들로 하여금 통제할 수도 없는 일에 책임을 떠맡기는 것처럼 보인다. 이것은 윤리학의 근본적인 격률(maxim)을 위배하는 것으로 보인다. 사람들은 그들의 힘이 미치는 범위 내에 있는 것들에 대해서만 책임을 질 수 있다. 혹은 흔히 사용하는 말로 표현을 한다면 **당위**(ought)는 **가능**(can)을 함의한다.

칸트의 윤리학은 우리가 통제할 수 있는 것들에 대해서만 책임질 수

---

6 윤리학에 대한 칸트의 견해는 특히 그의 저작 『도덕 형이상학의 기초Groundwork for the Metaphysics of Morals』를 참고하라.

있다는 주장과 더불어 시작된다. 칸트의 주장처럼, 이것이 의미하는 바는 윤리학의 초점이 우리가 행위를 하기 위해 자유로이 그리고 자율적으로 선택하는 원리들(칸트가 격률들이라 했던 것)에 모아져야 한다는 것이다.

우리는 이러한 원리들을 우리 행위의 의도를 표현하는 것으로 생각할 수 있다. 그리고 칸트의 원리는 우리가 우리의 의도들에 대해 윤리적으로 책임을 질 수 있다는 것이다. 우리가 합리적인 존재이고, 단순히 본능이나 조건에 따라 행동하지 않는다고 가정한다면, 우리는 자유로이 행위들을 선택하거나 의도할 수 있기 때문에 책임을 질 수 있다. 그래서 칸트는 우리는 자유로이 의도들을 품을 수 있고 그것들에 따라 행위를 신중하게 선택할 수 있는 합리적인 존재이기 때문에 우리는 윤리적인 존재라고 주장했다. 도덕적 존재로서의 우리의 지위는 자유롭고 합리적인 존재라는 우리의 본성으로부터 나온다.

그러나 어떤 의도가 윤리적으로 올바르고 또 그렇지 않은지를 어떻게 결정하는가? 칸트는 우리가 행위를 할 때 의존하는 원리나 격률이 합리적인 것일 때는 언제나 윤리적으로 행위하는 것이라고 주장했다. 다른 영역들에서의 합리성과 마찬가지로 윤리학에서의 합리적 원리도 모든 다른 행위자들에 의해서 받아들여질 수 있고 구속력을 가지고 있는 것으로 이해될 수 있을 것이다. 즉 합리적 원리는 정언적이고 보편화된 것이다. 칸트가 **정언명령**(categorical imperative)이라고 불렀던 근본적인 윤리적 의무는 오로지 모든 합리적인 존재들이 받아들일 수 있다고 생각하는 방식으로만 행위하는 것이다.

칸트는 이러한 근본적인 윤리적 의무는 수많은 다른 방식들로 표현될 수 있다고 믿었다. 정언명령은 또한 우리가 사람들을 단순히 **수단**으로서가 아니라 **목적**으로서 혹은 **대상**으로서가 아니라 **주체**로서 대우할 것을 요구한다. 그래서 우리는 사람들을 합리적이고 자율적인 존재로서 대우할 윤리적 의무가 있다. 우리는 인격체를 우리 자신의 목적을 위해 이용되는 단순한 사물로 취급해서는 안 된다. 사람들은 자기 자신의 목적과 의도를 가진 주체이고, 우리는 그들을 자신의 결정을 내릴 수 있는 존재로서 존중할 도덕적 의무를 갖는다.

그렇다면 정언명령은 우리의 기본적인 윤리적 의무, 즉 사람을 단순한 수단이나 대상으로서 대우하지 말고 목적으로 대우하라는 윤리적 의무를 확립한다. 하지만 다른 사람도 똑같이 나를 이러한 식으로 대우할 의무가 있기 때문에, 정언명령은 또한 우리의 근본적인 윤리적 **권리**를 확립하는 것으로 보일 수 있다. 모든 사람들과 마찬가지로 나도 수단이 아니라 목적으로 대우받을 권리를 갖는다. 나는 자신의 목적과 목표를 갖는 자유롭고 합리적인 존재로서 대우받을 권리를 갖는다. 나는 나 자신이 다른 사람을 나의 목적을 위한 수단으로서 대우하지 않는 한에서만 그러한 목적을 추구할 권리를 갖는다. 이러한 고려 사항들에 따르면 윤리적 전통은 다른 사람을 존중할 의무, 그리고 평등의 권리와 자유의 권리에 일차적인 가치를 부여한다. 이 같은 기본적 권리와 의무는 모두 자유롭고 합리적인 행위를 할 수 있는 존재로서의 우리의 본성으로부터 나온다.

의무와 권리에 대한 이러한 논의는 우리에게 공리주의적 사고의 중대한 결함을 이해하게 해주는 또 다른 길을 마련해 준다. 공리주의는 결과에 초점을 맞추기 때문에, 도덕 원리들이 윤리적 의사결정에서 차지하는 중요한 역할을 무시한다. 칸트에 따르면 원리에 따라 행위하는 것은 바로 정언명령과 일치하여 행위하는 것이다. 예를 들어 정의의 원리는 우리가 다른 사람들에 대한 의무를 이행할 것을 요구한다. 또한 정의는 우리가 다른 사람들의 권리를 언제나 그리고 어떤 조건하에서도 존중할 것을 요구한다(이것은 이러한 명령을 '정언적'이라고 부르는 이유다). 다른 한편 공리주의는 의무를 이행하고 다른 사람의 권리를 존중하는 것이 **오로지** 전체적인 좋은 결과들을 극대화해 줄 **때만** 그렇게 할 것을 요구한다. 그러나 칸트주의자들은 이렇게 하는 것, 즉 의무를 이행하고 권리를 존중하는 것이 이익이 되는 결과를 가져올 때만 그렇게 하는 것은 부정의(injustice)에 더할 나위 없이 딱 들어맞는 예라고 주장한다.

그래서 권리는 사회적 유용성보다 우선할 수 있다.[7] 만약 내가 어떤 선에 대한 권리(혹은 어떤 해악으로부터 보호받을 권리)를 갖는다면, 나에게 이러한 선을 주지 않는 것(혹은 해악으로부터 나를 보호하지 않는 것)은, 설사 그렇게 하는 것이 사회 전체의 선에 기여할지라도 잘못일 것이다. 이것은 멸종위기종 보호법과 관련한 최근의 논쟁들을 이해하기 위한 한 가지 방식이다. 만약 내가 사유재산권을 갖는다면, 단순히 멸종위기 종을 위한 서식지를 마련해 주기 위해 나에게서 이 재산을 뺏는 것은 설사 그렇게 하는 것이 보다 광범위한 공동체의 욕구를 만족시킨다 하더라도 잘못이다. 공용수용 법률 발의자들은 많은 환경법이 단순하게 전체적인 행복을 극대화하는 공리주의의 목표에 맞추기 위해 개인의 권리를 침해한다고 주장한다. 이 같은 견해에 따르면 그러한 행위들은 사회정의의 원리를 어기는 것이다.

이 같은 생각은 서양의 윤리와 정치사상에 깊은 영향을 끼쳤으며, 민주주의나 시민의 자유와 같은 주요 개념들 속에 반영되어 있다. 자유롭고 합리적인 행위자로서의 각 인격체의 존엄성을 진지하게 받아들이지

---

7 이러한 견해를 철저하게 피력한 책은 Ronald Dworkin, *Taking Rights Seriously*(Cambridge, Mass.: Harvard University Press, 1977)다.

않았던 윤리 이론은 이에 대한 중요한 철학적 답변을 필요로 하게 될 것이다.

8. 의무론적 윤리학에 대한 현대적 견해들

직관적으로 분명한 권리와 의무 윤리학의 중요성에도 불구하고 현대의 의무론적 윤리학은 논쟁의 여지가 있다. 어떤 비판자는 칸트의 윤리적인 전통이 실질적인 가치 판단을 내리기 위한 토대를 제공하지 못한다고 주장한다. 내가 다른 사람들을 올바르게 대우하는 한(그런데 이것은 내가 단순하게 다른 사람들을 혼자 내버려 둠으로써 이루어질 수도 있다), 내가 행한 선택을 평가하기 위한 어떤 윤리적 기초도 존재하지 않는다. 이러한 견해에 따르면 가치 문제는 단순히 개인적 선택이나 선호의 문제가 된다.

어떤 비판자들에 따르면 이러한 의무론적 전통은 선한 것이나 가치 있거나 소중한 것에 대해 아무것도 설명해 주지 않는다. 씀씀이가 헤픈 소비생활이 자율적으로 선택되고 다른 자율적인 행위자들의 존엄성을 침해함이 없이 이루어진다면, 생태학적으로 보다 건전한 생활양식보다 윤리적으로 더 좋거나 더 나쁘다고 할 것이 없다. 다른 사람들과 경쟁하며 지내는 삶이나 외롭고 쓸쓸하게 지내는 삶이라고 해서 우정과 배려가 있는 공동체적 삶보다 윤리적으로 더 나쁠 것이 없다.

이러한 비판의 한 가지 형태는 권리에 대한 담론이 '욕구'에 대한 담론의 위장된 방식에 지나지 않는다는 주장이다. 즉 사람들이 어떤 것을 아주 강하게 원한다면, 그들은 욕구를 권리와 동일시함으로써 정당화하려고 시도한다. 그로 인한 결과 중의 하나가 권리의 폭발적인 증가다. 그렇게 되면 사회는 수많은 이해관계 집단들의 집합소가 되고, 각각의 집단은 공공의 이해관계와 전체적인 사회적 선보다 자신의 권리를 우선 주장할 것이다.

다른 비판자들은 이러한 전통 속에 숨어 있는 강한 인간 중심적인, 혹은 인간 중심주의적인 편견을 발견한다. 그것은 합리적이라는 이유로 인간을 목적으로서 대우하는 것으로부터 비합리적인 것을 단순한 수단으로서 취급하는 것으로 쉽게 옮아가는 지름길로 생각된다. 이러한 전통에서는 자유롭지 않은 존재들과 합리적이지 않은 존재들에 대한 윤리적 의무의 근거가 거의 보이지 않는다. 그래서 다른 생명체들과 환경을 단순히 우리의 목적을 위한 수단으로서 취급하는 것이 정당해 보인다. 이것들은 결국 주체가 아닌 대상의 완벽한 예다. 이러한 비판들 중에 몇 가지는 뒤에서 보다 자세히 살펴볼 것이다.

이 장의 앞에서 나는 윤리학이 전통적으로 개인적인 도덕적 질문(나는 무엇을 해야 하는가? 나는 어떤 종류의 사람이 되어야 하는가?)과 사회정의 혹은 공공정책에 대한 질문(우리는 우리 사회를 어떻게 만들어야 하는가? 어떤 정치적 제도와 경제적 제도가 올바른 것인가?)을 모두 포함한다고 얘기했다. 우리는 자연법이나 공리주의, 그리고 칸트의 의무론과 같은 윤리적 전통이 근대 정치사상의 발전에 중요한 영향을 끼쳐 왔다는 것을 인정해야 한다. 실제로 이러한 철학 이론이 대부분의 근대적인 사회 정치적 제도들의 지적이고 윤리적인 틀을 마련해 주었다.

고전적인 공리주의와 칸트의 의무론은 개인의 자유와 권리를 확고하게 지켜 주는 민주적인 정부 형태를 발전시키는 데 큰 영향력을 발휘했다. 입헌민주제라는 정치제도는 이러한 윤리적 전통과 현대 정치학 간의 연관성을 잘 보여 주는 예다. 다수결 원칙에 맡기는 것은 행복을 극대화

1부 기본 개념들

하는 공리주의의 목표를 만족시켜 주는 것으로 보일 수 있다. 만약 우리가 최대 다수의 최대 행복을 달성하려고 한다면, 우리가 투표를 하고 다수의 뜻을 따르는 것이 크게 잘못된 것은 아니다. 다른 한편 시민의 권리와 자유를 헌법에 의해 보호하는 것은 개인의 자율성을 존중하는 칸트주의자들의 목표를 만족시켜 주는 것으로 보일 수 있다. 그래서 헌법상의 권리는 또한 입법기관들의 다수결을 억제하고 제한하는 장치로서 도움이 된다.

칸트적인 전통이 해결해야 하는 가장 큰 과제는 '권리 주장'을 명확히 하고 옹호하는 것이다. 우리는 어떤 권리를 갖는가? 그것들은 어디에서 오는가? 누가 혹은 무엇이 권리를 갖는가? 누구에게 혹은 무엇에 우리는 의무가 있는가? 우리는 갈등하는 권리 주장들을 어떻게 조화시키는가? 이러한 질문들은 수많은 중요 환경 논쟁들의 전조가 된다. 권리와 의무 주장을 포함하는 쟁점들을 간략하게 살펴봄으로써 윤리학에 대한 이러한 접근이 얼마나 널리 행해지고 있는지, 그리고 이러한 윤리 이론을 이해하는 것이 왜 중요한지를 알 수 있을 것이다.

오염은 무고한 사람들의 권리를 침해하기 때문에 잘못된 것으로 생각된다. 우리는 미래 세대에 대한 의무 때문에 자원을 보전해야 한다. 인간은 동물과 다른 생명체에 대해 어떤 의무를 갖는가? 소비자 중심주의적인 생활양식은 보다 덜 발전된 지역에 살고 있는 사람들에 대한 사회정의의 의무를 위배하는가?

9. 환경윤리학과 종교적 원리들

고조되고 있는 환경 의식은 철학적 윤리학을 넘어 확장되어 왔고, 환경에 대한 신학적이고 종교적인 접근 방식들에 대해 대대적으로 반성하는 계기를 만들었다. 종교적 전통은 역사를 통해서 인간과 자연환경 간의 윤리적 관계를 다루어 왔고, 다양한 종교적 전통 사이에는 중요한 공통 지반이 존재한다. 하지만 역사적으로 환경에 관한 종교의 기록은 뒤죽박죽이고, 몇몇 연구자는 어떤 종교적 태도는 환경 파괴의 근본적인 원인 중 하나라고 주장한다.[8] 그럼에도 불구하고 점점 더 많은 신학자들과 종교 신자들은 새롭고 보다 책임 있는 환경윤리학을 위한 지적이고 윤리적인 원천을 찾기 위해 종교적인 전통을 재검토하고 있는 중이다.

정치적 대화를 장려하기 위해 종교 윤리를 이용하는 것과 관련하여 조심할 것을 충고하던 오래된 전통이 있는데, 이는 **철학적 윤리학**을 **종교 윤리**와 구별할 것을 요구한다. 적어도 소크라테스 시대로부터 서양적 전통에 있는 철학자들은 윤리적 주장들의 기반을 종교적 믿음에 두는 것을 망설여 왔다. 그들이 망설인 주요 이유는 종교에 기반을 둔 윤리학은 합리적 해결에 다소 미흡한 분석을 할 것이 분명하리라는 점 때문이었다.

철학적 윤리학이 합리적인 사람들을 모두 설득하려고 애쓰는 데 반해서 종교에 기반을 둔 윤리학은 기본적인 종교적 가정을 공유하는 사람들만 설득하려 했다. 만약 종교에 기반을 둔 윤리학이 오로지 종교적인 출발점을 이미 받아들인 사람들을 위해서만 정당화를 제공한다면, 신자들 간의 갈등을 해결하지 못할 것이고, 우리에게는 윤리적 결론을 위한

---

8 특히 린 화이트의 "The Historical Roots of Our Ecological Crisis", *Science* 155(1967년 3월 10일), 1203-1207쪽을 보라. 화이트의 견해는 5장에서 보다 깊이 있게 다루어진다.

보편적이고 편견 없는 어떤 토대도 남아 있지 않을 것이다. 소크라테스가 대화편 『에우티프론Euthyphro』에서 주장한 것처럼, 종교 신자들이 자신들의 믿음을 비신자들에게 정당화할 수 있다면 종교에 호소하는 것은 부적절하고, 그들의 믿음을 정당화할 수 없다면 비신자는 그들의 믿음을 받아들일 합리적 이유를 갖지 못할 것이다. 어느 쪽이든 윤리적 결론의 기반을 종교적 믿음에 두는 것은 불완전한 것 같다.

물론 단일한 '종교적인 환경 윤리'라는 측면에서 생각하는 것은 잘못일 수 있다. 수많은 종교와 종파 교단이 있고, 환경적 관심사에 대한 다양한 종교적 접근을 개괄적으로 살펴보기 위한 어떠한 시도도 개론적인 철학 교재의 범위를 넘어설 것이다. 그럼에도 불구하고 종교 윤리는 환경윤리학에 대한 하나의 역할을 담당한다. 종교는 우리가 자연환경에 대한 상이한 견해들을 이해하도록 돕는 중요한 배경을 마련해 줄 수 있다. 종교 윤리는 또한 깊이 간직되어 있는 종교적 가치와 원리에 호소하고, 시민 대화는 우리가 논의를 시작하기 위한 공통 지반을 발견할 때 진척이 된다. 마찬가지로 중요한 것은 종교적인 윤리적 원리들이 환경적 동기부여를 위한 하나의 수단이라는 것이다. 결국 윤리학은 윤리적 신념을 **정당화**하는 이유와 윤리적 행위에 **동기를 부여**하는 이유를 마련해 주고자 노력한다. 이런 이유로 인해 환경윤리에서도 철학 개론에 나오는 몇 가지 종교적 주제를 간략하게 언급하는 것도 괜찮을 것 같다. 이 책에서 나중에 다양한 모습으로 전개되는 다섯 가지 주제를 미리 살펴보자.

신의 창조물로서의 선

자연계를 선하고 자비로운 신의 창조물로 이해하는 종교적 전통은 자연계를 그 자체로 그리고 인간의 가치평가와는 독립적으로 선한 것으로 평가하고 싶어할 것이다. 예를 들어 창조와 관련한 성경의 이야기에는 모든 살아 있는 창조물을 만든 후에 하나님이 "보시기에 좋았다"(「창세기」 1장 25절)라고 되어 있고, "하나님이 그 지으신 모든 것을 보시니, 보시기에 심히 좋았더라"(「창세기」 1장 31절)라고 되어 있다. 그래서 세계의 선은 인간이 창조되기 전에 확립되었다. 이러한 종교적 입장은 자연계가 단순히 도구적 가치를 갖는다는 견해 혹은 인간이 그것을 가치 있다고 생각할 때만 가치 있다는 견해와 대립한다. 자연계는 객관적으로 그리고 인간의 판단과 독립적으로 선하다. 이러한 시각에서 볼 때 사람들은 신성한 창조물을 존경으로 대함으로써 신에 대한 존경을 표한다.

이 같은 종교적 시각은 자연적 목적론을 신의 자연법으로 해석하는 입장과 양립한다. 목적이 있고, 지적이고 자비로운 신을 가정할 경우, 인간은 창조물에는 자연적 질서가 있고 이러한 질서는 선할 것이라고 쉽게 가정할 수 있다. 이러한 견해는 또한 자연 지역의 보존에 찬성할 것이고, 우리가 창조물의 일부를 우리 자신의 사용 목적에 충당할 때는 조심할 것을 강조할 것이다.

자연의 신성

인간은 스스로를 문화나 문명으로부터 떼어 놓을 때 신성에 가까이 다가간다. 히말라야 산맥에 살고 있는 승려로부터 초기 기독교의 수도자, 19세기 낭만주의, 아메리카 원주민의 풍습, 세쿼이아 숲을 대성당으로 묘사한 존 뮤어(John Muir)에 이르기까지 인간 사회로부터 벗어나는 것을 신이나 계몽으로 가는 길로 이해하는 많은 전통이 있다. 신은 자연계를 창조했고 인간은 사회를 창조했기 때문에 사람은 창조물을 경험하기 위해 사회로부터 물러남으로써 신성에 가장 가깝게 다가갈 수 있다. 종종 이러한 견해는 종교적 영성과 관련이 있는데, 이는 종교적 교리와 신학보다는 종교적 체험과 생활에 초점을 맞춘 접근이라 할 수 있다. 이러한 영적인 관점은 그래서 종교적 체험을 위한 피난처이자 안식처로서 자연의 보존에 공감할 것이다.

영성에 대한 종교적 접근 방식뿐만 아니라 세속적인 접근 방식도 있다. 이 둘은 존재에는 직접적이고 물질적인 육체적 세계 말고도 그 이상의 것이 있다는 공통된 믿음을 공유한다. 이것들은 존재의 이러한 영적인 측면과의 교감을 삶에 가장 큰 의미와 가치를 가져다주는 것으로서 소중하게 여긴다. 영성의 어떤 요소들은 어떤 사람들로 하여금 물리적환경은 거의 관계없는 금욕적 삶에 이르게 하지만, 영성의 또 다른 요소들은 인간들로 하여금 자연과의 일체화까지는 아니더라도 자연과의 보다 큰 공감을 불러일으키는 모든 창조물의 깊은 상호 관련성을 강조한다. 많은 사람들에게 영성은 인간을 신에 보다 가깝게 다가가게 하는 종교적 경험의 한 양상이고, 이러한 경험은 종종 신의 자연적 창조물과의 교감에서 쉽게 발견할 수 있다.

생명에 대한 절대적 존중과 생명의 가치

많은 종교적 전통은 '생명옹호론'을 오로지 인간에게만 초점을 맞추는 것으로부터 어떤 생명 형태든 본래적 가치를 갖는다는 깨달음으로 확장하기 위하여 생명의 가치를 재조명하고 있다. 예를 들어 많은 기독교 교파가 생명 중심적 윤리를 강조했지만 많은 전통들은 이것을 오로지 인간 생명의 측면에서만 이해했다. 그러나 많은 신자들(기독교 신자이건 다른 종교의 신자이건)은 모든 생명은 소중히 여겨져야 한다고 주장한다. 초기 기독교도인 아시시의 프란체스코(Francis of Assisi)는 분명하게 식물과 동물을 포함해 생명을 긍정하는 윤리학을 찬양했다.

많은 종교적 전통에서 생명 자체의 존엄성은 궁극적 가치다. 그것은 가장 헤아리기 어려운 신비이고, 신의 사랑의 가장 위대한 표현이다. 또한 생명의 원리는 그것이 정신 또는 영혼으로 불리든 간에 창조주에게 가장 가까운 것이다. 게다가 많은 종교들은 점점 생명의 신성함에 대한 인식을 인간이 아닌 생명들로까지 확장하고 있는 중이다. 6장에서는 그러한 생명 중심 혹은 생명 중심 윤리학이라는 한 철학적 입장을 살펴볼 것이다.

사회정의의 실천

많은 종교들은 신자들에게 공공의 선에 봉사하고, 억압에 대해서는 큰 소리로 외치고 권리를 빼앗긴 사람을 위해 일함으로써 자비로운 신의 증인이 되기를 요구한다. 예를 들어 많은 기독교도들은 가난한 사람들에게 봉사함으로써, 그리고 행복하지 못한 사람들을 보호하고 돕는 사회정책들을 지지함으로써 예수 그리스도를 모방한다. 종교 윤리 안에서 이러한 사회적 정의의 전통은 두 가지 중요한 방식으로 환경적 쟁점들을 위한 함의를 갖는다.

먼저, 10장에서 환경적 정의에 대한 논의를 통해 설명하겠지만, 아주 흔하게 환경오염이나 손상으로부터 가장 큰 피해를 입는 사람은 바로 자신의 이익을 지킬 능력이 가장 적은 사람이다. 가난한 사람은 가장 큰 환경적 부담을 떠안으면서도 가장 적은 환경적 혜택을 받는다. 가난한 사람에게 봉사하라는 종교적인 소명에 응답하는 많은 사람들은 종종 스스로가 환경 정의를 위해, 그리고 맑은 공기와 물, 비옥한 농토, 건강한 음식, 공터와 같은 환경적 대의를 위해 행동하고 있음을 깨닫는다.

둘째, 이러한 사회적 정의의 전통 내에서 많은 연구자들은 사회적 억압과 환경 파괴는 공통의 사회적 관행과 태도에서 비롯되었다고 결론짓는다. 심층생태주의, 사회생태주의, 그리고 생태여성주의와 같은 환경철학은 환경 파괴의 원인을 분석하면서 물질주의, 산업주의, 소비주의, 가부장제와 같은 현대의 다양한 사고방식을 열거한다. 어떤 연구자들에 의하면 이러한 똑같은 사고방식은 한 계급(부유한, 남성의, 특권을 가진 계급)의 다른 계급(가난한, 여성의, 권리를 박탈당한 계급)에 대한 지배를 조장하는 일반적인 세계관의 일부다. 그래서 사회정의의 문제를 다루려면 사회적 억압과 환경 파괴의 근본 원인 모두를 다루어야 한다.

관리인

마지막으로 여러 종교들에 공통적인 접근 방식이 있는데, 이는 자연계에 대한 인간의 책임을 창조주에 의해 인간에게 위임되어 왔던 '자원 관리인'이라는 측면에서 이해하려는 것이다. 이런 관점에서 자연계는 인간의 이용을 위해 제공할 수 있는 자원이라는 이유로 소중히 여겨진다. 그러나 이러한 세계는 창조주로부터의 선물에 합당한 감사와 존중, 그리고 존경을 가지고 다루어져야 한다. 파괴와 신성모독 혹은 자원의 낭비는 신의 자비와 관대함에 대한 모욕이다.

관리인이라는 인식은 사람들로 하여금 신의 창조물에 양분을 주고 보호하며 그것을 파괴하지 말 것을 요구한다. 유대-기독교에 흔히 있는 양치기라는 은유는 종종 관리인의 직이라는 개념을 설명하기 위해 이용된다. 좋은 양치기는 양 떼를 여전히 식량과 모직물이라는 자원으로 이용하면서도 그것을 기르고 보호한다. 양치기가 양을 돌보듯 인간은 자연계를 돌보아야 한다. 인간은 세계를 영지로 갖지만 그것을 파괴하거나 황폐하게 할 권한은 없다. 마찬가지로 지배할 권한 또한 없다. 이러한 관리인 전통은 천연자원의 보전과 지속가능한 경제 발전을 지지하는데, 이 문제는 나중에 살펴볼 것이다.

10. 요약 및 결론

이 책에서는 철학자들과 과학자들, 환경보호론자들, 시민들 간에 계속 진행되고 있는 대화를 소개한다. 대화가 어느 정도 진행되긴 했지만 결론에 이르기까지는 아직 갈 길이 멀다. 처음의 장들은 대화의 주요 참여자들과 그것을 시작했던 동기를 소개한다. 우리는 또한 참여자들이 사용하는 용어들을 소개하고 과거에 얘기됐던 것들을 재검토할 것이다.

철학자들은 아직까지 최종 결론을 내지 못했다. 이러한 철학적 이론과 개념을 환경 문제에 적용하는 것이 지금 요구되는 모든 것이라고 생각하지 마라. 오히려 이제 소개가 되었으니 독자들은 스스로를 대화의 참여자로 인식해야 한다. 그래서 배우고 기여해야 한다. 토론을 너무 일찍 끝내지는 마라.

생각해 봅시다

1. 사회가 핵 발전에서 이익을 얻는다고 가정하면 이익과 더불어 발생하는 부담은 어떻게 나누어야 하는가? 핵폐기물 저장 시설은 에너지가 생산되는 지역에 설치되어야 하는가? 혹은 대도시의 중심이라도 에너지가 이용되는 곳에 설치되어야 하는가? 아니면 그 지역에 살고 있는 사람들이 핵에너지의 혜택을 받지 못한다고 하더라도 위험이 가장 적은 지역에 설치되어야 하는가?

2. 아리스토텔레스는 모든 자연물은 자연적이고 특징적인 활동에 의해 구별될 수 있다고 주장했다. 우리는 이런 식의 접근 방식을 생태계에 적용할 수 있는가? 생태계의 상이한 요소들은 그 체계 내에서 상이한 기능을 수행하는가? 여러분은 그러한 생태학적 사실들로부터 무엇을 해야 한다는 규범적 결론을 추론해 낼 수 있는가? 그렇다면 왜 그렇고, 그렇지 않다면 왜 그렇지 않은가?

3. 많은 환경 논쟁은 일자리와 환경보호 간의 다툼으로 간주된다. 예를 들어 북서 태평양 연안에서 벌어지는 얼룩올빼미 논쟁은 올빼미 대 일자리라는 측면에서 다루어진다. 이런 공리주의적인 거래는 합리적인 것인가? 그리고 가능한 것인가?

4. 창조에 대한 성경의 일화는 "바다의 물고기, 하늘의 새, 땅 위에 있는 모든 가축과 야생 동물, 그리고 땅 위를 기어 다니는 모든 동물을 지배하도록" 인간을 창조하고 모든 다른 생명체들에 "대한 지배권"을 인간에게 부여하는 신에 관해 이야기한다. 어떤 사람들은 이것을 인간이 정당하게 자연계를 "지배하고" 통제할 수 있음을 의미하는 것으로 해석한다. 또 다른 이들은 인간은 결국 신의 창조물에

대해 관리인이나 대리인으로 행동해야 한다고 주장한다. 여러분은 어떻게 생각하는가?

2부

응용윤리학으로서의
환경윤리학

ENVIRONMENTAL ETHICS

ENVIRONMENTAL ETHICS

3장

윤리학과 경제학:
공유지 관리

토론 사례 | 딥워터 호라이즌 호의 원유 유출 사건

미국 내 6억 에이커의 땅, 전체 육지의 거의 3분의 1은 공유지로 분류된다. 예를 들어 네바다 지역의 83%, 캘리포니아 지역의 44%가 완전히 공유지다. 대략 2억 4,000에이커 혹은 알래스카 전체 땅의 65%는 연방정부 소유다. 공유지는 공공기관에 의해 관리되는데, 공공의 이익에 이바지해야 하는 공공기관은 공유지의 정당한 사용과 관련하여 일어나는 경쟁과 갈등의 균형을 잡아 주어야 한다. 그렇다면 우리는 공공의 이익이 무엇인지를 어떻게 결정할 수 있는가? 공유지는 어떻게 이용되어야 하는가? 공적인 이익 집단들의 입장이 서로 다를 때, 정부기관은 어떻게 해야 하는가?

국토에 접해 있는 해양은 공공정책 논쟁에서 흔히 간과되는 중요한 환경적 함의를 갖는 공공재산의 한 영역이다. 전 세계의 대양을 관리하는 UN 협정에 따라 미국은 12해리의 영해와 200해리의 배타적 경제수역

(exclusive economic zone)을 주장한다. 이것은 경계로부터 밖으로 12마일 확장된 해양은 미국이 주권을 갖는 재산으로 간주되고, 국제법에서는 미국 국경 내의 땅으로 취급된다는 것을 의미한다. 배타적 경제수역은 해안의 200마일 내에서 해양자원을 이용할 수 있는 독점적인 권리를 각 국가들에 부여한다.

해양을 관리하는 공공기관들은 이러한 해역이 활용되는 방식만큼이나 다양하다. 연방 차원에서 보면 해양 안에서, 해양 위에서, 해양 아래에서, 그리고 해양 주변에서 일어나는 일은 특히 해안경비대(Coast Guard), 국립해양대기청(National Oceanic and Atmospheric Administration), 육군공병대(Army Corps of Engineers), 국립공원관리소(National Park Service), 미국 어류 및 야생동물 보호국(U.S. Fish and Wildlife Service), 국방부(Department of Defense), 국립해양수산처(National Marine Fisheries Service), 환경보호국(Environmental Protection Agency)에서 관리한다. 연방기관들뿐만 아니라 다양한 주와 지방 정부기관들 또한 공공 해역을 관리하는 데 일부 역할을 담당하고 있다. 아마 공공 해역 관리에서 석유 시추만큼 논쟁을 불러일으키는 사안도 없을 것이다. 이와 관련하여 브리티시 페트롤륨(BP)의 딥워터 호라이즌 호를 둘러싸고 벌어진 논란이 좋은 예가 될 것이다.

석유의 필요성과 국내 공급원의 필요성은 잘 알려져 있다. 미국은 매일 2,100만 배럴의 석유를 사용하는데, 일반적으로 배럴당 100달러에 매일 총액이 20억 달러에 이른다. 휘발유, 등유, 제트 연료, 디젤유가 석유의 주요 용도다. 미국에서 소비되는 석유 중 자국 내에서 생산하는 것은 3분의 1이 채 안 되고, 멕시코 만 주변 지역이 국내 석유 생산의 가장 큰 공급원이다.

2010년 4월 20일, 미국 루이지애나 주 연안으로부터 약 40마일 떨어진 배타적 경제수역에서 브리티시 페트롤륨이 운영하던 딥워터 호라이즌 호의 석유 시추 장치가 폭발했다. 이 폭발과 화재로 11명이 사망했고 이틀 만에 시추 장치는 5,000피트 물속으로 완전히 침몰했다. 석 달 동안 수백만의 사람들이 매일 저녁 뉴스에서 관련 소식을 접했지만, 원유가 만으로 흘러드는 것을 멈추고자 하는 모든 노력은 실패로 돌아갔다. 어림잡아 총 500만 배럴의 원유가 멕시코 만으로 흘러든 것으로 추정된다. 이에 비해 아마도 가장 유명한 이전의 원유 유출 사고인 엑손 발데즈호 사고에서는 총 26만 배럴의 원유가 알래스카의 프린스 윌리엄 해협으로 쏟아졌다.

이 원유 유출 사고는 멕시코 만 도처에 환경적이고 경제적인 피해를 입혔다. 사고 이후 대대적으로 청소를 했지만, 원유는 멕시코 만 연안의 수천 마일이 넘는 해변을 따라 밀려왔고 물속의 오일 기둥들은 만 도처에 떠돌아 다녔다. 수많은 동물들이 죽었고, 이주 종들(migratory species)을 포함해 수많은 종들의 서식지가 파괴되고 오염되었다. 그 지역이 여러 주 동안 폐쇄되는 바람에 새우, 게 등의 낚시산업 등 영리적인 어업 활동에도 큰 타격을 주었다. 여행업자는 텍사스부터 플로리다에 이르는 해변이 폐쇄되는 바람에 영업을 하지 못했다.

브리티시 페트롤륨은 원유 유출에 대한 책임을 인정했고, 정화 노력에 대한 대가를 지불하는 외에도 피해자들을 위해 200억 달러의 기금을 조성했다. 2011년 7월경에는 대부분 정화 비용과 임금 손실 및 영업 수입의 손실을 위해 거의 50억 달러의 청구액이 지불되었다.

재난 발생 한 달 이내에 미국 내무부는 모든 시추 장치들을 점검할 때까지 모든 앞바다에서의 원유 시추를 일시 중지할 것을 선포했다. 소송이 제기되고 한 달 후, 연방 판사는 정부의 모라토리엄을 뒤집는 판결을 내렸다. 정부가 모라토리엄이 요구될 만큼 잠재적 피해가 발생하리라는 사실을 입증하지 못했기 때문이었다. 그러자 비판자들은 모라토리엄으로 인해 석유산업은 수천 명의 노동자를 해고하지 않을 수 없고, 이는 2008년 경기 침체의 영향을 여전히 겪고 있는 미국 경제와 이미 원유 유출로 인해 일자리 축소에 직면한 멕시코 만 지역에 심각한 타격을 줄 것이라고 비판했다.

토론 주제

1. 경제학자들은 비용을 '포기된 기회'로 정의한다. 그리고 모든 결정은 다른 선택을 포기한다는 점에서 비용을 부과한다. 그렇다면 심해 석유 시추를 금지하고자 하는 결정의 경제적 비용은 무엇인가? 경제적 비용 이외에 다른 비용에는 무엇이 있는가?

2. 정부가 넓은 토지를 소유하는 것에 대한 찬반 논거에는 무엇이 있는가? 여러분은 땅의 공공 소유를 지지하는가? 그렇다면 왜 그렇고, 그렇지 않다면 왜 그렇지 않은가? 모든 공유지는 민영화되어야 하는가? 만약 그렇다면 모든 공유지는 최고 입찰자에게 팔려야 하는가?

3. 원유나 원시 해변과 같은 자원과 관련해 소비자 수요는 어떤 역할을 해야 하는가? 어떤 자원이 대중에게 가장 소중하게 여겨지는지를 결정하기 위해서 그냥 시장에 맡겨야 하는가?

4. 여러분은 야생생물의 서식지와 값싼 휘발유와 같은 다양한 재화의 가치를 어떻게 비교하는가? 그러한 가치들 사이에 갈등이 발생했을 때, 어떤 공적인 해결책을 권고하겠는가?

5. 서식지, 야생생물, 일자리, 청정 해안, 가족 소유 기업 등에서 손실이 발생할 때, 그런 손실에 대해 보상하는 것이 항상 가능한가?

1. 서론

1장에서는 윤리학을 개인적인 도덕적 결정이라는 측면에서뿐만 아니라 사회정의와 공공정책의 보다 폭넓은 질문들이라는 측면에서도 소개했다. 이 장에서는 경제적 분석의 윤리적이고 철학적인 기초를 검토할 것인데, 이는 공공정책에서 가장 영향력 있고 폭넓게 사용되는 기본 틀 중의 하나다.

논쟁의 여지가 있는 환경적 쟁점들과 마주할 때 정책 결정자들은 모든 이해당사자들에게 공정할 뿐만 아니라 합리적이고 편견 없고 객관적인 기준에 입각하여 의사결정을 하도록 요구받는다. 이와 관련해서 정책 분석가, 정부의 의사결정권자, 민간 부문의 전문가들은 대개 경제적 기준에 의존한다. 경제학은 모든 이해관계 당사자들의 이익을 고려하는 방식을 제공하고, 객관적이고 측정 가능한 의사결정 절차를 제공한다.

앞으로 살펴보겠지만 경제학은 또한 그 방법론에 깊이 스며들어 있는 중요한 윤리적 가치들을 가지고 있으며, 따라서 경제적 결정들 또한 그 안에 포함된 윤리적 관점을 반영하기 마련이다. 자연자원의 보전과 공기와 물의 오염을 포함하는 예들을 이용하면서 이 장에서는 경제적 분석이 환경적 논쟁들에서 어떻게 중요한 역할을 담당하는지 살펴볼 것이다.

경제학이 환경 관련 논의에서 중요한 역할을 하는 것은 놀라운 일이 아니다. 경제학은 종종 한정된 재화와 용역의 생산과 분배를 다루는 과학으로 정의된다. 이러한 식으로 이해하면, 브리티시 페트롤륨의 원유 유출과 같은 환경 논쟁은 근본적으로 경제학적인 문제로 나타나는데, 여기에는 희소자원의 분배, 위험과 이익의 할당, 경쟁하는 이익들 간의 균형 잡기, 요구되는 상품들의 생산, 소비자 수요의 충족 등이 포함된다. 구리 광산이냐 연어 양식이냐의 논쟁에서 각각의 상대적인 장점을 논의하는 것은 비용과 편익을 공평하게 측정하고 비교하는 방법을 요구한다. 이상적인 해결책은 경쟁하는 이해관계들을 최대한 만족시키는 것인데, 이는 여러 가지로 효율적인 경제적인 시장의 목적이기도 하다. 이 장에서는 환경적 논쟁을 해결하는 데 있어 경제적 분석이 담당하는 역할을 철학적인 관점에서 살펴볼 것이다.

2. 보전인가, 보존인가?

미국 환경론의 역사에서 중요한 사건은 20세기 처음 10년 동안에 일어났다. 증가하는 인구와 소비자의 수요는 환경보호와 자연자원에 대한 경제적인 요구 간에 불화를 일으켰다. 캘리포니아의 요세미티 국립공원에 인접한 헤츠헤치 계곡에 댐과 저수지를 건설하자는 제안과 관련해서 특별한 논쟁이 벌어졌다. 샌프란시스코 사람들의 물에 대한 요구는 결국 수천 에이커의 원시림을 파괴하게 될 헤츠헤치를 물에 잠기게 하려는 계획에 이르게 했다. 이 논쟁은 종종 경제적 이익과 환경적 이익 사이의 논쟁으로 분류되어 왔다. 미국의 유명한 초기 환경론자인 기퍼드 핀쇼 (Gifford Pinchot)와 존 뮤어는 이 논쟁의 중심에 있었는데, 이들은 서로 경쟁하는 두 개의 중요한 세계관을 상징했다.

미국 산림청장이었던 핀쇼는 미국에서 최초로 전문적으로 훈련을 받은 삼림학자 중의 한 사람이었고, 시어도어 루스벨트(Theodore Roosevelt) 대통령의 가까운 친구이자 조언자였다. 또한 자원 보전(conservation) 운동의 창시자이자 지도자였다. 그는 숲은 보존되어 모든 시민들에 의해서 유용하게 이용되고 관리될 수 있어야 한다고 주장했다. 또한 일찌감치 국유림의 과학적 관리를 지지했으며, 공유지는 대중의 필요와 용도를 충족시키기 위해 존재해야 한다고 주장했다.

> 우리 산림정책의 목적은 숲이 아름답기 때문에 그것을 보존하는 것도 아니고…… 또 그것이 야생지에 사는 야생동물들의 은신처이기 때문에 보존하는 것도 아니고…… 일차적인 목적은 부유한 가정을 만드는 것이다.[1]

그는 또한 다음과 같이 말했다.

> 임학은 산림에 대한 학문이다. 특히 임학은 산림을 다루는 기술로서 산림을 파괴하거나 황폐화시키지 않으면서도 요구되는 서비스는 무엇이든 제공하는 것이다. ……임학은 산림이 인간의 편의를 위해 산출할 수 있는 것은 무엇이든 생산해 내는 기술이다.[2]

핀쇼는 저수지를 건설하려는 샌프란시스코 시의 계획을 지지했다. 헤츠헤치를 댐으로 막으면 수백만 명에게 좀 더 많은 물을 공급할 수 있을 것이고, 그것은 자연자원을 효과적이고 경제적으로 사용한 표본이 될 것이라고 생각한 것이다.

한편 뮤어는 시에라클럽의 설립자이며 보존(preservation) 운동의 가장 잘 알려진 대표자다. 그는 댐을 건설하려는 핀쇼의 계획에 반대했고 헤

---

1 Samuel Hays, *Conservation and the Gospel of Efficiency*(Cambridge, Mass.: Harvard University Press, 1959), 41-42쪽.

2 Gifford Pinchot, *The Training of a Forester*(Philadelphia: Lippincott, 1914), 13쪽.

츠헤치 계곡을 보존하기 위해 노력했다. 또한 자연자원을 단순히 인간의 소비를 위해 이용하는 일용품으로 취급하는 보전주의의 견해는 심각한 오류라고 생각했다. 뮤어는 다른 생명체들의 고유한 가치뿐만 아니라, 야생지의 영적이고 미학적인 가치를 옹호했다.[3] 그는 헤츠헤치 계곡이 그것을 손상시키고 파괴시키는 인간의 활동으로부터 보호되어야 한다고 생각했다.

이러한 초기의 논쟁은 미국 환경론의 두 가지 지배적인 세계관의 흐름을 상징적으로 보여 준다. 보전주의자는 자연환경을 착취와 남용으로부터 보호하려고 노력함으로써 인간이 더 오랜 기간 더 큰 혜택을 얻을 수 있도록 한다. 반면 보존주의자는 자연환경을 파괴하고 손상시키는 인간의 활동으로부터 그것을 보호하고자 노력한다. 그들의 목적은 야생지를 자연적이고 파괴되지 않은 상태로 보존하는 것이다. 중요한 것은 보전주의자와 보존주의자 간의 논쟁이 우리가 헤츠헤치 계곡의 예에서 보듯이 빈번하게 경제학적인 측면에서 이루어진다는 것이다.

보전주의자의 계획을 윤리적으로 정당화하는 것은 아주 간단하고 표준적인 공리주의적 접근 방식을 반영한다. 자연환경은 인간의 이익을 만족시키는 수단으로서 가치가 있다. 그래서 자연자원은 도구적 가치를 갖고, 보다 더 큰 전체의 선을 최선으로 만족시키는 방식으로 관리되어야 한다. 핀쇼는 이러한 자원이 개발되지 않고 그대로 남아 있을 때, 그 자원은 낭비되는 것이라고 주장했다. 보전주의자에게 가장 큰 문제는 어떤 정책 선택이 전체적인 사회적 선을 최선으로 만족시키는지를 결정하는

---

3 존 뮤어에 대한 도움이 될 만한 연구는 Michael Cohen, *The Pathless Way*(Madison: University of Wisconsin Press, 1984)를 보라. 특히 6장과 7장은 뮤어 사상의 많은 윤리적 측면을 통찰력 있게 소개하고 있다.

방법이다.

반면 보존주의자는 자신의 목적을 지지하기 위해 두 가지 다른 유형의 근거에 호소했다. 한 유형은 야생지를 종교적 영감의 원천, 현대 생활로부터의 도피처, 미적 경험을 위한 장소 등의 도구적인 가치로 보는 것이다. 이러한 의미에서 야생지를 개발하지 않은 채로 남겨 두는 것 또한 인간의 이익에 이바지하는 것이다. 그러나 어떤 보존주의자는 야생지는 그 자체의 본래적 가치를 갖는 것으로 인정되어야 한다고 주장한다. 우리는 야생지를 인간의 용도를 위해서뿐만 아니라 그 자체를 위해서도 보존할 의무를 갖는다. 그래서 보존주의자는 자신의 결론을 옹호하기 위해서 공리주의적 고려와 의무론적 고려 모두에 호소했다.

현대의 연구자들은 이러한 논쟁에서 아무래도 뮤어를 환경론자로 분류하고 핀쇼를 환경의 원흉으로 낙인찍기가 쉽다. 그러나 이것은 오해다. 핀쇼의 입장은 당시로서는 상당히 진보적이었다. 그의 주장을 간략하게 살펴보는 것은 분명 가치 있는 일일 것이다.

미국의 역사에서 오랫동안 산림과 야생지는 극복해야 할 위협의 표본이었고 정복해야 할 적이었다. 이러한 이미지, 즉 자연에 적대적인 인간이라는 이미지는 북아메리카에 유럽인들이 정착한 이래 400년간이나 줄곧 퍼져 있었다. 변경은 확장되었고, 야생지는 정복되었다. 야생지에서의 생활은 힘들었고, 그곳에서 살아남으려면 자연과 싸워 이겨야 했다. 자연은 굴복시키고 개척해야 할 적이었다.

19세기 후반쯤 미국은 이러한 과업을 대부분 이루었고, 이제 미국 땅의 대부분은 인간이 이용 가능하게 되었다. 산업의 엄청난 성장과 도시화가 이루어지면서, 자연은 정복해야 할 적보다는 미국 경제에 연료를 공급하는 자원이었다. 여러 가지 점에서 이것은 자연환경에 대한 미국인의 태도를 유럽과 아시아의 보다 오래된 문화들과 더 연결되도록 한다. 그러나 이것은 또한 종종 자연자원이 미국의 대다수 산업을 독점한 소수 특권층의 엄청난 부에 기여했다는 것을 뜻하기도 했다.

핀쇼의 보전주의는 19세기 미국 경제활동의 대부분을 특징짓는 자유방임적이고 독점적인 사회진화론에 맞서 싸우는 보다 일반적인 진보운동의 일부분이었다.[4] 루스벨트 대통령과 그 밖의 다른 진보주의자들과 같이 핀쇼는 막대한 재산을 사적으로 소유하고 있는 일부 부자가 아니라 모든 시민에게 자연자원의 혜택이 돌아가게 해야 한다고 주장했다. 핀쇼의 주장처럼 정부정책은 낭비를 막고, 독점적인 지배를 제한하고, 많은 사람들에게 경제적 기회를 제공하고, 가격을 낮게 유지함으로써 이러한 목적에 기여해야 한다.

핀쇼의 진보적인 보전주의는 19세기 벤덤과 밀 같은 공리주의자들의 진보주의와 맥을 같이한다. 경제정책을 포함하여 정부정책은 모든 시민에게 최대의 이익을 주는 것을 목표로 해야지 특권을 가진 소수에게만 이익을 주는 것을 목표로 해서는 안 된다. 많은 고전적 공리주의자들의 생각과 일관되게, 핀쇼는 전문가들이, 이 경우에는 과학적인 산림 관리

---

4 이러한 견해는 보전운동에 대한 너무 단순한 해석일 수도 있다. 대안적인 견해가 *Conservation and the Gospel of Efficiency*(Cambridge, Mass.: Harvard University Press, 1959)에서 새무얼 헤이스에 의해 옹호된다. 헤이스는 미국의 기업은 보전운동에 찬성했다고 주장하면서, 보다 계몽된, 장기적인 경제적 자기 이익으로 보전운동을 지지하는 것은 그것과 싸웠다기보다는 그것에 더 기여했다는 점을 인정한다. 내가 보기에 핀쇼의 저작들은 강한 반기업 정서를 암시하는 것으로 보인다. 핀쇼에 대한 이러한 나의 견해를 지지하는 해석으로는 James Bates, "Fulfilling American Democracy: The Conservation Movement, 1907-1921", *Mississippi Valley Historical Review* 44(1957년 6월)를 보라. 하지만 20세기 초 미국 기업들이 보전운동을 지지했는가의 여부는 이 글의 논점이 아니다. 핀쇼의 진보주의는 자원이 직접적인 경제적인 이익을 위해 존재한다고 보는 19세기의 통념에 대한 비판이다. 환경론자들의 일반적인 근거를 찾는 보다 실천적인 해석은 Bryan Norton, *Toward Unity among Environmentalists*(New York: Oxford University Press, 1991)에서 특히 2장을 참고하기 바란다.

의 훈련을 받은 사람들이 전체적인 이익을 극대화하는 방법을 결정하기에 가장 좋은 입장에 있다고 생각했다. 핀쇼는 이점을 다음과 같이 이야기한다.

산림을 다룰 때, 산림 전문가의 기본적인 생각은 인간이 산림을 최대한 영속적으로 이용할 수 있도록 하는 것이다. 그의 목적은 산림을 최장 기간 동안 최대 다수의 최대 이익에 기여하도록 만드는 것이다. ……산림뿐만이 아니라 다른 자연자원까지도 이러한 통찰과 상식을 적용하려는 생각은 자연스러우면서도 불가피한 것이다. ……보전운동의 자연적인 발전은 장차 낭비의 제거에 기반을 두고, 우리가 가진 모든 것을 최대 다수의 최대 이익을 위해 최장 기간 동안 최선으로 이용하는 방향으로, 그리고 장차 국가적인 효율성을 위해 결국 계획되고 정돈된 기획으로 진행될 것이라고 그 운동을 시작하는 데 책임이 있는 사람들은 처음부터 예견했다.[5]

그래서 핀쇼의 보전운동은 공리주의적 전통과 완전히 일치한다. 그의 말처럼 공공정책은 "최장 기간 동안 최대 다수의 최대 이익에 기여하는" 방향으로 이루어져야 한다. 공리주의적 전통과 많은 부분에서 어느 정도 일치되게 행동하면서, 핀쇼는 이러한 목표를 달성할 수 있도록 정책을 실현할 수 있는 전문가들을 이용할 것을 권고한다. 공리주의자들은 공공복지의 최대 만족이라는 목표를 가지고 출발하고, 그다음 다양한 정책 방안들의 결과를 계산하고, 측정하고, 비교하고, 예측하고 그 결과들

---

[5] Gifford Pinchot, *The Training of a Forester*, 23-25쪽.

에 영향을 끼칠 수 있는 전문가에게, 특히 과학자에게 의지할 것을 권고한다. 의사결정자들은 어떤 정책 방안이 이러한 목표에 가장 근접한 결과를 산출할 것인지를 결정하기 위하여 전문적인 관리자들에게 의존해야 한다. 이것이 바로 핀쇼가 산림 전문가가 해야 할 역할이라고 생각했던 것이고, 근본적으로 오늘날의 많은 환경정책 토론에서 경제학자들과 사회과학자들이 담당하고 있는 역할과 같은 것이다.

3. 국유림의 관리

핀쇼가 몸담았던 미국 산림청은 2010년경에 1억 9,100만 에이커에 달하는 150여 개의 국유림을 관리하고 있었다. 산림청은 미국 농무부 내에서는 가장 큰 기관으로 3만 4,000명 이상의 직원을 고용하고 있다. 100여 년 이상 존속하면서 산림청은 수많은 변화를 겪어 왔다. 처음 50년 동안은 산불 억제, 연구 조사, 그리고 단순한 산림의 보류지 보전을 위한 관리 업무를 통해 '목재를 계속적으로 공급하는' 임무를 수행했다. 2차 대전 이후 주택 수요가 증가하고, 개인 소유 삼림지에서의 목재 공급이 감소하면서, 산림청은 목재 판매에 더 큰 비중을 두게 되었다. 이후 1960년에 의회는 다용도수확량유지법안(Multiple-Use Sustained Yield Act)을 통과시켰는데, 이는 산림청이 "야외 휴양지, 목장, 목재, 분수계(watershed), 야생생물, 그리고 어업 목적" 등을 위해 산림을 관리할 것을 요구하기 위하여 임무를 확장하는 것이었다. 이러한 확장된 임무가, 정책 결정을 할 때 그 결정의 모든 결과를 고려해 넣어야 한다는 공리주의의 요구를 어떻게 처리하는지를 이해하기는 쉽다. 다용도의 이용이라는 것이 여전히 산림청의 일차적인 법적 임무로 남아 있고, 이것은 계속해서 공공정책이 공리주의적 사고에 의해서 얼마나 깊은 영향을 받아 왔는지를 나타낸다.

물론 다용도 정책의 집행에 책임이 있는 정부 관료는 경쟁하는 고객층으로부터 비판의 대상이 되기 쉽다. 즉 목재업자는 고품질의 산림을 충분히 이용하지 못한다고 생각한다. 환경론자는 너무 많은 야생지가 목재 때문에 희생되고 있다고 주장한다. 목축업자는 보다 많은 산림이 목초지로 개방되기를 바란다. 사냥꾼과 낚시꾼은 서식지의 손실을 비난한다. 하지만 가장 목소리가 큰 최근의 비판자는 공공정책은 절대로 정부 관료에 손에 맡겨서는 안 되며, 경쟁시장에 맡겨야 한다고 말한다.

우리가 이미 보았듯이 산림청의 일차적인 책임은 다양한 고객층의 경쟁하는 이해관계를 충족해 주는 것이다. 공리주의의 목표와 일관되게 그것은 가능한 한 많은 사람들을 행복하게 만들어 주는 방식으로 이해관계의 균형을 잡아 주고자 한다. 이러한 의미에서 목적 혹은 목표는 이미 주어진 것이고, 문제는 이러한 목표를 달성하는 최선의 수단을 찾는 것이다.

다음 두 가지 수단을 생각해 볼 수 있다. 먼저 핀쇼가 취한 방법대로, 산림청이 자세한 정보에 입각한 공공정책에 대한 판단과 산림 전문가에게 의존하는 것이다. 그들은 갈등을 해결하고, 경쟁하는 이해관계를 조정하고, 전체적인 선을 극대화하기 위하여 임학이나 경제학과 같은 분야에서의 전문 지식과 기술을 활용할 것이다. 다음으로 산림청은 산림의 가장 효율적인 사용을 위해 공개된 자유경쟁시장에 의존하는 것이다. 이러한 논의를 검토해 보는 것은 환경정책에서 경제학을 이용하는 것에 대한 철학적이고 윤리적인 기초를 이해할 수 있도록 할 것이다.

고전적인 자유시장 경제학에 따르면, 부정과 강제를 방지하기 위한 최소한의 정부 규제가 있을 경우 시장만으로도 전체 선을 극대화하는 공리주의의 목표를 달성할 수 있다. 이것은 많은 경제학자에게 여전히 이상적인 것이지만, 실제 세계는 자유경쟁시장의 표준에 항상 들어맞지는 않는다. 많은 현대의 경제학자들은 실제로는 시장이 이론상으로 마음속에 그려진 그러한 목표를 달성하는 데 실패할 수 있다는 것을 인정한다. 그래서 새로운 전문가들이, 즉 경제적으로 훈련을 받고 이상적인 시장의 작동을 흉내 내기 위해서는 무엇이 이루어져야 하는지를 결정할 수 있는 새로운 전문가들이 환경정책을 구상해야 한다. 비록 이상적인 시장이 실제로는 존재하지 않을지라도, 환경경제학자들은 실제의 시장이 이상적인 시장의 결과들에 대략적으로 근접하도록 해주는 정책들을 개발할 수 있다. 이러한 환경경제학자 중 한 사람이 바로 랜들 오툴(Randal O' Toole)이다.

오툴은 미국 산림청의 경영에 대해 한결같은 비판의 글을 써왔고, 환경정책을 정부 관리로부터 가져와 시장에 보다 많이 의존하도록 해야 한다는 운동을 이끄는 대변자였다. 그는 『산림청의 개혁Reforming the Forest Service』이라는 책에서 미국 산림청 활동에 대한 5년 동안의 분석 결과를 다음과 같이 요약한다.

나는 전국 각지의 국유림을 찾아다니면서 대규모의 환경 파괴를 보았다. 금전적인 손해가 나는 목재 판매는 납세자들에게 적어도 매년 2억 5,000만 달러에서 5억 달러의 비용을 치르게 하고 있다. 이렇게 행해지는 많은 목재 판매는 그렇지 않아도 부족한 휴양의 기회를 줄이고, 야생 생물 종들을 멸종의 위기로 몰아넣고 있으며, 호수와 물고기들의 서식지를 오염시키고 있다.[6]

2부 응용윤리학으로서의 환경윤리학

미국 산림청은 420억 달러 이상의 가치를 갖는 것으로 추산되는 자산을 관리하면서도 이윤은커녕 납세자들에게 매년 보조금으로 10억 달러 이상의 비용을 지불하게끔 만든다. 오툴은 이러한 점을 다음과 같이 설명한다.

> 자산의 면에서 산림청은 『포천』지의 국내 500대 기업 목록에서 상위 5위에 올라 있다. 하지만 영업 수익 면에서는 겨우 290위에 불과하다. 순수익 면에서 본다면 산림청은 파산자로 분류될 것이다.[7]

그럼에도 불구하고 오툴은 여전히 낙관적이다.

> 나는 경제학 연구를 통해서 미국 사람들은 자신들이 원하는 모든 야생지, 목재, 야생생물, 물고기, 그리고 그 밖의 다른 산림자원을 가질 수 있다는 것을 확신하게 되었다. 이러한 자원들이 부족한 것처럼 보이는 것은 오직 산림청이 그것을 시장가격으로 판매하지 못한 데 기인한다.[8]

산림청의 문제에 대한 오툴의 진단은 많은 경제적 분석과 일치하고, 어떻게 경제적 분석이 환경 논의에서 이용되는지를 분명하게 보여 주는 하나의 예다.

산림청은 세입과 지출의 균형을 맞추려는 유인(incentive)을 거의 갖지 않는 덩치 큰 정부기관이다. 산림청의 정책에서 발생한 경제적, 환경적

---

6 Randal O'Toole, *Reforming the Forest Service*(Washington, D.C.: Island Press, 1988), 14쪽.
7 같은 책, xi.
8 같은 책, xii.

문제는 "무지나 악의 때문이 아니라 정확하게는 관심을 끄는 유인의 부족"에 기인한다고 할 수 있다. 오툴은 "비효율적인 경영과 환경 논쟁들은 그 자체로 문제가 아니고, 오로지 산림청 내에 존재하는 주요 제도적 결함에서 비롯된 징후들"이라는 것을 보여 주려 시도한다.[9] 일반적으로 주요 제도적 결함은 모두 산림청이 진정으로 자유로운 시장 내에서 작동하는 사적인 영리를 목적으로 하는 사업의 길잡이 역할을 하는 경제법칙에 따라서 경영을 하지 않았다는 사실에서 발생한다.

이 같은 오툴의 분석은 "인간의 결정은 의사결정자들에게 영향을 미치는 유인에 의해 강하게 영향을 받는다는 근본적인 경제학적 가정"에 기초한다.[10] 산림청의 현재 구조는 "예산을 극대화"하는 데만 유인을 제공하고, 미국 사람들이 원하는 "모든 야생지, 목재, 야생생물, 물고기, 그리고 그 밖의 다른 산림자원들"을 공급하려는 데는 거의 혹은 전혀 유인을 제공하지 않는다. 경제학의 법칙은 우리가 "유인을 바꾼다면 결정도 바뀐다"는 것을 말해 준다.

그렇다면 산림청은 왜 관리에 실패했을까? 다음 두 가지로 생각해 볼 수 있다. 산림청은 일차적으로 의회에 책임을 진다. 의회와 마찬가지로 산림청의 결정은 경쟁하는 그리고 때로는 모순되는 이해관계 집단들의 요구 사이에서 균형을 잡으려는 것을 반영한다. 북서 태평양 연안의 얼룩올빼미 보호와 관련해서 벌어진 최근 논쟁은 산림청이 직면한 논란의 여지가 있는 결정들의 유형이 무엇인지를 보여 준다. 그래서 산림청의 일차적인 유인은 가능한 한 많은 이해관계 집단들을 만족시키는 것이다. 비록 그렇게 함으로써 산림청이 장기적이고 합리적이며 효율적인 정책

---

9 같은 책, xi, 7쪽.
10 같은 책, 101쪽.

2부 응용윤리학으로서의 환경윤리학

을 고안하고 일관되게 집행할 수 없는 결과를 가져온다고 하더라도 말이다. 입법의 질이 아니라 재선 가능성 비율에 따라 성공 여부를 평가하는 의회와 같이, 산림청도 예산 보유율 말고는 성공 여부를 평가할 다른 척도가 없다. 만약 예산이 현상 유지되거나 증가한다면, 산림청은 유권자들의 다양한 요구에 적당하게 균형을 맞추어 주어야 한다.[11]

산림청이 관리에 실패한 두 번째 원인은 예산의 상당 부분이 목재 판매로 유지된 수익으로부터 나온다는 데 있다. 한 예는 1930년의 넛슨-반덴버그 법안(Knutson-Vandenberg Act)인데, 이는 산림청이 목재 판매로 모은 돈을 재조림 자금으로 보유하는 것을 허용하는 법안이다. 의회는 이 법안이 납세자들에게 부담을 주지 않고도 의도한 목표를 이룰 수 있으리라고 생각했던 것 같다. 하지만 이것은 산림청의 예산을 헐값에 목재를 팔아 발생하는 것까지도 포함되는 세입에 의존하게 만들었기 때문에, 목재를 어떤 가격에라도 팔아먹을 수 있는 유인을 제공한다.

이러한 사업은 수익과 지출의 균형을 맞추기 위한 유인은 물론 산림의 다른 용도에 대한 목재 판매의 균형을 맞추기 위한 유인도 갖지 않았다.

그래서 고전 경제학적 분석은 산림청이 생태적으로 건전한 방식으로 국유림을 관리하지 못한 근본적인 원인이 무엇인지를 보여 준다. 관료사회는 관리자들이 오로지 자기네 예산을 극대화하는 데에만 유인을 갖는 방식으로 편성되어 있다. 요컨대 산림청은 자유시장 체제 안에 존재하지 않는다. 이것이 산림청의 실패에 대한 진단이다. 그렇다면 해결책은 무엇인가?

---

11 오툴은 이러한 주장을 뒷받침하기 위해 다음의 세부적인 연구 성과를 인용한다. Ronald Johnson, "U.S. Forest Service Policy and Its Budget", *Forestlands: Public and Private*(San Francisco: Pacific Institute for Public Policy Research, 1985), 103-133쪽.

환경경제학은 '산림청의 시장화'를 제안한다. 즉 산림청의 결정은 경쟁시장에서 이윤을 추구하는 민간 업자들에 의해 내려지는 결정을 참고해야 한다. 시장의 경제 법칙은 대중의 다양한 요구를 최대한 만족시켜 주는 결정에 이르게 할 것이다. 시장은 "대부분 산림자원의 효율적인 생산과 산림의 효율적인 할당을 보장해" 줄 것이다. 또한 시장은 "미국인들이 원하는 모든 야생지, 목재, 야생생물, 물고기, 그리고 그 밖의 다른 산림자원"을 제공해 줄 것이다.

이러한 권고안을 산림청에 대한 핀쇼의 견해와 대조해 보는 것은 흥미롭다. 이 두 접근 방식은 모두 바람직한 결과, 말하자면 최대 다수에게 최대 이익을 제공하기 위해 산림을 이용한다는 것에 대해서는 의견을 같이한다. 이러한 식으로 두 입장은 분명히 개인적 선호를 최대한으로 만족시키는 공리주의적 목표를 받아들인다. 산림은 사람들이 원하는 것을 가능한 한 많이 제공해 주기 위해 이용되어야 한다. 하지만 이 둘은 이러한 목표를 달성하기 위한 올바른 수단과 관련해서는 의견을 달리한다.

핀쇼는 올바른 정책 결정을 과학적인 산림학자들과 그 밖의 다른 전문가들에게 맡기는 반면, 오툴은 경쟁적이고 자유로우며 개방적인 시장의 작동을 통해 이러한 목표에 도달하리라고 믿는다. 핀쇼의 산림학자와 달리, 경제학자의 역할은 실질적인 정책 결정을 내리는 것이 아니라, 시장의 작동에 방해가 되는 것들을 제거하도록 도와주는 것이다. 시장이야말로 욕구의 최대 만족이라는 공리주의적 목표를 달성하기 위한 가장 적절한 수단이다.

오툴은 자신의 권고안을 옹호하기 위해 환경경제학자들, 특히 존 바덴(John Baden)이나 리처드 스트로프(Richard Stroup) 등의 저작을 인용한다.[12] 이들 경제학자에 따르면, 자연자원을 공공의 복지를 위해 전문가들에 의해 관리되어야 하는 '공공재'로 취급하는 것은 잘못이다. 대신에 "모든 시민이 공유지와 거기에 있는 자원들로부터 이익을 얻는 것"이 아니라는 것을 인정해야 한다. 자원에 대한 결정권을 정부 관료에게 맡기고 나서 그들에게 공공의 선을 위한 결정을 내리라고 요구할 때, 우리는 "사람들의 정신 상태를 개조해서 공공의 이익이 자기 이익이 되도록 할 수 있다는 것"을 가정하고 있는 것이다.[13]

이들은 시장이야말로 이런 결정을 내리기 위한 가장 공정하고 합리적인 수단이라고 주장한다. 시장은 오로지 결정에 의해 영향을 받는 사람들만을 참여할 것을 요구하므로, 그것을 더욱 공정하게 만든다. 그리고 모든 사람은 자신의 이익에 의해 동기부여가 된다는 것을 가정한다면 그것은 더욱 합리적인 것이다. "미국이 금세기에 보여 주었던 대부분의 환경 파괴"는 시장의 법칙을 무시한 데 그 원인이 있다.[14]

특히 산림청의 결정들은 어떻게 시장을 모방해야 하는가? 산림청은 사유재산 소유자들이 자신의 재산을 관리하고자 하는 방식으로 자원을 관리해야 한다. 사유재산 소유자들은 자신들의 이익을 극대화하기 위해 자신의 재산을 이용한다. 바덴과 스트로프는 다음과 같이 설명한다.

내가 들소를 죽일 때까지는 그 들소가 내 것이 아니고, 그리고 살아 있는 동물에 대한 이권을 다른 사람들에게 팔 수 없다면, 나는 거기에서 다

---

12 특히 리처드 스트로프와 존 바덴의 공저 *Natural Resources: Bureaucratic Myths and Environmental Management*(San Francisco: Pacific Institute for Public Policy Research, 1983)를 참고하라. 새로운 자원경제학자들은 신고전파 경제학에 근거해 정책을 분석하고, 권고안을 제시한다. 그들은 대개의 환경 문제가 시장의 실패에서 비롯된 것으로 보며, 따라서 자유경쟁시장의 작동을 모방하는 정책을 권고한다.

13 같은 책, 7쪽, 29쪽.

14 Randal O'Toole, *Reforming the Forest Service*, 190쪽.

른 사람의 이해관계를 검토할 – 내가 이타주의자가 아닌 한 – 어떤 유인도 갖지 않는다. 나는 그것을 내가 하고 싶은 대로 처리할 것이다. 그러나 들소가 내 것이고 내가 그것을 팔 수 있다면, 나는 그 동물에 대한 다른 사람들의 가치평가를 고려할 동기를 부여받게 된다. 경제적인 위험을 각오하지 않는 한, 나는 들소를 함부로 대하지 못할 것이다.[15]

산림청은 국유림을 이용해서 이익을 얻으려고 노력해야 한다. 경제학의 법칙에 따르면 이윤은 어떤 결정이 효율적인 방식으로 수요를 만족시키고 있다는 증거다. 최대 이윤이란 자원을 가장 소중하게 여기는 사람들, 즉 그것을 위해 가장 많은 돈을 지불하고자 하는 사람들이 그 자원을 제어한다는 사실을 반영하는 것이다. 그래서 오툴은 산림청의 모든 활동 자금은 그 활동들에 의해서 산출된 이윤으로부터 나와야지 총수입으로부터 나와서는 안 된다고 충고한다.

이것은 첫째로 목재는 더 이상 원가 이하로 판매되지 않는다는 것을 의미한다. 공개 시장에서 국유림의 벌목권을 파는 것은 그러한 권리의 가격을 상승시킬 것이다. 수요와 공급의 경제 법칙에 따르면 이것은 목재에 대한 수요를 감소시킬 것이고, 그것으로 야생지, 야생생물 보호, 휴양지 용도로 활용할 수 있는 산림의 양은 증가시킬 것이다. 국유림을 야생지나 휴양의 용도로 이용하고자 하는 개인은 물론 그것을 이용하는 대가로 돈을 지불해야 할 것이다. 이러한 '사용자 요금'은 사실상 산림을 목재나 야생지, 휴양 용도로 이용하려는 경쟁자들이 서로 입찰을 하리라는 것을 의미한다. 산림청은 산림에서 생기는 이윤을 극대화하려고 노력

---

15 John Baden and Richard Stroup, *Natural Resources: Bureaucratic Myths and Environmental Management*, 14쪽.

2부 응용윤리학으로서의 환경윤리학

함으로써, 이러한 경쟁하는 이해관계들 간의 균형을 맞춰 줄 수 있을 것이다. 자원을 가장 소중히 여기는 집단이 그것을 위해 기꺼이 가장 많은 돈을 지불하려 할 것이고, 그로 인해 자원을 가장 효율적으로 이용하게 되는 것이다. 시장은 경쟁하는 소비자의 요구를 최적으로 만족시켜 준다. 또한 시장은 국민들에게 "원하는 모든 야생지, 목재, 야생생물, 물고기, 그리고 그 밖의 다른 산림자원"을 제공한다.

자유시장 분석이 멕시코 만에서의 석유 시추에 대한 논쟁을 어떻게 결정할 것인지를 고려해 보자. 우리는 경쟁하는 정유회사들 간의 경매를 통해서 시추권이 이상적으로 매각될 것이라는 사실을 유추할 수 있다. 모든 경매에서와 같이 낙찰 가격은 그 소유권을 가장 높이 평가하는 사람들에 의해 매겨질 것이고, 그리고 이는 바로 그 소유권을 시추를 통해 가장 효율적으로 경영함으로써 최대의 이익을 얻을 수 있다고 생각하는 회사일 것이다. 주변 해역에서 물고기를 잡을 권리, 비록 물고기 자체는 아니더라도, 또한 경매에 부쳐질 것이고, 그것을 통해서 최대의 이익을 얻을 수 있다고 생각하는 사람에게 소유권이 돌아갈 것이다. 지금까지는 대중들이 그들이 원하는 모든 자원을 얻는 것으로 보일 것이다.

그러나 석유 시추를 원치 않는 사람들에 대해서는 어떤가? 어떤 사람들은 미학적이거나 보존주의적인 이유에서 석유 시추를 반대할 것이다. 환경경제학자들은 그들이 경매에 참여해서 땅을 구매하려고 노력해야 한다고 주장할 것이다. 보존주의자들이 재정적으로 석유회사와 경쟁할 가능성이 거의 없다는 사실은 석유를 위한 자원으로서의 땅의 이용이 다른 대안보다 더 높게 평가된다는 것을 분명하게 드러내는데, 그 이유는 대중들이 개발되지 않은 해안선보다 석유를 위해서 더 많은 돈을 지불할 의사를 가지고 있기 때문이다. 공리주의적 원리들과 일관되게, 시추는 최대 다수의 최대 선을 만들어 내는 최선의 방식으로 보일 것이다.

석유 채굴에 반대하는 또 다른 사람들은 시추가 자신들의 어업과 휴양의 권리에 부당한 위험을 초래하리라고 주장할 것이다. 환경경제학자들은 이러한 염려에 대해 마찬가지로 간단한 해답을 가지고 있다. 만약 어부들이 시추 작업으로 피해를 입는다면, 브리티시 페트롤륨의 경우에서처럼 석유회사는 어업권자들에게 그 손실을 보상해 줄 의무가 있다. 이러한 보상의 요구는 석유회사들에게 멕시코 만의 오염을 방지하기 위한 유인을 제공한다. 어민단체의 사유재산권은 석유회사가 자신들의 땅을 이용할 수 있는 방식에 제한을 가하도록 만들어 준다. 어느 경우든 시장의 힘은 모든 이해관계 당사자들이 원하는 만큼의 많은 자원을 얻을 수 있도록, 혹은 적어도 그들이 지불하고자 하는 만큼을 얻을 수 있도록 자연자원이 이용되는 것을 보장하도록 작동한다.

자유시장 옹호자들에 따르면, 이것은 부족한 자원을 할당하기 위한 가장 효율적인 수단(즉 가능한 한 많은 사람들에게 그들이 원하는 것을 가능한 한 많이 제공해 주는 방식)은 경쟁적이고 개방적이며 자유로운 시장의 작동에 의존하는 것이라는 점을 증명한다. 이러한 쟁점들을 분석하기 전에, 환경정책에서 경제학의 이용에 대한 하나의 일반적인 예를 제공하는 또 다른 환경 쟁점을 살펴보자.

4. 오염과 경제학

수질오염과 대기오염은 우리가 직면한 가장 절박한 환경 문제에 속한다. 전 세계 어디에서든 어떤 사람도 평생을 살아가면서 오염된 물이나 공기에 영향을 받지 않는 경우는 거의 없다. 그러나 사람들은 이런 오염 문제에 관해서는 폭넓은 의견의 일치를 보여 주지만 그 해결에 대해서는 제각기 의견이 다르다.

오염 관련 쟁점에서 문제가 되는 것은 목표를 분명하게 하는 일이다. 모든 사람은 깨끗한 물과 공기를 원한다. 그러나 정확히 **깨끗하다는** 것은 무엇이고, 그것을 얻기 위해 우리가 포기할 것은 무엇인가? 어떤 오염물질도 포함하지 않은 순수한 물은 자연에는 존재하지 않고 실험실에만 존재한다. 깨끗한 공기란 무엇인가? 얼마나 깨끗해야 깨끗하다고 할 수 있는가? 대기는 질소(78%)와 산소(21%)를 비롯하여 이산화탄소, 아르곤, 수증기 등으로 구성되어 있다.

아마 유일한 대답은 물과 공기가 인간이 소비하기에 안전하다면 깨끗하다고 말할 것이다. 그러나 안전만이 전부는 아니다. 안전을 결정하기 위해 우리는 위험을 확인하고 기술하고 평가할 필요가 있다. 안전을 결정하기 위하여 일상적으로 해왔듯이 이익과 위험 간의 균형을 맞출 필요가 있다. 혼잡한 거리를 가로지르는 것은 안전한가? 차를 운전하는 것은 안전한가? 화학적인 방부제가 첨가된 음식을 먹는 것은 안전한가?

만약 어떤 것의 위험 정도가 받아들여도 될 만한 것으로 판단된다면, 즉 그 이익이 잠재적인 손실을 능가한다면 그것은 안전하다고 판단될 것이다. 우리가 문제를 이러한 식으로 표현할 때, 오염 문제를 경제적인 문제로 다루는 것이 왜 그토록 매혹적인지를 알 수 있다. 최소 비용으로 최대의 이익을 얻기 위해서는 자원들이 어떻게 할당되어야 하는가? 다양한 오염 수준의 비용과 편익은 어떠한가?

환경경제학의 고전이 된 윌리엄 백스터(William Baxter)의 『사람이냐 펭귄이냐: 최적의 오염을 위하여*People or Penguins: The Case for Optimal Pollution*』

는 시장에 기반을 둔 오염에 대한 경제학적 분석을 소개하고 있다.[16] 백스터는 다음과 같이 말한다.

> 오염 문제나 환경 문제가 있다고 주장하는 것은, 적어도 은연중에, 한 가지 혹은 그 이상의 자원이 인간의 만족을 극대화하는 방식으로 이용되지 않고 있다고 보는 것이다. 이러한 관점에서 적어도 환경 문제는 경제학적 문제이고, 보다 나은 통찰은 경제학적 분석을 적용함으로써 얻을 수 있다.[17]

백스터는 몇 가지 기본 가정을 재검토함으로써 분석을 시작한다. 그는 사람의 행위는 "다른 사람의 이해관계를 방해하지 않는 한" 존중되어야 하며, 그런 한에서 개인의 자유는 가치 있는 것이라고 주장한다. 또한 "낭비는 나쁜 것"으로, 자원이 "인간에게 충분한 만족을 가져다주지 못하는 방식으로 이용된다면" 그것은 낭비된 것이라고 가정한다.[18] 그는 또한 인간은 모든 가치의 원천이고, 환경정책은 "인간을 중심으로 한" 것이어야 한다고 주장한다.

그는 DDT라는 살충제의 사용으로 펭귄에게 가해진 위험을 분석하면서 이러한 점을 설명한다.

> 나의 기준은 펭귄이 아니라 인간이다. 펭귄이나 오엽송이나 혹은 지질

---

16 William Baxter, *People or Penguins: The Case for Optimal Pollution*(New York: Columbia University Press, 1974).

17 같은 책, 17쪽.

18 같은 책, 5쪽.

학적인 경이로움에 대한 피해라는 것은, 말할 것도 없이, 말이 안 된다. 내 기준에 따르면 다음과 같이 말해야 할 것이다. 펭귄은 그것들이 바위 주변을 거니는 것을 사람들이 보고 즐기기 때문에 중요한 것이다. ⋯⋯ 나는 펭귄 자체를 위해 보존하는 일 따위에는 관심이 없다.[19]

백스터는 이러한 가정 위에서 오염에 대한 경제적 분석에 착수한다. 그는 공기나 물이 "자연적으로 좋은" 상태가 있다는 것을 부정하면서, "깨끗한 공기나 순수한 물에 대한 표준적인 정의는 없으므로 오염된 공기나 오염에 대한 정의도 없고, 다만 인간의 필요와 관련해서만 정의를 내릴 수 있다"고 설명한다.[20] 위험에 대한 앞의 논의와 유사한 맥락에서, 백스터는 인간에 의해 받아들여질 수 있다고 판단되는 것은 무엇이든 "깨끗한" 공기이고 물이라고 주장한다. 오염이 너무 심한 것도 사회에서 받아들일 수 없겠지만, 오염이 너무 적은 것도 마찬가지로 그럴 것이다. 오염물질이 전혀 없는 공기나 물이 바람직할 수도 있겠지만, 그 비용이 너무 많이 든다. 사실 사회는 위험의 적당한 균형을, 즉 "최적의 오염 수준"을 목표로 한다. 최적의 오염 수준이란 "인간의 최대한의 만족을 위해 사회가 알면서도 사려 깊게 받아들이는 오염의 양을 의미한다."[21] 백스터는 많은 경제적인 사고와 일관되게 추론하면서, 자유롭고 경쟁적인 시장의 작동이 "최대한의 인간의 만족"을 가져올 것이라고 믿는다. 그렇다면 이것은 어떻게 작동하는가?

백스터는 우리가 내리는 대부분의 결정은 거래(트레이드오프, tradeoff)를

---

19 같은 책, 같은 쪽.
20 같은 책, 8쪽.
21 같은 책, 같은 쪽.

포함한다는 점을 상기시킨다. 내가 어떤 한 가지 일을 선택한다면 다른 일들은 포기하게 될 것이다. 실행된(pursued) 모든 기회는 포기된(forgone) 다른 기회들을 수반한다. 이것이 바로 고전경제학에서 말하는 **비용**의 의미다. 어떤 것의 비용은 그 어떤 것을 얻기 위해 포기해야 하는 것이다. 백스터의 예를 이용하자면, 우리가 댐을 건설하기로 선택한다면 댐을 건설하는 데 이용된 자원은 병원, 낚싯대, 학교 혹은 전동 깡통따개 등을 만드는 데 이용할 수 없다. 그래서 댐의 비용은 포기되었던 자원들(노동, 건축 자재, 기술, 자본, 에너지)의 다른 용도들에 상당하는 것이다.

따라서 공기와 물의 오염을 줄이는 비용은 우리가 이러한 목적을 성취하기 위해 포기해야 했던 다른 재화로 이해되어야 한다. 요컨대 우리는 거래를 할 필요가 있다. 오염을 줄이는 데 들어간 모든 자원은 세탁기, 병원, 학교, B-1 폭격기 등에 들어간 자원이 아니다. 간섭하지 않고 그대로 내버려 둔다면, 시장은 인간의 만족에 순 증가라는 결과를 가져오는 한, 그리고 얻은 이익이 추가 비용보다 더 가치가 있는 한 이러한 거래를 계속할 것이다. 최적의 오염 수준이란 오염을 줄이기 위해서 이루어진 다음의 거래가 전체적인 만족의 **감소**라는 결과를 가져오는 그 평형점이다. 이것은 오염과 싸우기 위해서 이용된 자원들이 그 밖의 다른 용도로 이용될 경우, 그 사회에 오히려 더 큰 가치를 가져오게 될 지점이다.

다음의 예를 통해 이러한 과정이 어떻게 작동하는지를 살펴보자. 어떤 공동체의 식수가 보건당국에서 권고한 오염 수준을 약간 초과했다고 가정해 보자. 권고 수준 이하로 낮추려면 어느 정도 비용이 든다. 다시 말해 이 일에 세금을 사용하면 새로운 학교를 세우고 도로 건설에 투자하고 그 밖의 다른 공적인 일을 착수하는 데 어려움이 따를 수 있다. 이 공동체가 오염을 줄임으로써 생기는 이익이 비용보다 가치 있다고 결정한다고 가정하자. 그 주민들은 새로 포장된 도로보다는 오히려 보다 더 깨끗한 물을 얻을 것이고, 그리고 그들은 이러한 거래를 하기로 결정한다. 이러한 결정은 결국 현 상태나 다른 결정을 할 때보다 더 큰 공동체의 욕구 만족이라는 결과를 가져온다.

그런데 이 공동체는 절대적으로 순수한 식수, 즉 오염물질이 전혀 없는 식수를 얻고 싶어할 수도 있다. 이를 위해서는 비용이 훨씬 더 많이 필요하다. 공동체의 다른 계획들은 희생되어야 할 것이고 세금은 인상될 것이다. 결국 공동체는 거래를 언제 중단할지를 결정해야 한다. 이것은 바로 약간 개선된 수질이 비용만큼 가치가 없는, 즉 이러한 목적을 위해 포기되어야 할 다른 재화들만큼 가치가 없는 지점이다. 그러한 지점에서 보다 깨끗한 물을 얻으려는 결정은 결국 공동체의 만족을 감소시키는 결과를 가져올 것이다.

고전경제학에 따르면 다양하고 경쟁하는 공동체의 욕구들 간의 이러한 평형점에 도달하는 것이 공공정책 결정의 목표여야 한다. 이것이 최적의 만족이 이루어지는 지점이다. 사람들은 원하는 것을 어떤 다른 자원 할당하에서 얻을 수 있는 것보다 더 많이 얻는다. 이것이 '최적의 오염 수준'이다.

백스터는 이것이 "너무나 일반적이고 추상적이어서 전혀 도움이 되지 않는" 이야기로 들릴 수도 있다는 점을 인정한다.[22] 하지만 이러한 추상적 이야기는 적어도 이론상으로는 자유롭고 개방적이며 경쟁적인 시장의 작동으로부터 나오는 결과가 무엇인지를 아주 정확하게 기술했다. 경제학적 분석은 우리에게 사람들이 재화와 용역을 자유로이 교환하기 위

---

22 같은 책, 27쪽.

한 기회를 가질 때, 경쟁이 다른 선택이 존재한다는 것을 보장할 때, 그리고 개인들이 자신의 복지를 극대화하고자 노력할 때, 최적의 욕구 만족이라는 결과를 가져온다고 말한다. 보다 많은 사람들이 다른 형태의 경제 제도하에서 얻을 수 있는 것보다 이러한 과정을 통해서 더 많은 것을 얻는다. 백스터에 따르면, 어떤 사회 내의 개인들이 서로 만족스러운 물자교환에 자유로이 참여할 수 있다면 적어도 이론상으로는 그 사회 내의 모든 자원은 구성원들의 최대 만족을 낳는 방식으로 알맞게 사용될 것이다.[23]

그래서 백스터의 오염 문제에 대한 해결책은 오툴의 산림 보전 문제에 대한 해결책과 마찬가지로 자유시장의 작동에 기초한다. 이 두 가지 경우에서 경제적 분석과 경제적 방법론은 환경적인 문제에 대한 진단을 내려준다. 그리고 각각의 경우들은 그러한 문제를 치료하기 위한 특정한 경제적 처방을 해준다. 자유시장의 원리를 따르는 경제를 구축한 사회는 모든 환경 문제에 성공적으로 대처할 수 있을 것이다.

5. 경제학적 분석의 윤리적 쟁점들

우리는 이러한 주장들에 대한 분석을 시작하기 전에 관련 쟁점들을 명확하게 할 필요가 있다. 응용윤리학의 첫 단계는 문제가 되는 윤리적 쟁점들의 정체를 확인하고 명료화하는 일이다.

1장에서 보았듯이 우리가 논쟁의 여지가 있는 환경 문제에 직면하게

---

23 같은 책, 같은 쪽.

2부 응용윤리학으로서의 환경윤리학

되면 경제학과 같은 전문적이고 객관적인 학문에 의지하는 것은 매력적인 선택이 될 수 있다. 그러한 이유 중의 일부는 과학적이고 전문적인 학문 분야는 윤리적이고 정치적인 논의에는 결여되어 있는 객관성을 가지고 있다는 믿음에서 찾을 수 있다. 이러한 견해에 따르면, 과학적 방법은 우리의 문제들에 대해 정확하고 객관적인 대답을 제공한다. 그리고 경제학과 같은 과학은 가치중립적이다. 그러므로 우리의 윤리적 분석을 위해 도움이 될 만한 출발점은 이러한 경제학적 분석들이 가치가정들에 의해 얼마나 심하게 영향을 받는지를 보여 주면서, 이것이 가치의존적 분석임을 보여 주는 것이다.

고전경제학적 분석의 윤리적 구조는 **목적**과 **수단**이라는 점에서 이해될 수 있다. 경제정책의 목적은 개인적 욕구의 최대 만족, 혹은 최대 행복이다. 자유롭고 경쟁적인 시장의 기능은 그러한 목적을 달성하기 위한 윤리적으로 가장 좋은 수단이라고 생각된다.

그래서 오툴과 백스터의 연구에서 나타나듯이, 환경 문제에 대한 경제적 분석은 본질적으로 **공리주의** 윤리학을 가정한다. 이러한 분석을 통해서 은연중에 혹은 명시적으로 가정된 궁극적 정책 목표는 전체적인 선을 극대화하는 공리주의의 목표다. 그러한 선에 대한 특정한 이해와 그러한 목표를 달성하기 위해 옹호되는 특정한 수단의 면에서, 이러한 견해들은 **선호 공리주의**의 한 형태에 해당하는 것으로 보인다. 이제 이러한 주장을 보다 자세하게 살펴보자.

아마도 핀쇼는 그의 정책들이 공리주의적 목표를 추구한다고 가장 분명하게 진술한 사람이었다. 그는 산림 관리는 "가장 오랜 기간 동안 최대 다수의 최대 선"을 추구했다고 주장했다. 오툴은 그보다는 덜 분명하지만 그 못지않게 공리주의적이다. 그의 권고는 그런 점에서 미국인의 욕구를 최대한 만족시키는 것을 목표로 하고 있다. 백스터의 권고는 자원을 "인간의 만족을 극대화하는 방향으로 이용하기" 위한 것이다. 그래서 그들 모두는 환경정책을 판단하는 데 있어서 유익한 결과를 산출하는 능력을 기준으로 삼는다.

핀쇼는 과학적인 경영 기법이 우리로 하여금 이러한 목표에 가장 잘 도달할 수 있게 해준다고 믿었다. 오툴과 백스터는 시장 기능을 작동시키는 것이 이용 가능한 가장 효과적인 수단이라고 주장했다. 시장에 의존하는 이들의 이유는 그 이상의 가치가정의 존재를 암시한다. 시장은 다른 사람들(예를 들어 전문적인 산림학자들)이 가지고 있다고 결론짓거나 가정하는 이해관계 대신에 사람들이 실제로 표명하는 욕구를 우선시한다. 즉 시장 공리주의는 어떤 사람에게 좋은 것이 무엇인지를 결정하는 최선의 방법은 그가 원하는 것을 알아내는 것이고, 그리고 이것을 알아내는 최선의 방법은 그가 시장에서 기꺼이 돈을 지불하고자 하는 것이 무엇인지를 살펴보는 것이라고 가정한다.

시장이야말로 우리가 원하는 것이 무엇인지를 결정하기 위한 최선의 방식이라고 말하는 것은 그것이 가장 효과적인 방식(경제학자에게는 확실히 그렇지만)일 뿐만 아니라 윤리적으로도 최선의 방식이기 때문일 것이다. 왜 공공정책은 시장에서 표명된 그러한 선호들을 우선시**해야** 하는가? 우리는 오툴과 백스터에게서 이러한 질문에 대한 적어도 세 가지 철학적 대답을 발견할 수 있다.

첫 번째는 시장 공리주의는 개인의 자유를 장려하는 것으로 생각된다. 백스터는 "모든 사람은 그의 행위가 다른 사람들의 이익에 해를 끼치지 않는 상황에서는 그가 원하는 것은 무엇이든 자유롭게 할 수 있어야 한다"는 것을 "우리 문명의 기본적인 신조"로 받아들인다.[24] 그는 환경 문제에 대한 시장적 해결은 이런 기준에서 "유래"한다는 것을 인정한다. 오툴은 시장이 "개인의 자유를 보장해 준다"고 설명하는데, "그 이유는 시장에서 각각의 활동을 지지하여 참여하고자 하는 사람들이 자발적인 동의에 기초해서 그렇게 하기 때문이다."[25] 예를 들어 시장은 정부의 규제보다 더 나을 수 있는데, 그 이유는 정부는 "강제적인 활동에 기초를 두고" 있기 때문이다. 그래서 오툴과 백스터는 편쇼가 전문가에게 의존하는 것을 개인적인 선택의 자유에 대한 위협으로 여겨 거부할 것이다.

시장적 해결책을 지지하는 두 번째 이유는 사유재산권의 가치와 관련이 있다. 오툴은 "시장은 사유재산 개념을 중심에 두는데…… 시장이 작동하기 위해서는 자원들에 대한 사유재산권이 쉽게 양도 가능해야 하기 때문이다. 시장은 권리가 사적으로 소유될 뿐만 아니라 양도 가능할 때 작동한다"고 말한다. 실제로 "야생생물 보호의 실패, 공기 오염, 형편없는 수질 등과 같은 대부분의 환경 문제는 양도 가능한 재산권이 부족한 데 기인한다."[26] 그러므로 공공정책의 문제들에 대한 시장적 해결책은 사유재산권을 인정하고 그것을 소중히 여기는 사회에서만이 가능할 것이다.

세 번째로 시장적 해결책은 인간의 본성에 관한 일정한 철학적 가정들과 일치한다. 오툴은 "관심을 갖게 하는 유인의 부족"을 미국 산림청의 주요 문제로 본다. 그는 "근본적인 경제학적 가정"에 대해 다음과 같이 말한다. 즉 "사람들의 결정은 의사결정자들에게 영향을 주는 유인에 의해 강하게 영향을 받는다"는 것과 우리가 "유인들을 변화시키면 결정

---

24 같은 책, 2쪽.
25 Randal O'Toole, *Reforming the Forest Service*, 189쪽.
26 같은 책, 188-190쪽.

들도 변한다"는 것이다. 이것은 현 상태로는 사소하게 참인 것으로 생각된다. 그렇다면 유인들은 무엇인가? 그 대답은 오툴이 핀쇼의 비시장적 입장을 거부하기 위해 새로운 자원경제학자들인 바덴과 스트로프에 의해 제시된 이유들을 인용할 때 발견할 수 있다. 예를 들어 국유림은 대중이 고용한 "과학적인 산림학자"가 대중의 이익을 최선으로 충족시키는 관리 방법을 객관적으로 결정지을 수 있으리라는 생각에서 만들어졌다. 그러나 스트로프와 바덴이 말했듯 관리자가 이타적이라고 가정한다면, "문화가 사람들의 정신 상태를 개조해서 공공의 이익이 자기 이익이 되도록 할 수 있다"는 것이 가정되어야 한다. 반면 "재산권 이론가들은 의사결정권자가 어떤 상황에서든 그 자신의 효용성을 극대화시킬 것이라고 가정한다."[27]

인간이 자기 이익에 기초해서 행동한다는 것은 인간 본성에 관한 유일한 가정은 아니더라도 근본적인 가정이다. 그렇다면 자기 이익은 우리 자신의 만족이나 "효용성"을 극대화한다는 고전적인 공리주의적 의미에서 이해된다. 이타주의 혹은 다른 사람의 최선의 이익을 위해 행동하는 것은 인간 본성의 "개조"를 요구할 것이다. 이에 대해 백스터는 다음과 같이 주장한다.

이러한 입장에 대한 반론으로 마치 각각의 개인이 중요성의 기본 단위이고 그 외에는 어떤 것도 중요하지 않은 것처럼 행동하는 것은 너무 이기적이 아니냐는 주장이 제기될 수도 있다. 그것은 틀림없이 이기적이다. 그럼에도 불구하고 나는 그것이 여러 가지 이유로 유일하게 지지할

---

27 같은 책, 190쪽.

수 있는 분석의 출발점이라고 생각한다. 이외의 어떤 입장도 대부분의
사람들이 실제로 사고하는 방식과 일치하지 않고, 실제 현실과도 일치하
지 않는다.[28]

그래서 이 장에서 기술한 경제적 분석의 바탕에는 개인적 자유와 사유
재산권이라는 가치와 인간 본성에 관한 철학적 가정이 깔려 있다. 최대
다수에게 최대의 선을 제공한다는 공리주의적 목표와 함께, 이러한 가치
가정은 경제적 분석의 윤리적이고 철학적인 특질을 분명하게 보여 준다.
일반적으로 생각하는 것과 달리, 경제적 분석과 방법론이 환경 논쟁에
대해 윤리적으로 중립적인 답변을 마련해 준다고 장담하지는 못한다.

이러한 권고들은 여러 가지 쟁점들과 관련한 철학적 가정을 품고 있
다. 그래서 이러한 유형의 분석은 철학적 윤리학의 영역 내에 자리 잡게
된다. 우리는 이제 이러한 분석들이 정당화가 가능한 대답과 권고를 제
공하는지를 물어볼 필요가 있다.

6. 비용 편익 분석

'비용 편익 분석(cost-benefit analysis)'은 행위 대안들 중에서 결정을 내리
는 기법으로 경제학적 분석의 핵심이다. 이것은 오툴과 백스터의 분석
에도 은연중에 포함되어 있다. 또한 지구온난화와 석유 시추와 같은 환
경 논쟁과 관련한 최근의 공공정책 논의의 중심에 있다. 많은 비판자들

---

[28] William Baxter, *People or Penguins: The Case for Optimal Pollution*, 5쪽.

은 환경법은 모두 개정될 필요가 있으며, 정부 당국자가 결정을 내릴 때 비용 편익 분석을 반영하는 방식으로 이루어져야 한다고 주장한다. 예를 들어 멸종위기종보호법에 대해 비판하는 사람들은 얼룩올빼미를 보호하기 위해 벌목을 금지시키기 전에 정부 당국자는 올빼미를 보호함으로써 생기는 이득이 벌목업자, 목재회사, 지역 주민, 그리고 그 밖의 다른 사람들이 입는 손실을 능가하는지를 입증할 필요가 있다고 말한다.

비용 편익 분석을 지지하는 사람들의 입장에서 이 분석은 다음과 같이 분명하고 간단한 단계를 요구하는 것처럼 보인다. 즉 어떤 행동 방침을 결정하기 전에 그 행동이 가져오는 이득이 손실을 능가하는지만 결정하면 된다는 것이다. 그러나 비용 편익 분석은 그렇게 간단하지도 않고 가치중립적이지도 않다.

비용 편익 분석은 이른바 '비용 효과 분석(cost effectiveness)'과는 다른데, 이것을 구분하는 것이 중요하다. 비용 효과 분석은 우리로 하여금 주어진 목적에 가장 효과적인 수단을 찾아가도록 해주는 것이다. 간단한 예를 들어 보자. 우리가 식수에 포함된 오염물질의 양을 줄이고자 하는 경우, 비용 효과 분석에 따르면 중앙 용수 처리 설비 비용과 가정용 수도꼭지에 여과기를 설치하는 비용을 비교하면 된다. 우리는 보다 효과적인 것이 어느 것이든 그것을 따라야 한다. 다시 말해 우리의 목적을 성취하는 데 더 낮은 비용이 드는 대안을 따라야 하는 것이다.

비용 편익 분석은 우리로 하여금 주어진 목적이 비용에 비추어 추구할 만한 가치가 있는지를 결정하게 해준다. 이때 우리의 결정 수단과 목표가 경제적 분석의 대상이 된다. 비용 효과 분석을 비용 편익 분석과 구별해 볼 때, 우리는 흔히 볼 수 있는 비용 편익 분석의 이점이 실제로는 비용 효과 분석과 혼동한 결과일 수도 있다는 것을 알 수 있다. 다음과 같

　　　　　　　　　　　　2부 응용윤리학으로서의 환경윤리학

은 예를 고려해 보자.

한 아이가 병에 걸렸다는 진단을 받았는데, 똑같은 효과가 있는 치료 방법이 여러 개 있다고 가정하자. 비용 효과 분석은 우리로 하여금 가장 비용이 적게 드는 치료 방법(예를 들어 유명 상표가 붙은 처방약 대신에 상표 등록이 되어 있지 않은 회사가 변형시킨 처방약을 선택하는 것)을 따르도록 할 것이다. 반면에 비용 편익 분석은 우리가 이득(아이의 건강)과 비용을 비교하고, 순이익을 최대화하는 전략을 따를 것을 요구한다. 우리는 아이의 건강이 비용만큼의 가치가 있는지를 물을 필요가 있을 것이다. 그런데 슬픈 일이기는 하나, 비록 이러한 질문이 이따금씩 요구되기는 하더라도, 그렇게 묻는 것은 결코 분명한 방식도 아니고 흔히 일어나는 방식도 아니다.

이것은 비용 편익과 관련해 두 번째 주요 문제를 제기한다. 우리의 모든 가치와 목적이 경제적인 용어로 표현될 수 있고, 또 표현되어야 하는지는 분명하지 않다. 비용 편익 분석은 우리가 '이익'을 비용과 비교할 것을 요구한다. '사과와 오렌지'라는 오래된 문제를 피하기 위해, 이익과 비용은 똑같은 범주에 있어야 한다. 즉 그것들은 경제적인 용어로 표현 가능한 것이어야 한다. 결국 이것은 우리가 이 둘을 금전적인 가치로 표현해야 한다는 것을 의미한다. 경제학자들의 정교한 작업에도 불구하고 이것이 가능한지는 분명하지 않다.

예를 들어 여러 해 전에 나는 캐나다의 퀘티코 공원으로 카누 여행을 갔다. 이 야생지를 보호하기 위하여 출입은 허가증을 얻어야 가능했고 모터보트는 사용이 금지되었다. 공원 경비원에게 수속을 밟을 때, 우리는 미래의 공원정책을 결정하는 데 이용될 간단한 설문지 작성을 요청받았는데, 거기에는 가격과 허가증의 유용성에 대한 질문도 있었다. 특히 설문에는 우리가 흰머리독수리와 말코손바닥사슴을 보거나 다른 야영객을 보지 않는 혜택을 보장받는다면, 허가증을 받기 위해 돈을 얼마만큼이나 기꺼이 지불할 용의가 있는지를 묻는 질문이 있었다. 허가증이나 독수리 혹은 말코손바닥사슴과 같은 재화를 위한 자유롭고 개방된 시장은 존재하지 않기 때문에, 그리고 비용 편익 분석은 이러한 재화들에 가격을 부여할 것을 요구하기 때문에, 누군가는 이러한 편익을 위한 비용을 산정하기(어떤 사람은 창조한다고 말할 수도 있다) 위한 정교한 방안을 고안해야 한다.

이것은 또한 시장에서 거래되지 않는 그러한 편익을 위한 비용을 책정하려고 시도하는 데 어려움이 있다는 것을 보여 준다. 그러나 또 다른 위험을 암시하기도 한다. 맑은 공기와 물 혹은 멸종위기 종과 같은 환경적 재화들에 대한 시장이 존재하는 것은 아니기 때문에, 비용 편익 분석을 활용하기 위해서 우리는 그러한 재화들을 위한 시장이 존재한다고 할 경우 그 비용이 얼마일지를 이야기해 줄 경제학자나 사회과학자에게 의존할 필요가 있다. 이것은 산림정책을 결정하는 데 있어 우리가 여전히 시장보다는 '전문가'의 결정에 의존하고 있음을 의미한다는 것을 주목해야 한다. 하지만 이번에는 전문가가 과학이나 생태학의 훈련을 받은 산림학자가 아니라 보통 대학이나 기업에서 일하는 경제학자다. 그래서 결정권을 '전문가'와 정부 관료의 손에서 가져와 시민 개개인에게 되돌려 준다는 이른바 경제적 분석의 한 가지 이점이라는 주장은, 경제학자가 시장재가 아닌 것들을 위해 가격을 결정하라는 요구를 받는 순간 그 의미가 훼손된다.

마지막으로, 환경적인 이익의 비용을 책정하는 것이 가능한지에 대한 쟁점은 그렇다 치더라도, 도대체 왜 그렇게 해야만 하는지에 대한 심각한 의문이 있다. 아이의 건강에 대한 예가 보여 주듯이, 경제적인 비용으로 환원되어서는 안 되는 가치들이 있다. 민주주의나 우정, 그랜드캐니언에 대해서 비용 편익 분석을 시행하는 것을 생각해 보자. 게다가 이 분석은 일반적으로 완전히 인간 중심적이다. 여러분은 경제학자들이 동물들 혹은 그 밖의 다른 자연물들의 비용 혹은 편익에 대해 이야기하는 것을 들어 보지 못했을 것이다. 그러나 이러한 질문들을 제대로 다루지 않고 비용 편익 분석을 채택하는 것은 중요한 가치 의존적 질문들을 무시하는 것이다.

7. 윤리학적 분석과 환경경제학

환경 문제에 대한 현대의 경제학적 분석이 공리주의적 윤리학을 반영한다는 점에서 철학자들은 이러한 윤리 이론을 평가하는 데 기여할 부분이 많다. 2장에서 간략하게 언급했던 일반적 비판은 이러한 평가를 위한 유용한 출발점이다.

공리주의자들은 결과를 계량화하고 측정하고자 할 때 여러 가지 문제에 직면한다. 이러한 문제들은 다시 비용 편익 분석을 이용하는 데서 발생한다. 한 가지 문제는 질적인 재화를 계량화하려는 시도와 관련이 있다. 예를 들어 우리는 실제로 깨끗하거나 안전한 물과 공기의 질에 대한 기준을 정하려고 시도함으로써 발생하는 문제를 보았다. 먼저 이러한 질적인 재화들은 쉽게 계량화할 수 없기 때문에 경제학이 할 수 있는 역할이 없다.

두 번째 문제는 질적인 것들을 측정 가능한 범주들로 전환하려는 흐름과 관련된다. 백스터는 깨끗함과 안전에 관한 논의를 위험률, 즉 계량화가능하고 계산될 수 있는 확률로 전환하고자 시도했다. 오툴은 비용 편익 분석의 전형적인 적용 방식과 같은 방식으로 질적인 재화들을 경제적인 용어들로 전환하려 했다. 야생지와 휴양지의 가치는 그것을 위해 이용객이 돈을 지불할 의사가 있는지의 여부에 의해 측정 가능한 것으로 이해된다.

마지막 측정의 문제는 관련 주체들의 범위를 인위적으로 제한하려는 경향과 관련된다. 다음 장들에서 소개하겠지만, 어떤 비판자는 이러한 경향이 동물, 미래 세대, 나무, 생물권 등의 안녕을 체계적으로 무시한다고 주장한다. 우리는 경제학적 접근 방식이 명백히 인간 중심주의적이라거나 혹은 인간 중심적이라는 비난을 다른 곳에서 보다 더 상세하게 검토할 것이다. 이러한 측정 문제들의 전반적인 요지는 경제학적 분석이 중요한 환경 쟁점들을 심각하게 왜곡시키거나 무시해 버릴 가능성이 있다는 것이다.

마크 새고프(Mark Sagoff)는 『지구의 경제 *The Economy of the Earth*』라는 책에서 경제학적 분석을 환경정책 입안자들의 강력한 도구로 이용하는 것에 반대하여 통찰력 있고 설득력 있는 논의를 전개한다.[29] 이 장의 나머지 부분에서 우리는 새고프의 평가를 응용윤리학이 제공해 왔던 가장 좋은 한 예로서 활용할 것이다. 비록 그의 책이 정교하고도 강력한 다양한 논의를 제시하고 있기는 하지만, 우리는 여기에서 경제학적 분석의 이용에 대한 세 가지의 주요 문제들에 집중할 것이다.

새고프는 대개의 경제학적 분석이 한편에서의 욕구나 선호, 그리고 다른 한편에서의 신념이나 가치 사이의 심각한 혼돈에 기초하고 있다고

---

29 Mark Sagoff, *The Economy of the Earth* (New York: Cambridge University Press, 1990).

주장한다. 경제학은 오로지 욕구와 선호만을 다루는데, 그 이유는 이것들이 시장에서 표명되기 때문이다. 시장은 우리가 돈을 지불하고자 하는 의사(즉 가격)에 의해 우리가 가진 욕구의 강도를 판단하고, 비용 편익 분석을 통해 개인의 욕구를 측정 비교할 수 있으며, 욕구를 최적으로 충족시켜 주기 위한 효과적 수단을 결정할 수 있다. 그러나 시장은 우리의 신념과 가치를 측정하거나 계량화할 수는 없다. 많은 환경 쟁점들이 우리의 신념이나 가치를 포함하기 때문에, 경제적 분석은 논점을 벗어난다. 경제학이 환경정책과 관계를 맺게 되면, 그것은 신념을 마치 단순한 욕구인 것처럼 다루게 되고, 그로 인해 쟁점을 심각하게 왜곡한다. 초기의 논문에서 새고프는 다음과 같이 주장한다.

> 경제학적 방법들은 공공정책을 정당화하는 데 필요한 정보를 제공할 수 없다. 경제학은 우리가 우리의 신념을 간직하는 강도를 측정할 수는 있지만, 신념을 그것의 시비곡직에 따라 평가할 수는 없다. 그러나 그러한 평가는 정치적인 의사결정에 필수적인 것이다. 이것이 비용 편익 분석에 대한 나의 가장 중요하면서도 유일한 비판이다.[30]

그렇다면 욕구와 신념 사이에는 어떤 차이가 있고, 그리고 그것은 왜 중요한가?

개인들이 욕구나 개인적 선호를 표명할 때, 그들은 순전히 개인적이고 주관적인 어떤 것을 진술하고 있는 것이다. 다른 사람은 나의 욕구에 도전하거나, 반박하거나, 지지하거나 할 수 없다. 욕구는 참도 거짓도 아니

---

[30] Mark Sagoff, "Economic Theory and Environmental Law", *Michigan Law Review* 79(1981), 1393-1419쪽.

다. 만약 내가 초콜릿 아이스크림을 더 좋아한다고 말한다 해도, 어느 누군가가 이것에 이의를 제기하면서 "아냐, 너는 그것을 좋아하지 않아"라고 주장할 수는 없다. 나는 나 자신의 욕구에 관한 한 어떤 특권적 지위를 갖는다. 공적 영역에서는 그것들은 주어진 사실로 간주된다. 이것은 경제학자들이 인간의 이해관계를 다루는 방식이다. 얼마만큼의 돈을 지불할 용의가 있는가로 내가 지닌 욕구의 강도를 평가하지만(나는 초콜릿 아이스크림 한 개를 사기 위해서 일정 액수 이상의 돈을 지불하지 않는다), 지불 용의는 해당 욕구의 정당성이나 타당성에 대해서 아무것도 말해 주는 바가 없다.

반면 신념은 합리적 평가의 영역에 속한다. 신념은 그것을 지지하기 위한 이유가 요구된다는 점에서 객관적이다. 신념은 참이거나 거짓일 수 있다. 신념의 타당성을 지불 용의 비용에 의해 평가하는 것은 중대한 과오다(새고프에 따르면 '범주 착오의 오류'다). 신념에 가격을 매기는 것은 신념의 본성을 완전히 오해하는 것이다.

새고프는 환경론자들이 야생지나 알래스카의 어장을 미학적이거나 상징적 의미를 위해 보존해야 한다고 주장할 때, 그들은 단순히 개인적 욕구를 표명하는 것이 아니라는 점을 상기시킨다. 이들 환경론자는 공공선에 대한 **확신**을 말하고 있는 것인데, 이때 이 공공선은 다른 사람들에 의해 근거에 기초해서 받아들여지거나 거부되어야 하는 것이지 누가 그 공공선을 위해 돈을 지불할 용의가 있는지에 근거해서 그렇게 되는 것은 아니다. 경제학은 신념이나 확신 등을 분석할 방법이 없기 때문에, 이것들은 무시되거나 아니면 마치 단순한 욕구인 것처럼 다루어진다.

본질적으로 환경 문제에 대한 오툴의 시장화 해법이 바로 그것이다. 오툴의 목표가 야생지와 같이 미국인이 '욕구하는' 것 모두를 마련해 주는 것이었음을 기억하라. 그러나 그는 이러한 목표를 미국인이 돈을 지

　　　　　　　　2부 응용윤리학으로서의 환경윤리학

불할 용의(목재 이용자로서, 도보 여행자로서, 사냥꾼으로서)와 동일시한다. 만약 휴양객이 목재업자에 의해 지불된 요금과 경제적으로 경쟁할 수 있는 사용 요금을 지불하려고 하지 않는다면, 휴양객은 목재 이용자가 목재를 욕구하는 만큼 휴양을 욕구하지 않은 것이다.

이 장 첫머리의 논의로 되돌아가서, 멕시코 만의 보존주의자들이 땅에 대해서 정유회사들만큼 돈을 지불할 용의가 없다면, 그들은 소비자가 석유를 욕구하는 만큼 야생지를 욕구하지 않은 것이다. 마찬가지로 한 공동체가 공기와 물의 오염을 줄이는 데 더 이상의 세금을 지출할 용의가 없다면, 그들은 그들이 보다 더 낮은 세금을 욕구하는 만큼 혹은 다른 공공의 사업을 욕구하는 만큼 더 맑고 깨끗한 공기와 물을 욕구하지 않은 것이다.

이렇게 신념과 가치를 욕구와 선호로 환원하려는 경향은 인간의 본성을 심하게 왜곡한다. 그리고 이러한 왜곡은 인간을 항상 **소비자**로서 취급한다. 인간은, 적어도 정책 입안자나 경제학자가 볼 때는, 그저 일정한 욕구들의 집합 장소일 뿐이다. 인간은 오로지 자신의 개인적 욕구를 만족시키는 데만 관심을 쏟고, 경제학자의 역할은 이러한 목적을 최대한 달성하는 방법을 결정하는 것이다.

이것에 대한 대안은 인간을 생각하고 추리하는 존재로 취급하는 것인데, 이는 경제학적 분석에서는 무시된다. 시장은 우리가 근거를 가지고 신념을 옹호할 수 있는 토론이나 논쟁 혹은 대화를 위한 여지를 남겨 놓지 않는다. 시장은 인간이 단순히 수동적으로 '욕구하는 자들'일 뿐만 아니라 능동적으로 사유하는 자들이라는 사실을 무시한다. 가장 중요한 것은 경제학적 분석은 욕구와 신념 사이의 구별을 무시함으로써 인간의 삶에서 가장 의미 있는 요소들, 즉 우리의 신념과 가치를 단순한 개인적 기호나 견해의 문제로 환원한다는 것이다. 모든 욕망은 그것이 무엇이든 똑같은 강도로 간직되는 한 똑같이 만족되어야 한다.

이것은 경제학적 분석에 대한 두 번째 주요 문제에 이르게 한다. 욕구와 신념 사이의 구별을 무시함으로써 시장 분석은 우리의 민주적인 정치 과정을 위협한다. 시장 분석은 우리를 항상 그리고 오로지 **소비자**로서만 취급함으로써 **시민**으로서의 우리 삶을 무시한다. 소비자로서의 우리는 개인적인 욕구를 만족하고자 노력할 수도 있다. 시민으로서의 우리는 우리 삶에 의미를 부여하고, 사람과 문화로서의 우리의 본성을 결정하고, 사람으로서 우리가 의미하는 바가 무엇인지를 규정짓는 목표와 열망을 가질 수도 있다. 우리 사회는 자유민주주의 사회다. 즉 목표를 추구하는 개인의 자유를 소중히 여긴다는 의미에서 자유주의적이고, 공공선과 공유된 목표에 대하여 집단적 합의를 추구한다는 점에서 민주적이다. 그래서 우리의 정치 체제는 개인적이고 공적인 이해관계를 위한 여지를 남겨 둔다. 우리 모두는 사적인 개인들이면서 동시에 공적인 시민들이다. 시장 분석은 이러한 공적인 영역을 무시함으로써 우리의 민주적 정치제도의 토대를 훼손시킨다.

새고프는 이와 관련해서 다음과 같이 말한다.

> 그렇다면 더 맑은 공기와 물, 야생지와 야생생물의 보존 등과 같은 환경에 대한 우리의 목표는 단순히 개인적인 욕구나 선호로 해석되어서는 안 된다. 그리고 그것들은 시장이나 비용 편익 분석에 의해 '가격이 매겨지는' 이해관계가 아니라 공적인 가치로서 법률로 제정될 가능성을 지닌 견해나 신념이다. 이러한 목적은 인간으로서의 우리의 특성으로부터 나오는 것으로, 넥타이나 담배를 선택하듯이 마음대로 선택하는 그 어떤

것이 아니라, 우리가 승인하는 것이고, 현재 우리의 인격을 의미한다. 이러한 목적은 우리가 함께 승인하는 공적인 가치나 공유된 가치, 즉 그 공과에 따라 이미 논의가 이루어지고 비판적으로 검토된 가치, 그리고 시장에서 적절하게 값이 매겨진 선호와 혼동되어서는 안 되는 그러한 가치를 미리 전제한다. 우리의 민주적인 정치 과정은 우리가 우리 신념을 그 시비곡직에 따라 논의하는 것을 허용한다.[31]

경제적 분석은 민주주의에 대한 특정한 견해를 가정하는 것처럼 보인다. 이러한 입장에서 보자면, 민주주의란 대표자들이 유권자들의 요구를 수동적으로 따르면서 다수를 만족시키는 방식으로 경쟁하는 요구들 간의 균형을 잡아 주려고 노력하는 것이다. 이러한 모델에서 정치가의 역할은 여론을 청취하고 그에 따라 행동하는 것이다. 그러나 이것은 시민들이 의견을 교환하고, 그 장단점을 토론하고, 서로 가르침을 주고받으면서 합의에 도달하는 보다 더 참여적인 민주주의의 특성을 무시하는 것이다.[32] 참여 민주주의 모델은 선출된 공직자의 역할을 수동적인 추종자보다는 능동적인 지도자로 보도록 한다. 우리는 백스터의 분석이 가정하는 개인적인 자유에 관여할 뿐만 아니라, 우리가 서로 훌륭한 삶의 모습을 규정짓고 추구하는 데에도 관여한다. 건강하고, 아름답고, 개발되지 않고, 영감을 주는 환경은 소비자로서의 나에게 이익을 가져다줄 수 있는 것이라기보다는 시민으로서의 나에게 상당히 소중한 것일 수 있다. 오툴은 "모든 시민이 공유지와 거기에서 발견된 자원들의 자기 몫으

---

31 Mark Sagoff, *The Economy of the Earth*, 28-29쪽.
32 대표 및 참여 민주주의에 대한 내용은 Jane Mansbridge, *Beyond Adversarial Democracy*(New York: Basic Books, 1980)를 참고하라.

로부터 이득을 본다는 것은 흔히 있는 오해"라고 하는 새로운 자원경제학자들의 견해에 찬성하며 인용한 바가 있는데, 참여 민주주의의 모델은 이러한 견해를 거부할 것이다.[33]

많은 경제학자들은 사람들을 오로지 소비자로서만 보기 때문에 공공의 복지라든가 공공의 선과 같은 개념을 거부한다. 예를 들어 모든 시민이 알래스카의 야생지를 '소비하는' 것은 아니다. 그러나 이것은 우리가 소비자일 뿐만 아니라 시민이라는 사실을, 그리고 우리가 시민으로서 환경으로부터 이익을 얻을 수 있다는 사실을 인지하지 못한다. 알래스카의 야생지는 그것이 우리에게 주는 의미 때문에, 즉 그것이 우리 자아상(self-image)과 자존(self-respect)에 관하여 무엇인가 말해 주는 바가 있기 때문에 시민으로서의 우리에게 소중한 것일 수 있다. 이러한 이득은 시장에서 가격이 매겨지지도 않고 또 매겨질 수도 없는 것이어서 오툴이나 새로운 자원경제학자들, 그리고 백스터가 제공한 유형의 경제적 분석에서는 무시된다.

우리가 마지막으로 다뤄야 할 것은 어쨌든 간에 경제적 분석이 어떤 윤리적 기초를 갖는다는 것을 부정하는 것이다. 시장이 공리주의적 목표를 수행하는 모습을 보여 줌에도 불구하고 실제로 효율성이란 목표는 어떤 일관되고 실질적인 윤리적 기초도 갖고 있지 않다. 경제적 분석이 현대의 많은 환경 관련 쟁점들에서 담당하는 역할을 생각해 보자. 의심할 바 없이 경제적인 비용 편익 분석은 환경 관련 결정들에 이르는 데 이용된 주요 공공정책 방법론이다. 경제학은 개인으로서의 우리에게, 사회로서의 우리에게, 정부로서의 우리에게 무엇을 해야 하는지를 말해 준

---

33 Randal O'Toole, *Reforming the Forest Service*, 189쪽.

2부 응용윤리학으로서의 환경윤리학

다. 왜 우리는 이러한 충고를 따라야 하는가? 그 이유는 그렇게 함으로써 보다 나은 상황에 이르게 될 것이기 때문이다. 우선 언뜻 보기에 이보다 더 나은 상황이라는 것(즉 경제적 효율성)은 최대 다수에게 최대의 선을 제공하는 공리주의적 목표로서 나타난다. 그러나 경제적 효율성이 과연 최대 다수에게 최대의 선을 제공해 주는가? 또다시 새고프는 이것이 그렇지 않다는 것을 설득력 있게 주장한다.

경제적 효율성의 목표는 무엇인가? 앞에서 제시했듯이 효율성은 소비자가 선호하는 것을 최대한 만족시켜 주는 것을 말한다. 효율적인 시장이란 보다 많은 사람들이 지불하고자 하는 용의를 가장 많이 가지고 있는 것들을 보다 많이 얻는 곳이다. 그러나 사회 집단으로서의 우리는, 그리고 특히 환경 쟁점들에 관계할 때의 우리는 왜 개인적인 선호의 만족을 우리의 가장 중요한 최우선의 목표로 받아들여야 하는가? 우리가 개인적으로 선호하는 많은 것들이 어리석고, 하찮고, 저속하고, 위험하고, 비도덕적이고, 범죄적인 것인지를 분명히 알고 인정하고 있다면, 왜 이것이 공공정책의 목표여야 하는가? 우리는 왜 인종주의자나 범죄자나 바보 혹은 가학성 변태성욕자의 선호 만족을 좋은 것이라고 생각해야 하는가?

선호하는 것을 만족시키는 게 뭐가 그리 좋은가? 가능한 대답은 선호를 만족시키는 것은 그 자체로 좋은 것이라고 말하거나 혹은 그것은 어떤 좋은 것을 위한 수단이기 때문에 좋다고 말해야 하는 것 같다. 2장에서 공리주의를 기술할 때 사용한 용어로 표현하면, 선호 만족은 본래적으로 좋거나 수단으로써 좋은 것이다. 하지만 해롭고, 퇴폐적이고, 하찮은 선호가 상당히 많다는 것을 감안하면, 확실히 어느 누구도 선호를 만족시키는 것이 그 자체로 좋다고 주장할 수는 없을 것이다. 아동 성추행자나 강간범이 선호를 만족시키는 것은 그 자체로 좋은 것이 아니다. 만약 선호를 만족시키는 것이 그 자체로 좋은 것이 아니라면, 그것을 도구적으로 선하게 만들어 주는 다른 선은 무엇인가?

전형적으로 이러한 경제학적 접근 방식은 선호 만족의 목적을 설명하기 위해서 **효용**이나 **복지, 안녕, 행복** 같은 용어를 사용한다. 하지만 단순히 이런 식으로 정의를 내림으로써 선호 만족의 가치를 설명하는 것은 사소한 의미에서만 참인 설명을 제공함으로써 선결 문제 요구의 오류를 범하게 된다. 다른 한편으로 효용, 복지, 안녕, 행복이라는 말이 보다 철저하게 정의된다면, 선호 만족이 항상 이러한 선들에 이르게 한다는 주장은 거짓이 된다.

담배에 대한 나의 선호를 만족시키는 것이 중요한 의미에서 항상 나를 행복하게 만드는 것은 아니다. 때로 나의 선호가 좌절되는 것이 나에게 인내나 근면, 겸손 등을 가르쳐 줌으로써 나 자신에게 최선의 이익이 될 수 있다. 한편으로는 선호를 만족시키는 것이 실망스러운 일이기도 하다. 가끔 나는 시장이 공급할 수 있는 모든 것을 갖게 될지도 모르지만, 여전히 보다 중요한 것을 갖지 못할 수도 있다("어떤 사람이 온 세상을 얻고도 영혼을 잃는다면, 무엇이 그에게 이득이 되겠는가?"). 경제학적 방법론은 다른 모든 조건이 같다면 자신이 원하는 것을 얻는 것이 좋다고 가정한다. 보다 현실적이고 정직한 가정은 내가 원하는 것이 좋은 것인지의 여부는 내가 원하는 것이 무엇인지에 달려 있다는 것이다.

그래서, 엄청난 가정이기는 하나, 비록 경제학적 분석이 측정의 문제들을 극복할 수 있다 하더라도, 시장 분석을 실제 세계에 적용하는 것과 연관된 모든 다른 문제들을 극복할 수 있다 하더라도, 그리고 시장이 그 목표를 달성하는 데 성공했다 하더라도, 우리는 여전히 선호 만족을 윤리적 목표로 받아들일 아무런 이유가 없을 것이다. 자원의 효율적인 할

2부 응용윤리학으로서의 환경윤리학

당은 그 자체로는 전혀 윤리적인 목표가 아니다.

8. 요약 및 결론

우리가 중요한 환경 논쟁을 가지고 씨름할 때 경제시장을 넘어서는 시각에서 정책 결정의 길잡이가 될 만한 것을 찾아야 한다. 경제학적 분석은 이러한 논쟁이 제기하는 윤리적이고 철학적인 근본 물음들에 대답을 해줄 수가 없다. 새고프에 따르면 해결책은 다음과 같다.

> 유토피아적인 자본주의는 죽었다는 것을 인정하라. 즉 자원경제학과 후생경제학은 결국 대부분 쓸모없어지고 부적절한 것이 되었음을 인정하고, 우리는 환경 문제와 사회 문제들을 해결하는 데 우선순위를 정하기 위해 다른 생각들과 다른 문화적 전통들로 시선을 돌려야 한다는 것을 인정하라. 이러한 우선순위를 정하기 위해 순수한 것과 오염된 것, 자연적인 것과 인위적인 것, 고상한 것과 세속적인 것, 좋은 것과 나쁜 것, 올바른 것과 그릇된 것을 구별할 필요가 있다. 이러한 것들은 원래 경제학적인 구별이 아니라 과학적이고, 문화적이고, 미학적이고, 역사적이고, 윤리적인 구별이다.[34]

새고프는 우리에게 환경정책을 설명하고 정당화하기 위해서는 어려운 사고 과정이 요구된다는 것을 강조한다. 우리는 왜 깨끗한 공기와 물

---

[34] Mark Sagoff, *The Economy of the Earth*, 22쪽.

을 소중히 여겨야 하는지를 설명해야 하고, 왜 우리가 야생지의 보존을 가치 있는 것으로 여겨야 하는지를 정당화해야 한다. 우리는 단순하게 이러한 것들이 우리가 원하거나 선호하는 것들이라고 말하는 이상의 어떤 대답을 마련해야 하고, 그것들이 지니는 가치와 의미가 무엇인지를 보여 줄 근거를 제공해야 한다.

그러나 새고프의 대안조차도 현재 살고 있는 우리의 중요한 이해관계에 한정되어 있다. "과학적이고, 문화적이고, 미학적이고, 역사적이고, 윤리적인" 가치와 신념은 환경 논의를 지금 우리의 요구에만 집중시켜 놓는 경향이 있다. 4장에서는 환경적 관심사가 어떻게 편협한 관심에서 벗어나는지를 살펴볼 것이다.

생각해 봅시다

1. **보전**(conservation)과 **보존**(preservation)의 차이를 재검토해 보라. 헤츠헤치 계곡과 관련된 논쟁에서, 여러분은 핀쇼의 보전주의적 정책을 지지하는가, 아니면 뮤어의 보존주의적 정책을 지지하는가? 여러분이 내린 결정의 바탕에는 어떤 가치가 깔려 있는가?

2. 롤링스톤스(Rolling Stones)는 "당신들은 당신들이 원하는 것을 항상 얻을 수 있는 것은 아니다"라고 노래했다. 그것은 나쁜 것인가? 정부 정책은 항상 시민들이 원하는 것을 제공해 주어야 하는가? 정부는 시민들에게 어떠한 욕구가 가치 있는 것이고 어떤 것이 그렇지 않은지를 가르치는 역할을 담당해야 하는가, 아니면 그러한 문제

2부 응용윤리학으로서의 환경윤리학

들에 관해 중립적이어야 하는가?

3. 미국 산림청과 같은 정부기관은 이익을 얻는 것을 목표로 해야 하는가? 그렇다면 왜 그래야 하고, 그렇지 않다면 왜 그래서는 안 되는가? 여러분이 산림청의 관리라면 시민들에게 봉사하는 자신의 역할을 어떻게 이해할 것인가?

4. 대왕고래와 같이 멸종위기 종을 보호하기 위한 한 가지 방법은 그것을 최고 입찰자에게 파는 것이라는 주장이 있었다. 그 주장에 따르면 인간이 소유하지 않은 종들만이 멸종위기에 처하게 된다. 닭이나 소같이 인간이 소유하는 종들은 사람들(그 소유자들)이 곁에 두고 관리하기 위한 강한 유인(이득)을 갖기 때문에 좀처럼 멸종위기 상황에 처하지 않는다. 이와 유사하게 멸종위기 종을 보호하기 위해서는 이들에 대한 재산권을 설정하는 것이 필요하다는 주장도 있다. 여러분은 고래잡이 독점권을 노르웨이나 러시아 혹은 일본의 고래잡이들에게 파는 것이 현명하다고 생각하는가?

5. 백스터는 "펭귄들은 사람들이 그것을 보고 즐기기 때문에 중요한 것이다"라고 주장한다. 여러분은 이 말에 동의하는가? 이것이 펭귄을 보호해야 할 유일한 이유인가?

6. 백스터가 주장하듯이 인간의 본성은 "확실히 이기적"인가? 여러분은 사람들이 이기적으로 행동하지 않는 상황을 생각할 수 있는가? 이 질문에 대해 대답할 때, 행위를 위한 **이유**와 그 행위로부터 따라 나오는 **느낌**을 구별하는 것에 주의하라.

4장
지속가능성과
미래에 대한 책임

토론 사례 | 지속가능성은 일시적 유행인가, 미래인가?

현대 문화에서 지속가능성(sustainability)이라는 개념과 어떤 식으로든 연결되어 있지 않은 제도를 찾기는 어렵다. 우리는 '지속가능한(sustainable)'이라는 말이 농업, 건축 양식, 사업, 건물, 건설, 사회, 소비주의, 발전, 경제, 생태계, 산림 관리, 마케팅, 투자, 운송 등에서 빈번하게 수식어로 사용되는 경우를 발견한다. 지속가능성이라는 개념은 어디에나 있다. 예를 들어 수많은 단체들이 연례 보고서를 연례 지속가능성 보고서로 대체했다. 그러나 우리는 어느 생각이든 그렇게 도처에 존재하게 될 때는, 특히 그것이 현재의 상태에 대한 비판적인 대안으로 도입되었을 때는 의심을 해야 한다. '지속가능성'은 그 의미를 상실하지 않았는가? 단지 일시적인 유행에 불과하지 않은? 더 나쁘게 말하면 실제 사실을 은폐하는 연막이 아닌가?

오늘날 이처럼 흔히 사용되는 지속가능성이라는 개념이 등장한 지 30여

년이 되었다. 그것은 1980년대에 경제발전, 환경보호, 미래 세대의 문제 등을 연구했던 한 유엔 위원회로 거슬러 올라간다. 노르웨이 전 총리인 그로 할렘 브룬트란트(Gro Harlem Brundtland)의 이름을 딴 브룬트란트 위원회는 각 나라들이 모든 생명을 부양하는 지구의 능력을 위험에 빠뜨리지 않으면서 경제 발전을 이룰 수 있도록 하는 장기적인 전략들에 초점을 맞추었다. 브룬트란트 위원회는 1987년에 그 연구 결과물을 『우리 공동의 미래*Our Common Future*』라는 제목의 책으로 출간했는데, 여기에서 "지속가능한 발전이란 미래 세대가 그들의 필요를 충족시킬 수 있는 가능성을 손상시키지 않고 현재의 필요를 충족시키는 발전"이라는 지속가능성 개념의 표준적 정의가 내려졌다. 이후 지속가능성과 지속가능한 발전이라는 개념은 지구적인 경제 성장과 발전과 관련하여 많은 사람들의 사고를 지배해 왔다.

여러 가지 점에서 지속가능성이 의미하는 바는 명확하다. 어떤 것이 무한히 계속될 수 있다면 그것은 지속가능한 것이 된다. 재정 관리를 간단한 예로 들 수 있다. 돈을 저축하고 그 저축으로부터 나오는 이자만을 지출하는 것은 지속가능한 예산 운용의 좋은 예가 된다. 원금과 이자를 다 쓰는 것도 그렇지만, 원금을 조금씩 깎아먹는 것도 지속가능하지 않다. 저축한 것이 줄어듦에 따라 수입이 감소해 언젠가는 수입이 하나도 없게 될 것이기 때문이다. 황금알을 낳는 거위에 관한 이솝 이야기가 유사한 교훈을 담고 있다. 소비를 황금알로 제한하는 것은 지속가능하지만, 거위 자체를 잡아먹는 것은 지속가능하지 않다.

또한 지속가능성은 우리가 갖고 있는 윤리적인 직관에 비추어 보면 당연한 내용을 담고 있다. 2장에서 살펴본 바와 같이, 권리는 때때로 우리가 '필요'라고 이해하는 그러한 인간의 중요한 이해관계를 보호한다는 측면에서 설명된다. 이러한 의미에서 우리는 인간의 권리를 모든 개인은 각자가 필요로 하는 것에 대한 권리를 갖는다는 측면에서 설명할 수 있다. 그러므로 지속가능성에 대한 브룬트란트 위원회의 정의는 이러한 인간의 권리가 현재 살고 있는 인간뿐만 아니라 미래 세대에게도 마찬가지로 확장되어야 한다고 주장하는 것뿐이다. 이러한 의미에서 지속가능성은 똑같은 기회가 아직 현존하지 않는 사람들에게도 확장되어야 한다는 것을 또 다른 방식으로 말하는 것으로 보인다.

유사하게 브룬트란트 위원회의 경제적 목표는 직관적인 호소력을 가지고 있다. 20세기에 이루어진 경제 발전은 대체로 지구의 생산 능력을 무한한 것으로 취급했다. 그러나 20세기 후반에 이르러 모든 징후는 인간의 소비가 생산 능력의 한계에 접근하고 있음을 보여 준다. 그것은 마치 우리가 거위 알보다는 거위 자체를 허기져서 걸신들린 듯이 바라보기 시작하는 것과도 같다. 무제한적인 성장이 아니라 지속가능한 발전을 추구하라는 브룬트란트 위원회의 요구는 우리가 누리는 소비의 양과 질 모두에 대해 뒤돌아보라는 요구라고 할 수 있다.

그래서 지속가능성은 흔히 '지속가능성의 3대 기둥' 또는 '세 가지 기본 원칙'이라 불리는 세 가지 기본 범주로 설명될 수 있다. 지속가능성은 인간의 필요를 충족시키기 위하여 재화와 용역의 생산과 분배에 관계하는 경제적인 측면을 포함한다. 경제학적 지속가능성은 우리가 자본, 노동, 자연자원과 같은 생산자원을 새로 보충할 수 있는 속도보다 더 빠르게 사용하지 않는다는 것을 의미한다. 그러나 지속가능성은 또한 환경적인 측면과 윤리적인 측면을 모두 가지고 있는데, 이것들은 사람들에게 미래에 자신들의 필요를 충족시키기 위한 동등한 권리가 침해되는 정도까지 생물권역을 손상시키지 못하도록 경제 활동을 제한하는 역할을 한다. 지속가능성의 3대 기둥은 바로 경제적, 환경적, 윤리적인 기둥을 말한다.

이제까지 사람들이 지속가능성에 대해 보여 준 폭발적인 관심은 분명 반가운 일이다. 낙관적인 것은 사람들이 지속가능한 실천에 대한 요구를 이해했고 전 지구적인 경제 발전은 전도유망한 방식으로 전개되고 있다는 점이다. 브룬트란트 보고서에 은연중에 함축되어 있던 희망이 결실을 맺고 있는 것으로 보인다. 그러나 회의적인 사람들은 여전히 납득하지 못하고 있다.

브룬트란트 위원회가 제시한 목표에 공감하면서도 지속가능성에 대한 전 세계적인 관심과 현재 지속가능성에 관여하는 기업과 국가들의 폭발적인 증가를 보면서 이는 무엇인가 잘못된 징조라고 해석하는 사람도 있다. 이러한 회의주의를 이해하기 위해서 우리는 "지속되는 것이 무엇인지"를 물어야 한다. 지속가능성이라는 유행에 편승하는 사람들은 분명 현재의 상황이 우리가 지속해야 하는 것이라고 믿는 것 같다.

지속가능성에 관심을 갖는다는 것은 내가 하고 있는 일을 계속하기 위한 방법을 찾는 일에 관심을 갖는다는 것을 의미한다. 그러나 지속가능한 발전이 현재 상황을 유지하는 것이 아니라 현재 상황에 대한 대안으로 도입된 것이라면, 다시 말해 현재의 소비, 생산, 성장 양식이 우리로 하여금 성장의 한계라는 벽에 부딪히게 하는 현재의 상황에 이르게 했던 것들이라면, 우리가 하고 있는 모든 것이 '지속될' 수 있는 것이 아니라는 사실은 당연하다. 예를 들어 어떤 비판자들은 지속가능성은 미국과 같은 산업사회의 소비 양식에, 혹은 화석연료에 의존하는 에너지 산업에는 적용될 수 없다고 주장할 것이다. 월마트와 같은 거대 소비 기업이나 BP와 같은 정유회사가 지속가능성을 외치는 것을 보면서 비판자들은 지속가능성이라는 개념의 순수성이 심하게 훼손되었다고 확신한다.

비슷한 맥락에서 다른 비판자들은 지속가능성이 서양의 산업화된 국가들이 누리는 경제적 발전을 위한 길이 개발도상국들에는 더 이상 열려 있지 않다는 것을 함의한다면 정의에 어긋난 것이라고 주장한다. 만약 지속가능성이 세계 경제에 대한 현재의 동맹 체제와 현 상황을 고착화시키는 것을 의미한다면 중국, 인도, 브라질, 파키스탄, 러시아, 인도네시아와 같은 나라들은 단연코 지속가능성에 찬성하지 않는다. 이러한 비판은 서양의 지속가능성에 대한 요구를 부자가 가난한 사람들에게 그들이 가진 것에 만족해야 하고 번영을 위해서는 다른 길을 찾아야 한다고 이야기하는 것과 같은 것으로 해석한다.

또 다른 비판자들은 지속가능성 운동의 토대에 의심을 품는다. 지속가능성은 성장에 한계가 있다는 가정, 우리는 미래 세대가 필요를 충족시키는 데 불리한 입장에 놓이지 않게 할 책임을 갖는다는 가정, 그리고 그러한 책임을 완수하는 최선의 방식은 성장을 제한하는 정책들을 채택하는 것이라는 가정을 기반으로 하고 있다. 각각의 이러한 가정들에는 이의를 제기할 수 있다.

지속가능성 운동은 자원이 제한된다는 것을 기정사실로 받아들인다. 그러나 어떤 이들은 이것이 자원의 특질을 잘못 이해한 것이라고 주장한다. 인간은 자연자원을 그 자체로 소중히 여기는 것이 아니라, 그것이 우리에게 제공하는 편의 때문에 소중히 여긴다. 예를 들어 석유 자체에는 가치가 없다. 그러나 석유가 우리에게 수송과 전기, 난방을 위한 에너지를 제공하기 위해 이용될 때는 소중히 여겨진다. 우리가 석유의 대체물을 발견한다면, 예를 들어 태양에너지를 발견한다면, 매장된 석유는 그 가치를 잃을 것이다. 이것을 경제 용어로 말하면 자연자원은 대체 가능하고, 그것의 가치는 그것이 교환될 수 있는 대체물이 무엇이든 그것과 동등하다.

경제학은 우리에게 한 자원의 공급이 달릴 때 그 가격이 오르고 이어서 그것은 대체물을 찾으려는 인간의 창조적 재능을 위한 더 큰 유인들을 마련해 줄 것이라는 점을 가르쳐 준다. 예를 들어 석유의 공급이 달릴 때 그 가격이 오를 것이고, 태양에너지와 같은 대체에너지 자원을 보다 경쟁력 있게 만들 것이다. 결국 비용의 차이로 인해 수요는 석유에서 태양에너지로 이동해, 태양에너지를 위한 시장을 만들어 낼 것이며, 시장이 형성되면 효율적이 될 것이고, 이것이 태양에너지의 가격을 끌어내릴 것이다.

이러한 관점에서 우리가 주저 없이 소중히 여겨야 하는 유일한 자원은 인간의 창조성과 창의력이다. 중요한 것은 이러한 인간의 특성은 번영하는 사회에서, 교육과 기술이 확장되는 사회에서, 자원을 내일을 위해 절약하기보다는 오늘을 위해서 사용하는 사회에서 보다 잘 발휘될 것이라는 점이다. 그러므로 우리는 당면한 문제들을 해결하기 위한 추가적인 유인과 기회를 만들어 내야 한다. 요컨대 우리는 현재 우리의 자원을 가장 활기차고 창조적인 사회가 가능하도록 지원하는 데 사용함으로써 미래 세대에게 최선의 도움을 줄 수 있다.

토론 주제

1. 지속가능하지 않은 사업이나 산업에는 어떤 것이 있는가? 만약 그것이 지속가능하지 않다면 왜 그런가? 그리고 지속가능해지려면 어떻게 해야 하는가?
2. 현재 세대는 미래 세대를 위해 희생해야만 하는가? 만약 희생해야 한다면 왜 그래야 하고, 그렇지 않다면 왜 그렇지 않은가? 후대 사람들은 권

리를 갖는가, 그리고 우리는 존재하지 않는 사람들에 대해서도 의무를 갖는가?

3. 현재 세대는 미래 세대에게 똑같은 정도의 책임을 지는가, 아니면 그것은 재산이나 국적 등에 따라서 달라지는가?

4. 여러분은 여러분 자신과 가족의 생활양식이 지속가능한지를 생각해 보았는가?

5. 인간은 사랑, 공감, 동정과 같은 감정을 가질 수 있고, 자신의 자녀와 손자를 돕고자 하는 동기를 가질 수 있다. 또한 개인적으로 알지는 못하지만 먼 곳에 사는 사람들에게도 그러한 감정을 느낄 수 있고, 그들을 돕고자 할 수도 있다. 그렇다면 먼 미래 세대에게도 그런 감정을 느낄 수 있고, 그들을 돕고자 하는 동기를 가질 수 있는가?

1. 서론

토론 사례에서 언급했듯이, 브룬트란트 위원회는 지속가능한 발전을 "미래 세대가 그들의 필요를 충족시킬 수 있는 가능성을 손상시키지 않고 현재의 필요를 충족시키는 발전"이라고 정의했다. 이러한 유엔의 보고서가 등장하면서, 지속가능성과 지속가능한 발전이라는 개념은 전 지구적 경제 성장과 발전에 관련한 사람들의 사고를 전반적으로 지배해 왔다. 그 이래로 현재 세대는 미래 세대에 대해 윤리적인 책임을 갖는다는 것이 환경 관련 영역에서는 기정사실로 받아들여졌다.

그래서 지속가능한 발전은 세대 **내**에서, 그리고 세대 **간**에서 모두 중요한 윤리적 문제들을 제기한다. 즉 현재 세대의 필요를 충족시키는 것

2부 응용윤리학으로서의 환경윤리학

은, 경제적 환경적 이득과 부담을 현재 살고 있는 사람들과 사회에 어떻게 분배할 것인가 하는 윤리적인 정당성과 관련된 문제를 판단할 것을 요구한다. 예를 들어 지구적 기후 변화를 다룰 때, 개발도상국은 산업국가와 똑같은 이산화탄소 배출 기준이 적용되어야 하는가? 개발도상국은 산업국가의 소비 중심적 생활양식에 이르는 것이 거부되는 것은 공정한가? 또한 지속가능성의 문제는 세대 간에 어떻게 경제적 환경적 이득과 부담을 분배할 것인가와 관련한 윤리적 문제를 제기한다. 후대에게 그들의 필요를 충족시키도록 돕는 것이 우리 자신의 몇 가지 이익을 희생시키는 것을 의미하더라도, 우리는 그렇게 해야 할 의무가 있는가?

그러나 미래 세대에 대한 책임을 생각하는 것은 당혹스러울 수 있다. 미래 세대의 행복이나 권리에 대한 어떤 논의든 그것은 우리로 하여금 미래 세대가 누구이고 어떤 존재인지 고려하지 않을 수 없게끔 만든다. 왜냐하면 그들은 현재 존재하지도 않고, 또 도대체 어떤 이들이 존재하게 될지 모르기 때문에, 그들에 대한 책임에 대해 어떻게 이야기해야 할지 난감하기 때문이다. 그러나 우리가 현재 세대에게 미래 세대의 이익을 위해 의미 있는 희생을 요구하려면, 우리는 그러한 책임에 관하여 이야기해야만 한다. 그래서 가장 먼저 다루어야 할 철학적 문제는 지금 존재하지도 않는, 그리고 존재하지 않을 수도 있는 사람들에게 책임을 갖는다고 생각하는 것이 그럴듯한 일이냐 하는 것이다. 미래 세대에 대해 책임을 갖는다는 것이 확고해진 다음에라야 우리는 그러한 책임이 무엇인지에 대한 물음을 다룰 수 있다. 이 장에서는 우리가 세대를 가로지르는 책임에 관하여 생각할 때 제기되는 다양한 윤리적 쟁점들에 대해 살펴볼 것이다.

1960년대 초에 인구 증가는 중요한 환경적 관심사였다. 폴 에를리히

(Paul Ehrlich)는 1968년 베스트셀러인 『인구 폭발The Population Bomb』에서 인구의 폭발적인 증가가 광범위한 환경 파괴의 원인이라고 주장했다. 배리 커머너(Barry Commoner)는 1971년에 출간한 『원은 닫혀야 한다The Closing Circle』라는 책에서 인구의 규모 자체보다는 오히려 산업사회의 소비 주도적인 삶의 양식이 더 중요한 원인이라고 주장했다.[1] 이러한 논쟁들은 아직도 환경 관련 논의들에서 광범위하게 이용되는 'I = PAT'라는 공식으로 요약된다. 이 공식은 환경에 영향을 미치는 세 가지 주요 변수를 인정한다. I(환경 영향)는 인구(P), 소비 양식과 풍요(A), 그리고 기술(T)에 의존한다.

분명 인구 증가는 인간에 의해 야기된 환경 손상을 증가시키고 현재의 삶의 양식을 보다 덜 지속가능하게 만든다. 인구가 늘어남에 따라 에너지, 주택, 식량, 직업 등이 더 많이 필요하게 되고, 이것은 다시 쓰레기, 오염, 개발을 새롭게 더 많이 만들어 낸다. 모든 조건이 같다면, 사람들이 많으면 많을수록 현재의 필요를 충족시키는 데 더 큰 문제가 생길 것이고, 미래 세대는 아마도 자신들의 필요를 더 적게 충족하게 될 것이다. 인구가 더 많다는 것은 더 많은 사람들이 오염과 자원 고갈, 그리고 지구온난화로부터 고통을 겪을 것이고, 또 그러한 것들의 한 원인이 된다는 것을 의미한다.

환경 파괴는 이러한 인구 증가에 의해 요구된 경제 성장이 소비 중심적인 삶의 양식과 환경 파괴적인 기술을 포함할 때 한층 심각해진다. 미국과 같은 산업화된 국가의 1인당 환경 파괴 정도는 많은 저개발 국가보

---

1 폴 에를리히의 고전인 *The Population Bomb*(New York: Ballantine, 1968)과 보다 최근의 *The Population Explosion*(New York: Doubleday, 1990)을 보라. 인구 증가가 환경 파괴의 주범이라는 견해에 대해 잘 알려진 비판을 위해서는 배리 커머너의 *The Closing Circle*(New York: Alfred A. Knopf, 1971)을 보라.

다 더 높다. 예를 들어 전 세계 인구의 5%도 안 되는 인구를 가진 미국은 전 세계 재생에너지와 광물자원의 33%를 사용하고 22% 이상의 이산화탄소 배출의 원인이 되고 있다. 저개발 국가들이 산업국가가 도달한 높은 생활수준을 추구할 때, 환경에 대한 위협은 더욱 증대된다.[2]

I(환경 영향)가 이미 위험 단계에 접근하는 분명한 신호가 있다는 것을 전제한다면, 지속가능성의 윤리적 문제는 결국 세 가지 주요 변수인 P, A, T를 다루는 것이 된다. 인구와 관련해서 윤리적으로 바람직한 목표가 있는가? 만약 그렇다면 이러한 목표를 수립하기 위한 철학적 근거는 무엇이고, 그것을 달성하기 위해 어떤 정책을 추진해야 하는가? 인간은 아기를 갖는 것을 억제할 책무를 갖는가? 산업국가의 국민들이 지나치게 많이 소비하고 있지는 않은가? 전 세계 인구의 16%를 차지하는 부자들이 전 세계 자원의 80%를 소비하는 것은 정의롭지 못한 것인가? 산업국가의 국민들은 전 세계의 가난한 사람들에게 직접적인 윤리적 책임을 갖는가? 현재 세대는 미래 세대를 위해 자원을 보존할 책임을 갖는가? 우리는 미래 세대를 위험에 빠뜨릴 수 있는 원자력 발전과 같은 기술을 피해야 할 책임을 갖는가?

2. 우리는 미래 세대에 대한 책임을 갖는가?

우리는 미래 세대에 대해 책임을 갖는다는 견해에 반대하여 여러 가지

---

2 G. Tyler Miller, *Environmental Science*(Belmont CA: Wadsworth Publishing, 1999), 13-15쪽. 여기에서 이 두 가지 쟁점은 'people overpopulation'과 'consumption overpopulation' 으로 언급된다. 이것의 보다 더 발전된 주장은 Anne Ehrlich and Paul Ehrlich, *The Population Explosion*(New York: Doubleday, 1990)을 보라.

논증을 제시해 왔다. 두 가지 주요 논증은 '무지로부터의 논증'과 '사라지는 수혜자 논증'이라 불린다. 많은 환경 쟁점들, 그리고 특히 지속가능성 개념의 밑바탕에 깔려 있는 하나의 가정은 미래 세대의 필요와 의무에 대해서 이야기하는 것은 의미 있고 합리적이기 때문에, 이러한 논증들을 깊이 있게 고려해 보는 것은 도움이 될 것이다.

'무지로부터의 논증'은 우리가 미래 세대에 대해 거의 알지 못한다는 것을 강조한다.[3] 우리는 그들이 **누구**일지, 그들이 존재할지, 그들이 **무엇**과 같을지, 또는 그들의 필요나 욕구, 이해관계를 알지 못한다. 이렇듯 우리는 그들에 관하여 거의 아는 바가 없기 때문에 그들에 대한 의무를 상세히 밝혀 보려고 시도하는 것은 그다지 의미가 없다. 우리는 그들의 필요에 대해서 무지하기 때문에 미래의 필요들을 위해 우리의 실제적인 필요들을 희생하는 것을 기대해서는 안 된다.

하지만 왜 꼭 그렇게 결론을 내려야 하는지 이해하기 어렵다. 우리는 확실히 미래 세대가 무리 없이 훌륭한 삶을 영위하기 위해서는 무엇을 요구할지, 그들의 이해관계가 무엇일지에 관하여 웬만큼은 알고 있다. 최소한 맑은 공기와 물의 적절한 공급, 알맞은 기후, 독극물과 질병으로부터의 보호 등을 포함할 것이다. 예를 들어 우리는 방사선과 관련한 과학적 지식을 갖고 있어서 그것이 생물에게 어떤 영향을 미치는지를 안다. 또한 핵폐기물이 수천 년 동안 독성을 지닌 채 남아 있으리라는 것을 안다. 그래서 인간의 생화학적 특징이 여전히 같은 것으로 남아 있는 한,

---

3 이러한 논증에 대한 충분한 분석을 위해서는 Sikora와 Barry가 편집한 *Obligations to Future Generations*(Philadelphia: Temple University Press, 1978), 180-203쪽에 수록된 Gregory Kavka의 "The Futurity Problem"을 보라. 카브카는 Martin Golding의 "Obligations to Future Generations", *Monist* 56(1972), 97-98쪽을 무지로부터의 논증의 "흥미 있는 변형"으로 인용한다.

2부 응용윤리학으로서의 환경윤리학

핵 방사선에 노출되면 인간과 미래 세대는 위험할 것이고, 따라서 그들이 누구이든 핵폐기물로부터 보호될 필요가 있다.

게다가 우리는 이미 미래 세대에 대한 책임 비슷한 것을 인정하고 있다. 민법에서 우리는 의도적이지는 않지만 결과적으로 타인에 대한 피해가 예견되는 행위들에 책임을 묻는다. 예를 들어 누군가가 자신의 소유지에 독성 물질 처리장을 설치한다고 가정하자. 몇 년 후 누출된 독소가 처리장 인근 주민들에게 피해를 끼친다. 그리고 오염을 야기한 당사자가 무지로부터의 논증에 기초해서 다음과 같이 항변한다. "나는 누가 피해를 입을지 알지 못했고, 심지어 어느 누군가가 피해를 입으리라는 것도 확실히 알지 못했으며, 이 사람들이 건강에 특별한 관심을 가지리라는 것도 알지 못했다. 어떻게 내가 그들에 대한 의무를 갖는다고 얘기할 수 있겠는가?" 의도하지는 않았지만 예견할 수 있고 피할 수 있는 미래에 발생하는 피해에 대해 책임을 묻는 법률상의 과실의 경우와 마찬가지로, 예견 가능하지만 알려지지 않은 미래 세대에 대한 피해에 대해서 이야기하는 것은 의미가 있다.

미래 세대에 책임을 갖는다는 견해에 반대하는 두 번째 논증은 '사라지는 수혜자 논증'이다. 이 논증은 우리가 미래 세대를 존재하도록 해야 할 아무런 책임이 없을 뿐만 아니라, 심지어는 미래 세대에 대한 윤리적 의무를 말하는 것조차 의미가 없다고 주장한다.[4] 이 주장을 요약하면, 우리에게는 한 세대를 존재하게 할 의무란 없다. 왜냐하면 책임을 져야 할

---

4 이러한 논증을 살펴보려면 Bayles가 편집한 *Ethics and Population Policy*, 100-115쪽에 수록된 Derek Parfit의 "On Doing the Best for Our Children"을 참고하고, Sikora와 Barry가 편집한 *Obligations to Future Generations*(Philadelphia: Temple University Press, 1978), 3-13쪽에 수록된 Thomas Schwartz의 "Obligations to Posterity"를 참고하라. "사라지는 수혜자"라는 구절은 Schwartz의 "Obligations to Posterity" 3쪽에서 가져왔다.

대상이 되는 특정한 사람들이 없기 때문이다.

지구온난화에 관한 다음과 같은 정책 논쟁을 생각해 보자. 1997년에 전 세계 160여 개국의 대표자들이 대기 중으로 방출되는 온실가스의 양을 현저히 줄이는 협약을 맺고자 일본 교토에서 만났다. 이 회의는 산업 국가들의 온실가스 배출을 1990년 수준으로 낮출 것을 약속한 1992년 '지구정상회의(Earth Summit)'의 합의에 따른 것이었다. 교토 회의에서 미국은 온실가스를 현저하게 줄이는 것은 경제적 재앙을 초래할 것이라고 주장하면서 원래 약속에 못 미치는 계획안을 내놓았다.

많은 환경론자들은 미래 세대의 이익을 보호하기 위해서 이런 단기적인 결과들을 감수해야 한다고 주장했다. 또한 많은 사람들은 미래의 세계가 지구온난화로부터 확실하게 보호되도록 하기 위해서는 화석연료에 대한 의존을 줄일 필요가 있다고 주장했다. 직관적으로 보았을 때, 온실가스의 배출을 줄이는 것이 윤리적으로 더 선호할 만한 결정이라고 할 수 있는데, 그 이유는 미래 세대는 우리가 지금처럼 계속해서 화석연료에 심하게 의존했을 경우 그들이 누릴 것이라고 생각되는 생활보다 한층 더 나은 생활을 누릴 것이기 때문이다. 그런데 "그들이 누릴 것이라고 생각되는 생활보다 한층 더 나은 생활"이라는 것은 우리가 다른 대안을 선택했을 경우라도 바로 이와 똑같은 사람들이 존재했으리라는 것을 가정한다. 이러한 결정의 바탕에 깔려 있는 도덕적 직관은 어떤 무리의 미래 사람들이 우리의 결정에 의해 피해를 입거나 이득을 얻게 된다는 것이다.

그런데 대안적인 다른 정책 결정들, 특히 이산화탄소의 배출 감소라는 목적을 이루기 위해 요구되는 중대한 정책 결정들은 확실히 **다른** 사람들이 태어나게 하는 결과를 초래할 것이다. 이러한 반론에 따르면, 어느 한 사람의 존재는 놀라울 정도로 많은 우연적 사건들에 의존한다(여러분의 부모나 조부모가 서로 만나는 것을 방해할 수도 있었을 사건이나, 혹은 그들이 임신하는 것을 1년이나 한 달 혹은 1분쯤 늦추게 만들었을 수도 있었을 모든 사건을 생각해 보라). 그래서 서로 다른 정책 결정들은 결과적으로 하나가 아닌 두 부류의 미래 인간들을 생겨나게 할 것이다. 말하자면 우리가 정책 A를 선택할 경우 태어날 사람들과 우리가 정책 B를 선택할 경우 태어날 사람들은 서로 다르다(물론 이것은 쟁점을 단순화한다. 교토에서 채택된 대안적 정책은 누가 태어날지를 결정하는 수많은 요인 중 불과 몇 가지 요인에 불과하다). 어떤 한 가지 선택에 의해서 피해를 입게 될 집단은 우리가 바로 그와 같은 선택을 하지 않을 경우 존재하지 않을 것이기 때문에, 우리가 다른 선택을 했을 경우 그들은 더 나은 생활을 누린다고 말하는 것은 거의 의미가 없다(그래서 그들은 '사라지는 수혜자들'이다). 서로 다른 정책 결정들은 결과적으로 각기 서로 다른 미래 세대가 생겨나도록 만들기 때문에, 단순하게 각각의 결정에 의해 더 낫게 되고 더 나쁘게 될 하나의 단일한 미래 세대라는 것은 없다.

'사라지는 수혜자 논증'에 대한 다음의 두 가지 대응을 생각해 보자. 철학자 아네트 바이어(Annette Baier)는, 비록 어떤 다른 대안적인 행위의 영향으로 어떤 사람이 아예 존재하지 않았다고 하더라도, 그 누군가가 우리의 행위에 의해 더 나빠질 수 있다고 주장하는 것은 의미가 있다고 주장한다. 한편에서 우리는 '잘못된 삶', 즉 사람들이 "내가 차라리 태어나지 않았다면 좋았을 텐데"라고 말할 수 있는 그러한 삶의 의미를 인정할 수 있다.[5] 우리는 너무 오염되어 있고 비참해서 이렇게 사느니 차라리 태어나지 않는 편이 낫지 않을까 생각하는 그런 세계를 상상할 수 있다. 게다가 도덕적 권리라는 개념은 다른 대안이 없는 상황일 때조차도 '더욱 나빠지는 생활'의 의미를 설명해 주는 방법을 제공해 준다.

모든 인간은 어떤 선에 대한 권리나 보호받을 이해관계를 갖고 있고, 또 그것들을 계속해서 갖게 될 것이라는 점을 인정한다면, 오늘날 우리의 행위는 미래 세대의 권리를 침해한다는 말이 가능해진다. 그래서 우리가 대량의 오염물질을 계속해서 대기 중에 쏟아 붓는다면 우리는 미래 세대에게 원래 그들이 누릴 수 있었던 삶보다 더 나쁜 삶을 누리게 만듦으로써 해를 끼치는 것이 아니라, 그들의 권리를 침해함으로써 해를 끼치게 된다. 즉 우리는 그들이 누구로 밝혀지든지 간에 그들에게 어떤 도덕적인 최소한의 것을 마련해 주어야 할 의무를 저버린 것이다.

미래 세대가 피해를 입었다고 말할 수 있는 것은, **그들이** 어떤 다른 미래에서는 더 좋은 삶을 누릴 수도 있었기 때문에 그렇게 할 수 있는 것이 아니라, 그들이 정말로 존재하는 미래에 우리의 행위가 그들의 어떤 주요 이해관계들(예를 들어 건강)을 위태롭게 만들었기 때문에 그렇게 할 수 있는 것이다. 이러한 의미에서 우리의 책무는 어느 특정한 미래 세대에 대한 것이 아니라 사람이라면 그것이 누구로 밝혀지든 갖게 될 그러한 이해관계들에 대한 것이다. 이러한 이해관계들은 다른 대안이 되는 결정을 내린다고 해서 그것과 더불어 사라지는 것은 아니다.

철학자 메리 앤 워런(Mary Anne Warren)은 이에 대해 다소 다른 대응 방안을 발전시켰다.[6] 그는 미래에 존재할 수는 있으나 필연적으로 존재하지는

---

5 Annette Baier, "For the Sake of Future Generations", *Earthbound: New Introductory Essays in Environmental Ethics*, Tom Regan(편) (New York: Random House, 1984), 214-215쪽. 바이어는 이것을 예를 들어 *Curlender v. Bioscience Laboratories*(106 Cal. App. 3rd 811[1980])에 있는 "잘못된 삶(wrongful life)"이라는 법률적 개념과 비교한다. 그런데 이 '큐렌더 대 생명과학연구소의 소송'에서 캘리포니아 법정은 부모들이 테이삭스병 유전자의 보유자가 아니라고 통보받았음에도 불구하고 테이삭스병을 갖고 태어난 태아를 위한 소송을 인정했다.

6 톰 리건과 도널드 반데비어가 편집한 *And Justice for All*(Totowa, N.J.: Rowman and Allanheld, 1982), 74-90쪽에 수록된 메리 앤 워런의 "Future Generations"을 참고하라.

않는 '가능한 사람들'과 미래에 존재하게 될 '미래 사람들'을 구별한다. 그는 우리가 단순하게 '가능한 사람들'에 대해 의무를 갖는다고 제안하는 것이 불합리함을 인정한다. 가능한 사람들의 수는 무한하기 때문에, 그러한 견해는 거의 의미가 없다. 그러나 우리는 '미래 사람들'의 행복이나 고통을 의미 있게 비교할 수 있다. 그 이유는 우리가 '인간들의 삶의 유형'을 비교할 수 있고, 고통스러운 삶이 행복한 삶보다 더 나쁘다는 것을 인정할 수 있기 때문이다. 그래서 비록 어느 하나의 가능한 특정 수혜자가 대안이 되는 다른 결정으로 인해서 사라진다고 하더라도 행복이나 고통의 상대적인 양은 사라지지 않는다. 이러한 견해에 따르면, 미래 세대에 대한 우리의 의무는 특정의 가능한 사람들에 대한 의무가 아니라 **'도덕적 책임의 어떤 최소한의 요건들**을 인정하는' 의무다.

워런이 생각한 바와 같이, "불행하게 될 것이 거의 확실한 사람들을 고의적으로 존재하게 만드는 것은 무책임한 짓이고 그들의 복지를 경시하는 것이다. 그것은 미래 사람들에게 불필요한 고통을 가져오기 때문에 나쁜 것이다. 다시 말해 시간을 초월한 관점에서 볼 때, 우리 못지않게 실재하는 개인들(미래 사람들)의 입장에서 불필요한 고통을 가져올 것이기 때문이다."[7] 그래서 바이어와 워런에 따르면, 미래 세대에 대한 책임을 이야기하는 것은 의미가 있다. 우리는 미래 세대로 인해 부여된 윤리적 의무를 갖고 있으며, 그로 인해서 우리의 현재 행동이 제한될 수 있다고 믿을 만한 훌륭한 근거를 갖는다.

그래서 현재 세대는 미래 세대에 대한 책임을 갖는다는 견해가 몇 가지 실천적인 난제를 제기한다고 하더라도 그러한 책임에 관해 이야기하

---

7 같은 책, 154쪽.

는 것은 의미가 있다. 미래에도 사람들이 존재할 것이고, 그들은 우리와 상당히 유사해 그들의 안녕을 위해서 무엇이 필요한지에 대해 우리는 잘 알 수 있다고 믿을 좋은 이유가 있다. 이것을 알고 있고, 그리고 우리의 현재 행위가 그들의 미래의 안녕에 영향을 미칠 수 있다는 것을 알고 있다면, 현재의 우리는 미래 사람들을 윤리적으로 고려해야 한다고 결론짓는 것은 합당하다. 이제 미래 세대에 대한 책임을 구체적으로 살펴보자.

3. 우리는 미래 세대에게 어떤 의무를 지는가?

우리가 미래 세대에 책임이 있다고 말하는 것이 의미가 있다고 가정한다면, 우리는 그들에게 어떤 의무가 있고 그러한 책임이 어디에 있는가를 어떻게 결정하는가? 이러한 책임의 윤리적 기초는 무엇인가? 이 절에서는 이러한 질문에 대해 공리주의 윤리, 권리에 기초한 접근, 그리고 돌봄의 윤리라는 세 가지 윤리적 전통의 관점에서 살펴본다.

우리가 워런의 입장을 논의할 때 보았듯이, 이러한 질문에 대답하기 위한 한 가지 방법은 불필요한 고통을 최소화하는 데 초점을 맞추는 것이다. 공리주의적이고 직관적으로 그럴듯한 견해는 우리가 미래 세대의 고통을 최소한으로 줄여야 할 의무를 가지며 최선을 다해 그들의 행복을 극대화할 의무를 갖는다는 것이다. 하지만 이러한 의무를 더욱 명확하게 규명하려는 시도는 몇 가지 문제에 직면하게 된다.

누군가가, 우리는 공리주의에 기초해서 확실히 미래 세대에 대해 책임을 갖지만, 그러한 책임보다 현재 살고 있는 사람들의 이해관계가 더 우선한다고 주장할 수도 있는가? 만약 우리가 현재 세대의 기본적인 이해관계들(예를 들어 생명, 건강, 자유에 대한 이해관계들)과 안락한 삶을 영위하고자 하는 미래 세대의 보다 덜 기본적인 이해관계에 관심을 갖는다면, 현재의 이해관계를 미래의 이해관계보다 우선시하는 것은 당연하다. 그러나 미래 세대의 기본적 이해관계가 현재 우리의 보다 덜 중요한 이해관계에 의해서 위태롭게 되는 경우는 어떤가? 어떤 이들은 현재의 이해관계는 미래의 이해관계에 우선한다고 주장한다. 왜냐하면 우리는 미래의 이해관계에 관하여 확실히 알 수 없기에 그것들의 가치를 '할인'해야 하기 때문이다.

미래 세대가 갖는 이익을 할인해야 한다는 발상은 벤덤의 고전적 공리주의에 그 뿌리를 두고 있다. 벤덤은 불확실하거나 멀리 있는 쾌락은 확실하고 직접적인 쾌락보다 가치가 덜하다고 주장한다. 미래의 이익을 할인하는 관행에 대한 현대적인 표현은 미래의 지불 금액을 현재의 가치로 할인하는 경제학적 개념에서 찾아볼 수 있다. 이러한 견해에 따르면 지금 갖고 있는 1달러는 미래의 언젠가 갖게 될 1달러보다 더 가치가 있다. 왜냐하면 우리는 그 돈을 지금 투자하여 이득을 얻을 수 있고, 그리하여 미래에는 1달러보다 더 많은 돈을 가질 수 있기 때문이다. 그래서 미래의 돈은 현재의 가치와 동등하게 만들기 위해 '할인되어야' 한다. 그 결과 미래의 이해관계를 할인하는 관행은 환경적인 쟁점들에 대한 경제학적 분석에서 흔히 있는 일이다.

3장에서 살펴보았듯이 경제학적 분석은 공공정책을 결정하는 데 가장 흔하게 사용되는 방법론이다. 그래서 추상적이고 불가사의한 개념처럼 보일 수 있는 것이 환경정책에서는 중요한 역할을 담당하고 있다. 예를 들어 이러한 관행이 갖는 한 가지 함의는 우리로 하여금 자원들을 지금 사용하고 나중 세대를 위해 가치를 할인함으로써 그것들의 현재 가치를 극대화할 것을 요구할 수 있다는 것이다. 그래서 우리는 자원들에서 얻어 낼 수 있는 것을 지금 최대한 얻어 냄으로써 미래 세대에 대한 책임을 실제로 완수한다.[8]

두 가지 직접적인 고려 사항이 이 같은 논리에 의문을 던진다. 첫 번째는 할인율이 아무리 낮다고 하더라도 할인은 결국 미래의 가치를 0으로까지 낮춘다는 사실이다. 그래서 결국에는 미래 세대를 전혀 고려하지 않게 된다. 두 번째는 건강이나 생명과 같은 가치는 할인해서는 안 되는 것이다. 내 손자의, 그 손자의 자식들이 소유하고 있는 1달러는 내가 소유한 1달러(구매력에 있어)보다 가치가 더 작을 수도 있다. 그러나 내 손자의, 그 손자의 자식들의 생명(나의 아이들과 그들의 아이들의 아이들이 자식들을 갖는다고 가정할 경우)이 나의 생명보다 가치가 더 작을 것이라고 주장하는 것은 이상하다.

철학자 메리 윌리엄스(Mary Williams)는 공리주의에 근거해서 미래 이해관계의 할인에 반대하는 논의를 전개해 왔다.[9] 윌리엄스는 자원들에 대한 미래 가치의 할인은, 그러한 자원들이 미래에도 가치를 산출할 수 있도록 여전히 남아 있는 한 공리주의의 목표와 일치한다고 주장한다. 그 경우에 현재의 가치를 극대화하는 것은 또한 전체적인 총 가치를 극대화한다. 왜냐하면 미래에도 이러한 자원들은 계속해서 가치를 산출할 것

---

8 이러한 경제학적 접근 방법에 대해서는 Colin Clark, *Mathematical Bioeconomics: The Optimal Management of Renewable Resources*(New York: Wiley, 1976)를 보라.

9 Mary Williams, "Discounting Versus Maximum Sustainable Yield", Sikora and Barry(편), *Obligations to Future Generations,* 169-185쪽. 사회적 할인(discounting)의 비판에 대한 보다 일반적인 검토는 Derek Parfit, "Energy Policy and the Further Future: The Social Discount Rate", MacLean and Brown(편), *Energy and the Future*(Totowa, New Jersey: Rowman and Littlefield, 1983), 31-37쪽을 참고하라.

2부 응용윤리학으로서의 환경윤리학

이기 때문이다. 하지만 현재 세대가 재생 불가능한 자원들(혹은 지속가능한 속도보다 더 낮은 속도로 재생되는 자원들)을 고갈시켜서, 미래 가치를 갖는 자원을 생산할 수 없게 된다면 전체적인 총 가치는 극대화되지 않는다.

그래서 윌리엄스의 논의는 브룬트란트 위원회에 의해 기술된 유형의 지속가능한 발전을 위한 공리주의적 기초를 제공한다. 우리의 목적을 위한 이러한 논증의 요점은 다음과 같다. 즉 우리의 현재 환경정책이 미래에 가져오게 될 결과를 추산하는 데 있어 정책 입안자들은 미래의 가치(비용과 편익)를 할인하는 경제적인 관행에 의존하는 경향이 있다. 우리가 3장에서 살펴보았듯이, 이러한 접근 방식의 윤리적 기초는 공리주의다. 하지만 공리주의에 근거하더라도 환경과 관련된 경우에서 사회적 가치의 할인은 종종 전체 행복의 극대화를 촉진하기보다는 좌절시킨다. 이러한 일은 미래의 가치를 산출하게 될 자원들이 우리의 현재 정책에 의해 소멸될 정도로 고갈되어 가고 있기 때문에 일어난다. 윌리엄스는 우리가 '투자금'의 이자로 살지 않고 저축된 원금을 써서 없애는 경우가 너무 빈번하기에 결국에는 이자를 낳는 저축 원금도 남아나지 않게 될 거라고 주장한다. 이것은 앞의 토론 사례에서 기술했던 황금 거위 우화의 교훈을 생각나게 한다.

그래서 그 대안으로 '최대의 지속가능한 산출'이라는 환경정책을 지지한다. 즉 우리는 투자금 자체를 위태롭게 하지 않으면서(예를 들어 환경자원과 농업자원) 현재의 투자 수익을 극대화해야 한다. 경제학자들의 용어로 표현하면, 우리는 자본이 아니라 이익에 의존하여 생활해야 한다. 이를 농업에 비유하면 경작지가 무한한 미래에도 계속해서 생산력을 가질 수 있게 하면서 농경지의 수확량을 극대화하고자 노력해야 한다는 말이다. 그런데 우리는 미래의 가치를 할인함으로써 현재 세대가 이익금은 물론

자본까지 쉽게 소비하도록 만들고 장기적인 최적의 행복에 미치지 못하게 한다.

미래 세대에 대한 우리의 책임과 관련한 공리주의적 설명이 갖는 두 번째 문제는 극복하기가 쉽지 않다. 우리가 공리주의의 견해를 받아들이고, 미래 세대의 행복을 극대화할 책임을 갖는다고 가정해 보자. 그 '최대의 행복'이란 행복의 **전체적인 총량**을 증대시켜야 하는 것인가, 아니면 행복의 **평균적인 양**을 증대시켜야 하는 것인가?[10] 우리의 관심사를 오늘날로 한정할 경우, 이러한 구별은 공리주의에서 그다지 중요한 것은 아니다. 왜냐하면 인구가 일정하다고 가정하면 전체적인 행복과 평균적인 행복은 결국 똑같은 상태에 이르게 되기 때문이다. 하지만 미래 세대에 관련한 우리의 결정들 중의 하나가 **얼마나 많은** 미래 세대가 존재할 것인지에 대한 것이라는 점을 인지하게 된다면, 전체적인 행복의 총량과 평균적인 행복의 총량을 구별하는 것이 중요하다는 것을 알게 된다.

우리가 전체적인 행복의 총량을 중시해서 미래의 행복 총량 증진을 목표로 삼는 환경정책을 채택한다고 가정해 보자. 이러한 견해의 한 가지 의미는 당연히 우리로 하여금 미래의 인구 규모를 증대시키도록 하는 것이다. 이것은 우리로 하여금 데릭 파핏(Derek Parfit)의 이른바 "당혹스러운 결론"에 빠져들게 하는 것 같다.[11] 행복의 총량을 증가시키려면 우리는 가능한 한 많은 사람들을 만들어 내야 한다. 그래서 훨씬 더 행복한 사람들이 훨씬 더 적게 사는 세계보다는 오히려 가까스로 행복하게 사는 사람들이 무수히 많이 사는 세계를 만들어 낼 의무가 있는지도 모른다(혹은 고통의 총량이 최소화된 세계를 추구한다고 가정해 보자. 그러한 세계에는 어떤 인간도 살

---

10 Gregory Kavka, "The Futurity Problem", 186-203쪽.
11 Derek Parfit, "On Doing the Best", 100쪽.

2부 응용윤리학으로서의 환경윤리학

지 않는 세계도 포함되지 않을까? 이러한 견해에서는 아이를 낳지 않는 것이 우리의 의무일 수도 있지 않을까?).

행복의 총량을 추구하는 입장은 그렇게 매력적인 것 같지 않다. 그것은 우리로 하여금 어떤 전체적인 행복의 총량이라는 추상적인 개념의 미명 아래 미래의 개별적인 인간들의 행복을 희생시키도록 하기 때문이다. 전 세계 행복의 총량이 증가하는 한, 고생하게 될 무수히 많은 사람들을 존재하게 만드는 것이 허용 가능한 것인가?

다른 한편, 평균적인 행복을 중시하는 견해 또한 우리를 당혹스러운 결론으로 빠져들게 하는 미끄러운 경사면에 놓이게 할 수도 있다. 산업화되지 않은 가난한 나라의 사람들은 아마도 평균 행복을 증대시킬 수 없는 미래 세대를 출산하게 될 텐데, 이런 나라의 사람들에게는 출산의 자유를 제한해야 한다는 인구 정책이 주장될 수도 있다. 반면에 상대적으로 높은 생활수준을 가진 나라들은 우선적으로 출산할 윤리적 자격을 갖게 될 것이다. 사람들의 생존 가능성이 상대적으로 낮은(비록 어느 정도는 여전히 행복하더라도) 나라들은 출산율을 보다 낮추어야 할 필요가 있다. 최소한 이것은 현재의 상황에 불공정한 우선권을 할당하는 것 같다. 부자는 점점 더 풍요로워지고 가난한 사람은 피임을 하게 된다.

평균 행복을 옹호하는 사람들은 행복과, 행복을 성취하는 데 필요한 자원의 **분배**에 관하여 더 이야기할 필요가 있을 것이다. 이 문제는 2장에서 공리주의의 난점으로 제기된, 정의 문제와 관련된 비판이라는 점에 주목하라. 이러한 비판은 미래 세대의 생명을 할인하는 문제와 같이, 미래 세대에 대한 책임과 관련해서는 의무론과 권리에 기초한 설명이 더 만족스러울 것이라는 점을 암시한다.

이미 보았듯이 미래 세대의 이익을 할인하는 것은 우리로 하여금 안락한 생활양식이라는 이해관계로 인해 그들의 생명과 건강이라는 이해관계를 무시하도록 한다. 보통 우리는 생명과 건강은 단순한 안락함보다 우선해야 하는 권리라고 생각할 것이다. 미래 세대의 권리(혹은 그들에 대한 우리의 책임)를 진지하게 받아들이는 철학자들은 우리가 미래 세대의 기본적인 이해관계를 무시할 수 있다는 것을 인정하지 않는다. 전체적인 행복을 중시하는 견해와 평균적인 행복을 중시하는 견해에 대한 분배 관련 문제는 우리가 평등한 대우와 평등한 기회에 대한 미래 세대의 권리를 침해한다는 것을 암시한다. 그래서 "미래 세대는 권리를 갖는다고 이야기할 수 있는가, 그렇다면 그들은 어떤 권리를 갖는가(가질 것인가)"라는 것이 문제가 된다.

미래 세대가 **지금** 권리를 갖는다고 말하는 것이 의미가 있는가? 만약 권리를 사람들에게 속하고 세계 안에서 발견되는 어떤 속성의 일종으로 생각한다면, 그런 주장은 옹호되기가 어려울 것이다. 권리를 보유한 자가 존재하지 않는데 어떻게 권리를 가질 수 있겠는가? 그러나 우리가 권리를 **기능**의 측면에서 생각한다면, 미래 세대에게 권리를 부여하는 것은 보다 타당하게 된다. 권리는 다른 사람들의 행위를 제한하는 기능을 한다. 나의 권리는 당신에게 어떤 책임을 부여함으로써 당신의 행위를 제한한다. 권리는 그 보유자의 어떤 기본적인 이해관계를 보호해 주기 위해 행위를 제한하는 것이다.

그러나 미래 세대의 권리를 구체화하려는 시도는 심각한 어려움에 부딪힐 것으로 보인다. 자원 보존의 예를 생각해 보자. 정의상 재생 불가능한 자원의 이용은 다른 사람들이 그것을 보다 덜 이용하게 되리라는 것을 의미한다. 그러나 현재 세대가 가까운 미래 세대의 권리에 대한 존중으로 보전의 의무를 갖는다면, 그 미래 세대 역시 훨씬 더 먼 미래 세대

2부 응용윤리학으로서의 환경윤리학

의 권리를 존중하여 보전의 의무를 가져야 하는 것이 아닌가? 만약 가까운 미래 세대가 이러한 자원들을 이용할 권리를 갖는다면, 우리는 왜 그러한 권리를 갖지 못하는가?

철학자 브라이언 배리(Brian Barry)는 이러한 문제에 대한 흥미 있는 답을 내놓는다.[12] 배리는 현재의 세대가 재생 불가능한 자원을 계속해서 사용해도 좋다고 주장하는데, 다만 그렇게 함으로써 미래 세대가 상대적인 불이익을 당한다 하더라도, 우리가 그들에게 불이익을 보상해 준다면 괜찮다는 것이다. 그는 최소한 정의는 동등한 대우를 요구한다고 주장한다. 우리가 재생 불가능한 자원들을 사용해 버린다면 우리는 미래 세대가 그 자원들을 사용할 동등한 기회를 부정하는 것이다.

정의는 동등한 기회를 부정한 데 대한 보상을 요구한다. 우리는 미래 세대에게 바로 그 손실된 자원을 되돌려 줌으로써 보상해 줄 수는 없지만, 그러한 자원을 요구할 기회와 선택권의 상실에 대해서는 그들에게 보상해 줄 수 있다. 인간의 기본적인 이해관계는 자원 그 자체(예를 들어 석유, 가스, 석탄)에 있는 것이 아니라, 우리가 그 에너지 자원을 이용하는 데 있다. 우리는 필요한 재화와 용역을 만들어 내기 위해 자연자원을 이용한다. 배리는 보상이 필요한 것은 이러한 재화(이러한 '생산 능력'의 상실)를 이용하기 위한 동등한 기회의 상실에 대한 것이라고 얘기한다.

이제 우리는 미래 세대와 관련해 정의가 요구하는 바를 과감하게 논의할 수 있을 것 같다. 이후의 세대는 자원이 고갈되지 않았을 때 처할 수 있는 상황보다 더 나쁜 상황(생산 능력의 측면에서)에 처해서는 안 된다는 의

---

12 D. MacLean과 R.I. Brown이 편집한 *Energy and the Future*(Totowa, New Jersey: Rowman and Littlefield, 1983), 15-30쪽에 수록된 Brian Barry, "Intergenerational Justice in Energy Policy"를 참고하라.

미에서 보상이 이루어져야 한다.[13] 흥미롭게도 그러한 결론은 최대의 지속가능한 생산량과 관련해 메리 윌리엄스가 지지한 공리주의적인 결론들과 아주 유사하고, 브룬트란트 위원회가 옹호한 미래에 대한 책임과도 잘 어울린다. 미래 세대에 대한 우리의 책임은 그들에게 특정한 재화나 자원을 제공하는 것이 아니라, 동등하고 공정한 기회를 제공하는 것이다. 우리가 건강하고 행복하며 만족스러운 삶을 살기 위해 가졌던 것과 똑같은 기회가 미래 세대에게도 주어져야 한다. 미래 세대의 기본적인 이해관계는 우리 자신의 이해관계보다 윤리적으로 더 중요한 것도, 덜 중요한 것도 아니다.

배리는 생산 능력이 상실된 것을 상쇄하는 데 요구되는 것이 무엇인지를 상세히 설명하는 데 어려움이 따른다는 것을 인정한다. 그럼에도 불구하고 몇 가지 함의를 이끌어 낼 수 있다. 우리가 이용하는 자원은 비교적 접근하기가 쉽기 때문에, 우리는 미래 세대에게 자연자원을 찾아내고 추출해 내는 능력의 측면에서 미래에 보탬이 될 자본과 기술적 투자를 해야 할 의무를 지고 있다. 아마도 우리에게는 미래 세대를 위해 대체에너지 자원과 지속가능한 농업에 대한 연구와 개발에 투자할 의무가 있을 것이다. 또한 그들에게 쓸 수 있는 만큼의 많은 자연자원 유산을 물려줄 의무를 지고 있다고 말하는 것이 합리적일 것이다. 자원을 낭비하는 것은 특히 동등한 기회에 대한 그들의 권리를 무심코 침해하는 것이 된다.

미래 세대에 대한 책임에 따른 논의로부터 우리는 어떤 결론을 이끌어 낼 수 있을까? 첫째, 우리는 대체에너지 자원을 개발하기 위해 성실하고 진지하게 노력할 책임이 있다. 화석연료와 원자력에 계속 의존하는 데서

---

13 같은 책, 23쪽.

오는 위험은 실제적인 것이다. 우리는 이러한 에너지 자원들에 의존하는 데서 오는 위험을 합리적으로 예견할 수 있고, 그 위험을 최소화하는 일은 우리의 능력 범위 내에 있다. 이러한 위험을 피하기 위한 조처를 취하지 않는 것은 일종의 범죄행위나 다름없다.

둘째, 우리는 자원을 보전할 의무를 갖는다. 지금 속도대로라면 화석연료와 우라늄을 200년 이내에 다 써버릴 것이다. 자원을 낭비하는 것은, 특히 기존의 기술들이 효율을 증가시킬 수 있어 우리가 불편 없이 자원을 보존할 수 있는데도 낭비하는 것은, 미래 세대가 우리와 같은 정도의 생활수준에 도달하기 위한 공정한 기회를 박탈하는 것이다. 생태효율(eco-efficiency, 최대한 환경을 해치지 않고 제품을 생산하는 능력 – 옮긴이)의 원리는 보전을 위한 훌륭한 출발점이다.

마지막으로 우리는 미래 세대에게 정당한 행복의 기회를 제공해야 할 의무가 있다. 지구는 폭발적으로 늘고 있는 인구를 계속해서 부양할 수 없다. 따라서 인구를 제한해서 최소한 일정 수준의 삶을 영위하지 못하게 될 사람들을 세상에 태어나지 않도록 할 필요가 있다. 게다가 가난이 인구 과잉의 한 원인이 될 뿐만 아니라 그것을 더욱 악화시키는 주요 요인이라는 사실을 인지해야 한다.

그래서 미래 세대는 자신들의 안녕에 필수적인 다양한 자원을 지금의 우리가 사용한 데 대해 강력한 손해배상청구권을 갖는 것으로 보인다. 맑은 공기와 물, 안정적인 대기와 기후, 비옥한 농토, 청정한 개발 가능한 에너지는 분명 미래 세대의 중요한 이익과 관련된다. 그러나 다른 자원들, 즉 필수적이지 않은 자원들은 어떤가? 미래 세대는 개발되지 않은 해안선, 야생지, 습지, 산등성이에 대한 권리를 갖는가? 우리는 미래 세대를 위해 동물과 식물 종들을 보존할 의무를 갖는가? 혹은 이러한 자원을 보존하는 것은 의무로서 해야 하는 행위에 가까운가, 아니면 자비로서 행하는 일에 가까운가? 미래 세대는 그러한 자원들에 대한 **권리**를 갖는가?

우리는 미래 세대도 지금의 우리와 마찬가지로 그러한 자원들을 누리게 될 것이라 여긴다. 그러나 잘 생각해 보면 그렇지 않을 수도 있다. 미래 세대가 어떤 것을 누리거나 욕구하게 될지는 상당 부분 우리에게서 어떤 세계를 물려받을지에 달려 있다는 것을 인정한다면, 이 문제는 훨씬 어려운 것이 된다. 미래 세대는 대왕고래가 멸종해서 아쉬워할까? 또는 야생지, 열대우림, 회색 곰을 한 번도 경험해 보지 못한 것에 관심을 가질까? 우리는 도도새가 없어서 아쉬운가? 또 나그네비둘기(passenger pigeon, 사냥으로 인해 멸종된 철새 중의 하나 ─ 옮긴이)는 어떤가? 우리는 정말이지 시어나 캘리포니아 콘도르가 없어서 아쉬운가?

야생지와 동식물 종을 보존할 의무를 갖는다는 것에 대해 여러 가지 논증이 가능하다. 야생지를 통해 보호되고, 식물이나 동물 종들로 표현되는 생물 다양성(biological diversity)이 인간을 이롭게 할 엄청난 잠재력을 가지고 있다고 주장할 수도 있다. 농업과 의학에서 생물 다양성이 갖는 잠재력은 그것을 보존해야 할 아주 강력하고 타산적인 근거를 제공한다.

다음 장에서 살펴보겠지만, 많은 철학자들이 동물, 식물, 생태계는 우리가 직접적으로 책임져야 할 대상이라고 주장해 왔다. 이러한 견해에 따르면 우리는 그것들을 그것들 자체를 위하여 보존해야 한다. 하지만 이러한 문제들을 다루기 전에 타산이나 자기 이익과는 관계가 없이 보존을 옹호하는 입장을 고려해 보자. 이러한 입장은 우리가 미래 세대를 **배려하기** 때문에 자연자원을 보존해야 한다고 주장한다. 우리는 앞으로 사람들이 어떤 모습이 될지에 관심을 갖고 있고, 야생지나 희귀종이 보존되는 세상에서 사는 삶이 그렇지 않은 세상에서 사는 삶보다 더 훌륭하고 풍요로울 것이라고 믿고 있다.

부모가 아이에게 어떤 책임을 갖는지 생각해 보자. 훌륭한 부모가 되는 것의 일부는 아이가 필요로 하고 원하는 것을 주는 것이다. 이러한 식의 책임은 위에서 기술한 공리주의적인 접근 방식과 권리에 기반을 둔 접근 방식과 유사하다. 미래 세대는 우리의 아이와 같기 때문에, 우리는 자원을 알뜰하게 사용해 미래 세대가 필요로 하고 원하는 것을 얻을 수 있는 정당한 기회를 갖도록 해야 할 것이다. 책임 있는 부모가 되는 것의 일부는 아이의 적절한 욕구를 형성해 주고 발전시켜 주는 것과 관련이 있다. 그래서 아이가 원하는 것을 얻게 해줄 뿐만 아니라, 훌륭하고 적절한 것을 원하도록 발전시켜 주어야 한다. 이런 양육 방식은 도덕 교육과 도덕적 발전과도 관련이 깊다. 우리가 미래 세대를 배려한다면, 그들이 영위할 삶의 유형과 인격에도 관심을 가져야 한다.

그러나 우리는 현재 존재하지도 않는 사람들을 배려할 수가 있을까? 미래 세대의 이해관계에 대한 우리의 관심, 다시 말해 미래 세대가 어떤 유형의 삶을 살 것인가, 그리고 그들이 장차 어떤 유형의 인간이 될 것인가에 대한 우리의 관심이 오늘날 우리가 해야 하는 행위의 근거를 마련해 줄 수 있을까? 그것은 우리의 개인적 이해관계를 능가하는 근거가 될 수 있을까? 이렇게 얘기한다면 문제에 답하기가 쉬워 보일 것이다. 상당히 강력한 경험적 증거에 의하면 사람들은 종종 미래 세대의 이해관계에 대한 관심으로부터 행위의 동기를 부여받게 된다는 것을 알 수 있다.

정부 차원에서 야생지를 보호하기 위한 결정, 국립공원과 주립공원, 산림, 해안선을 지정하기 위한 결정, 박물관과 도서관을 건립하기 위한 결정, 그리고 의학, 산업, 국방 등의 연구와 개발에 투자하기 위한 결정은 모두 우리가 이러한 결정의 수혜자들이 아직 태어나지 않은 세대일 것이라고 인정하는 경우에만 의미 있는 것이 된다. 민간 차원에서는 자선 단체나 교육재단에 기부금을 내고 예술, 문화, 사회단체 등에 기금을 제공하기 위한 결정 또한 적어도 부분적으로는 미래 세대에게 일정 수준의 인도적인 세상을 마련해 주기 위한 관심에 의해 동기가 부여되는 것으로 생각된다. 개인적인 차원에서는 한 그루의 떡갈나무(다 자라는 데 오랜 시간이 걸리는 식물 중 하나)를 심는 것과 같은 단순한 결정도 먼 미래에 대한 관심에 의해 개인들에게 동기가 부여된다는 것을 암시한다.

하지만 이러한 경험적 증거와 반대로 인간은 오로지 자기 이익에 의해서만 동기가 부여된다고 주장하는 철학적 전통이 있다. 심리학적 이기주의라 불리는 이 견해는 그리스의 소피스트들로부터 토머스 홉스(Thomas Hobbes)를 거쳐 현대 경제학으로까지 이어지는 사유의 전통과 연관되어 있다. 이러한 철학적 전통에 따르면, 합리적인 사람들이 그렇게 행동하는 것은 자신에게 이익이 된다고 믿을 때뿐이다(3장에서 언급한 경제학자들은 이런 사실을 거부하는 것은 우리의 본성을 개조하는 것을 요구한다고 주장했던 것을 기억하라).

물론 이러한 전통도 사람들이 다른 사람들을 이롭게 하거나 다른 사람들에게 관심을 드러내는 식으로 행동한다는 것을 부정하지는 않는다. 그것은 모든 사람이 편협하게 이기적이라고 주장하지는 않는다. 단지 우리가 다른 사람들에게 이롭게 행동하는 궁극적 이유가 자기 이익에 근거하고 있다고 주장할 뿐이다. 이러한 견해에 따르면, 내가 다른 사람을 돕는 것은 결국 내가 이득을 볼 것이기 때문에 그렇게 한다는 것이다. 우리가 후세에게 자선을 베풀거나 기여를 할 때, 우리는 그러한 기부를 통해 얻게 될 존경이나 지위 혹은 세금 공제 등을 노리고 있는 것이다. 그래서 이기주의는 이타주의나 우정을 계약적 모델에 입각해서, 즉 "만약 네가 나를 이롭게 한다면, 나도 당신을 이롭게 할 것이다"라는 식으로 해석한다. 그런데 먼 미래의 사람들은 나의 이익을 위해 아무것도 할 수 없기 때문에, 그들을 배려하는 것에 관해 이야기하는 것은 의미가 없다. "후세 사람들은 나를 위해 아무것도 하지 않았다."

그러나 이것은 다른 사람을 배려한다는 것에 대해 제대로 이해하지 못한 것이다. 어떤 사람이 오로지 스스로에게 이익이 된다는 이유만으로 우리를 배려한다는 것을 우리가 깨닫게 된다면, 우리가 배려한다는 사실이 실제로 존재한다는 것을 부정하는 것은 정당하다. 다른 사람을 배려한다는 것은 자기 이익을 위한 하나의 방식이 아니라, 오히려 자기 이익을 배제하는 것으로 생각된다. 배려는 우리가 가능한 한 다른 사람의 관점을 받아들일 것을 요구한다.

철학자 넬 나딩스(Nel Noddings)는 윤리학과 교육학에서 배려의 역할에 대한 통찰력 있는 분석에서 다른 사람이 느끼는 것을 친밀하게 느끼면서 그의 실재를 파악하는 것이 배려하는 사람의 관점에서 볼 때 배려의 본질적인 요소라고 말한다. 왜냐하면 내가 다른 사람의 실재를 가능성으로 받아들인 다음, 그 사람의 실재를 느끼기 시작하면, 나는 그 사람의 관점에 따라 행동해야 한다고 느끼기 때문이다. 즉 나는 마치 나를 위해 행동하는 것 같지만 실제로는 그 사람을 위해 행동하지 않을 수 없게 되는 것이다.[14]

다른 사람을 배려한다는 것은 그 사람의 관점을 취하는 것이다. 그것은 "내가 그러한 입장에 있다면 나는 무엇을 할 것인가"라고 묻는 것이 아니라, 가능하다면 "그녀의 시각에서 볼 때, 그녀에게 최선의 것이 무엇일까"라고 묻는 것이다. 나딩스가 말하듯이 "나의 배려가 생명체들에

---

[14] Nel Noddings, *Caring: A Feminine Approach to Ethics and Moral Education*(Berkeley: University of California Press, 1984), 16쪽.

대해서 이루어지는 것이라면, 나는 그것들의 본성, 삶의 양식, 필요, 욕구 등을 고려해야 한다. 그리고 내가 그것을 완전히 달성할 수 없을지라도, 나는 그들의 실재를 파악하려고 노력한다."[15] 그래서 우리가 미래 세대를 배려할 수 있는지 어떤지에 대한 질문은 우리가 그들의 관점에서 세계를 볼 수 있는지를 묻는 것이다. 그렇다면 우리는 우리의 이해관계와 필요, 그리고 욕구를 미래 세대의 이해관계, 필요, 욕구로 대체할 수 있는가?

언뜻 보기에 우리는 그렇게 할 수 있을 것 같다. 우정과 자녀의 양육은 사람들이 다른 사람들의 이해관계를 위해 자신의 이해관계를 억제하는 가장 분명하고도 잘 알려진 두 가지 상황이다. 만약 다른 사람의 이해관계에 의해 동기가 부여되는 것이 가능하지 않다면, 우정이나 자녀의 양육은 어느 것도 존재할 수 없다. 이른바 '합리적 이기주의'는 충성, 사랑, 희생, 정직, 그리고 모든 영역의 다른 덕목들과 태도들을 합리적으로 불가능하게 만들 것이다.

친구와 아이는 실제적인 이해관계와 필요를 갖는 현실의 사람들이다. 반면 미래 세대는 존재하지 않는다. 이것은 매우 중요한 차이점이다. 그런데 왜 이것이 중요한가? 아마 우리는 오직 실제로 살아 있는 사람들만의 관점을 취할 수 있고 그러한 사람들만을 배려할 수 있다고 주장할 수도 있을 것이다. 그러나 많은 사람들(이것은 아마 다른 문화권에서 더 흔한 일일 것이다)은 그들의 조상을 진심으로 배려하는 것 같다. 그들은 자신들의 조상을 자랑스럽게 생각하고, 명예롭게 여기며, 존경과 경의를 표시한다.

대신에 우리는 미래 세대의 이해관계와 욕구는 부분적으로 그들이 우

---

15 같은 책, 14쪽.

리로부터 어떤 세상을 물려받느냐에 따라 좌우될 것이기 때문에, 그들의 이해관계와 욕구가 어떻게 될지 우리가 미리 알 수는 없다고 주장할 수도 있다. 그래서 우리가 그들의 이해관계와 욕구를 알지 못한다면, 그들의 관점에서 세계를 볼 수 없고, 따라서 그것들에 의해 동기를 부여받는 것이 불가능하다. 결국 우리는 그들의 입장에서 중요한 것이 무엇인지를 알 수 없기 때문에, 그들을 배려할 수 없다는 주장이 가능하다.

하지만 이러한 주장은 미래 세대를 위해 필수적이지 않은 자원들을 보존하기 위한 동기의 참된 본질을 인식하지 못하고 있다. 우리는 미래에도 사람들이 야생지나 멸종위기 종을 원할 것이라고 믿기 때문에 그것들을 보존하려 애쓰는 것은 아니다. 만약 미래 세대가 이러한 것들을 알지 못한다면, 그것들을 원할(혹은 아쉽게 여길) 수 없다고 주장한다는 점에서 그 반론은 옳다. 그러나 미래를 위해 보존하려는 동기는 그들이 원하는 것들의 내용에 의존하지는 않는다. 그것은 이러한 것들을 알 수 있고 원할 수 있는 가능성을 가진 삶이 그러한 것들 없이 영위되는 삶보다는 더 충만하고 의미 있다는 우리의 판단에 의존한다.

우리는 출중한 예술작품들의 예를 이용해서 유사한 논의를 전개할 수 있다. 예를 들어 우리가 르네상스 시대의 그림들을 하나도 보존하지 못했다면, 그래서 이러한 예술에 대한 모든 기록을 미래 세대가 알 수 없게 되었다면, 확실히 그들이 그것들을 아쉬워한다고 얘기하는 것은 불가능하다. 미래 세대가 이 그림들에 대해 아무것도 모른다면, 그들은 그것의 상실에 대한 느낌을 가질 수도 없다. 그렇게 되면 그들의 삶의 질은 낮아질 것이다. 그리고 우리에게 미래를 위해 위대한 예술작품을 보존하도록 동기를 부여하는 것은 이것에 대한 우리의 관심, 즉 미래 세대가 질 낮은 삶을 살지 않도록 해야 한다는 우리의 배려다.

미래 세대를 배려한다는 것은 의미가 있다. 우리가 그들의 입장에서 상상력을 발휘한다면, 그래서 그들이 야생지나 생물 다양성의 풍부함을 알지 못한다면, 그러한 삶은 많은 것을 놓치게 된다. 우리는 미래 세대가 어떤 유형의 인간이 될지, 그리고 그들이 어떤 삶을 영위할지에 대해 관심을 가질 수 있다. 그리고 나는 이러한 관심이 우리의 행위에 동기를 부여할 수 있고 또 부여한다고 생각한다.

요약하면, 우리는 미래 세대에 대해 강한 윤리적 책임을 갖는다. 우리에게는 그들의 권리에 대한 존중으로부터, 우리와 마찬가지로 보다 건강하고 행복한 삶을 누릴 책임이 있다. 그리고 그 행복을 위해 필요한 자원을 제공해 주어야 한다. 또한 우리는 그들의 삶을 의미 있게 만들어 줄 자연자원과 문화적인 자원을 보존할 책임을 갖는다.

4. 소비와 지속가능한 발전

미래 세대의 도덕적 지위에 대한 논의를 전제한 상태에서, I=PAT라는 공식에 함의된 문제를 살펴보자. 현재의 인구, 소비 양식, 기술은 미래 세대에 대한 우리의 책임을 저버리는 환경을 만들어 내는가?

환경 파괴의 원인을 명확하게 구분하고, 주요 원인으로 인구 또는 소비 둘 중 하나를 지목해 논증하는 것이 지적인 훈련에는 도움이 될 것이다. 그러나 확실한 것은 둘 다 책임이 있다는 것이다. 각각은 서로 다른 상황에서, 서로 다른 정도로 환경적 재난의 실질적인 원인이 된다. 유한한 생태계에서, 인구와 자원 소비의 증가는 생명을 장기간 부양하는 생태계의 능력에 부담을 줄 것이다.

그럼에도 불구하고 우리는 가까운 미래에 전 세계의 인구가 증가하리라는 사실 이외에 다른 어떤 것도 예측할 수 없다. 설사 인구의 성장 속도가 느려진다 하더라도, 인구의 전체적인 **크기**는 계속 증가할 것이다. 심지어 인구의 성장 속도를 1%로 대폭 낮춰 잡아도(1990년대 중반 인구 성장 속도는 대략 1.7%이었음), 전 세계 인구는 70년 내에 두 배가 된다. 결국 이러한 생각 때문에 많은 사람들은 I =PAT 공식에서 나머지 변수인 소비 양식과 기술의 문제에 집중한다.

많은 환경론자들은 지속가능한 발전의 개념을 현 세대가 추구해야 할 적절한 생활양식의 기술적, 규범적 틀로 장려한다. 지속가능한 발전 모델은 경제가 생물권의 하위 집합이고 그 생물권의 생산 능력에 의해 제한된다는 것을 우리에게 일깨워 준다. 만약 인구든 경제 성장과 소비든 각각이 너무 커지게 된다면 생물권은 인간의 생활을 부양할 수 없게 된다. 이러한 시각에서 볼 때, 유일하게 옹호될 수 있는 공공정책은 인구와 경제적 활동의 최적 수준을 찾는 것이다. 장기적으로 지속가능한 발전은 안정된 인구의 규모를 목표로 하는 인구정책을 요구한다. 반면 단기적으로 지속가능한 발전은 현대 산업사회의 소비 양식으로부터의 전환을 요구한다. 지속가능한 발전은 지속적, 안정적, 장기적인 생산성을 제공하는 지구 생물권의 능력과 양립 가능한 범위 내에서 최대한의 생산적, 효율적 자원 이용을 목표로 한다.

최근 수십 년 사이 고전적인 시장 중심적 경제학에 대한 대안이 등장했다. 이른바 생태경제학(ecological economics)이라 불리는 '지속가능 경제학'은 현재 우리가 봉착한 환경 과제를 고려해야 하는데, 고전적인 시장 경제학은 이런 과제에 대처하지 못한다고 지적하면서 경제에 대해 다른 방식으로 접근할 것을 제안한다.

경제학자 허먼 데일리(Herman Daly)는 지속가능 경제학의 가장 잘 알려진 대변자로, **발전**과 **성장**의 구분은 지속가능 경제학의 핵심이라고 주장한다.

> **성장한다**는 것은 "동화 작용이나 축적을 통해 재료를 추가함으로써 크기가 자연적으로 증가하는 것"을 의미한다. **발전한다**는 것은 "잠재력을 확장하거나 실현하는 것, 즉 점차적으로 보다 더 완전하고, 보다 더 대단하고, 보다 더 좋은 상태에 이르게 하는 것"을 의미한다. 어떤 것이 성장할 때, 그것은 더 커진다. 어떤 것이 발전할 때, 그것은 다른 것이 된다. 지구 생태계는 발전(진화)하지만 성장하지는 않는다. 그 하부 체계인 경제는 결국에는 성장을 멈출 수밖에 없지만, 계속해서 발전할 수는 있다. 그러므로 "지속가능한 발전"이라는 용어는 오로지 그것이 "성장 없는 발전"으로 이해될 때만 경제학에서 의미를 갖게 된다.[16]

지속가능 경제학은 전통적인 시장경제학과 대조해 볼 때 가장 잘 이해된다. 전통적인 모델은 두 가지 근본적인 문제를 다룬다. 즉 자원들이 어떻게 할당되어야 하는지 하는 문제(생산의 문제)와 그렇게 생산된 재화와 용역이 어떻게 분배되어야 하는지에 대한 문제(분배의 문제)가 그것이다. 시장경제학은 첫 번째 문제에 대해 가격의 측면에서 대답한다. 즉 자원은 소비자가 가장 많이 돈을 지불하고자 하는 그러한 용도에 할당된다. 분배의 문제는 또한 시장의 측면에서 대답된다. 즉 재화와 용역은 생산

---

16 Herman Daly와 Kenneth Townsend가 편집한 *Valuing the Earth*(Boston: Massachusetts Institute of Technology press, 1987)에서 재발행한 Herman Daly, "Sustainable Growth: An Impossibility Theorem", 267-268쪽.

2부 응용윤리학으로서의 환경윤리학

물을 얻는 데 가장 많은 돈을 지불할 용의가 있는 소비자의 수요에 따라 분배되어야 한다.

지속가능 경제학은 이러한 경제학적 분석에 제3의 차원을 추가한다. 할당과 분배 이외에 자원이 경제의 흐름 속에서 유동하는 속도에 관심을 갖는다. 우리는 먼저 생산에 들어가는 모든 요인들, 이를테면 자연자원, 자본, 노동이 궁극적으로는 지구의 생산 능력에서 비롯된다는 것을 인정해야 한다. 이에 비추어 볼 때, 자원이 이러한 체계 속에서 지구의 생산 능력을 능가하는 속도로 유동하거나 혹은 자원의 생산이 그것에서 발생하는 부산물과 폐기물을 흡수하는 지구의 능력을 초과한다면 고전적인 모델 자체가 불안정해질 것이다.

그래서 우리는 자원을 오로지 장기간 지속될 수 있는 속도로 이용하고, 생산 과정의 부산물과 생산물을 재활용하거나 재사용하는 경제 체제를 발전시킬 필요가 있다. 우리는 선순환 고리를 만들고 고전경제학의 직선적인 모델이 아니라 순환적인 생태계 모델에 입각한 경제 체제를 만들 필요가 있는 것이다.

이러한 대안적인 모델은 사회적, 경제적, 상업적인 측면에서 중요하다. 소비자의 수요는 더 이상 생산 결정에서 우선적인 요소가 아니다. 임업이나 농업에서 만들어진 재생 가능한 자원을 포함하는 생산 결정은 이러한 자원들이 새로 보충될 수 있는 정도에 의해 제한된다. 재생 불가능한 자원을 포함하는 결정은 대체물이 개발되거나 상실된 기회가 벌충되는 정도에 의해서 제한된다. 마지막으로 생산물에 대한 책임은 생산물의 수명을 넘어서는 범위까지 확장된다. 폐기물이나 오염 등의 '최적 수준'은 돈을 지불하려는 용의에 의해서 결정되는 것이 아니라 그것들을 흡수할 수 있는 지구의 능력에 의해서 결정된다.

이제 논의의 방향을 공공정책에서 개인적 도덕성의 단계로 바꾸어 개별 소비자들의 책임을 살펴보자. 우리는 지나치게 많이 소비하는가? 이 질문에 대한 대답은 '우리'가 누구인지에 따라 달라진다. 모든 살아 있는 사람이 똑같은 방식으로 똑같은 양을 소비하지는 않는다. 한 연구에 따르면, 전 세계 12억의 사람들이 하루에 채 1달러도 안 되는 돈으로 먹고 살고, 28억의 사람들이 2달러도 안 되는 돈으로 먹고산다고 한다.[17] 이에 비해 북아메리카와 서유럽에 살고 있는 전 세계 인구의 12%가 전 세계 소비 지출의 60%를 차지한다. 전 세계 인구의 가장 부유한 25%가 에너지 58%, 육류와 어류 45%, 종이 84%, 수송수단 87%를 소비하고, 전체적인 개인 소비 지출의 86%를 차지한다. 대조적으로 전 세계의 가장 가난한 25%는 에너지 24%, 어류와 육류 5%, 종이 1%, 그리고 1%도 채 안 되는 수송수단을 소비하고, 전체 개인 소비 지출의 1.3%를 차지할 뿐이다. 전 세계 인구의 3분의 1 이상(대략 20억 명)이 사하라 사막 이남과 남아시아에 산다. 그들은 다 합쳐도 전 세계 소비 지출의 채 4%도 차지하지 못한다.[18]

그렇다면 경제적으로 발전된 사회에 살고 있는 소비계층에 속하는 우리의 책임과 관련된 문제를 생각해 보자. 우리는 지나치게 많이 소비하고 있는가? 미래 세대의 책임에 대한 윤리적 분석에 비추어 고려하면, 다양한 환경과 관련된 사실은 우리가 지나치게 많이 소비하고 있음을 보여 준다.

예를 들어 공리주의적 분석에 따르면 최대의 전체적인 선에 대한 장기

---

17 Joseph DesJardins과 John McCall이 편집한 *Contemporary Issues in Business Ethics*(Belmont, Calif.: Wadsworth Publishing, 2005) 5판에 실린 Juliet Shor, "Why Do We Consume So Much?", 373-379쪽.

18 *State of the World 2004*, Worldwatch Institute, Washington, D.C.

적인 계산은 현 세대에게 자연자원의 생산 능력을 보전할 것을 요구한다. '최대의 지속가능한 생산량'이라는 메리 윌리엄스의 개념은 현 세대에게 장기적으로 지속될 수 없는 속도로 자원을 이용해서는 안 된다고 권고한다. 이와 비슷하게 브라이언 배리도 최소한 미래 세대는 현 세대와 동등한 기회를 누릴 권리를 갖는다고 결론을 내린 바 있다. 이러한 견해들에 따르면 현 세대는 이전 세대로부터 받은 만큼의 자연자원을 미래 세대에게 남겨 주어야 할 의무를 갖는다.

하지만 현재의 소비와 인구 패턴은 미래 세대에게 적어도 우리가 물려받은 만큼 생산적인 자연환경을 남겨 두고 있는가? 미국을 포함한 몇몇 산업국가에서 공기의 질과 수질이 지난 수십 년간 개선되어 왔지만, 전 세계적 차원의 공기의 질과 수질은 여전히 중요한 문제로 남아 있다. 지구적 기후 변화는 이미 진행 중이다. 깨끗한 식수 문제 역시 여러 나라에서 여전히 문제로 남아 있다. 대양 어업은 과소비와 오염으로 인해 내리막길을 걷고 있다. 전 세계적으로 농업 생산성이 증가하기는 했지만, 그것은 농약과 화학비료에 지나치게 의존한 결과다. 많은 재생 불가능한 자원들의 가격은 이제껏 낮게 유지되고 있지만, 화석에너지에 대한 과도한 의존을 벗어나려는 노력은 거의 이루어지지 않고 있다. 인간의 경제 개발에서 비롯된 서식지의 감소는 6500만 년 전 공룡의 멸종 이래 가장 큰 멸종 사태를 야기하고 있다. 이 같은 사실로 미루어 현 세대가 후손들에 대한 책임을 다하기 위해 해야 할 모든 것을 하고 있다고 말하기는 어려울 것이다.[19]

그렇다 할지라도 지속가능성 패러다임을 무비판적으로 받아들이는 것에 경종을 울리는 세 가지 사항을 언급할 필요가 있다. 첫째, 지속가능성에 대한 이야기를 들을 때는 항상 "**무엇이** 지속되고 있는가"라는 물음을 던질 준비가 돼 있어야 한다는 것이다. 지속가능성은 종종 "현재의 소비 양식과 수준을 지속하는 것"을 의미하는 것으로 여겨진다. 이러한 의미에서 지속가능한 삶의 모델을 옹호하는 것은 그저 현재의 상황을 유지하는 것을 의미한다. 혹자는 심지어 "지속가능한 성장"을 이야기하기도 한다. 그런데 이미 허먼 데일리의 인용문에서 본 바와 같이, 그것은 가능하지 않다. 현재의 소비 양식은, 특히 소비자 중심의 산업 경제에서 발견된 소비 양식은 환경을 악화시킨 원인이기 때문에 현재 상황은 우리가 변혁시킬 필요가 있는 대상이다. 현재의 경제 모델의 특징인 경제 성장 유형은 지속가능하지 않다. 지속가능한 삶과 지속가능한 발전은 경제와 사회의 변화를 요구할 것이다. 또한 그것은 부유한 산업국가와 가난한 개발도상국 사이의 경제적인 차이를 실질적으로 줄일 것을 요구한다.

지속가능성에 관한 두 번째 우려는 새고프에 의해 제기되었다.[20] 새고프는 환경론이 경제적인, 그리고 자기 이익을 위한 논거들에 지나치게 의존해서는 안 된다고 경고한다. 그는 환경론적 시각은 때때로 자연자원의 고갈과 부족, 그리고 기술로 인해 발생된 위험에 관한 오해들에 의존한다고 주장한다. 그런데 몇몇 증거에 따르면 우리는 자원들을 바닥내지 않고 있으며, 환경 친화적인 기술들은 생물권에 해를 끼치기보다는 도움이 된다.

---

19 우리가 환경 위기에 처해 있다는 것에 동의하지 않는 사람들을 위해서는 다음을 참고하라. Julian Simon, *The Ultimate Resource*(Princeton, N.J.: Princeton University Press, 1981); Gregg Easterbrook, *A Moment on the Earth*(New York: Viking Penguin Books, 1995); Joseph Bast, Peter Hill, Richard Rue, *Eco-Sanity: A common Sense Guide to Environmentalism*(Palatine, Ill.: The Heartland Institute, 1994).

20 *Atlantic Monthly* 279, no.6(1997년 6월), 80-96쪽에 수록된 Mark sagoff, "Do We Consume Too Much?". 새고프에 대한 응답을 위해서는 또한 "No Middle Way on the Environment", Paul R. Ehrlich, Gretchen C. Daily, Scott C. Daily, Norman Myers, James Salzman, *Altantic Monthly* 280, no. 6(1997년 12월), 98-104쪽과 새고프가 똑같은 쟁점으로 편집자에게 편지로 대답한 내용을 보라.

환경적인 시각이 그러한 주장들에 의존한다면, 그리고 자연자원이 풍부하고 기술적 능력이 매우 획기적이라는 것이 입증된다면, 우리가 계속된 환경 파괴에 대항하는 것은 아무런 효과가 없을 수도 있다.

새고프는 이제 결핍과 과소비와 관련된 논의를 강조하지 않는 대신에 영적이고 미학적이며 윤리적인 가치를 강조하는 접근 방식에 의존하고자 한다. 소비주의는 자연자원을 지속 불가능한 속도로 고갈시키거나 그렇지 않을 수도 있다. 그러므로 그것은 미래 세대에 대한 우리의 책임을 침해하거나 침해하지 않을 수도 있다. 그러나 소비주의는 물질적 소유를 자부심, 아름다움, 연민, 겸손, 가치와 같은 미덕의 대체물 정도로 여기는 삶의 방식이다. 새고프는 또한 결핍 논의들에 지나치게 의존하는 것을 경고한다. 왜냐하면 이러한 논의들은 자연의 제1차적인 가치를 자원으로 보는 것을 암시하기 때문이다. 이러한 우려는 세 번째 경고에 이르게 한다.

지속가능한 발전과 지속가능한 삶에 대한 논의가 지나치게 인간 중심주의적이라고 비판하는 사람도 있다. 소비와 인구 과잉이 자원을 고갈시키고 현재나 미래 세대의 안녕을 위협한다는 이유에서 그것들에 반대하는 논의를 펼치는 것은 자연계 자체에 가해지는 피해를 무시할 수 있다. 인간 중심주의적 윤리로부터의 이러한 전환은 다음 장들에서 주요 주제로 등장할 것이다. 그럼에도 현재의 인구 및 소비 양식, 그리고 미래 세대에 대한 윤리적 책임이라는 개념들에 대한 이러한 고려는 지속가능한 발전이라는 개념을 위한 철학적 근거를 마련해 준다. 지속가능성은 완전한 환경적 견해가 아닐 수도 있지만, 현재의 삶의 방식들이 나아갈 방향에 대한 그럴듯한 모델을 제공한다.

5. 요약 및 결론

철학자들이 환경적인 쟁점들에 주의를 돌렸을 때, 단순히 표준적인 윤리 이론을 적용하는 것만으로는 이러한 쟁점들에 만족스러운 분석을 마련해 줄 수 없음이 명확해졌다. 이 장에서 살펴본 바와 같이, 몇 가지 가장 절박한 환경 문제들로 인해 우리는 우리 행위가 미래 세대에게 미치게 될 윤리적 영향을 세밀하게 고려해 보지 않을 수 없게 되었다. 그러나 이러한 쟁점들은 많은 전통적인 철학에서는 무시되었고, 따라서 획기적인 작업이 요구되었다. 철학적 윤리학은 전통적인 영역을 뛰어넘어 더욱 확장될 필요가 있었다.

5장에서는 이러한 영역이 어떻게 더욱 확장되는지를 살펴볼 것이다. 우리가 여태까지 고려했던 대부분의 쟁점들은 다양한 환경정책들이 인간에게 미치는 결과에 초점을 맞추었다. 5장에서는 철학적 관점의 근본적인 전환에 대해서 설명할 것이다. 우리는 다른 종들에게도 직접적인 책임을 갖는가? 많은 철학자들이 이 질문에 대답하기 위해 노력했지만, 거의 모든 이들은 인간 이외에 다른 것들이, 그리고 미래 세대가 도덕적 지위를 갖는다는 가능성을 부정했다. 다만 철학자들은 환경적 관심사에 대한 반응으로 최근 몇 년 동안 인간 이외의 다른 대상들에까지 윤리적 고려의 범위를 확장하려고 노력했다.

생각해 봅시다

1. 여러분은 미국인이 너무 많이 소비한다고 생각하는가? 보다 더 많은 물질적인 부가 항상 보다 더 큰 행복에 이르게 하는가?

2. 인구 정책은 근본적인 윤리적 물음을 제기한다. 모든 사람들이 아이를 가질 권리가 있는가? 아이를 갖는 것에 제한이 필요하다면, 사회는 어떠한 제한을 가해야 하는가? 우리는 우리의 (아직 태어나지 않은) 아이들에게 어떠한 책임을 갖는가? 그리고 양자 입양이 아니라 자기 아이를 낳음으로써 얻을 수 있는 이익은 무엇인가?

3. 지구적 기후 변화와 핵폐기물을 둘러싸고 벌어지는 논쟁은 장기적인 예측을 필요로 한다. 이러한 불확실성에 비추어 볼 때, 하나의 합당한 행동 방식이 있는가? 우리가 불완전한 정보를 가진 상태에서 결정을 내려야 한다면, 이때 이성은 어떤 조언을 해주는가?

4. 부모와 자식 간에는 강한 도덕적 관계가 존재한다. 그러나 사랑과 배려 같은 도덕적 관계가 한두 세대 이상 벌어진 사람들 사이에서도 존재할 수 있는가?

5. 유럽인이 아메리카와 아프리카를 식민지화했을 때, 많은 토착 문화가 파괴되었다. 우리는 이러한 정복의 결과로 우리가 무엇을 잃게 되었는지를 단지 추측해 볼 수 있을 뿐이다. 우리는 토착 문화를 상실함으로써 어떤 피해를 입었는가? 사람들은 자신들이 결코 알아차리지 못하게 될 기회와 지식의 상실로 인해서 피해를 입을 수 있는가? 만약 미래 세대가 대왕고래에 대해서 전혀 알지 못하거나 야생지를 전혀 경험하지 못한다면 피해를 입게 될 것인가?

5장

자연계에 대한 책임:
인간 중심적 윤리학에서
탈인간 중심적 윤리학으로

토론 사례 | 산업 영농 – 식용 동물의 대량 생산

역사가들에 따르면 세 차례의 농업 혁명이 있었다. 첫 번째 농업 혁명은 비교적 영속적 정착이 자리를 잡으면서 시작되었는데, 이때 동물 사육과 농경이 일차적인 식량 생산으로 수렵과 채집을 대신하게 되었다. 두 번째 농업 혁명은 윤작, 기계 기술, 동물 육종, 토지개혁이 발전하게 됨에 따라 가속화되었고, 결국 생산성의 엄청난 증가를 가져와 폭발적으로 성장하는 산업혁명의 도시 인구 밀집지에 식량을 공급했다. 처음 두 번의 농업 혁명을 통해 경작지의 총량이 현저하게 증가하여 식량 생산의 증대를 가져왔다. 세 번째 농업 혁명은 20세기 후반에 시작되었는데, 이때 화학비료는 토지의 생산력을 증대시켰고, 농약은 수확물의 손실을 줄여 주었으며, 산업 생산 방식과 기술은 효율성을 높이고, 유전학은 수확량이 높은 다양한 작물을 만들어 냈다.

농업 혁명은 식물뿐만 아니라 동물과도 관계가 있다. 수렵 채집 문화로부터의 전환은 식물과 동물을 길들이는 것을 포함한다. 두 번째 혁명은 소고기, 닭고기, 돼지고기, 물고기, 달걀, 그리고 유제품을 번식시키고, 사육하고, 냉동하고, 수송하고, 가공 처리하는 방법을 변화시킴으로써 가축 생산을 현저하게 높였다. 세 번째 혁명은 산업화된 생산 기법과 기술, 그리고 유전학을 통해서 식량 생산을 더욱 증대시켰다.

인간이 식량으로서의 동물과 관계하는 방식과 관련하여 다양한 철학적, 윤리적 물음이 제기된다. 이러한 물음들은 다음과 같이 분류할 수 있다. 동물을 식량으로 이용할 수 있다면 어떤 동물을 이용할 수 있는가, 동물을 다루는 방식에 제한을 가할 수 있다면 어떤 제한을 가해야 하는가, 식용 동물을 번식시키고, 사육하고, 도살하고, 먹는 방식에 제한이 가해져야 한다면 어떤 제한이 가해져야 하는가 등이다.

인간이 동물을 길들이기 시작했던 초창기부터 식량으로 이용된 동물이 있는가 하면 반려동물로 이용된 동물도 있다. 많은 문화권에서 말, 개, 고양이를 먹는 것을 금기시하지만 소, 돼지, 닭을 먹는 것에 대해서는 대체로 관대한 것을 생각해 보라. 애완동물의 치료(그리고 종종 매장)를 위해 많은 돈을 지불할 생각이 없는 사람은 길가에 죽어 있는 다람쥐를 전혀 신경 쓰지 않을 것이다. 그러나 길들여지지 않은 야생동물 중에서도 식량으로 취급되는 것이 있는가 하면 그렇지 않은 것도 있다. 연어와 돌고래, 사슴과 침팬지, 혹은 꿩과 쥐의 차이를 생각해 보라. 이러한 구별은 단지 문화적 관행의 차이로, 우리가 태어나고 양육되는 장소에 의존하는가?

또한 동물에 대한 적절한 대우를 규정하는 다양한 규범이 있다. 모든 문화권에서는 동물을 총으로 사냥하는 것을 사실상 허용하지만, 동물을 고문하고 괴롭히는 것은 허용하지 않는다. 동물에 대한 소유 및 매매는 허용된다. 사람들은 구제할 길이 없는 병든 애완동물들이 자연사하도록 내버려 두는 것은 잔인하다고 생각해서 안락사를 시킨다. 애완동물 소유자들은 애완동물이 번식을 하지 못하도록 어쩔 수 없이 불임으로 만들 때도 있지만, 대체로 인간의 기호에 따라 교배를 시킨다. 그래서 계속적인 동계교배가 동물에게는 해로운 결과를 가져올지라도 인간의 기호에 따라 그런 교배가 이루어지기도 한다.

아마도 식용 동물의 번식, 사육, 가공 방식보다 더 윤리학자와 일반 대중의 관심을 받은 영역은 없을 것이다. 특히 공장식 축산이라 불리는 고밀도의 낙농업은 많은 비판을 받았다. 대부분의 비판자들은 인간이 동물을 식량으로써 다루는 방법을 수치스럽게 여긴다. 한 예로 송아지나 돼지, 닭 등이 어떻게 사육되는지를 살펴보라. 철학자 피터 싱어(Peter Singer)는 다음과 같이 말한다. "우리의 저녁 식탁에서 그리고 우리 동네 슈퍼마켓이나 정육점에서 이제까지 존재하지 않았던 다른 종들에 대한 가장 광범위한 착취와 직접 접하게 된다."[1]

싱어의 책 『동물 해방*Animal Liberation*』은 현대의 공장식 축산의 실상을 알리는 데 큰 역할을 했다. 이러한 관행들에 대한 싱어의 윤리적 분석을 이 장에서 보다 자세하게 살펴볼 것이다. 먼저 송아지 고기(veal) 생산이라는 잘 알려진 예를 살펴보자.

송아지 고기는 어린 소의 고기다. 낙농업은 젖을 짜는 암소에 의존하는데, 이는 바로 암소가 새끼를 배야 한다는 것을 의미한다. 일반적으로 암송아지는 자라서 젖을 짜기 위해서 사육되지만, 번식 목적으로 사육되는 소수의 선별된 수컷을 제외한 대부분의 수송아지는 송아지 고기용으로

---

1 Peter Singer, *Animal Liberation*, 2d ed.(New York: New York Review of Books, 1990), 95쪽.

길러진다. 송아지 고기는 대체로 값이 비싸서, 중산층 가정의 저녁 밥상에서보다는 고급 레스토랑이나 미식가의 요리에서 더 찾아보기가 쉽다. 송아지 고기는 특히 씹어 먹기 좋게 연하고 분홍빛을 띨 때, 질이 좋은 것으로 평가된다.

일반적으로 송아지는 태어난 지 며칠 되지 않았을 때 어미 소로부터 격리한다. 근육이 발달되어 고기가 질겨지면 안 되기 때문에 어린 송아지를 운동을 하지 못하도록 나무로 만든 조그만 칸막이에 가두어 놓는다. 그 칸막이는 너무 작아서 송아지가 몸을 돌리거나 누울 수도 없다. 송아지는 칸막이에 갇힌 채 전 생애라고 할 수 있는 16주를 보낸다.

정상적인 고기는 혈액 속의 철분으로 인해서 붉은색을 띤다. 젖소는 주로 목초나 건초로부터 철분을 섭취한다. 비판자들은 송아지 고기용 어린 송아지에게는 일부러 철분이 든 먹이를 주지 않는다고 비난한다. 말하자면 송아지는 의도적으로 빈혈인 상태가 되는 것이다. 물론 빈혈이 너무 심하면 죽게 된다. 그래서 먹이의 균형을 맞춘다. 즉 송아지가 생명을 가까스로 유지하기에는 충분하되 살과 피가 붉은색을 띠지 않도록 불충분하게 조절한다. 분홍색이 송아지 고기의 맛을 내는 데는 아무런 도움이 되지 않음에도 불구하고 이러한 일이 벌어진다.

송아지의 성장을 촉진시키고 먹이를 조절하기 위해 분유, 비타민, 그리고 성장 촉진제가 들어 있는 유동식을 먹인다. 이것이 송아지가 평생 동안 먹는 전부일 수도 있다. 송아지가 가능한 한 조유(formula, 調乳)를 많이 섭취하도록 하기 위해 물도 먹이지 않고 더운 방에 가두어 둔다. 이런 상태에서 송아지가 갈증을 해소하기 위해 유일하게 선택할 수 있는 대안은 조유를 먹는 길밖에 없다.

싱어는 이러한 과정에 대한 기술을 다음과 같이 결론짓는다. "독자들이 이러한 힘들고, 낭비적이고, 고통스러운 송아지 고기 사육이 단지 핏기 없고 연한 고기를 고집하는 사람들의 기호를 맞추어 줄 목적으로써만 이루어진다는 것을 다시 한 번 더 생각하게 된다면 더 이상의 설명은 필요가 없을 것이다."[2]

물론 송아지 고기만 세간의 집중적인 관심을 받은 것은 아니다. 비판자들은 맥도날드, 버거킹, KFC(이전에는 켄터키 프라이드 치킨) 등의 원료 공급자들이 이들 음식점에서 사용하는 소고기와 닭고기를 사육하고 가공하는 방식을 공격의 표적으로 삼았다. 육우와 돼지 생산자들은 동물들에 대한 잔혹한 사육 방식뿐만 아니라, 가축 사육장에서 발생하는 환경 피해로 인해 많은 비판을 받아왔다. 달걀과 닭고기 생산업자도 마찬가지로 닭에 대한 무자비한 사육 방식으로 인해 비판을 받았다.

축산업자와 판매업자 모두를 포함하는 식품산업계는 동물 처우 방식을 상당 부분 개선함으로써 이에 대응해 왔다. 특히 유럽, 미국, 캐나다 등에서는 동물을 학대하는 과거의 관행이 사라졌다는 것이 일반적인 평가다. 그럼에도 불구하고 피할 수 없는 모순이 발생한다. 다행히 육우, 송아지, 돼지, 닭 등은 이제는 덜 학대받고, 더 잘 먹고, 더 좋은 축사에서 살고, 덜 잔인하게 죽임을 당하기는 하지만 여전히 인간을 위해 죽어 간다.

최근에는 동물들에 대한 취급 방식뿐만 아니라, 문자 그대로 동물들이 창조되고 개량되는 방식에 대해서도 대중이 더욱 관심을 갖게 되었다. 대중의 비판의 화살은 유전자 조작 식품뿐만 아니라 유전자 조작 동물에게로도 향했다. 사실 동물의 품종 개량은 인간이 처음 동물을 가축화하기 시작한 시절부터 있었다. 실제로 동물을 가축화하는, 혹은 '품종을 개량하

---

2 같은 책, 136쪽.

2부 응용윤리학으로서의 환경윤리학

는' 과정은 인간의 조작, 당시는 의식하지 못했지만 동물유전학을 필요로 했다. 개, 고양이, 말, 소 등은 역사적 과정을 통하여 인간에 의해 개량되어 왔다. 그런데 현대의 유전과학은 육종 전문가들이 개체군 내에서 자연적으로 나타나는 특성 중에서 바람직한 특성만을 선택하는 것을 허용할 뿐만 아니라, 자연적으로는 달리 나타나지 않던 새로운 특성을 창조해 내는 것을 허용한다. 인간이 원하는 유전자 조작 동물의 특성에는 빠른 성장, 번식률, 질병에 대한 저항, 영양가치의 향상 등이 포함된다.

토론 주제

1. 개와 고양이 같은 동물을 먹는 것을 금지하는 것은 문화적인 관습 말고 다른 어떤 것에 근거를 둘 수 있는가? 여러분은 어떤 조건이라면 개고기를 먹을 수 있는가?

2. 식량으로 동물을 죽이는 것이 정당화된다면, 도살 전 동물이 어떻게 다루어지는지가 왜 문제가 되는가?

3. 동물 사냥에 윤리라는 것이 있는가? 동물을 사냥하기 위해서 윤리적으로 더 좋거나 더 나쁜 방식이 있는가?

4. 동물에 관해 이야기할 때, '인도적인' '비인도적인' '고통' '사유'와 같은 단어를 사용하는 것은 합당한가?

5. 동물 종이 서로 다르다고 해서 중요한 차이가 있는가? 어떤 동물은 다른 동물보다 더 많은 윤리적 관심을 받을 가치가 있는가? 그렇다면 왜 그렇고, 그렇지 않다면 왜 그렇지 않은가?

6. 가축과 야생동물을 대하는 데 있어 윤리적 차이가 있는가?

7. 식품의 유전자 변형은 어떤 윤리적 우려를 낳는가? 여러분은 인간을 유전적으로 조작하는 것에 대해서도 비슷한 생각을 갖고 있는가?

1. 서론

철학자들이 다양한 윤리적 전통을 환경 쟁점들에 적용하기 시작했을 때, 두 개의 근본적인 물음이 그들의 작업을 좌우했다. 첫 번째는 인간과 자연환경 사이의 적절한 윤리적 관계가 무엇인가 하는 것이다. 두 번째는 이러한 관계의 철학적 기초는 무엇인가 하는 것이다. 이러한 질문에 답하고자 애쓰면서 많은 철학자들은 표준적 윤리 이론들에 호소하는 것이 아주 애매하다는 것을 깨닫게 되었다. 인간과 자연의 관계에 대한 전통적인 철학적(그리고 신학적) 견해들은 많은 경우에 있어서 환경 파괴와 악화에 기여해 왔던 것으로 여겨졌다.[3]

대부분 서양의 철학적 전통은 인간과 자연환경 사이에 어떤 직접적인 도덕적 관계가 존재한다는 것을 부정한다. 이러한 전통 안에 있는 윤리 이론들에 따르면, 오로지 인간만이 도덕적 지위를 갖는다. 이때의 윤리 이론은 인간 중심주의적, 혹은 인간 중심적이다. 그래서 환경적 결정을 내릴 때, 윤리적인 사람은 오로지 그 결정이 인간에게 어떤 영향을 미칠 것인지를 고려하면 된다. 이러한 관점을 따르는 환경윤리학은 인간 중심주의적이고 결과주의적이다. 즉 환경적인 옳고 그름은 인간에 어떤 영향을 미치는지에 달려 있다. 비록 우리가 자연계에 **관련해서** 간접적인 책임

---

3 이후에 우리는 이런 주장이 린 화이트에 의해서 어떻게 발전되는지를 자세히 살펴볼 것이다.

을 가질지라도, 자연계에 **대하여** 직접적인 책임을 갖지는 않는다. 환경적 책임은 본질적으로 타산의 문제다. 즉 우리는 우리 자신의 이익을 위해서 환경을 보호한다(물론 때때로 이것은 미학적인 즐거움이나 상징적인 의미와 같은 이익을 포함할 수 있다). 4장에서 살펴보았듯이 이러한 견해는 인간의 미래 세대에 대한 책임을 포함하는 데까지 확장되었다.

이 장에서 우리는 철학적 관점의 보다 근본적인 전환을 살펴볼 것이다. 20세기 후반에 몇몇 철학자들은 점차적으로 우리는 자연계에 대해 직접적인 윤리적 책임, 즉 인간에게 미치는 결과에 의존하지 않는 책임을 갖는다고 주장하기 시작했다. 이러한 전환은 인간 중심적 윤리 이론에서 탈인간 중심적 윤리 이론으로의 전환이라 특징지을 수 있다.

2. 서양 전통에서의 도덕적 지위

이러한 논의들을 위한 역사적 상황을 짚어 봄으로써 우리는 전통적 윤리학이 얼마나 확장되어 왔는지를 깨닫게 될 것이다. 2장에서 자연법적 전통이 환경적 쟁점들과 관련해 적절한 방편들을 자기 안에 갖추고 있음을 암시한 바 있다. 그럼에도 불구하고 이러한 전통과 가장 밀접하게 관련을 맺고 있는 두 명의 철학자는 자연 대상들의 도덕적 지위에 공감하지 않는 견해를 지지했다. 아리스토텔레스는 다음과 같이 말한다.

> 식물은 동물을 위해 존재한다. ……그리고 동물은 인간을 위해 존재한다. 길들인 동물은 식량만이 아니라, 인간이 이용해 먹을 수 있는 다른 용도를 위해서도 존재한다. 야생동물도 모두는 아닐지라도 대부분은 식

량을 위해 그리고 다른 여러 방식으로 이용될 수 있다. 즉 옷과 도구들이 이것들로부터 만들어진다. 만약 그래서 자연은 계획하고 있는 목적 없이는 아무것도 만들지 않는다는, 즉 전혀 헛되게는 아무것도 만들지 않는다는 우리의 믿음이 옳다면, 자연은 특별히 인간을 위해 모든 것을 만들어 냈음에 틀림없다.[4]

16세기 후에 아퀴나스는 이러한 쟁점을 신학적 맥락에서 다루었다.

우리는 인간이 야수를 죽이는 것은 죄를 짓는 것이라고 주장하는 사람들은 잘못이라고 생각한다. 왜냐하면 동물은 신의 섭리에 따라 당연하게 인간에 의해 이용되도록 정해져 있기 때문이다. 따라서 인간은 그것들을 죽이거나 혹은 어떤 다른 식으로 이용함에 있어 부정을 저지른다고 볼 수 없는 것이다. 이러한 이유로 신은 노아에게 다음과 같이 말했다. "나는 너희에게 목초와 아울러 모든 고기를 주었다."[5]

아리스토텔레스와 아퀴나스는 인간만이 생각하고 선택할 수 있는 지성(혹은 영혼)을 소유하기에 도덕적 지위를 갖는다고 믿었던 까닭에 이러한 입장을 취할 수 있었다. 반면 동물은 이러한 능력을 갖지 못하기에, 그 자체로는 도덕적으로 연관된 것으로 고려될 수 없다. 우리가 자연과 관

---

4 *Basic Works of Aristotle*, Richard McKeon(편) (New York: Random House, 1941)에 수록된 Aristotle, *The Politics*, book 1, ch. 8, 1256b쪽.

5 Thomas Aquinas, *Summa Contra Gentiles*, ed. English Dominion Friars(London: Burns and Oates, 1924), book 3. pt. 2. 노아에 대한 명령은 「창세기」 9장 2-3절을 보라. 또한 이 구절에 대한 아퀴나스의 견해에 관한 간단한 논의는 John Passmore, *Man's Responsibility for Nature*(New York: Scribner's, 1974), 6쪽을 보라. 패스모어의 이 책은 '인간을 폭군으로' 보는 견해의 철학적 근원을 이해하기 위한 훌륭한 자료다.

련해서 갖는 의무는 인간의 필요나 이해관계라는 측면에서만 설명이 가능하다.

칸트의 의무론적 이론은 덜 제한적이기는 하나 별로 나을 것도 없다. 우리는 칸트가 미래 세대에 대한 의무에 공감한다는 증거를 가지고 있고, 정언명령은 여러 환경 쟁점들에 관계가 있는 것으로 보인다.[6] 그럼에도 불구하고 『윤리학 강의Lectures on Ethics』에서 칸트는 자연에 관련한 우리의 의무를 간접적이라고, 즉 그것은 다른 인간에 대한 의무에 지나지 않는다고 분명하게 말하고 있다. 보다 일반적으로 권리와 도덕적 지위를 '대상들'이나 '수단들'과는 별개의 '주체들'이나 '목적들'에 제한하는 칸트의 분석은 오직 인간만이 도덕적 지위를 갖는다는 견해를 한층 강화해 준다. 이러한 견해에 따르면 오로지 자유롭고 이성적인 행동을 할 수 있는 자율적인 존재만이 도덕적 존재다. 또한 18세기 유럽인은 다른 생명체가 이러한 능력을 갖지 못했다고 믿었기 때문에, 그것들을 도덕적 고려 대상에서 제외할 수 있었다. 인간이 아닌 동물과 식물은 주체가 아니라 대상의 가장 분명한 예들이다.

꽤 영향력 있는 것으로 판명된 또 다른 견해는 17세기의 철학자 르네 데카르트(René Descartes)로까지 거슬러 올라간다. 데카르트는 모든 실재는 두 가지 유형의 근본 실체, 즉 '정신'과 '물체'로 환원할 수 있다고 주장했다. 정신의 영역은 모든 사유, 감각, 의식을 포함하고, 물체의 영역은 물리적이고 공간적인 모든 것을 포함한다. 이러한 물리적인 영역은 물리학의 영역으로 그것은 순전히 기계적이고 의식을 결여하는 것으로 생각

---

6 칸트의 미래 세대에 대한 관심은 John Passmore, *Man's Responsibility for Nature*, ch. 4를 보라. 더 자세한 논의는 Annette Baier, "For the Sake of Future Generations", *Earthbound: New Introductory Essays in Environmental Ethics*, Tom Regan(편) (New York: Random House, 1984), 214-246쪽을 보라.

되었다. 비록 데카르트는 동물과 식물이 살아 있다는 것을 부정하지는 않았지만, 그것들이 기계들 혹은 '사유 능력이 없는 짐승들'과 별다를 바가 없다고 생각했다. 그러므로 데카르트의 견해에 따르면, 도덕적 지위의 기준은 의식이다. 의식적이지 않은 것은 어떤 것이든 단순히 물리적인 것이고, 그것의 안녕에 관심을 두지 않고도 다뤄질 수 있다.

동물을 도덕적 고려 대상에서 무조건적으로 배제하지 않은 몇 안 되는 철학자 중 한 사람은 공리주의자인 제레미 벤덤이었다. 서양 철학의 주된 흐름에서 다소 예외적이기에 유명해진 한 구절에서 벤덤은 다음과 같이 주장했다.

그 밖의 나머지 동물들이 포악한 권력에 의하지 않고서는 결코 침해당할 수 없었을 그러한 권리를 획득할 수 있는 날이 **올지도 모른다**. 프랑스인은 이미 피부가 까맣다는 것이, 괴롭히는 사람의 변덕에 대한 교정 없이, 한 인간을 방기해야 할 이유가 아니라는 사실을 깨달았다. 다리의 수, 피부의 융모 혹은 천골(os sacrum)의 퇴화가 감성적인 존재를 같은 운명에 내맡기기에는 마찬가지로 불충분한 이유라는 것이 인정될 날이 언젠가는 올지도 모른다. 뛰어넘을 수 없는 경계선을 그어 줄 수 있는 것은 그 밖에 무엇인가? 이성의 능력인가, 아니면 대화의 능력인가? 그러나 충분히 성장한 말이나 개는 하루, 1주일 혹은 심지어 한 달 정도 된 유아와는 비교할 수 없을 정도로 더 대화가 가능할 뿐만 아니라 더 이성적이다. 가령 그것들이 그렇지 않다고 하더라도 그것은 무슨 쓸모가 있는가? 문제는 그것들이 **이성적으로 사유**할 수 있는가 혹은 그것들이 **말할** 수 있는가 하는 것이 아니라, 그것들이 **고통을 느낄** 수 있는가 하는 것이다.[7]

벤덤은 공리주의적인 견해에 어긋나지 않게 도덕적 고려 가능성의 영역을 쾌락과 고통을 느낄 수 있는 능력을 갖는 것을 포함하는 데까지 확장했다. 우리는 피터 싱어의 글에서 벤덤과 유사한 견해가 전개되고 옹호되는 것을 보게 될 것이다.

요약하면, 서양적 전통에서 대부분의 철학자에게는 인간이, 그것도 오로지 인간만이 도덕적 지위를 갖는다. 일찍이 어떤 철학자도 다른 존재들이 도덕적 지위를 갖는지에 대한 문제를 거의 고려하지 않았고, 고려했더라도 대부분은 자연 대상들에 대한 도덕적 지위를 부정했다. 가장 흔하게 도덕적 영역의 경계를 긋기 위해 이용된 기준은 어떤 의미에서는 특정한 방식으로 생각하고 추리하는 지적인 능력이다.

비판자들에게는 결국 두 가지 전략이 유효하다. 그들은 합리성이 도덕적 지위의 기준으로서 적절하지 않다고 주장함으로써 동물을 배제하기 위한 철학적 근거를 거부할 수 있다. 그래서 벤덤의 제안에 따르면서 감각이 도덕적 지위의 기준이어야 한다고 주장할 수도 있다. 다른 한편 그들은 철학적 근거는 받아들일 수 있지만, 그것으로부터 따라 나온 결론을 거부할 수 있다. 이러한 접근 방식에 따라서 합리성이 적절한 기준이지만, 동물들, 즉 최소한 어떤 '고등의' 포유동물들만큼은 사실상 이러한 능력을 갖고 있다고 주장할 수도 있다.

그래서 우리는 서양의 많은 철학적 전통이 자연계에 대한 직접적인 윤리적 책임이라는 생각에 공감하지 않는다고 강력히 주장할 수 있다. 게다가 이러한 전통은 자연계를 착취하고 지배하기 위한 근본적 이유를 제공해 주고, 그래서 부분적으로는 현재 우리의 환경적 곤경에 책임이

---

7 강조는 벤덤이 한 것이다. 이 구절은 *The Principles of Morals and Legislation*(Oxford, England: Oxford University Press, 1907), ch. 17, sec. 1, footnote to paragraph 4에 등장한다.

있다고 그럴듯하게 주장할 수도 있다. 그러나 철학자들만이 그런 것은 아니다. 어떤 학자는 서양의 종교적 전통도 이 점에 관해서는 마찬가지로 책임이 있다고 주장했다. 처음으로 이러한 주장을 한 사람들 중 한 사람은 역사학자 린 화이트(Lynn White Jr.)였다.

이러한 종교적 전통은 유대-기독교의 하나님이 모든 생명체를 창조했다는 「창세기」의 몇 구절에 의해 상징적으로 대표된다. "우리의 모습을 닮은 사람을 만들어 바다의 고기와 공중의 새와 가축과 온 땅과 땅에 기어 다니는 모든 생물을 지배하게 하자" 하시고, 하나님은 자신의 모습대로 인간을 창조하셨다. 그리고 하나님은 그들을 축복하여 이렇게 말씀하셨다. "너희는 많은 자녀를 낳고 번성하여 땅을 가득 채워라. 땅을 정복하라. 바다의 고기와 공중의 새와 땅의 모든 생물을 지배하라."[8]

서양의 신학적 전통이 오늘날의 환경 위기의 근원일 수 있다는 것이, "우리 생태 위기의 역사적 근원"이라는 화이트의 고전적인 논문의 핵심이다.[9] 화이트는 자연에 대한 근대의 과학적이고 기술적인 접근 방식은 특정한 유대-기독교적 관점의 산물이라고 주장한다. 앞의 「창세기」에서 인용한 구절과 같이, 성경에서 발전한 이러한 관점이 특히 인간 중심적이다. 이러한 견해에 따르면 인간은 모든 창조물 중에서도 특권적 지위를 차지한다. '신을 닮은 모습'으로 창조되었기에 인간은 도덕적이고 형이상학적인 독특성을 갖는다. 인간은 자연과 구분되고 자연을 초월한다.

---

8 「창세기」 1장 26-29절.

9 Lynn White, "The Historical Roots of Our Ecological Crisis", *Science* 155(1967), 1203-1207쪽.

신은 인간이 자연보다 우월하다는 도덕적 위계를 만들었고 인간으로 하여금 자연을 정복하고 지배하도록 명령했다.

화이트는 이것이 기독교 신학에 대한 유일하거나 가장 합리적인 해석이라고 주장하는 것은 아니다. 사실 그는 계속해서 훨씬 더 조화로운 자연과의 관계를 지지해 줄 '대안적인 기독교적 견해'를 제시하기도 한다. 중요한 것은 이것이 많은 유대교 신자들과 기독교인이 창조에 관한 성경의 이야기에 대해 내린 해석이라는 것이다. 현대의 많은 과학과 기술은 자연에 대한 이러한 인간 중심적인 시각이 지배하는 상황에서 발전했다. 그리고 화이트에 따르면 이것이 현재 생태학적 위기의 근원을 이루고 있다.

3. 초기의 환경윤리학

그래서 우리는 서양의 철학적 종교적인 전통 내에서 인간을 자연보다 우월하다고 간주하고, 그럼으로써 인간의 자연 지배가 정당한 것으로 간주하도록 부추기는 생각을 발견한다. 동시에 바로 이러한 전통은 환경 문제를 해결하는 데 응용되었던 철학 이론에도 많은 기여를 했다. 실제로 주류를 이루고 있는 서양 철학의 이러한 두 가지 발전들 사이의 긴장은 전통적인 윤리 이론들에 대한 가장 큰 도전을 개시한다. 지배적인 윤리적 전통은 환경 논쟁을 해결하기 위한 수단을 마련해 줄 수 있을까? 이러한 문제는 애매한데, 그것의 한 가지 좋은 예가 환경적 쟁점을 맨 처음 철학적으로 검토한 것 중의 하나인 존 패스모어(John Passmore)의 『자연에 대한 인간의 책임*Man's Responsibility for Nature*』(1974)에서 나타났다.

패스모어는 많은 응용윤리학의 특징적인 이미지를 이용하면서 그 자신의 철학적 역할을 존 로크(John Locke)에 의해 처음 사용된 용어들로 설명한다. 쟁점을 식별해 내고 논의를 명료화하고 분석하는 윤리학자의 역할은 "바닥을 청소하고 지식으로의 길에 놓여 있는 쓰레기를 제거하는 일꾼이다." 철학자의 첫 번째 역할은 쓸모없거나 비합리적이거나 위험한 대안을 제거하는 것이다. 패스모어는 '신비주의', '자연을 신성시하는' 견해, 동물권 옹호론을 포함해 '서양적 전통'을 포기할 것을 요구하는 모든 견해를 제거해야 할 '쓰레기'에 포함시킨다.

그럼에도 패스모어는 서양의 전통에 호소하는 것이 역설적인 특성을 지닌다는 것을 시인한다. 한편으로 그는 지배적인 서양의 전통이 "인간과 자연의 관계가 어떤 식으로든 도덕적 고려에 의해 지배된다는 것을 부정하고 있다"라는 점을 인정한다.[10] 이러한 전통에 따르면 인간은 자연을 오만불손하게 지배할 뿐만 아니라 인간이 바라는 대로 마음대로 주물러 어떤 모양이든 만들 수 있는 단순한 밀랍 덩어리로 취급하는 '전제군주'다. 다른 한편으로 패스모어는 서양 전통이 윤리적으로 적절한 자연과의 관계를 위한 씨앗을 품고 있다고 믿는다.

하지만 기독교건 공리주의건 서양의 전통적인 도덕적 가르침은 사람들에게 항상 그들의 이웃들에게 해를 입히는 행위를 하지 않아야 한다고 가르쳐 왔다. 그리고 우리는 이제 폐기물을 바다나 대기 중에 버리는 일, 생태계의 파괴, 아이를 많이 낳는 일, 자원의 고갈 등이 동료는 물론이고 현재와 미래의 사람들에게 해를 끼친다는 것을 알게 되었다. 그런

---

10 John Passmore, *Man's Responsibility for Nature*, 186-187쪽.

2부 응용윤리학으로서의 환경윤리학

정도에서 전통적인 도덕은 다른 어떤 것의 보충 없이도 우리의 생태적 관심을 정당화하기에 충분하다.[11]

그래서 "새로운 도덕 원리들"을 요구하는 것이 "전적으로 잘못된 것"은 아니지만, 필요한 것은 "'새로운 윤리'라고 하기보다는 이미 잘 알고 있는 윤리에 좀 더 충실하는 것이다." 예를 들어 패스모어는 오염과 관련된 윤리적 문제들은 대단한 어떤 것을 필요로 하는 것이 아니라, "어느 누구도 자신의 이웃을 독살해서는 안 된다"와 같은 일반적으로 받아들여진 원리를 적용하는 것을 필요로 한다고 결론을 내린다. 그는 또한 생태적 재앙의 일차적인 원인은 "탐욕과 근시안적 안목"의 문제들이고, 그것은 "사려 깊은 행위라는 과거에 통용되던 방법"에 의해 능히 극복될 수 있는 문제들이라고 믿는다.[12]

패스모어의 작업은 대부분 표준적인 응용윤리학의 모델을 따른다. 주의 깊은 철학적 분석은 환경 논쟁을 위해 많은 것을 제공해 준다. 하지만 그의 분석이 지니는 한 가지 측면은 근대 서양 윤리학의 확장을 요구한다는 점이다. 그는 소비주의 사회의 물질적 탐욕을 한탄하면서 세계에 대한 보다 더 "감수성 있는" 태도를 요구한다. 그에 따르면 감수성에 대한 "청교도적 공격"의 유래는 플라톤으로부터 아우구스티누스(Augustine)와 프로테스탄트 교회를 거쳐 근대 서양 세계까지 거슬러 올라가는데, 이는 자연의 아름다움과 사랑을 부정하는 결과를 낳는다. 환경 위기로 인해 요구되는 "새로운 윤리"는 심미적 가치가 중요한 역할을 담당하는 것이어야 한다. 감수성을 부정하는 것은 "산아 조절 방법을 널리 알리

---

11 같은 책, 같은 쪽.
12 같은 책, 같은 쪽.

는 것을 제한하고 생식을 목적으로 하지 않는 모든 성관계를 비난함으로써" 인구 폭발을 야기하게 되고 결국은 환경을 위협하는 한 원인이 된다.[13] 이것은 또한 환경 파괴를 쉽게 용납하도록 만든다.

> 보다 감수성 있는 사회라면 황폐한 도시, 황량하고 더러운 집, 유례없이 보기 흉한 예배당, 슬래그(slag) 더미, 더러운 강, 폐품 처리장 등 산업화 이후의 '풍경'을 결코 용납하지 않았을 것이다. ……오로지 인간이 먼저 감수성을 가지고 세계를 바라보는 법을 배울 수 있다면, 어떻게 세계를 보살펴야 하는지 알게 될 것이다.[14]

그래서 패스모어는 "인간으로 하여금 스스로를 자연의 절대적인 지배자로 생각하도록, 다시 말해 존재하는 모든 것이 자기를 위해서 만들어진 것처럼 생각하도록" 부추기는 서양의 철학적이고 종교적 전통을 비판하고자 했다.[15] 그럼에도 불구하고 그의 윤리학은 그러한 전통과 마찬가지로 여전히 인간 중심적이다. 자연계는 그 자체로는 어떤 가치도 갖지 못한다. 자연계는 인간이 보살피고, 사랑하고, 아름답다고 느끼기 때문에 가치를 지닐 수 있는 것이다. 우리는 자연계와 관련해서 책임을 갖지만, 이러한 책임의 근거는 인간의 이해관계가 무엇인지에 달려 있다.

패스모어와 같은 많은 철학자에게 표준적인 윤리 이론은 확실히 새로운 환경에 대한 권리를 주장할 수 있는 방편을 제공한다. 표준적 윤리 이론을 확장하려는 또 다른 초기의 시도는 윌리엄 블랙스턴(William

---

13 같은 책, 189쪽.
14 같은 책, 같은 쪽.
15 같은 책, 13쪽.

2부 응용윤리학으로서의 환경윤리학

Blackstone)에 의해 전개되었다.[16] 블랙스턴은 단순하게 **욕구하는** 것과 **권리**로 갖는 것을 비교하면서, "살기 좋은 환경에 대한 권리"라는 인간의 새로운 권리를 인정해야 한다고 주장했다. 논의의 전후 맥락을 알기 위해 3장에서 제시했던 구조로 돌아가 보자. 환경 문제를 바라보는 하나의 방식은 이해관계의 상충으로 보는 것이다. 예를 들어 페블마인(Pebble Mine) 개발업자가 선호하는 것과 연어 어업종사자가 선호하는 것은 다르다. 공공정책 입안자의 과제는 이러한 갈등을 공정하고 공평하게 해결하는 것이다.

경제학적 모델은 경쟁관계에 있는 모든 선호를 똑같이 만족해야 할 만한 가치가 있는 것으로 취급함으로써 갈등을 해결한다. 그러므로 목표는 이러한 선호들을 최적의 규모로 만족시켜 주는 것이다. 즉 갈등의 해결은 공리주의적이고 양적인 방식에서 이루어진다. 많이 선호될수록 더 좋은 것이다.

전통적으로 도덕적 권리라는 개념은 전체적인 선의 순증(net increase)을 위해 어떤 중요한 이해관계가 희생되는 것을 막는 기능을 수행해 왔다. 2장에서 살펴본 바와 같이, 칸트적인 윤리 전통에 따르면, 인간의 존엄성을 존중해야 한다는 강력한 도덕적 의무는 단순한 욕구보다 중요한 이해관계들에 윤리적으로 우월한 지위를 부여함으로써 그것을 보호할 수 있을 때에만 의미를 갖는다. 나와 여러분의 욕구가 갈등할 때, 욕구의 최적 만족을 추구하는 시장의 목표는 갈등 상황에 권리가 관련되지 않은 한에서만 매력적이다. 예를 들어 여러분이 내 집에 인접한 여러분의 소유지에 독성 폐기물을 버리기를 원한다면 여기에는 단순한 욕구의 갈

---

16 William Blackstone(편), *Philosophy and Environmental Crisis*(Athens: University of Georgia Press, 1974). 블랙스턴의 기고문은 "Ethics and Ecology", 16-42쪽을 보라.

등 이상이 개입되어 있다. 이 경우 여러분이 **원하는** 것은 나의 **권리**와 갈등하는 것이다. 이러한 견해에 따르면 권리는 단순한 욕구보다 우위에 있고, 비록 권리를 희생시킴으로써 전체적인 선을 극대화할 수 있다 할지라도 권리는 희생되어서는 안 되는 것이다.

패스모어에 따르면 표준적 윤리 이론은 이러한 상황을 다루기 위한 수단을 가지고 있다. 그러나 다른 철학자들에게 우리 세계의 변화하는 환경 조건은 이전에는 중요한 것으로 인식되지 않던 이해관계들을 지금은 아주 중요한 것으로 만드는 것으로 생각된다. 맑은 공기와 물에 대한 이해관계, 그리고 사라지는 야생지의 보존에 대한 이해관계는 한 세대 이전에는 그렇지 않았을지 모르지만 오늘날에는 도덕적 권리로서 보호받아야 할 만큼 중요한 것이 되었다.

블랙스턴의 접근 방법은 인간의 권리에 대해 2장에서 기술한 칸트의 견해와 유사한 표준적인 의무론적 방식을 채택하고 있다. 그는 보편적이고 양도할 수 없는 인간의 권리가 있다는 일반적인 견해를 옹호한다. 이러한 권리는 다른 사람의 편에서는 일정한 어떤 방식으로 행동하거나 행위해서는 안 되는 '상응하는 의무와 책임'을 수반한다. 그래서 도덕적 의무는 우리의 자유와 권리의 행사를 제한한다. 흔한 예를 하나 들어 보자. 사냥용 칼에 대한 나의 소유권에서 따라 나오는 나의 자유는 여러분의 생명권에서 연유하는 나의 의무에 의해서 제한을 받는다. 즉 나는 이 칼을 가지고 여러분을 찔러 죽일 수 없다.

이러한 일반적인 틀에서 제기되는 질문은 인간이 살기 좋은 환경에 대한 권리를 갖는가 하는 것이다. 블랙스턴은 그러한 권리를 갖는다고 주장한다. 이러한 견해에 따르면 각 개인이 권리를 소유하게 되는 것은 다음과 같은 이유 때문이다.

인간의 권리는 그가 인간이라는 사실에서, 그리고 인간의 삶을 영위하는 데(즉 이성적이고 자유로운 존재로서 그의 능력을 발휘하는 데)에 그러한 권리가 필수 불가결하다는 사실에서 나온다.[17]

더 나아가 블랙스턴은 평등, 자유, 행복, 생명, 재산 등 자유롭고 이성적인 존재로서의 우리의 본성에서 따라 나오는 인간의 기본적인 권리는 안전하고 위생적이며 살기 좋은 환경 없이는 실현할 수 없다고 주장한다. 이런 맥락에서 살기 좋은 환경에 대한 권리는 인간적인 삶을 실현하는 데 있어 필수적인 것이라고 할 수 있다. 그리고 살기 좋은 환경은 모든 인간에게 똑같이 필수적인 것이기 때문에 "어떤 사람에게서도 이러한 삶을 영위할 기회를 박탈할 타당한 근거는 없다."[18]

따라서 우리는 아주 표준적인 철학적 틀을 갖게 된다. 인간의 권리는 우리가 자유롭고 이성적인 행위자라는 본성으로 인해 갖게 되는 기본적인 이해관계로부터 나온다. 그것은 우리의 자연적인 인간적 능력을 발휘하기 위해 필요한 것으로서 옹호되고, 그리고 어느 누구의 이러한 권리를 부정하기 위한 어떤 타당한 근거도 존재하지 않는다는 이유로 인해, 즉 그것이 보편화될 수 있다는 이유로 인해 옹호된다. 그렇다면 이것은 어떻게 해서 인간의 새로운 권리가 되는가? 블랙스턴은 "변화하는 환경적 조건들"은 공공의 복지와 평등이라는 이름으로 우리의 전통적인 자유와 권리, 특히 재산권을 제한할 것을 요구한다고 생각한다. 그래서 "과거에는 정당하게 자유와 권리로서 간주되었던 것(자연자원이 제한되어 있지 않고 어떤 심각한 오염 문제도 없는 것으로 보였던 상황)이 이제는 더 이상 그렇게 생각될

---

17 같은 책, 31쪽.
18 같은 책, 32쪽.

수 없다."[19] 자연적 권리에 대한 전통적인 윤리적이고 정치적인 틀이 새로운 환경 현실에 적용될 때, 몇 가지 전통적인 권리는 수정되어야 하고, 몇몇 새로운 권리는 다시 새롭게 만들어져야 한다.

하지만 비판론자는 블랙스턴의 입장에 대해 여러 가지 반론을 제기할 수 있다. 그들은 새로운 권리에 대한 이야기는 유용한 것이 아니고 그것은 사소한 의미에서만 참이라고 주장할 수 있다. 살기 좋은 환경에 대한 권리라는 것은 기껏해야 생명, 자유, 재산 등과 같은 보다 근본적인 권리를 간단하게 얘기하는 방식에 불과하다. 만약 내가 독성 폐기물을 강에 쏟아 붓는다면, 강 하류에 사는 사람들에게 해를 끼치고 권리를 침해한 것이다. 표준적인 재산권은 이러한 쟁점을 다루기에 충분하다고 주장할 수 있다. 또한 내가 여러분이 식수로 이용하는 지하수나 호흡하는 공기를 오염시켰다면, 나는 여러분에게 흔한 방식으로 해를 끼친 것이다. "어느 누구에게든 이웃 사람들을 독살하는 것이 허용되어서는 안 된다"와 같이 패스모어가 얘기하는 일반적으로 받아들여진 원리는 살기 좋은 환경에 대한 이야기가 불필요하다는 것을 암시한다. 사실상 이러한 새로운 권리는 오염과 환경 파괴에 의해 야기된 실제적인 피해를 감춰 주는 새로운 층(layer)의 권리를 창조함으로써 환경운동에 해를 끼칠 수도 있다. 권리의 수를 늘리는 것은 오염에 의한 윤리적, 법률적 피해를 분명히 하는 일을 더 어렵게 만들 수도 있다.

블랙스턴에 대한 또 다른 비판은 권리 개념을 제대로 이해한다면 권리는 **소극적** 의무만을 포함하지 **적극적** 의무를 포함하지 않는다는 것이다. 여러분의 생명권으로부터 나오는 나의 의무는 여러분을 죽이지 않을 소

---

19 같은 책, 같은 쪽.

극적 의무만을 포함할 뿐이다. 예를 들어 그것은 여러분이 살기 위해 필요로 하는 모든 것을 마련해 줄 적극적 의미의 의무는 포함하지 않는다.

이러한 시각에서 볼 때, 살기 좋은 환경에 대한 권리는 불필요하거나 아니면 다른 사람들에게 너무 많은 것을 요구하는 것이다. 만약 그것이 **소극적** 권리(예를 들어 오염으로 피해를 입지 않을 권리, 혹은 보다 일반적으로 여러분의 환경적 활동으로 인해 나의 안녕이 위협받지 않을 권리)로 이해된다면, 그것은 기존의 표준적인 윤리나 법적인 개념에 의해서 이미 해결된 것으로 본다. 반면에 그것이 **적극적** 권리(예를 들어 다른 사람의 편에서 깨끗한 환경을 제공하거나 만들어 내는 의무를 포함하는 권리)로 이해된다면, 그것은 교육이나 보건의료와 같이 바람직한 사태이기는 하지만 권리라고 보기는 어렵다. 살기 좋은 환경에 대한 적극적인 권리로부터 나오게 될 다른 사람들의 의무의 범위와 관련해서 심각한 물음이 제기될 수 있다. 예를 들어 어떤 사람이 차를 몰고 다니면서 공기를 오염시킬 때마다 나의 권리가 침해되는 것일까? 또는 어떤 사람이 채소를 재배하기 위해 살충제를 사용할 때도 나의 권리가 침해되는 것일까? 하수 오물을 바다에 처리할 때는? 확실히 이것은 현대 생활의 많은 것들을 마비시킬 정도로 너무나 많은 권리와 의무를 낳는 결과를 가져올 것이다.

물론 이런 우려에 대한 대응 방안도 있다. 살기 좋은 환경에 대한 권리를 옹호하는 사람은 이러한 권리가 다른 사람들에 대한 최소한의 기본적인 의무만을 포함한다고 주장할 수 있을 것이다. 교육이나 보건의료 분야에서 유사한 예를 찾을 수 있다. 보건의료에 대한 권리는 성형외과와 같은 모든 의료 절차들에 대한 광범위한 권리를 포함할 필요는 없지만, 응급의료에 대한 권리는 포함해야 한다. 교육에 대한 권리도 사립대학에서 석사학위를 받을 때까지 무상교육을 받을 권리를 포함할 필요는 없지만, 고등학교까지의 교육을 무상으로 받을 권리를 포함할 수는 있다. 그래서 살기 좋은 환경에 대한 권리도 원시 시대의 깨끗한 공기나 물에 대한 권리를 포함할 필요는 없고, 독성 폐기물을 강에 쏟아 붓고, 도시의 음식 쓰레기와 하수 오물로 바다를 오염시키고, 고유황 석탄을 때고 하는 등에 관한 자유방임적 정책을 금지시킬 것이다.

4. 도덕적 지위

4장에서 살펴보았듯이 환경 쟁점들은 철학자들로 하여금 윤리적인 개념들을 전통적인 영역을 넘어서 확장시키도록 만들었다. 예를 들어 에너지나 인구정책에 대해 철학적으로 적절한 설명을 발전시키기 위해 철학자들은 현재 살아 있는 인간들 이외의 어떤 다른 존재들의 도덕적 지위를 고려할 필요가 있었다. 이 장의 나머지 부분에서는 자연환경의 대상들에 **관련한** 의무뿐만 아니라 이러한 대상들에 **대한** 의무를 고려할 것을 요구하는 윤리학의 확장을 살펴볼 것이다.

먼저 이산화탄소의 오염 문제를 살펴보자. 일반적인 윤리적 시각에서 볼 때 오염이 다른 사람의 건강과 재산을 위협해 피해를 끼친다면, 도덕적으로 그릇된 행위가 될 것이다. 표준적인 윤리적 관행이 오염으로 인한 피해에 적절히 대처하지 못한다면, 우리는 블랙스턴이 그렇게 했듯이, 어떤 새로운 환경 권리를 인정해야 한다고 주장할 수 있을 것이다. 우리가 이산화탄소 오염의 해로운 결과들이 당분간 몇 세대 동안은 발생하지 않을 수도 있다는 사실을 알게 되었고, 그래서 의무나 권리와 같은 윤리적 개념을 미래 세대를 포함하는 범위까지 확장한 바 있다. 이러한 확장은 미래 세대에게 전통적인 윤리 이론에서는 갖지 못했던 도덕적

2부 응용윤리학으로서의 환경윤리학

지위를 부여해 주었다.

　미래 세대를 포함시키거나 인간의 새로운 권리를 발전시키기 위해 도덕적 지위를 확장시키려는 시도를 **인간 중심적 확장주의**라고 할 수 있다. 윤리학이 전통적인 영역을 넘어 확장되기는 했지만, 아직까지는 오로지 인간만이 도덕적 지위를 갖는다. 오염시키지 않아야 하는 의무는 환경과 **관련한** 의무이지 환경에 **대한** 의무는 아니다. 대표적인 철학자들을 간략하게 살펴보면서 알 수 있었듯이, 서양의 주류 철학과 신학은 도덕적 지위와 관련해 인간 중심적인 견해를 견지한다. 인간, 오로지 인간만이 도덕적 지위를 갖는다.

　이제 윤리학의 **탈인간 중심주의적 확장**에 대해 살펴보자. 우리는 윤리학을 확장하여 인간 이외의 다른 것들까지 도덕적 지위를 부여하려는 시도를 검토할 것이다. 도덕적 지위를 가질 수 있는 후보에는 동물, 식물, 그리고 종, 산, 강, 야생지와 같은 자연적 대상들, 심지어 지구 자체도 포함된다. 이러한 논쟁을 통하여 두 가지 근본적인 입장이 나타나는데, 하나는 도덕적 지위를 동물과 다른 자연 대상들로까지 확장하려는 입장이고, 또 다른 하나는 이러한 확장은 너무 이상하고 전통적인 윤리 개념만으로도 환경적 관심사를 다루기에 충분하다고 믿는 입장이다.

　이 장에서의 일반적인 관심사는 자연환경에 **대한** 우리의 책임에 관한 것이다. 동물, 나무, 야생지 등의 권리라는 측면에서 많은 논의를 하게 될 것이다. 하지만 모든 철학자들이 우리가 책임을 갖는 이유가 모두 권리에서 기인한 것으로 생각하는 것은 아니다. 예를 들어 우리는 미래 세대에 대해 책임을 갖는다고 하더라도 존재하지도 않는 사람들이 권리나 그 밖의 어떤 것을 소유한다고 얘기하는 것은 의미가 없는 일이라고 말하는 철학자들을 보았다. 보다 일반적으로 말하자면, 공리주의자들은 책임에 대해서는 이야기할 자세가 되어 있지만 권리에 대해서는 이야기하기를 거부한다.

이러한 이유로 권리의 측면에서 이야기하는 철학자들도 많지만 자연환경에 대한 책임을 논의할 때는 도덕적 지위와 도덕적 고려 가능성의 측면에서 생각하는 것이 더 좋을 것 같다. 이런 보다 일반적인 개념은 동물과 나무 등이 권리를 갖는 경우를 포함하지만, 그것에 제한되지는 않는다. 우리는 다음과 같은 철학적 물음을 제기하게 될 것이다. 어떤 것들이 우리에게 도덕적 요구를 할 권리를 갖는가? 그래서 그것들을 도덕적으로 고려해야 할 책임이 우리에게 있는가? 누가 그리고 무엇이 도덕적으로 중요성을 지니는가? 어떤 근거로 인해 우리는 도덕적 지위를 인정하는가(혹은 도덕적 지위가 있다고 생각하는가)?

문제를 이러한 식으로 이야기할 때, 우리는 많은 다른 현대의 도덕적 문제들과 공공정책에 관한 논쟁들이 도덕적 지위의 범위 내에 자리를 잡고 있다는 것을 알게 된다. 낙태 논쟁은 종종 태아의 도덕적 지위에 초점을 맞춘다. 즉 태아가 도덕적 인격체인지, 태아가 권리를 갖는지 하는 문제가 그것이다. 의료윤리에서의 많은 논쟁은 안락사와 중증환자의 치료와 관련된다. 이러한 쟁점은 우리로 하여금 깨어날 수 없는 혼수상태에 있는 환자들, 즉 뇌사, 냉동 배아, 중증환자의 도덕적 지위를 고려하도록 한다. 우리는 또한 미래 세대에 대한 관심이 어떻게 이러한 영역을 더 확장해 가는지를 보았다. 그래서 자연환경에 대한 의무라는 문제를 다룰 때, 다음과 같은 보다 근본적인 철학적 쟁점을 우선적으로 검토하는 것이 도움이 된다. 즉 우리는 도덕적 고려의 범위를 어디까지 할 것인가? 누가 그리고 무엇이 도덕적 지위를 가져야 하는가? 어떤 근거에서 우리는 이러한 결정을 하는가?

2부 응용윤리학으로서의 환경윤리학

그렇다면 인간과 다른 생명체들 사이의 적절한 관계란 무엇인가? 동물과 그 밖의 다른 생명체들의 도덕적 지위에 대한 가장 현대적인 논의들 중의 하나는 조엘 파인버그(Joel Feinberg)의 「동물과 아직 태어나지 않은 세대의 권리The Rights of Animals and Unborn Generations」다.[20] 1974년에 발표한 파인버그의 이 논문은 상당히 영향력이 있었는데, 내용을 간략히 살펴보는 것은 최근의 논의들을 소개하는 데 도움이 될 것이다.

파인버그는 권리가 다른 사람(그것에 대한 의무를 갖는 사람)에 대해 어떤 것을 요구할 수 있는 권리주장이라는, 그래서 법이나 '계몽된 의식'에 의해 사회적으로 인정받는 권리주장이라는 일반적 통념에서 논의를 시작한다. 예를 들어 종교의 자유는 자신이 원하는 대로 신앙을 가질 권리이고, 그것은 정부가 종교적 신앙에 간섭하지 않을 의무를 만들어 낸다. 파인버그의 전략은 도덕적 지위의 분명하면서도 문제의 소지가 없는 사례에서 시작해, 그것으로부터 우리의 직관을 가장 잘 설명해 주는 기준을 끌어내고자 하는 것이다. 그다음에 우리는 이러한 기준을 보다 더 문제가 되는 사례에 적용하는 것이다.

> 흔히 알려진 권리의 사례들에서, 권리 요구자는 일정 능력이 있는 성인 인간이다. ……그렇다면 정상적인 성인은 분명 권리라는 속성이 의미 있게 부여될 수 있는 그러한 존재다. ……다른 한편 바위가 권리를 갖는다고 하는 것은 말도 안 되는 소리다. 그것은 바위가 권리를 가질 가치도 없을 정도로 도덕적으로 열등한 존재이기 때문이 아니라(이 진술도 역시 의미가 없다), 바위는 권리라는 속성이 의미 있게 부여될 수 없는 실재의 범

---

20 Joel Feinberg, "The Rights of Animals and Unborn Generations", in William Blackstone(편), *Philosophy and Environmental Crisis*, 43-68쪽.

주에 속하기 때문이다. ……하지만 바위와 정상적인 인간이라는 분명한 사례들 사이에는 어중간하게 경계선 상의 경우를 포함해 분명하지 않은 사례들의 스펙트럼이 있다. 돌아가신 우리 조상들에게 권리를 귀속시키는 것은 의미 있는가, 아니면 개념적으로 가능한 것인가? 개별 동물들에게 귀속시키는 것은 어떤가? 동물 종은? 식물은? 바보 천치와 미친놈은? 태아는? 그리고 아직 태어나지 않은 세대는?[21]

파인버그는 개별 동물의 사례를 다루면서 대부분의 사람들이 동물을 학대하거나 가혹하게 다루지 않을 의무가 있다는 것을 인정한다고 주장한다. 이러한 의무가 다른 사람들에 대한 의무, 말하자면 동물 학대에 의해 마음의 상처를 입을 사람들에 대한 의무로부터 파생된다고 주장하는 사람도 있을 수 있다. 또한 이러한 의무가 우리 자신에 대한 의무, 예를 들어 냉혹하고 잔인한 성품을 가질 수 있는 상황을 피해야 할 의무로부터 유래한다고 주장하는 사람도 있을 수 있다. 파인버그는 이러한 설명이 정직하지 않다고 하면서, 확실히 동물은 이러한 의무의 직접적인 수혜자라고 주장한다. 그에 따르면 동물은 우리의 행위로 인해서 증진되거나 피해를 입을 수 있기 때문에, 우리는 동물에 **대해** 의무를 갖는다. 어떤 것이 권리를 갖는다고 얘기하려면, 그것은 이해관계를 가져야 하거나, 권리에 의해 보호되어야 할 그 자신의 선이나 '목적'을 가져야 한다. 타지마할처럼 귀중한 것이나 자연적인 야생지처럼 아름다운 것도 단순한 사물이기 때문에 자기 자신의 이해관계를 가질 수 없고, 따라서 권리를 갖는다고 할 수 없다.

---

21 같은 책, 44쪽.

파인버그는 도덕적 지위라는 보다 일반적인 문제가 아니라 권리의 문제에 초점을 맞춘다. 그러나 그의 주장은 매우 중요하다. 우리는 어떤 대상에 **관한** 의무를 갖는 것이 아니라, 그 대상에 **대한** 의무를 갖는다고 의미 있게 말하려면, 우리가 의무를 갖는 바로 그 대상은 자신의 복지나 선을 가져야 한다. 만약 내가 어떤 것에 대해 의무를 가지려면, 내가 이것에 대한 나의 의무를 수행하는 것이 그것을 위해 좋은 것이어야 한다. 그리고 어떤 것이 '좋은 것'이나 '나쁜 것'을 갖는다고 말하는 것은, 그것이 이해관계를 갖는다는 의미다. 예를 들어 괴롭힘을 당하지 않는 것은 강아지의 이해관계다. 만약 괴롭힘을 당하지 않는 것이 **강아지에게** 좋은 것이라고 얘기될 수 있다면, 나는 강아지를 괴롭히지 않아야 할 의무를 가질 수 있다.

그렇다면 어떤 것이 이해관계를 가질 수 있는가? 파인버그에 따르면, "의욕적 삶", 즉 "의식적인 희망, 욕구, 바람, 충동이나 자극, 무의식적 충동, 목표 또는 목적, 잠재적인 성향, 성장의 방향, 자연적 성취"를 가진 것들이 이해관계를 갖는 것으로 얘기될 수 있다.[22]

다음으로 파인버그는 이러한 기준을 다양한 대상에 적용한다. 그는 하등동물이 단순한 해충으로 취급될 수 있을지라도, 최소한 고등동물은 권리를 갖는다고 주장한다. 식물은 이해관계를 갖기 위해 필요한 '기본적 인지 능력'이 없기 때문에 권리를 갖는다고 할 수 없다. 또한 어떤 종의 개별 구성원에게는 권리를 부여할 수 있을지라도, 종이 권리를 갖는다고 얘기할 수는 없다. 그래서 개체로서의 돌고래가 그물에 걸려 죽지 않을 이해관계를 갖는다고 말할 수 있으므로, 그것이 그물에 걸려 죽지 않을

---

22 같은 책, 49쪽.

권리를 갖는다고 얘기할 수도 있다. 그러나 종으로서의 돌고래는 그에 상응하는 생명권을 갖지 못한다. 우리는 개체로서의 동물을 죽이지 않을 의무를 가질 수는 있지만, 종을 멸종으로부터 보호해야 할 의무를 갖지는 않는다. 우리의 의무는 오로지 그에 합당한 '인지 능력'을 소유한 개별적 존재들에 대한 것이다.

마지막으로 우리는 미래 세대가 확실히 존재한다면 그들 역시 이해관계를 갖는다고 말할 수 있기 때문에 우리가 그들의 권리에 관해 이야기하는 것은 의미 있는 일이다.

파인버그의 논문은 여러 가지 면에서 새로운 길을 열었다. 좁게 해석하면 그의 논문은 권리에 관해 의미 있게 말해질 수 있는 것과 그렇지 않은 것에 대한 개념적 분석을 제공했다고 볼 수 있다. 그러나 이 논문은 또한 철학적 윤리학을 위한 일종의 해방을 상징한다. 환경적 관심사는 철학자로 하여금 도덕적 고려 가능성의 영역을 대폭 확장하도록 자극했다. 본질적으로 철학자들은 인간 이외의 존재가 그것들에 대한 인간의 우연적 관심 때문이 아니라 그 자체로서 도덕적으로 고려할 만한 가치를 가질 수 있는지의 가능성을 처음으로 검토하기 시작한 것이다.

5. 나무는 지위를 갖는가?

윤리적 고려 대상을 동물에게까지 확장하는 보다 체계적인 시도를 살펴보기 이전에 인간이 아닌 자연적 대상에게까지 권리를 확장하려는 또 다른 초기의 영향력 있는 시도를 검토해 보자. 법학교수인 크리스토퍼 스톤(Christopher Stone)은 도덕적 권리는 아니지만 법률적 권리를 "숲, 대양, 강, 그리고 이른바 환경 내의 다른 '자연적 대상들', 게다가 전체로서의 자연환경"에까지 확장할 것을 주장했다.[23] 많은 동물 권리 옹호자들과 달리 그는 지위에 대한 자신의 주장의 근거를 인간의 특성이 아니라 법적인 권리의 본질에 두었다.

스톤이 자연적 대상들의 권리를 옹호하게 된 계기는 미네랄 킹 계곡에 관한 법적 논쟁이었다. 시에라클럽은 월트디즈니사가 시에라에 대규모 스키장을 건설하는 것을 막기 위해 소송을 제기했다. 이 소송은 시에라클럽이 지위를 갖추지 못했다는 이유로 캘리포니아 법정에서 기각되었다. 즉 시에라클럽의 구성원들은 미네랄 킹 계곡의 개발로 인해 법률적으로 인정되는 어떤 피해를 입게 되리라는 것을 보여 줄 수 없었던 것이다. 이 소송이 미국 연방대법원에 상소되었을 때, 스톤은 '나무도 지위를 가져야 하는가?'라는 제목의 논문을 썼다. 그는 이러한 개발로 인해 파괴될 나무와 산등성이 같은 자연물에게도 법적 지위가 부여되어야 한다고 주장함으로써 시에라클럽의 입장을 지지하고자 했다. 그러면 시에라클럽은 이러한 권리들의 법적 후견인으로 여겨질 수 있다.[24]

스톤의 분석은 법적 권리의 본질에 대한 검토와 함께 시작된다. 그는 권리라는 것이 어떻게든 발견되기 위해 자연 속에 존재하는 것이라는 견해를 은연중 거부하면서, 권리의 진화론적 발전을 강조한다. 권리는 그 권리의 침해에 대해 "어느 정도 평가할 채비가 되어 있는 공적 권위를 가진 조직체"에 의해 승인될 때 비로소 존재하게 된다. "인간의 도덕 발전의 역사는 '사회적 본능과 동정'의 대상을 계속 확장하는 것이었다"

---

23 Christopher Stone, *Should Trees Have Standing? Towards Legal Rights for Natural Objects*(Los Altos, Calif.: William Kaufmann, 1974), 9쪽.

24 이러한 역사에 대한 간단한 설명은 Roderick Nash, *The Rights of Nature*(Madison: University of Wisconsin Press, 1989), 128-131쪽을 보라.

는 찰스 다윈(Charles Dawin)의 견해를 인용하면서, 스톤은 법적 권리의 인정도 이와 유사한 발전 과정을 밟았다는 증거를 제시한다.[25] 권리는 권리 보유자들을 권리 침해로부터 보호하는 기능을 하는 것이고, 그리고 권리 보유자들의 명부(list)는 계속해서 확장돼 왔다. 그는 예전에는 땅을 소유한 백인 남자들만이 완전한 법적 권리를 누렸다는 것을 상기시킨다. 법적 지위를 가진 존재에는 이제 땅을 소유하지 않은 사람들, 여자, 흑인, 아메리카 원주민은 물론 법인, 신탁인, 도시, 국가 등도 포함된다. 이제 이런 보호 장치를 자연물에게까지 확장할 때다.

그런데 스톤은 권위 있는 조직에 의한 승인만으로는 권리를 일반에까지 확인시키기에는 충분하지 않다고 주장한다.

'법적인 권리 보유자'라는 용어를 사용하려면 세 가지 부가적인 기준이 만족되어야 한다. 사람들은 이 세 가지 모두가 어떤 것을 법적으로 **가치 있게** 만들어 주는 것, 즉 단지 '우리'를 이롭게 해주는 수단으로서가 아니라 그 자체로서 법적으로 인정된 가치와 위엄을 갖도록 해주는데 요구된다는 것을 알 수 있을 것이다. ……세 가지 기준 중 첫 번째는 그 어떤 것은 **스스로의 요청에 따라** 법적 소송을 제기할 수 있어야 한다는 것이고, 두 번째는 그 어떤 것에 대한 법적 구제의 승인 여부를 결정하는 데 있어 법정은 **그것에 대한 권리 침해를** 고려해야 한다는 것이고, 세 번째는 그러한 구제는 **그것에 이익이** 되어야 한다는 것이다.[26]

나무나 자연물에 법적 권리를 부여하자는 제안은 세 가지 기준을 모

---

25 Christopher Stone, *Should Trees Have Standing?*, 11쪽.
26 같은 책, 같은 쪽. 강조는 스톤이 한 것이다.

2부 응용윤리학으로서의 환경윤리학

두 만족시킨다. 그렇다면 어떻게 **스스로의 요청에 따라** 법적 소송을 제기할 수 있는가? 스톤은 법인이나 정신적으로 무능력한 인간이 법적 지위를 갖는 것에 주목하면서, 자연물의 이해관계를 대리하기 위해 후견인(guardian)이나 보호자(conservator) 혹은 '피신탁인(trustee)'을 지명할 수 있다고 주장한다. 예를 들어 혼수상태의 인간이 법적 후견인을 두거나 법인이 신탁 이사회를 두는 것과 마찬가지로 숲과 시냇물과 산 등도 그것들의 이익을 대리할 책임을 위탁받은 사람들에 의해 법률적으로 대표될 수 있다.

그러나 자연물이 (1)우리가 동의할 수 있는 방식으로 (2)피해를 입었다고 법적으로 인정할 수 있는 방식으로 이해관계를 갖는다고 할 수 있는가? 스톤은 그렇다고 생각한다. 그는 다시 자연물과 법인의 유사성에 주목하면서, 우리는 자연물의 이해관계를 법인의 경우와 마찬가지로 그리고 그 정도로 확실하게 자연물의 이해관계가 무엇인지를 '알 수 있고', 자연물의 권리 침해를 인정할 수 있다고 믿는다.

> 스모그로 멸종위기에 처한 소나무 숲의 후견인 변호사(guardian-attorney)는, 법인의 이사들이 '법인'은 배당 지급이 고시되기를 원한다고 주장하는 것보다 더 확신을 가지고 그의 소송 의뢰인이 스모그가 없어지기를 원한다고 주장할 수 있다.[27]

마찬가지로 스톤은 피해를 입은 자연물에 구제수단을 마련해 줄 수 있는 법적 구제책이라는 개념에 의미를 부여할 수 있다고 믿는다. 우리

---

27 같은 책, 24쪽.

는 환경을 온전하게 만들기 위한 공동의 법적 기준이나 목표를 지도 원리로서 채택할 수 있다. 자동차 사고로 다쳤을 때 건강 회복을 위한 의료비용을 보상받는 것과 마찬가지로, 우리는 자연물을 손상시킨 책임 있는 당사자에게 그 보상으로 자연물을 건강한 상태로 회복시킬 것을 요구할 수 있다. 이러한 의미에서 '환경의 건강'이라는 것은 손상되기 이전의 건강 상태일 것이다.

2010년 여름 브리티시 페트롤륨의 심해 석유 시추선인 딥워터 호라이즌 호의 폭발로 수백만 갤런의 기름이 멕시코 만으로 흘러들었다. 석 달에 걸친 오랜 기름 유출은 플로리다에서 텍사스에 이르는 해안선에 영향을 주었고, 어장과 습지대, 해변, 야생생물 서식지에 광범위한 피해를 끼쳤다.

현재의 법적 기준에서는 피해를 입은 사람들이 석유 시추에 책임이 있는 브리티시 페트롤륨을 상대로 피해 소송을 제기하는 길이 열려 있다. 예를 들어 해안을 따라 땅을 소유한 사람들이나 어업에 종사하는 사람들, 그리고 여행업자들은 그들의 손해에 대해 보상받을 자격이 있다고 주장할 수 있다. 스톤의 제안대로라면, 해안선의 대리인과 기름으로 인해 죽은 물고기와 야생생물의 대리인들 또한 손해배상 소송을 제기할 수 있다. 그래서 인간만이 자신이 입은 피해에 대해 보상을 받을 수 있는 것이 아니라, 해안 자체도 '온전한 상태가 되어야' 한다. 즉 기름 유출 이전의 상태로 되돌려져야 한다.

물론 이러한 제안이 극복해야 할 도전도 있다. 첫 번째는 스톤의 제안에도 불구하고 우리가 자연물의 이해관계에 동의할 수 있는지는 분명하지가 않다. 예를 들어 멕시코 만을 즉시 부화장의 물고기로 채워야 한다고 생각하는 사람이 있는가 하면, 자연적으로 저절로 채워지도록 내버려 두어야 한다고 주장하는 사람도 있다. 이 두 방안은 나름의 근거를 가지고 있다. 어느 것이 멕시코 만에 최선의 이익인가?

두 번째는 누가 후견인이 되느냐는 것이다. 스톤은 아마 법적 후견인이 고아들에게 최선의 것이 무엇인지를 결정하는 것과 똑같은 방식으로, 해안선의 후견인이 그러한 결정을 내리도록 하자고 주장할 것이다. 그렇다면 누가 후견인이 되어야 하는가? 이에 대해 야생지협회(The Wilderness Society)와 지역의 어업종사자들은 서로 견해가 다를 수 있다. 후견인을 선택하는 것 또한 자연물에 어떤 이해관계를 귀속시켜야 하는가에 대한 하나의 이론을 선택하는 것이다. 미네랄 킹 계곡이나 페블마인 지역의 이해관계를 시에라클럽이 대표해야 하는가? 아니면 목재회사나 광업회사가 그 역할을 해야 하는가?

이것들 중 그 어떤 것도 스톤의 접근 방식이 작동할 수 없다는 것을 보여 주지는 못한다. 그러나 자연의 이해관계에 대한 견해를 분명히 하고 옹호하기 위해서는 더 이상의 작업이 필요하다는 것을 보여 준다. 스톤의 제안이 받아들여지려면 자연물의 법적 지위를 확대하는 것에 대한 사회의 동의가 필요하다. 결국 법적 지위는 공적인 조직에 의해 '승인될' 필요가 있는 것이다. 다만 자연과 자연물의 가치에 대해 대중과의 합의를 본 이후에만 동의가 가능하다. 유감스럽게도 이러한 합의는 여전히 이루어지지 않고 있다.

6. 피터 싱어와 동물해방운동

우리는 이 장의 토론 사례에서 미식가의 기호 만족을 이유로 동물을 괴롭히고 죽이는 것이 왜 잘못되었는지에 대한 다양한 논의를 살펴보았다. 확실히 우리는 동물에 대한 윤리적 책임을 갖는다는 입장을 지지하는 많은 인간 중심적 근거를 발견할 수 있었다. 많은 사람들이 동물을 소유하고 그 권리도 갖는다. 동물을 돌보고, 동물 학대로 인해 마음의 상처도 받는다. 더 나아가 동물 학대는 학대하는 사람에게도 좋지 않은 결과를 가져올 수 있다. 동물 학대 행위는 고통에 대해 냉담하고 무감각하게 만든다.

요컨대 인간은 동물을 여러 가지 이유로 소중히 여긴다. 그러나 동물 자체를 도덕적으로 고려해야 할 직접적인 의무를 갖는다고 말할 수 있는가? 동물은 도덕적 지위를 갖는가? 동물은 도덕적으로 고려할 만한 가치를 지니는가? 이러한 물음들은 정밀하고 진전된 철학적 주목을 받은 환경적 관심사들과 관련해서 제기된 최초의 윤리적 쟁점들 중 하나다.

아마 철학적 윤리학을 동물에게까지 확장시키는 것과 가장 밀접하게 관련된 사람은 피터 싱어일 것이다. 1970년대 이래로 싱어는 동물을 도덕적 고려 대상에서 배제시키는 것은 예전에 흑인과 여자를 배제시켰던 것과 똑같다고 주장해 왔다. 싱어는 인종 차별주의나 성 차별주의와 비슷한 형태로 종 차별주의라는 말을 유행시켰다.[28] 그는 인종이나 성(性)이 다르다는 이유로 도덕적 지위에 차별을 두는 것이 도덕적으로 올바르지 못한 것처럼, 어떤 종의 구성원에 속한다는 이유로 도덕적 지위에 차별을 두는 것 역시 도덕적으로 올바르지 못하다고 주장한다.

싱어는 모든 이해관계는 똑같이 고려되어야 한다는 '기본적인 도덕

---

28 싱어는 '종 차별주의'라는 말은 리처드 라이더(Richard Ryder)의 에세이 "Victims of Science", Stanley and Roslind Godlovitch and John Harris(편), *Animals, Men, and Morals*(New York: Grove Press, 1973)에서 유래한다고 한다. 이 책은 싱어의 논평문 "Animal Liberation", *New York Review of Books*(1973년 4월), 17-21쪽의 주제였다.

원리'를 도덕 이론의 '기본 전제'로 삼아 논의를 시작한다. 기본적으로 그것은 도덕적 지위를 얻을 자격이 있는 것이면 어떤 존재든 '하나로 계산되지 그 이상으로 계산되지 않는다'는 형식적인 원리다. 인종 차별주의자나 성 차별주의자는 흑인과 여자는 동등한 도덕적 지위를 갖는다는 것을 부정할지라도 이러한 원리는 받아들일 수 있다. 그러므로 싱어는 도덕적 지위의 포함 기준을 설명해야 한다. 어떤 특징이 하나의 존재에게 동등한 도덕적 지위를 가질 자격을 부여하는가? 여기에서 싱어는 앞서 언급한 벤담의 한 구절을 인용한다. 즉 문제는 그것들이 **이성적으로 사유할** 수 있는가 혹은 **말할** 수 있는가 하는 것이 아니라, 그것들이 **고통을 느낄** 수 있는가 하는 것이다. 싱어는 계속해서 다음과 같이 이야기한다.

고통과 기쁨을 느낄 수 있는 능력은 **이해관계를 갖기 위한 선행조건**이다. 즉 우리가 이해관계에 대해 의미 있게 이야기하기 전에 만족되어야 하는 조건이다. 길바닥의 돌이 한 남학생에 의해 걸어차이는 것은 돌에게 이익이 되지 않는다고 말하는 것은 무의미하다. 돌멩이는 고통을 느낄 수 없기 때문에 이해관계를 갖지 않는다. 우리가 그것에게 할 수 있는 어떤 것도 그것의 복지에는 전혀 문제가 되지 않는다. 하지만 고통과 기쁨을 느낄 수 있는 능력은 어떤 존재가 이해관계(최소한 고통을 느끼지 않을 이해관계)를 갖는다고 말하기 위한 필요조건일 뿐만 아니라 충분조건이기도 하다. 예를 들어 생쥐는 길바닥에서 걸어차이지 않을 이해관계를 갖는다. 왜냐하면 걸어차일 때 고통을 느낄 것이기 때문이다.[29]

---

29 Peter Singer, *Animal Liberation*, 7-8쪽. 강조는 싱어가 한 것이다.

파인버그와 스톤처럼 싱어도 도덕적 지위를 설명하기 위해 이해관계라는 개념에 초점을 맞춘다. 하지만 파인버그나 스톤과 달리 싱어는 동물에게 권리를 부여하기 위한 근거로 이해관계를 이용하는 것에는 관심이 없다. 그는 벤덤이 권리를 무의미한 개념으로 본 것, 또는 단지 어떤 것을 도덕적으로 보호하기 위해 사용한 하나의 방편에 불과하다고 본 것에 공감한다. 그는 또한 이해관계의 본질적인 측면으로서의 인지적 요소들에 관심을 두지도 않는다. 싱어에 따르면 고통(그리고 기쁨)을 느끼는 능력이 어떤 존재가 이해관계를 갖는다는 것을 확인하는 데 요구되는 전부다. 그는 고통을 느끼고 즐거움을 경험하는 능력을 언급하기 위해 **유정성**(有情性, sentience)이라는 용어를 사용한다. 유정성을 갖지 않은 대상, 예를 들어 바위와 같은 것은 이해관계를 갖는다고 얘기될 수 없다는 점에서 유정성은 이해관계를 갖기 위해서 **필요한 것**이다. 그는 또한 유정성은 이해관계를 갖기 위해 **충분하다고** 생각한다. 유정성이 있는 존재는 적어도 최소한의 이해관계, 즉 고통을 받지 않을 이해관계를 갖는다.

유정성이 있는 존재만이 이해관계를 갖기 때문에, 유정성이 있는 존재만이 도덕적 지위를 갖는다. 우리는 모든 유정성이 있는 존재들을 동등한 도덕적 고려 대상으로 대우하도록 요구된다. 이것은 인간과 다른 동물을 구별 지을 필요가 없다는 것을 의미하는 것은 아니다. 인간은 다른 동물과는 다르다. 인간과 동물은 서로 다른 이해관계를 갖는다. 말의 '엉덩이를 세게 때리는 것'은 상대적으로 적은 고통을 유발할 것이므로 특별하게 비윤리적인 것은 아니다. 그러나 이것은 동등한 고려의 원리가 아이의 뺨을 똑같이 세게 때리는 것을 정당화한다는 것을 의미하지는 않는다. 어린아이의 뺨은 작고 가냘픈 반면에 말의 엉덩이는 단단하고 널찍하며 일반적으로 근육질이거나 두툼하다.

2부 응용윤리학으로서의 환경윤리학

특정한 정신 능력으로 인해 인간은 동물보다 특정 행위에서 더 고통을 느끼고, 동물과는 다른 방식으로 고통을 느끼기도 한다. 수준 높은 정신 능력과 복잡한 감정적 정서적 능력을 갖는 존재는 단순한 인지 능력과 감정 능력을 가진 생물보다 더 큰 범위의 이해관계를 갖게 되고, 그렇기 때문에 다른 도덕적 지위를 갖는다. 그러나 중요한 것은 고통을 느끼는 능력과 고통의 양이 특정한 도덕적 자격을 결정하는 것이라는 점이다. 어떤 신경학적인 기준점을 넘어선 모든 동물은 유정성이 있고, 그 동물들은 직접적인 도덕적 고려를 할 만한 가치가 있다.

이러한 견해가 함의하는 것은 무엇인가? 싱어는 고통을 비교하는 것이 어려울 수 있다는 것을, 특히 이러한 비교가 종들 간에 이루어질 때는 아주 어려울 수 있다는 것을 인정한다. 우리가 사소한 인간의 편의를 위해 동물의 격심한 고통을 야기하는 경우로 한정한다 할지라도, 우리의 식생활, 가축의 사육 방식, 과학의 실험 절차, 그리고 야생생물, 사냥, 덫놓기, 모피 등에 대한 우리의 접근 방식, 서커스, 로데오, 동물원 등의 놀이문화에서 동물을 다루는 방식에서 근본적인 변화가 있어야만 할 것이다. 그 결과 상당한 양의 고통을 피할 수 있을 것이다.[30]

벤덤을 인용하고, 고통의 최소화를 강조하는 것에서 엿보이듯이, 싱어의 접근 방식은 공리주의적이다. 그는 본래적 선(기쁨 그리고 고통의 부재)에 대해 설명하고, 우리의 윤리적 책임은 고통의 전체적인 양을 최소로 하는 것이라고 말한다. 싱어의 견해가 의미하는 것들을 검토하기 전에 하나의 대안으로 동물의 권리에 대한 비공리주의적인 옹호론으로 화제를 돌려 보자.

---

30 같은 책, 16-17쪽.

7. 톰 리건과 동물의 권리

피터 싱어가 공리주의에 기초해서 동물의 도덕적 지위를 옹호한 것에 반해 톰 리건(Tom Regan)은 권리에 기초한 동물 옹호론을 발전시켰다. 리건은 어떤 동물들은 권리를 가지고 있고, 이러한 권리는 우리의 강한 도덕적 책무를 수반한다고 주장한다. 싱어와 마찬가지로 리건은 동물에게 악영향을 미치는 인간의 다양하고 폭넓은 활동을 윤리적인 이유에서 비난한다. 이러한 활동은 과학적이고 상업적인 연구에 동물을 이용하는 것, 식량으로서 동물을 이용하는 것, 그리고 사냥, 동물원, 애완동물과 같이 오락 용도로 동물을 이용하는 것 등을 포함한다. 리건은 이것은 그것이 야기하는 고통과 괴로움 때문이 아니라, 원리적으로 나쁜 것이라고 말한다. 이러한 관행은 동물들이 소유하고 있는 본래적인 윤리적 가치를 부정함으로써 그 권리를 침해한다.

싱어의 비판을 바탕으로 송아지 고기 생산자들을 설득해서 고통을 최소화하는 방향으로 송아지 사육 방식을 바꾸었다고(사실 실제로 일어났던 것처럼) 가정해 보자. 송아지들은 적당한 운동을 하고, 맑은 공기를 마시고, 균형 잡힌 사료를 먹고, 심지어 정기적으로 손질까지 받게 될 것이다. 오래전에 광고에 나온 젖소들처럼 만족스러운 송아지들이다. 또한 송아지 고기에 대한 인간의 기호가 증가했고, 그래서 많은 소비자들이 송아지 고기를 절실하게 요구한다고 가정해 보자. 소비자들은 송아지 고기를 공급받지 못할 때 고통을 겪는다(엄청나게 고통을 겪는 사람은 없지만, 많은 사람이 고통을 겪는다). 우리는 이러한 상황에서 싱어의 공리주의적 입장은 송아지 고기의 생산이 계속해서 이루어지는 것을 허용하게 된다고 주장할 수 있다. 상상이기는 하지만 송아지 고기를 생산하는 사육 관행의 변화와 더불어 인간의 기쁨은 현저하게 늘어나는 반면 송아지의 고통은 최소한으로 줄어들 것이다.

물론 싱어의 입장을 옹호하는 사람은 여기에 반론을 제기할 수 있다. 하지만 그 반론은 아마도 관련된 고통과 괴로움, 그리고 기쁨의 특정한 계산을 포함할 것이다. 즉 우리는 대안이 되는 관행들의 결과를 측정하고 논의해야 할 필요가 있을 것이다. 이러한 견해에 따르면, 식량으로 이용하기 위해 송아지를 사육하고, 도살하고, 먹고 하는 것은 원리적으로 그릇된 것이 아니다. 그것은 오로지 그것이 야기하는 고통이 그 결과로서 생기는 기쁨을 능가할 때만 그릇된 것이다. 리건의 관점이 이와 얼마나 다른지 주목해 보자.

> 식용 송아지의 비참한 모습은 애처롭고 마음 아프게 한다. ……그러나 근본적으로 그릇된 것은 고통도 아니고, 괴로움도 아니고, 박탈도 아니다. 무엇이 그릇된 것인지를 혼동하는 것이다. 그렇게 보는 것은 때때로 상황을 더 악화시킨다. 그것들은 근본적으로 잘못된 것이 아니다. 근본적으로 잘못된 것은 우리를 위해 동물을 먹을 수 있고, 외과수술에 의해 조작될 수 있으며, 스포츠나 돈을 위해 사냥의 표적이 될 수 있다고 보는, 즉 동물을 우리의 자원으로 보는 것을 허용하는 체제다.[31]

리건은 이러한 견해의 바탕에 깔려 있는 원리를 어떻게 설명하는가? 이것을 이해하기 위해서 우리는 인간을 이와 유사한 취급을 받게 하는 것이 왜 그른지를 생각해 봐야 한다. 누군가가 조너선 스위프트(Jonathan Swift)의 풍자적인 작품인 「겸손한 제안A Modest Proposal」에 나오는 대로

---

31 *In Defense of Animals*, Peter Singer(편) (Oxford, England: Basil Blackwell, 1985), 13쪽에 수록된 Tom Regan, "The Case for Animal Rights". 강조는 리건이 한 것이다.

가난한 어린아이를 식량으로 취급한다고 가정하자. 이 아이는 만족한 상태에서 비교적 고통으로부터 자유롭게 양육된다. 하지만 아이는 삶의 어느 시점에서(스위프트는 잘 양육된 한 살배기를 제안했다), 비록 고통이 없기는 하지만 어쨌든 도살되어 "끓여지거나, 구워지거나, 튀겨지거나, 삶아지거나" 했다. 설사 고통에 비해 전체적인 기쁨의 양이 훨씬 증가한다고 하더라도 아마 우리 모두는 이러한 행동이 도덕적으로 악하다는 사실을 인정할 것이다. 왜 그런가?

리건은 그 대답은 인간은 이른바 '고유의 가치'라고 하는 것을 소유한다는 우리의 믿음에 놓여 있다고 주장한다. 우리는 앞서 윤리 이론들을 논의하면서 이 개념을 본 적이 있다. 기본적으로 고유의 가치를 갖는다는 것은 그 밖의 어느 누군가의 이해관계, 필요, 용도 등과 무관한 독립된 가치를 갖는다는 의미다. 고유의 가치는 그 자체로 그리고 자기 스스로 가치를 갖는 것이다. 그러한 가치는 도구적 가치라고 하는 것, 즉 한 사물의 가치가 그것이 다른 것에 의해 어떻게 사용될 수 있는지에 따라 혹은 그것이 다른 것에 어떤 의미를 지닐 수 있는지에 따라 결정되는 가치와 대조된다. 고유의 가치를 갖는 대상은 단순히 어떤 다른 목적에 대한 수단이 아니라, 그 자체가 목적이다. 인간들(그리고 앞으로 밝혀지겠지만 어떤 동물들)을 단순히 다른 목적에 대한 수단으로 취급하는 것은 그릇된 것이다. 비록 이렇게 하는 것이 목적으로서 고통에 비해 기쁨의 양을 극대화한다고 해도 말이다. 왜냐하면 그렇게 하는 것은 이러한 인간들이 지니고 있는 고유의 가치를 부정하는 것이기 때문이다.

아직까지는 이러한 접근 방법이 칸트적 윤리 전통과 매우 유사하게 여겨지고, 그리고 분명히 그러한 전통에 큰 영향을 받았다. 그러나 리건은 고유의 가치가 자율적인 행위를 할 능력에 기초를 두고 있다는 것을 부

2부 응용윤리학으로서의 환경윤리학

정한다. 왜 그러한지를 보기 위해서 **도덕적 행위자들**(moral agents)과 **도덕적 수동자들**(moral patients) 사이의 구별을 받아들일 필요가 있다. 도덕적 지위에 관한 지금까지의 논의에서, 우리는 일정 능력이 있는 성인을 도덕적 지위를 갖는 것들의 가장 분명한 예로서 여겨 왔다. 우리가 주목해서 보았듯이 철학자들은 지위를 확립시켜 주는 기준에 관해 서로 일치를 보지 못하고 있지만, 일정 능력이 있는 성인이 그러한 기준을 충족시킨다는 것에 대해서는 일치를 보고 있다. 이들 성인은 자유롭고 이성적이기 때문에 완전한 의미의 **도덕적 행위자**들이다. 그렇기에 그들은 자신들의 의무를 이해할 수 있고, 그것들에 따라 행동할 것인지를 선택할 수 있으며, 그러한 선택들에 대한 책임이 부여될 수 있다.

하지만 이러한 방식으로 특성을 규정하는 것은 무능력하거나 미숙한 사람들과 관련해서 잘 알려진 문제가 제기된다. 유아와 정신적으로 무능력하거나 혼수상태에 있는 개인은 이해하고 선택하는 능력이 없다. 그러므로 그들을 도덕적 행위자라고 말할 수는 없다. 그들은 의무를 갖지도 않고 그들이 한 일이나 하지 못한 일에 대해 책임을 물을 수도 없다. 확실히 그들은 **도덕적 수동자**들이다. 이것은 그들이 비록 완전한 의미의 도덕적 행위자는 아닐지라도 도덕적 지위를 갖는다는 것을 의미한다. 즉 우리는 그들을 상대로 무슨 짓이든 다 할 수는 없다. 그들은 도덕적으로 또는 비도덕적으로 **행위할** 수 없지만, **우리는 그들에 대해** 도덕적으로 또는 비도덕적으로 행위할 수 있다.

우리가 이러한 구별을 이해할 때, 그리고 많은 것들이 완전한 의미의 충분한 도덕적 행위자가 아님에도 불구하고 여전히 도덕적 지위를 갖는다는 것을 인정할 때, 우리는 도덕적 지위에 대한 많은 일반적인 논의에서 놓치는 것이 무엇인지를 생각해 낼 수 있다. 도덕적 지위의 기준을 확립하는 데 있어 너무나 많은 철학자들이 오로지 도덕적 행위자에게만 초점을 맞추어 왔다. 도덕적 지위를 갖는 모든 부류의 사물들에는 행위자와 수동자 모두가 포함된다. 우리는 도덕적 행위자와 도덕적 수동자에 관하여 무엇이 그들의 고유 가치를 설명해 주는지 물어볼 필요가 있다. 행위자이거나 수동자이거나 간에 식량으로서, 사냥의 표적으로서, 오락으로서, 그리고 노예로서 취급하는 것이 왜 원리적으로 그릇된 것인가?

리건의 대답은 그들이 **삶의 주체**라는 것이다. 삶을 영위한다는 것은 단순히 살아 있다는 것과는 대조적으로 아주 복잡한 일련의 특성들을 포함한다.

> 삶의 주체가 된다는 것은······ 단순히 생존하는 것 이상을, 그리고 단순히 의식적이라는 것 이상을 포함한다. 삶의 주체가 된다는 것은······ 믿음과 욕망, 지각과 기억, 자신의 미래를 포함하는 미래에 대한 감각, 쾌락이나 고통이라는 감정과 함께 정서적 생활, 선호와 복지, 자신의 욕망과 목적을 추구하기 위해 행위할 능력, 순간순간의 시간을 넘어선 심리물리적인 정체성, 그리고 자신이 경험하는 삶이 다른 존재를 위한 유용성과는 별개로 좋은지 또는 나쁜지 하는 개인적 복지 등을 갖는다는 것이다.[32]

리건은 정의는 우리가 고유의 가치를 갖는 모든 개체를 그 가치에 걸맞은 방식으로 대우할 것을 요구한다고 주장한다. 이러한 '존중의 원리'로 인해 리건의 견해는 **평등주의적인** 정의 이론을 반영한다. 정의는 우리

---

[32] Tom Regan, *The Case for Animal Rights*(Berkeley: University of California Press, 1983), 243쪽.

가 개체를 존중하는 마음으로 대우할 것을 요구한다. 고유의 가치는 어떤 다른 유형의 가치로 환원될 수 없기 때문에, 우리는 고유의 가치를 갖는 개체를 마치 어떤 다른 목적에 대한 수단으로서만 가치 있는 것처럼 다룰 때는 진정 그것을 존중하는 마음으로 대우하지 못한다. 그래서 고유의 가치를 가진 개체는 그러한 가치를 갖는 모든 개체가 응당 받아야 하는 것과 똑같은 그러한 존중을 받을 **권리**를 갖는다.

리건은 여전히 동물은 삶의 주체일 수 있다고 결론짓는다. 적어도 어떤 포유동물은 '삶을 영위하는 데' 요구되는 특성을 소유한다. 그러므로 이들 동물은 고유의 가치를 가지고, 정의는 우리가 그것들을 존중하는 마음으로 대우할 것을 요구한다. 최소한 이것은 우리가 그것들에게 해를 끼치지 않아야 할 강력한 조건부적 의무(prima facie, 다른 의무와 상충하지 않은 한 반드시 준수해야 하는 의무 - 옮긴이)를 갖는다는 것을 의미한다.

8. 동물 복지의 윤리적 함의

싱어와 리건은 자신들의 견해가 지니는 윤리적 함의들과 관련하여 폭넓게 글을 써왔다. 비록 이들은 각각 다양한 특정 쟁점들을 다루어 왔지만, 우리는 환경론자들 사이에서 폭넓게 주목을 받아 온 네 가지 주제에 한정할 것이다.[33] 첫 번째로 이들은 우리가 하나의 집단으로서 상업적인 동물 사육을 그만두어야 할 책임이 있다고 주장했다. 기호, 영양, 편의,

---

33 이것들은 리건이 *The Case for Animal Rights*에서 고려한 네 가지다. 다른 논의들은 특히 Tom Regan, *All That Dwell Therein*(Berkeley: University of Califonia Press, 1982)을 보라. 싱어의 *Animal Liberation*은 여전히 그의 견해들을 위한 최고의 유일한 자료로 남아 있다.

효율, 소유권 등과 같이 동물 사육을 옹호하기 위한 구실로 이용될 수도 있는 항목 중 어떤 것도 동물을 식량으로 취급하는 것을 정당화해 줄 수 없다. 이와 유사한 논의들은 인간을 먹는 것을 정당화하기에 충분하지 않을 것이고, 마찬가지로 동물을 먹는 것을 옹호하기에도 충분하지 않다. 개인적으로 우리는 채식주의자가 될 윤리적 책임이 있다. 또한 시민으로서 이러한 관행들을 불법화해야 한다.

마찬가지로 스포츠로서의 수렵이나 덫사냥도 부당하다. 스포츠나 오락을 위해 동물을 죽이고 학대하는 것은 더한층 잔인한 짓이다. 심각한 불법 행위다. 유사하게 어떤 형태로든 인간의 오락을 위해 동물을 학대하고 혹사시키는 것도 잘못이다. 로마인들이 기독교도들을 야만적인 형태의 오락을 위해 이용한 것이 잔인하고 사악한 것이었듯이, 우리가 동물을 동물원이나 로데오 등과 같은 용도로 이용하는 것도 잘못된 것이다.

세 번째 쟁점은 과학과 연구에서 동물을 이용하는 것과 관련된다. 동물을 대상으로 하는 실험은 무자비할 수 있다. 우리는 보통 동의하지 않은 사람의 신체를 가지고 실험하는 것은 아무리 잘 보아주어도 부당한 것이고 최악의 경우는 잔인하다고 결론을 내릴 것이다. 그러한 행위를 한 사람은 전범으로 유죄를 선고받았다. 동물 실험에 대해서도 그렇게 판결해야 할 것이다.

마지막으로, 파인버그와 마찬가지로 리건과 싱어도 종들의 도덕적 지위를 지지하지는 않는다. 리건의 견해는 개별 동물을 피해로부터 보호하자는 것이지 종들의 권리를 인정하자는 것은 아니다. 개별 동물은 삶의 주체일 수 있지만 종들은 그럴 수 없다. 마찬가지로 싱어의 입장에서는 개별 동물은 고통을 겪을 수 있지만 종들은 고통을 겪을 수 없다. 그래서

2부 응용윤리학으로서의 환경윤리학

이러한 견해들은 멸종위기 종들을 구하려는 노력을 지지하지만, 그 이유는 그 종의 잔존하는 구성원들이 개체로서 우리가 존중해야 하는 도덕적 지위를 갖고 있기 때문이다. 이러한 맥락에서 리건은 나중에 이 책에서 중요하게 다루어지는 쟁점을 제기한다. 나는 싱어와 리건의 견해에 대한 철학적 반론을 검토하면서, 이 쟁점을 소개할 것이다.

9. 비판

이 시점에서 일단 한 걸음 물러서서 동물해방론과 동물권리론에 대해 제기된 몇 가지 비판을 고찰해 보자. 싱어와 리건의 저작은 철학자들 사이에서 큰 반응을 불러일으켰는데, 그중 상당수는 비판적인 것이었다. 그 비판 중 상당수는 유사한 방식을 취한다. 예를 들어 리건을 포함한 몇몇 철학자는 싱어의 계획이 기반을 두고 있는 공리주의적 토대에 의문을 제기한다. 그들에 따르면, 싱어는 결국 동물 학대에 대한 **원리적인** 비판은 제기하고 있지 않다. 권리를 인간이 아닌 존재에게 부여하는 것에 대해 이의를 제기하는 학자도 있다. 또한 이해관계라는 개념이 너무 모호해서 트랙터나 건물에 대해서도 도덕적 지위를 허용하게 될 것이라고 주장하는 학자도 있다.[34] 비록 이러한 논의를 전면적으로 재검토하는 것은 우리를 본궤도에서 멀어지게 하겠지만, 여러 도전을 살펴보는 것은 다음 장들로 넘어가는 데 도움이 될 것이다.

한편 싱어를 향한 한 가지 비판의 유형은 공리주의를 소개할 때 논의

---

34 예를 들어 R.G. Frey, "Rights, Interests, Desires, and Beliefs", *American Philosophical Quarterly* 16(1979년 7월), 233-239쪽을 보라.

된 측정의 문제를 생각나게 한다. 어떤 면에서 싱어에 의해 옹호된 '이해관계에 대한 동등한 고려'의 원리는 유용한 결정 과정을 제안한다고 할 수 있다. 그것은 대안적 수단들 중에서 결정을 내릴 때 우리로 하여금 모든 고통을 고려할 것을 명령한다. 하지만 이러한 명령을 적용하려고 하면 곧 엄청나게 복잡한 문제에 부딪힌다. 싱어도 인정하듯이, 인간은 동물과 달라서 동등한 고려가 반드시 동등한(혹은 동일한) 대우를 의미하는 것은 아니다. 게다가 이해관계와 고통이 모두 똑같지는 않다. 모든 이해관계가 동등하게 취급될 만한 가치가 있는 것도 아니고, 모든 고통이 동등하게 만들어지는 것도 아니다. 예를 들어 어떤 철학자는 **기본적** 이해관계와 **지엽적** 이해관계를 구별한다.[35] 생명, 음식, 물, 의류, 극심한 고통으로부터의 자유 등은 기본적 이해관계로 간주될 수 있다. 반면 옥내 배관, 자동차, 모피 코트, 에어컨, 미식가를 위한 요리 등은 지엽적 이해관계로 생각될 수도 있다.

그렇다면 우리는 어떻게 이러한 다양하고 경쟁하는 이해관계를 처음부터 끝까지 철저하게 선별해 낼 수 있는가? 농사 목적으로 대초원에 울타리를 둘러치는 인간의 이해관계(싱어와 리건의 충고에 따라 채식주의자가 되려면 이런 것이 필요하다)는 방해받지 않는 서식지에 대한 야생동물의 이해관계보다 우선하는 것인가? 태평양 북서쪽 연안에 있는 원시림에 대한 얼룩올빼미의 이해관계는 목재에 대한 인간의 이해관계와 어떻게 비교되는가? 목재의 효용이 중요한가? 도덕적 행위자로서 우리는 야생동물의 삶에 간섭할 책임이 있는가? 포식동물을 보호해야 하는가, 아니면 그것의 먹이가 되는 동물을 보호해야 하는가?[36] 굶주린 늑대의 이해관계가 중요한

---

35 Donald VanDeVeer, "Interspecific Justice", *Inquiry* 22(1979년 여름), 55-70쪽.

가, 아니면 순록 무리에 속한 한 마리 순록의 이해관계가 중요한가? 애완동물의 이해관계는 가축의 이해관계와 동등한가? 또 야생동물의 이해관계는 어떤가? 쥐의 이해관계와 그 쥐가 물지도 모르는 어린이의 이해관계가 충돌할 때, 쥐의 이해관계에 대해 실제로 **어떻게** 고려해야 하는가?[37]

이러한 질문들은 개별 동물의 이해관계에 중요한 도덕적 비중을 부여하는 모든 견해들에 대해서 의문을 제기하는 것이다. 인간과 동물의 관계, 서로 다른 종의 동물들 간의 관계, 동물과 서식지의 관계, 인간·동물·땅의 관계 등, 관계는 많고도 다양하다. 개별 동물들에게 동등한 도덕적 지위를 부여하는 것은 실제로 논쟁의 시작에 불과하다. 확실히 그것은 논의를 갈등의 구조로 만들고, 근본적으로는 적대적인 것으로 만들어 놓는다. 인간과 다른 동물의 적절한 관계가 무엇인가라는 전체 논의의 시발점이 된 물음은 대답하기가 불가능하지는 않다. 하지만 그것에 대한 분명하고도 명확한 결정 절차가 없다면, 그 물음은 여전히 대답되지 않은 것이다. 비록 '고통을 최소화하는 것'이 분명하고 간단해 보일지라도 복잡한 현실을 생각하면 실행 가능한 지침으로 보이지는 않는다.

리건을 향한 또 다른 도전에 따르면, 리건이 제시한 도덕적 고려 가능성의 범위는 매우 제한되어 있다. 즉 그것은 너무 많은 동물들을 제외한다(반면 고려 가능성의 경계선은 '새우와 굴 사이'의 어디엔가 그어져야 한다고 제안했던 싱어에 대해서는 너무 많은 동물을 포함하고 있다는 비판이 제기된다). 리건은 '동물들'이라는 일반 명사로 자주 이야기하지만, 삶의 주체라는 기준은 '1년 혹은 그 이상 된 정신적으로 정상적인 포유동물들'에게만 적용된다.[38] 많은 환경론

---

36 이러한 몇 가지 질문에 대한 자세한 반응은 S.F. Sapontzis, *Morals, Reason, and Animals*(Philadelphia: Temple University Press, 1989), 특히 13장 "Saving the Rabbit from the Fox", 229-248쪽을 보라.

37 이러한 예는 싱어의 *New York Riview of Books*에 실린 "Animal Liberation", 21쪽에 나온다.

자들에 따르면 이러한 해석은 생태 공동체의 중요한 구성원을 무시하는 것이다.

생태학의 영향으로 인해 동물의 복지운동에 대한 다른 중요한 비판들이 제기되었다. 예를 들어 리건은 대부분의 전통적인 윤리 이론들과 마찬가지로 권리에 기초한 자신의 윤리 이론이 **개체주의적**이라는 점을 인정한다. 즉 윤리학은 사회나 공동체의 공동선이 아니라 개인들의 안녕을 보호하고 증진시키는 일에 관심을 갖는다는 것이다. 이것은 그로 하여금 **전체론적인** 많은 환경적이고 생태학적 사고들과 불화를 일으키게 한다. 많은 환경론자들은 '생명 공동체들'이나 '생태계들'을 강조하지 그 공동체의 개별 구성원(인간을 포함하여)을 강조하지 않는다. 리건은 정치철학에서의 비슷한 문제를 암시하면서, 우리에게 개별적 권리가 전체의 보다 더 큰 이익에 고의로 희생되는 '환경 파시즘'의 위험성을 경고한다. "환경 파시즘과 권리론은 물과 기름과 같아서 서로 섞이지 않는다."[39]

게다가 앞에서 언급했듯이 리건은 종들에게는 권리를 부여하고자 하지 않는다. 그는 자신의 견해가 개체주의적이라는 점을 인정한다. 오로지 개별적인 동물들만이 도덕적 지위를 갖는다거나, 보다 특별하게는 권리를 갖는다고 할 수 있다. 이것은 리건이 속해 있는 윤리적 전통 내에서조차도 논쟁의 여지가 많은 주장이다. 단순히 개별 구성원들의 권리로 환원될 수 없는 권리(법적 권리이긴 하지만)를 갖는 개체들의 집합체가 존재하는데, 법인과 국가는 그런 집합체의 예다. 이러한 쟁점을 넘어서 리건과

---

38 Tom Regan, *The Case for Animal Rights*, 77-78쪽 참고. 리건은 나중에 그러한 선을 긋는다는 것은 늘 어렵지만 "관련된 해부학적이고 생리학적인 속성들"을 포유동물과 공유하는 어느 동물이든 다소 유리하게 해석해 주는 것이 크게 잘못된 것은 아닐 것이라고 주장하면서 이것을 약간 확장한다. 그가 예로 들었던 관련 속성은 중추신경체계다.
39 같은 책, 361-362쪽.

싱어의 개체주의적 편향은 많은 환경론자들이 받아들일 수 없다고 보는 또 다른 결과들을 함의하는 것으로 보인다.

리건은 어떤 동물이 멸종위기 종의 구성원이라고 해서 특별히 도덕적 지위를 갖는 것은 아니라고 주장한다. 마지막 남은 한 쌍의 흰머리독수리나 얼룩올빼미라고 해서 흰꼬리사슴 같은 독신의 포유동물보다 우리에게 더 많은 도덕적인 요구를 할 수 있는 것은 아니다. 멸종위기의 흰긴수염고래를 보존하는 것이 소를 보존하는 것보다 윤리적으로 더 중요한 일은 아니다. 우리는 길 잃은 고양이보다 야생 고릴라나 검은 코뿔소에게 더 큰 의무를 갖지는 않는다. 그리고 확실히 삶의 주체가 아닌 수백만의 동식물 종들에 대해 직접적인 윤리적 의무를 갖지는 않는다.

또한 싱어의 견해는 많은 환경론자들의 직관에 반하는 결론을 암시한다. 집약 사육 기법으로 인해 발생할 수 있는 고통의 총량을 감안한다면 말 그대로 수십억 마리 중 한 마리의 닭이 마지막으로 남아 있는 식물이나 무척추동물 종의 구성원보다 우리에 대해 고통을 완화시키기 위한 더 강력한 도덕적 권리를 갖게 될 것이다. 그래서 비판자들은 그것이 무엇이든 동물복지운동이 환경운동의 핵심 분야는 아니라고 주장한다.

개체에 대한 강조는 또한 야생생물 관리에서 논란거리를 낳는다. 예를 들어 싱어는 인간의 간섭이 야생생물의 생활 조건을 개선할 수도 있다는 점을 인정한다. 그럼에도 불구하고 그는 어느 정도 과거의 실패를 근거로 판단하여 가능한 한 야생생물을 그대로 내버려 두는 정책을 권장한다. 그는 "만약 우리가 다른 동물들에 대한 불필요한 도살과 학대를 없앤다면" 그것만으로 충분하다고 말한다.[40] 이것은 우리가 행복을 증가시

---

40 Peter Singer, *Animal Liberation*, 226쪽.

키기보다는 고통을 감소시키기 위해 보다 더 큰 책임을 갖는다는 일반적인 공리주의적 믿음과 일치한다. 리건은 분명 이와 유사한 자유방임적 태도를 찬성한다. 우리가 동물들(혹은 적어도 포유동물들)의 권리를 보호해 주는 한, 다른 생태학적 관심사들은 자연히 해결될 것이다. 리건은 권리에 대해서 다음과 같이 말한다.

> 이것이 생명이 없는 자연 대상들에게까지 확장될 수 있다고 가정한다면(그런데 그는 이러한 일이 아무래도 있을 것 같지 않다고 생각한다), 야생지에 관한 우리의 일반적인 정책은 정확하게 보존주의자들이 원하는 것, 즉 그대로 내버려 두라는 것이 될 것이다. ……우리가 생명 공동체를 구성하는 개체들의 권리를 적절하게 존중한다면 그 **공동체**는 보존되지 않겠는가?**41**

그러나 이러한 자유방임적 접근 방식에도 문제가 있다. 첫째, 생명 공동체를 보전하기 이전에 서식지 파괴와 감소의 기나긴 역사를 되돌릴 필요가 있다. 다음으로, 환경에 완벽하게 간섭하지 않는다는 것은 불가능하다. 인간의 활동에 접하지 않은 어떤 '길들여지지 않은 야생지'가 존재할 수 있다는 생각은 망상이다. 지구상의 어떤 곳도, 어떤 동물도, 어떤 시대도 꽤 오랫동안 인간의 영향권을 벗어나지는 못했다. 단지 대기와 수중으로 흘려보내는 오염물질만으로도(그런데 실제로 우리 인간이 끼치는 영향은 이보다 훨씬 크다), 인간은 지구의 구석구석에 영향을 미친다. 문제는 우리가 야생지에 활발하게 영향을 **끼쳐야 하는가 그렇지 않아야 하는가**가 아니라 **어떻게** 영향을 끼쳐야 하는가다.

---

41 Tom Regan, *The Case for Animal Rights*, 363쪽 참고. 강조는 리건이 한 것이다.

둘째, 리건의 문제에 대한 대답은 많은 경우 '아니오'인 것 같다. 예를 들어 사슴의 권리를 존중하는 것은 생태 공동체에 비참한 결과를 가져올 수 있다.[42] 많은 지역들에서와 같이, 이 사슴의 개체군은 종종 그들 서식지의 부양 능력을 압도한다. 풍부한 식량, 야생동물을 보호하는 수렵 방지법, 그리고 자연의 포식자들의 감소로 인해 사슴의 무리는 서식지를 엉망으로 만들고 그 서식지에 살고 있는 많은 다른 종들을 황폐화시킨다. 그 결과 생태 공동체의 다른 많은 생명체들이 파괴된다.

아프리카의 야생생물 관리인들도 유사한 결과에 직면한다. 동아프리카의 어떤 보호구역에서는 코끼리의 개체 수가 너무 많아져서 식량 공급량을 추월할 위기에 처하게 되었다. 그냥 내버려 둔다면 많은 코끼리들이 굶주림으로 서서히 죽어 갈 것이다. 그리고 그전에 주변의 식물이 사라질 것이다. 한 가지 대안은 코끼리들을 골라 죽이는 것이다. 좀 부드럽게 말해 그 짐승 떼의 '밀도를 희박하게' 하거나 '솎아 내는' 것이다.[43]

이러한 예들의 요지는 인간과 마찬가지로 동물도 복잡한 생태 공동체의 일부라는 것이다. 생태 공동체는 끊임없이 변화하기는 하지만, 상호의존적 관계들의 정교한 균형을 필요로 하는 것으로 보인다. 많은 환경론자들에게는 자연생태계의 균형 상태가 환경윤리학의 목적이어야 한다. 개별 동물들을 특별히 윤리적으로 보호하는 것은 그 균형을 깨뜨릴 위험이 있고, 그 체계에 있는 다른 곳에 피해를 입히게 된다. 동물 권리

---

42 이러한 도전 및 이와 유사한 도전을 재검토하기 위해서는 J. Baird Callicott, "Review of Tom Regan's The Case for Animal Rights", *Environmental Ethics* 7(1985년 겨울), 365-372쪽을 보라. 캘리코트 또한 Mark Sagoff, "Animal Liberation and Environmental Ethics: Bad Marriage, Quick Divorce", *Osgoode Hall Law Journal* 22(1984), 306쪽을 이러한 문제를 위한 참고서로 인용한다.

43 차보 국립공원 논쟁에 대한 유익한 논의는 Daniel Botkin, *Discordant Harmonies*(New York: Oxford University Press, 1990), 2장을 참고하라.

와 결부된 자유방임주의적 태도는 당연히 생태계의 심각한 손상을 낳을 것이다. 그저 "생명 공동체를 이루고 있는 개체들의 권리를 존중"하기만 한다면 종(보다 일반적으로는 생태 공동체)이 보존되리라는 보장은 없다.[44]

동물복지 윤리학에 대한 많은 도전은 리건과 싱어의 개체주의적인 접근의 특성으로부터 발생한다. 개별 동물들을 보호하는 것이 가장 적절한 환경적 전략이 아닐 수도 있다. 다른 비판들은 동물로의 도덕적 지위의 확장이 특별한 종류의 방식으로, 그리고 그 취지에도 불구하고 여전히 인간 중심주의적이라는 점을 암시한다.

동물을 위한 도덕적 지위가 어떻게 여전히 인간 중심주의적일 수 있는가? 파인버그와 싱어, 그리고 리건이 이용했던 철학적 방법을 고려해 보자. 이들은 모두 인간을 도덕적 지위를 갖는 존재의 전형적인 예로 받아들이면서 논의를 시작한다. 그리고 나서 인간들과 관련하여 그들에게 도덕적 지위를 부여하는 것이 무엇인지를 묻는다. 파인버그는 그것이 이해관계라고 하고, 싱어는 고통을 느낄 수 있는 능력이라고 한다. 그리고 리건은 삶의 주체를 거론한다. 그러나 왜 선을 여기에 긋는가? 사실 파인버그와 싱어, 리건은 모두 도덕적 가치 소유자의 전형적 예는 인간이라고 말하는 것으로 보인다. 그래서 우리와 상당히 유사한 동물만이 도덕적 지위를 가질 수 있다(혹은 우리가 '그것들에게 그러한 지위를 부여하기' 때문에 획득할 수 있다). 도덕적 지위는 인간적 특성으로부터 파생되는 혜택, 그리고 생명체가 인간을 상당히 닮았을 경우에만 받을 수 있는 혜택으로 보인다.

생물학자 에드워드 윌슨(Edward O. Wilson)이 "세상을 움직이는 작은 것

---

44 이러한 주장의 보다 발전된 형태는 Mark Sagoff, "Animal Liberation and Environmental Ethics", 26쪽; J. Baird Callicott, "Review of Tom Regan"과 "Animal Liberation: A Triangular Affair", *Environmental Ethics* 2(1980), 311-328쪽을 보라.

들"이라고 말한 무척추동물의 경우를 고려해 보자.[45] 많은 환경론자들에 따르면 곤충이나 해파리, 연체동물 등과 같이 등뼈가 없는 무척추동물의 보존은 윤리적 관심사가 되어야 한다. 그러나 싱어와 리건의 해석에 의하면, 이러한 동물들은 도덕적 지위를 위해 필요한 기준을 갖추지 못하고 있다. 싱어는 유정성이 도덕적 지위를 위해 필요하면서도 충분한 것이라고 말한다. 즉 유정성이 없다면 어떤 존재는 도덕적 지위를 갖지 못하고(필요조건), 유정성만으로 도덕적 지위를 위한 자격을 부여하기에 충분하다(충분조건). 리건은 도덕적 지위는 삶의 주체에서 발견되는 고유의 가치로부터 파생한다고 주장한다. 그러나 비록 유정성과 주체성이 충분조건이라고 말하는 것이 그럴듯하다고 하더라도, 왜 우리는 그것들이 필요조건이라고 말해야 하는가? 왜 고유의 가치를 쾌락/고통이나 주체성에 제한하는가?

철학자 케니스 굿패스터(Kenneth Goodpaster)는 일찍이 이러한 견해에 반론을 제기했다.

> 합리성도 혹은 쾌락과 고통을 경험하는 능력도 내가 볼 때는 도덕적 고려 가능성을 위한 필요조건(비록 그것들이 충분조건일 수는 있겠지만)으로 보이지는 않는다. 그리고 오로지 쾌락주의적이고 동심원적인 윤리적 사고 틀만이 이러한 사실을 인정하지 않는다. 내가 보기에는 살아 있다는 조건을 제외한 모든 것은 설득력 있는 비자의적인 기준은 아닌 것 같다.[46]

---

45 E.O. Wilson, "The Little Things That Run the World", *Conservation Biology* 1(1987년 12월), 344-346쪽. 윌슨은 1987년 워싱턴 D.C.에 있는 국립동물원에서 열린 무척추동물 전시회 개막 연설에서 이러한 말을 했다. 그리고 이것은 *The Environmental Ethics and Policy Book*, Donald VanDeVeer and Christine Pierce(편) (Belmont, Calif.: Wadsworth, 1994), 84-86쪽에 재수록되었다.

더 나아가 굿패스터는 유정성이 유기체의 생존에 기여하는 적응적 특질로 보인다고 주장한다. 그리고 주체성에 대해서도 똑같이 얘기할 수 있을 것이다. 굿패스터에 따르면 이것은 "입증할 수는 없지만, 고통을 느끼거나 즐거움을 느끼는 능력이 그 자체로 도덕적 고려 가능성의 허가증이라기보다는 더 중요한 어떤 것을 위한 보조물이라는 사실을 시사해준다."[47] 여기에서 "더 중요한 어떤 것"은 생명 그 자체다. 도덕적 지위의 범위를 모든 생명체 중에서도 유정적이거나 의식적인 존재로 제한하는 것은 도덕적 지위를 우리와 가장 닮은 존재로 제한하는 것으로, 실제로 논리적이지도 않다. 그 이상의 논거가 없다면(그런데 공평하게 말하자면 싱어와 리건은 이에 대한 나름의 답을 갖고 있다), 이것은 임의적인 제한으로, 환경과 관련해 값비싼 대가를 치르게 될 것이다.

그래서 몇몇 비판자는 동물복지운동은 환경철학으로 충분한 것이 아니라고 믿게 된다. 기껏해야 그것은 환경 문제 전체가 아닌 일부만 다룰 뿐이다. 비판자들에 따르면, 충분한 환경윤리라면 개체주의도 거부해야 하지만 싱어와 리건과 같은 철학자들의 편협성도 거부해야 한다.

10. 요약 및 결론

싱어와 리건이 이런 비판에 과연 무력한가와는 별도로 한 가지 중요한 점은 확인되었다. 환경윤리는 어떤 유형의 개별적 동물들에 대한 단순한

---

46 Kenneth Goodpaster, "On Being Morally Considerable", *Journal of Philosophy* 75(1978), 308-325쪽.
47 같은 글, 31쪽.

관심 이상의 것을 요구한다는 사실이다. 최소한 우리는 식물과 동물 생명 다양성의 도덕적 지위에 관한 문제, 생태 공동체에 관한 문제, 그리고 생태 공동체 안에서의 인간의 역할에 관한 문제를 고려해 볼 필요가 있다. 하지만 그러한 전체주의적이고 탈인간 중심주의적인 윤리로의 전환은 전통으로부터의 근본적인 단절을 요구할 것이다.

『동물 해방』 말미에서 피터 싱어는 다음과 같이 말한다.

> 철학은 시대의 기본 가정들에 의문을 품어야 한다. 우리 대부분이 당연한 것으로 여기는 것을 비판적으로 주의 깊게 사고하는 것이 철학의 과제이고, 철학을 의미 있게 하는 것이라고 나는 믿는다. 유감스럽게도 철학이 항상 그 역사적 역할을 다하는 것은 아니다.[48]

많은 환경론자들에 따르면 리건과 함께 싱어 자신도 철학의 이런 역할을 수행하는 데 실패했다. 이 책의 나머지 부분은 은연중에 "시대의 기본 가정들에 의문을 품는" 이러한 과제를 수행할 것이다.

---

[48] Peter Singer, *Animal Liberation*, 236쪽.

생각해 봅시다

1. 전 세계적으로 동물 학대를 금지하는 법이 많다. 동물 학대를 금지하는 이유를 아는 대로 열거해 보자. 그 이유들 중 동물들이 타고난 권리로서 도덕적 지위를 갖는다고 주장할 이유가 있는가?

2. 자연 대상도 이해관계를 갖는다고 할 수 있는가? 멕시코 만의 이해관계는 무엇을 의미하는가? 어떤 것이 강이나 산, 그리고 숲을 위해 좋은 것이라고 얘기될 수 있는가? 이것은 우리가 인간을 위한 도덕적 선에 관하여 얘기할 때 사용하는 '좋은'과 똑같은 의미인가?

3. 크리스토퍼 스톤은 나무에게도 법적 지위를 부여해야 한다고 주장한다. 만약 이러한 일이 일어난다면 나무의 이해관계를 어떻게 대표해야 하는가? 잘 알려진 수스(Seuss) 박사의 책 『로렉스*The Lorax*』에서 '나무들을 대변하는' 사람은 로렉스다. 누가 진정으로 나무를 대변한다고 할 수 있는가?

4. 어떤 대상들이 도덕적 지위를 갖는가와 관련해서 다음과 같은 실험을 시도해 보자. 일정한 능력이 있는 성인이 연속체의 한쪽 끝에 위치해 있고 바위가 다른 쪽 끝에 위치해 있다고 가정하자. 여러분은 아이들, 뇌사 상태의 성인, 태아, 돌고래, 개, 곤충, 우주인, 새, 종, 나무 등을 그 연속체의 어느 위치에 두겠는가? 또한 여러분은 암시적으로나 명시적으로나 어떤 단일한 기준을 적용했는가?

5. 여러분은 조너선 스위프트가 「겸손한 제안」에서 풍자했던 행동과 송아지, 젖소, 닭, 돼지의 현대적인 공장식 사육 방식의 차이를 얼마나 정확하게 구별하겠는가? 만약 유사점이 있다면 그것은 무엇

2부 응용윤리학으로서의 환경윤리학

이고, 차이점이 있다면 그것은 무엇인가?

6. 가축과 야생동물 사이에는 도덕과 관련한 차이점이 존재하는가? 싱어라면 어떻게 하고, 또 리건이라면 어떻게 할까? 멸종위기 동물과 그렇지 않은 동물 사이에는 도덕과 연관된 차이점이 있는가?

7. 채식주의를 옹호하는 논거에는 어떤 것이 있는가? 그중에서 어느 것이 도덕과 관련된 것인가? 여러분은 그것들에 동의하는가? 동의한다면 왜 그렇고, 그렇지 않다면 왜 그런가?

8. 최근 미네소타 주는 유난히 혹독했던 겨울 동안에 아사 직전의 야생사슴들에게 수 톤의 먹이를 공급했다. 인간은 야생동물, 특히 멸종 위기에 처하지 않은 야생동물에게 그러한 책임을 갖는가? 미네소타 주의 이러한 조치는 사슴의 개체 수가 감소하는 것을 두려워했던 사냥꾼들에게 주로 지지를 받았는데, 이런 사실에 대해 여러분은 어떻게 생각하는가?

9. 사냥이나 낚시는 도덕적 쟁점을 제기하는가? 만약 사람들이 자신들이 죽인 동물을 먹는다면 달라지는 것이 있는가? 사슴의 개체 수가 서식지에 비해 과잉인 지역들에서는 사슴의 대규모의 아사뿐만 아니라 서식지도 파괴될 수 있다. 여러분은 개체 수 과잉인 동물들을 솎아 내기 위해 선별적으로 사냥을 하는 것에 찬성하는가?

3부

환경윤리학의
이론들

ENVIRONMENTAL ETHICS

ENVIRONMENTAL ETHICS

6장
생명 중심 윤리학과
생명의 고유한 가치

토론 사례 │ 합성생물학과 생명의 가치

생명 자체는 고유의 도덕적 가치를 갖는가? 앞 장에서 우리는 도덕적 지위의 여러 기준들을 검토했는데, 여기에는 감각(sensation)과 의식(consciousness)이 포함된다. 많은 전문가들이 볼 때 감각이나 의식과 같은 속성은 그 자체 생명이라는 보다 더 고차적인 목적을 위해 존재한다. 따라서 전문가들은 생명만이 도덕적 지위를 필연적으로 수반하는 고유의 가치의 그럴듯한 후보로 보인다고 결론을 내린다. '생명 중심' 윤리학은 생명의 고유한 가치를 가치의 근본 원리로서 보는 접근 방식이다.

지구상의 생명 다양성은 놀라우리만큼 복잡하다. 2000여 년 전 아리스토텔레스가 생물 분류법을 창안한 이래, 생물학은 동식물의 종들을 분류해 왔다. 현재 과학적으로 분류된 종은 어림잡아 140만 종 이상으로 추정된다.[1] 그러나 이렇게 분류된 종들은 실제로 존재하는 수많은 종들 중 일부에 불과하다. 열대 산림지역에서 수행된 연구에 근거해서 본다면, 전체 종의 숫자는 적어도 3,000만이나 4,000만 이상 되는 것으로 추정된다. 생물학자인 윌슨은 무척추동물 종만도 3,000만 정도 될 것으로 추정한다.

이들 종에는 캘리포니아 콘도르처럼 개체 수가 아주 적은 것에서부터 박테리아처럼 개체 수가 수십억에 이르는 것까지 포함된다. 각각의 종의 구성원들은 생명을 유지하기 위해 주위 환경과 상호 작용하는 생태학적 적소(ecological niche)에서 존재한다. 윌슨은 고도로 분화한 많은 생명 형태들에 대해서 다음과 같이 이야기한다.

> 기생위치(microniches)에서 살고 있는 생명 형태들 중 내가 예로 들기를 가장 좋아하는 것 중의 하나는 군대개미들의 몸통에 기생하는 진드기다. 그것의 한 종류는 병정개미의 위턱에서만 발견되는데, 숙주의 입에 들러붙어서 먹이를 섭취한다. 그리고 다른 종류는 병정개미의 뒷발에서 발견되는데, 거기에서 피를 빨아 먹고 사는 등 다양한 형태로 기생한다.[2]

---

1 E.O. Wilson, "Threats to Biodiversity", *Scientific American* 261(1989년 9월), 108-116쪽; E.O. Wilson, "The Current State of Biological Diversity", *Biodiversity*, E.O. Wilson and Frances Peters(편) (Washington, D.C.: National Academy Press, 1988); John C. Ryan, "Conserving Biological Diversity", Lester Brown(편), *State of the World 1992*(New York: Worldwatch Institute, 1992), 9-26쪽을 보라. 멸종률의 추정과 관련해서는 윌슨의 자료 이외에 Dick Bryany, Daniel Neilsen, Laura Tangley, *The last Frontier Forests*(Washington, D.C.: World Resources Institute, 1997), 그리고 United Nations Environmental Program, *Global Biodiversity Assessment*(New York: Cambridge University Press, 1995)를 보라. 회복률에 대한 진술은 버클리 출판사가 2000년 3월 3일에 발간한 James Kirchner, "New Sturdy Suggests Humans Will Not Live Long Enough to See Earth Recover from Mass Extinction"을 보라.

2 E.O. Wilson, "The Little That Run the World" 참고. 이 글은 워싱턴 D.C. 국립동물원에서 열린 무척추동물 전시회의 개막 연설문으로 Donald VanDeVeer와 Christine Pierce가 편집한 *The Environmental Ethics and Policy Book*(Belmont, Calif.: Wadsworth, 1994), 84쪽에 재수록되었다.

각각의 유기체는 생명을 유지하고 번식하기 위해 환경으로부터 영양분을 섭취해야 한다. 이러한 능력은 수백만 년에 걸쳐 변화하는 환경 속에서 자연선택을 통해 진화되어 왔다. 이러한 능력은 물론 생명체의 모든 다른 기능은 각 유기체의 유전 암호(genetic code)로 저장된다. 각 유기체는 수십억 년 이상 발전되어 온 막대한 유전자 정보자료실에 해당하는 100만에서 100억 비트(bit)에 달하는 정보를 그들의 유전 암호 속에 담고 있다. 이러한 생명 다양성은 수천 년 동안 과학자들, 철학자들, 시인들의 영감을 자극해 왔다. 그것은 주목할 만한 현상이다.

그러나 최근 생명 다양성은 크게 위협을 받고 있다. 윌슨을 포함하여 몇몇 과학자들은 매일 100여 종, 즉 매년 거의 5만 종이 멸종된다고 추정한다. 화석 기록은 멸종이 실제 존재했다는 사실을 보여 준다. 그러나 화석 기록에 따르면, 인간의 영향과 관계없는 멸종 비율, 이른바 과학자들이 정상적인 멸종 비율이라고 하는 것은 현재의 멸종 비율보다 훨씬 적다. 예를 들어 포유동물은 정상적인 비율보다 100배나 많이 멸종되고 있다. 열대우림 종과 민물 종의 현재 멸종 비율은 정상적인 것보다 훨씬 심각하다. 의심할 여지없이 지구는 6500만 년 전의 공룡 멸종 이래로 최대의 멸종 위기에 처한 것이다. 그리고 불행하게도 이는 대부분 인간적인 요인들에 기인한다. 인간에 의해 멸종이 일어나기 이전의 상태로 자연을 되돌리는 데에는 천만 년 이상이 걸릴 것으로 추산된다.

그러나 바로 많은 자연적 생명 형태들이 멸종에 직면해 있을 때, 인간의 기술은 새로운 생명 형태들을 설계하고 인공적으로 창조하는 단계에까지 이르렀다. 합성생물학(synthetic biology)이라는 신생 학문 분야에서 과학자들과 공학자들은 DNA의 가닥들에서 완전한 유전체, 세포, 유기체에 이르는 생물학적 대상들을 설계하고 있다. 이러한 기술은 의약, 에너지, 산업,

그리고 환경의 변화를 약속하지만, 또한 근본적인 윤리적이고 철학적인 문제들을 제기한다.

넓은 의미에서 합성생물학은 자연에 존재하지 않는 생물적 존재를 디자인하기 위해 생물학과 공학이 융합된 분야다. 전통적인 유전공학에서는 유전자 조작 생물을 만들기 위해 자연적으로 발생한 유전자들을 결합하고 조작했다. 예를 들어 유전적 장애를 치료하거나, 어떤 생물학적 기능을 다른 유기체로 이전하는 형식이었다. 반면 합성생물학은 인간에 의해서 합성된 DNA, 유전자, 세포, 혹은 유기체를 이용한다.

2010년 5월 제이 크레이그 벤터 연구소(J. Craig Venter Institute)의 연구진은 다음과 같이 발표했다.

> 최초의 자가 복제된 합성 박테리아 세포를 구축하는 데 성공했다. 연구진은 조작된 마이코플라스마 마이코이데스(Mycoplasma mycoides) 유전체의 108만 염기쌍 염색체를 합성했다. 합성 세포는 마이코플라스마 마이코이데스 JCVI-syn 1.0이라 불리는데, 이는 유전체가 컴퓨터로 설계될 수 있고, 실험실에서 화학적으로 만들어질 수 있으며, 오로지 합성 유전체에 의해서만 통제되는 새로운 자가 복제 세포를 생산하기 위해 수용 세포에 이식될 수 있다는 원리를 증명한 것이라고 할 수 있다.

벤터 연구소의 설명에 따르면, 이 유전체는 "DNA를 구성하는 네 병의 화학약품으로 만들어졌다."[3] 많은 전문가들에게 이 발표는 인간이 네 병의 화

---

3 http://www.jcvi.org/cms/fileadmin/site/research/projects/first-self-replicating-bact-celll/press-release-final.pdf.

학약품으로부터 생명 자체를 창조하는 데 성공했다는 것을 의미했다.

합성생물학에 대한 정의로 다양한 것이 제안되었는데, 여기에는 "유용한 목적을 위해 새로운 생물적 요소, 장치, 체계를 설계하거나 구축하고, 현존하는 자연적 생물 체계를 재설계하는 것(Synthetic Biology.org)"이라는 정의가 포함된다. 또 "합성생물학은…… 새로운 인공적인 생물 경로, 유기체, 장치를 설계하고 구축하거나 또는 현존하는 자연적 생물 체계를 재설계하는 것으로 넓게 규정될 수 있다"는 영국 왕립학회의 정의도 있다. 유럽 위원회에 따르면, "합성생물학은 생물학의 공학으로, 이를테면 자연에는 존재하지 않는 기능을 발휘할 수 있도록 생물학에 기초하여 복잡한 체계들을 합성하는 것이다. 이러한 공학적 관점은 개별 분자에서부터 세포 전체, 조직, 그리고 유기체에 이르기까지 모든 단계의 생물 체계에 적용될 수 있다. 본질적으로 합성생물학은 합리적이고 체계적인 방식으로 '생물 체계'에 대한 설계를 가능하게 할 것이다."[4]

이렇듯 한편에서는 지구상의 생명이 대량 멸종 사태를 겪는 상황에서 (그리고 그런 멸종은 비록 인간의 활동이 야기한 것은 아닐지 몰라도 대부분은 인간의 활동에 의해 강하게 영향을 받은 것이다), 인간은 실험실에서 또 다른 생명을 창조하는 중요한 발전을 이루기 일보 직전이다. 이러한 두 현상은 인간이 자연계, 특히 다른 생명체들에 대해 어떤 자세를 가져야 하는지를 고려해 볼 것을 요구한다.

생물 다양성의 감소는 다양한 가치 문제를 제기한다. 예를 들어 군대 개

---

4 모든 정의는 2011년 6월 13일에 접속한 합성생물학 프로젝트 웹사이트(http://www.synbioproject.org/topics/synbio101/definition/)에서 가져왔다. 합성생물학에 도움이 될 만한 윤리적 분석은 "The Ethics of Synthetic Biology and Emerging Technologies", Presidential Commission for the Study of Bioethical Issues(Washington, D.C., 2010년 12월)를 참고하라. http://www.bioethics.gov/에서 이용할 수 있다.

미들 중 병정개미의 위턱에서만 사는 진드기가 멸종되는 것이 왜 문제가 되는가? 생명의 가치는 무엇인가? 전통적으로 생명 다양성의 보존을 지지해 주기 위한 많은 도구적 정당화가 있었다. 생명 다양성에는 엄청난 의학적, 농업적, 경제적, 과학적 가능성이 잠재되어 있다는 것이 그것이다. 하지만 그러한 성과들이 바로 합성생물학의 일차적인 목표다. 그렇다면 당연히 우리는 자연적으로 나타나는 생명체들을 대상으로 작업하는 것보다 합성생물학을 통해서 그러한 목표를 "더 합리적이고 체계적으로" 성취할 수 있을 것이다. 이렇듯 그런 가치들이 인공적인 생명체를 통해서 보다 잘 충족될 수 있다면, 생명 다양성을 지지하는 도구적 정당화는 그 힘을 상당히 잃게 된다.

그러나 이러한 도구적 가치들은 다른 생명체들을 단순히 우리의 목적을 위해 이용되는 도구로 보는 태도를 암시한다. 하지만 앞 장에서 살펴본 바와 같이, 많은 사람들은 생명체들이 단순한 도구적 가치 이상을 지닌다고 주장해 왔다. 일부 환경철학자들은 생명 자체는 고유의 가치를 지닌다고 주장했는데, 그것은 단순히 생명의 이용 방식에 따라 소중한 것이 아니라 그 자체로 소중하다는 의미다. 하지만 합성생물학이 실험실에서 생명을 창조하는 데 성공한다면, 그 결과 자연계와 생명에 대한 여러분의 태도는 변할 것인가?

토론 주제

1. 자연적으로 나타나는 생명체는 인공적인 생명체보다 더 가치가 있는가, 아니면 덜 가치가 있는가? 자연적으로 나타나는 생명체와 인공적으

로 만들어지는 생명체 간에 중요한 윤리적 차이가 있는가?

2. 여러분은 모든 생명체가 단순히 살아 있다는 사실 때문에 고유의 가치를 갖는다고 생각하는가? 그렇다면 왜 그렇고, 그렇지 않다면 왜 그렇지 않은가?

3. 네 병의 화학약품으로부터 탄생한 생물학적 유기체는 개미의 위턱에서만 존재하는 진드기 종보다 더 경이로운가, 아니면 그렇지 않은가?

4. 합성생물학을 비판하는 사람들은 흔히 합성생물학에서는 과학자들이 '신의 역할'을 담당한다고 주장한다. 여러분은 이것이 의미하는 바가 정확히 무엇이라고 생각하는가? 이것은 설득력 있는 비판인가?

5. 인공적인 생명체는 그것을 설계한 사람이 의도한 목적과는 별개로 그 자신의 목적이나 선을 갖는가?

1. 서론

우리는 3, 4, 5장에서 표준적인 윤리적 원리들과 개념들이 환경 쟁점들에 어떻게 적용될 수 있는지를 살펴보았다. 이 장에서는 포괄적인 환경철학을 발전시키려는 보다 더 체계적인 시도들을 살펴볼 것이다. 이러한 접근 방식은 우리의 윤리적 관점을 보다 근본적으로 전환할 것을 지지하면서, 단순하게 전통적인 윤리학을 **확장**하는 것, 이른바 윤리적 확장주의에 의문을 제기한다. 윤리적 확장주의의 문제들은 다음 세 가지 쟁점과 관련이 있다.

첫째, 싱어와 리건 같은 철학자들의 작업에도 불구하고, 그들이 응용하는 데 사용한 원리와 개념은 여전히 초점이 제한되어 있다. 많은 철학자들의 지지를 받는 도덕적 고려 가능성의 기준은 성인 인간들에서 가장 분명하게 발견된다. 비판자들은 윤리적 확장주의가 성인 인간을 가장 비슷하게 닮은 동물들에게만 도덕적 지위를 부여한다고 비난한다. 결국 이러한 확장은 근본적으로는 여전히 위계적이다. 그리고 비판자들에 따르면 이러한 확장은 여전히 그 밖의 다른 생명체들의 도덕적 지위 문제는 회피한다. 예를 들어 싱어와 리건은 대부분의 생물 종들은 빼놓고 몇몇 동물들에게만 도덕적 지위가 있다고 주장한다. 다른 생명체들은 여전히 도덕적 고려의 범위 밖에 있다. 이런 식으로 빼놓는 것은 많은 환경론자들에게 윤리적이고 논리적인 오류라는 인상을 준다.

둘째, 이러한 확장은 여전히 철저하게 개체주의적이다. 개별적인 동물들은 도덕적 지위를 갖지만 식물들, 종들, 서식지, 그리고 존재들의 관계는 그 자체로는 그러한 지위를 갖지 못한다. 그러나 대부분의 생태학은 자연의 상호관계를 강조한다. 생태학은 종, 생명 다양성, 생태 공동체, 생태계, 그리고 생물학적, 화학적, 지질학적 순환 과정과 같은 전체를 강조한다. 관계와 공동체와 체계, 그리고 과정은 생태학에서 중요한 역할을 한다. 불행하게도 표준적인 윤리 이론들은 이러한 관심사를 위한 여지를 거의 갖고 있지 않다. 실제로 공동체에 대한 윤리적 관심을 '환경 파시즘'이라 하여 일소해 버리는 리건의 입장을 기억할 필요가 있는데, 이를 보면 확실히 우리는 이러한 표준적인 윤리적 견해가 얼마나 받아들일 수 없는 것들인지를 알 수가 있다. 환경론자들에게 이것은 과학적 사실을 무시하고 철학적 이론에 사로잡힌 시각을 보여 주는 하나의 완벽한 예다.

마지막으로 이러한 확장은 포괄적인 환경윤리학도 아니고, 또 애초에 그렇게 의도되지도 않았다. 철학자들은 특정 문제들이 발생하고 인지되었을 때 그저 윤리학을 그러한 문제들에 적용했을 뿐, 일관되고 포괄적인 환경윤리학 이론을 구축하려고 시도하지 않았다. 이러한 편협한 관심은 두 가지 불행한 결과를 초래했다. 첫째는 동물의 권리를 포함시키려는 윤리학의 확장은 지구온난화나 오염과 같은 많은 다른 환경 문제들을 해결하기 위한 지침을 마련해 줄 수 없다. 둘째로 확장주의는 여전히 비판적이며 소극적인 자세로 머물러 있는 경향이 있다. 그것은 이따금씩 우리에게 다양한 정책들과 행위들이 무엇이 잘못되었는지를 이야기해 주기는 하지만, 대안이 될 만한 '좋은 삶'은 어떠한 것이어야 하는지에 대한 지침을 제공하지는 않는다.

　다음 장들에서는 환경윤리학을 발전시키려는 보다 체계적인 시도에 대해 살펴볼 것이다. 환경과 관련한 최근의 철학적 작업 대부분은 표준적인 윤리 이론과의 관계를 단절하고 인간과 자연의 관계를 재정립하고자 한다. 사실 새로이 부상하고 있는 이런 사조는 윤리학이라기보다는 오히려 환경철학이라고 하는 것이 더 적절할 것이다. 철학자들은 자연환경 내에서 인간의 위치에 대한 포괄적인 설명을 찾고자 할 때, 단순한 윤리적 질문 이상의 것을 다루어야 한다. 윤리학을 이러한 방식으로 다시 생각하기 시작할 때 중요하게 부각되는 주제로는 다음과 같은 것이 있다. 이를테면 자연과 자연적인 것, 체계, 관계, 종 등의 존재론적 위상과 같은 형이상학적 주제들, 기술적 주장과 규범적 주장 사이의 논리적 관계와 같은 인식론적 주제들, 아름다움과 본래적 가치와 같은 미학적 주제들, 그리고 시민 불복종과 환경 정의와 같은 정치철학적 주제들 등이 그것이다.

　그렇다면 기존의 윤리 이론으로 무장하고 환경 문제에 접근하는 철학자의 역할은 일단 제쳐 두도록 하자. 대신에 일관되고 포괄적인 환경철학을 분명하게 주장하고, 발전시키고, 옹호하고자 하는 환경론자(혹은 보다 단순하게는 관심 있는 시민)의 관점을 채택해 보자.

합리적인 사람이라면 지구적 기후 변화나 대량 멸종과 같은 문제를 우려와 근심 속에서 반성하지 않을 수 없다. 그러나 환경철학의 목적을 이해하기 위해서 그저 단순하게 대응하는 단계를 넘어설 필요가 있다. 그리고 이러한 우려의 근본 원인을 검토해 보아야 한다. 대체 왜 우리는 이러한 사실들로 인해 걱정하는가? 왜 우리는 이러한 사실들로 고민**해야** 하는가?

이러한 물음들은 단 한 가지 대답만을 갖는 것 같지는 않다. 어떤 경우에 우리의 고민은 환경 파괴가 인간을 위험에 처하게 해서, 이에 대한 윤리적 관심이 제기된다는 자각에서 비롯된다. 반면 우리가 환경을 다루는 방식이 영적이거나 심미적인 혹은 문화적인 가치를 손상시켜서 우리의 관심이 비롯된 경우도 있다. 또한 자연적 대상들 자체에 직접적인 도덕적 피해를 초래해서 발생하는 경우도 있다. 많은 환경철학자들의 목표는 이러한 다양한 관심을 설명할 수 있는 단일의 체계적인 원리나 이론을 마련해 주는 것이다. 그러한 목표를 이루기 위해서는 윤리학에서의 작업뿐만 아니라 형이상학, 인식론, 미학, 정치철학 등에서의 작업이 요구될 것이다. 하지만 그런 체계적인 설명이 불가능하다고 결론을 내리면서 그 대안으로 **도덕다원론**이라는 입장을 제안하는 철학자도 있다.[5]

---

5 Christopher Stone, *Earth and Other Ethics: The Case for Moral Pluralism*(New York: Harper and Row, 1987). 도덕다원론은 12장에서 다룬다.

3부 환경윤리학의 이론들

2. 도구적 가치와 본래적 가치

환경철학자들 사이에서 일고 있는 철학적 변화를 이해하기 위한 한 가지 방법은 도덕성에 대한 물음을 가치에 대한 보다 일반적인 물음과 대조해 보는 것이다. 편협하게 이해된 도덕성은 항상 인간의 안녕과 인간들 간의 관계에 그 초점을 맞추어 왔다. 도덕성은 인간의 권리와 책임, 안녕, 그리고 인간을 위한 좋은 삶을 이해하고자 한다. 그러므로 아마도 철학자들이 환경적인 관심사를 도덕적으로 고려하는 데 어려움이 따르는 것은 놀라운 일이 아니다. 환경적 관심사는 솔직히 도덕성의 전통적 영역에 어울리지 않는다.

그러나 더욱 폭넓게 이해된다면, 철학적 윤리학은 좋은 삶과 인간의 번영에 관한 보다 일반적인 질문을 던질 것이다. 이러한 질문은 **가치**라는 보다 폭넓은 관심사를 포함한다. 이러한 시각에서 볼 때, 환경적인 관심사는 우리가 어떻게 살아야 하는가에 대한 규범을 확립해 주는 폭넓고 다양한 가치 문제들을 제기하기 때문에 더 적합한 윤리적 관심사가 되는 것이다. 모든 가치 문제들이 도덕적 가치(편협하게 이해된)에 관계하는 것은 아니다. 우리는 또한 심미적이고 영적이며 과학적이고 문화적인 가치들을 존중할 만한 가치가 있는 것으로 인정한다.[6]

그래서 가치의 본성과 범위에 대해 고려하는 것은 포괄적인 환경철학에서 중요한 것이 된다. 가치에 대한 완전한 설명은 도덕적 관련성을 갖는 대상들이 무엇인지 혹은 고려할 만한 가치가 있는 대상들이 어떠

---

6 아마 포괄적인 환경윤리학을 지지하는 가치들에 대한 가장 좋은 철학적 설명은 롤스턴의 저작들에서 찾아볼 수 있을 것이다. 특히 *Environmental Ethics*(Philadelphia: Temple University Press, 1988)를 보라.

한 것들인지에 대한 범위를 한정함으로써 윤리적 영역을 결정한다. 윤리학은 우리가 어떻게 살아야 하는지, 어떻게 행위해야 하는지, 그리고 우리가 어떤 종류의 인간이 되어야 하는지 등의 문제에 관심을 갖는다. 이러한 '당위들'의 전체 영역을 정의하는 것은 가치나 유용성을 갖는 대상에는 어떤 것이 있는지 설명해 주는 것이다. 앞에서 기술한 예를 고려해 보자.

열대우림이 파괴되면서 많은 곤충 종들이 멸종하고 있다. 많은 사람들은 다양한 생명 형태의 무분별한 파괴에 대해 언짢게 생각한다. 그러나 대체 수많은 곤충들이 멸종하는 것이 왜 잘못된 것인가? 곤충은 고통을 느끼지도 못하고, 의식적이지도 않으며, 삶의 주체도 아니다. 곤충은 분명히 도덕적 존재는 아니다. 잘못된 것으로 여겨지는 것은 가치의 어떤 것이 인간의 활동으로 인해 상실되었다는 것(사실은 아마도 무분별하게 파괴되었다는 것)이다. 이러한 가치는 탐욕이나 무지로 인해 상실된다. 열대우림의 파괴는 물론이고 야생지, 습지, 나무, 호수, 대양, 물고기, 그리고 식물의 상실에 대해서도 비슷한 설명이 가능할 것이다. 곤충은 왜 가치가 있는가? 야생지를 왜 보호해야 하는가? 식물에 왜 관심을 갖는가?

2장에서 주목했듯이, 몇몇 종교적 전통이 신학적 관점으로부터 이런 물음들에 답하기 위한 방식을 탐구하고 있지만, 그것들이 철학적으로는 어떻게 대답할 수 있을까? 동물복지의 윤리학으로부터 보다 더 전체주의적인 환경철학으로의 전환은 아마도 도덕성과 도덕적 가치에 대한 편협한 생각으로부터 가치 자체에 대한 보다 폭넓은 관심사로의 전환으로 가장 잘 이해될 수 있을 것이다.

철학자들은 종종 도덕적 가치를 이해관계라는 측면에서 논의해 왔다. 우리가 앞 장에서 살펴보았던 철학자 중에서 파인버그, 스톤, 싱어, 리건, 그리고 굿패스터 등은 모두 어떤 종류의 사물이 도덕적으로 고려할 만한 것인지를 결정하기 위하여 이해관계라는 개념을 사용한다. 한 대상이 이해관계를 갖는다는 것은 그것이 그 자신의 "이익"(파인버그), 그 자신의 권리로서의 "가치"(스톤), 그 자신의 "복지"(벤덤과 싱어), "고유의 가치"(리건), 혹은 그 자신의 "안녕"(굿패스터)을 갖는다는 것이다. 이 모든 것은 이러한 대상들이 인간에 의해 부여된 가치와는 독립적인 가치를 갖는다고 말한다. 이는 우리가 그 자체로 그 자신의 가치를 갖는 대상을 마치 우리와 관련해서만 가치를 갖는 것으로 취급한다면, 우리는 무언가 잘못하고 있다는 것을 의미한다.

이러한 차이는 일반적으로 도구적 가치와 본래적 가치 간의 중요한 구별에서 분명하게 드러난다. **도구적 가치**는 유용성의 함수다. 어떤 대상이 도구적 가치를 갖는 이유는 그것이 다른 어떤 가치를 얻기 위해 이용될 수 있기 때문이다. 연필은 내가 그것으로 글씨를 쓸 수 있기 때문에 가치가 있는 것이다. 1달러짜리 지폐는 내가 그것으로 무언가를 구입하는 데 사용할 수 있기 때문에 가치가 있는 것이다. 한 대상의 도구적 가치는 그 대상 자체가 아니라, 그 대상이 쓰일 수 있는 용도에 있다. 그 대상이 더 이상 쓸모가 없거나, 더 효과적이고 더 훌륭한 용도를 갖는 다른 것으로 대체될 때, 그것은 가치가 상실되어 무시되거나 버려질 것이다.

자연 대상을 '자원'이라는 측면에서 생각하는 것은 그것을 도구적 가치를 갖는 것으로 취급하는 것이다. 예를 들어 핀쇼의 보전운동은 산림과 야생지의 도구적 가치를 강조했다. 야생지는 우리가 이용할 수 있는 방대한 자원의 보고이기 때문에 보호하고 보존해야 한다. 핀쇼와 진보주의자들은 가치 있는 국가 자원이 종종 불공정하게 분배되거나 낭비된다고, 즉 부적당하게 이용된다고 주장했다. 많은 환경적인 관심은 환경의 도구적 가치에 의존한다. 맑은 공기나 물은 이것들이 없을 경우 인간의 건강과 안녕이 위협받기 때문에 소중하게 여겨진다. 식물과 동물 종역시 의약이나 농업 용도로 이용될 엄청난 잠재력 때문에 소중히 여겨지는 것이다. 실질적으로 공리주의 또는 경제학적인 제안은 어느 것이든 자연의 도구적 가치에 기초를 두고 있다. 종교 윤리학에서 청지기 전통(stewardship tradition) 또한 강한 도구적 경향을 갖는다. 마찬가지로 합성생물학자들은 그들이 창조하는 생명체를 이러한 도구적 의미에서 가치가 있는 것으로 본다.

환경의 도구적 가치에 호소하는 것은 효과적인 정치적 전략일 수 있다. 여론은 종종 기회의 상실이나 자원의 낭비 등에 대해서는 매우 빠른 반응을 보인다. 그러나 환경의 도구적 가치에만 기반을 둔 환경윤리학은 불안정한 것일 수 있다. 인간의 이해관계와 요구사항이 변하면, 그에 따라 환경의 용도도 변할 것이다. 남부 캘리포니아의 생활용수와 수력 발전의 자원이 되는 콜로라도 강의 도구적 가치는 곧 경치 좋은 야생지나 휴양지로서의 도구적 가치에 우선할 것이다. 오로지 자연의 도구적 가치만을 강조하는 것은 사실상 환경이 인간의 이해관계나 요구에 의해 볼모로 잡혀 있다는 것을 의미한다. 그리고 서로 경쟁하는 인간의 이해관계들 간의 타협을 위한 거래(trade-off)가 요구되는 것이다.

다른 한편으로 어떤 대상이 그것의 용도로 높게 평가되는 것이 아니라 그 자체로 가치가 있을 때, 그것은 **고유의 가치나 본래적 가치**를 갖는다.[7] 그러한 대상들의 가치는 그것들에게 본래적인 것이다. 한 대상이 본래적으로 가치 있다고 말하는 것은 그것이 그 자신의 선을 갖는다는 것이고, 그것을 위해 좋은 것이 외부의 요인들에 의존하지 않는다고 말하는 것이다. 그래서 그것의 가치는 주어지는 것이 아니라 오히려 발견되거나 인정되는 가치일 것이다.

우리가 소중히 여기는 모든 것이 도구적으로 가치 있는 것은 아니다. 어떤 것들은 우리가 그것들의 도덕적, 영적, 상징적, 심미적 혹은 문화적인 중요성을 인정하기 때문에 소중히 여겨진다. 우리는 그것들을 그것들 자체로, 그것들이 의미하거나 상징하는 것 때문에, 그리고 그것들이 그 무엇이라는 것 때문에 소중히 여기는 것이지 그것들이 어떠한 방식으로 이용되기 때문에 소중히 여기는 것은 아니다.

몇 가지 예들이 이러한 차이를 설명하는 데 도움이 될 수 있다. 우정에 대해 생각해 보자. 여러분이 친구를 오직 유용성 때문에 소중히 여긴다면, 여러분은 우정을 대단히 오해하고 있는 것이고 아주 좋은 친구가 되지 못할 것이다. 또한 역사적 기념물이나 문화적이고 심미적인 대상을 생각해 보자. 자유의 종, 타지마할, 미켈란젤로의 다비드상은 그것들의

---

7 도구적 가치, 본래적 가치, 그리고 고유의 가치의 의미와 타당성에 대한 철학적 논의는 계속되고 있다. 도구적 가치에 대한 이해는 비교적 문제가 없다. 앞으로 우리는 본래적 가치와 고유의 가치의 의미와 관련해서는 나름의 "합의가 떠오르고 있다"는 수전 암스트롱(Susan Armstrong)과 리처드 보즐러(Richard Botzler)의 제안을 채택해 그에 따라 설명할 것이다. 이들에 따르면, 본래적 가치는 평가자의 존재와는 독립된 것이다. 한 대상은 그것이 그 자체로 그리고 동시에 혼자 힘으로 가치를 가질 때, 본래적 가치를 갖는다. 다른 한편 고유의 가치는 대상에 가치를 부여하는 평가자의 존재를 필요로 한다. 그래서 그것은 그 자신을 위해 소중하게 여겨질 수 있을지라도(그것의 가치는 그것의 유용성으로부터 나오지는 않는다), 그것은 그 자체로 가치를 갖지는 않는다(만약 그것을 소중하게 여기는 사람이 아무도 없었다면, 그것은 가치가 없었을 것이다). 예를 들어 아이들은 본래적 가치를 갖는다(그들은 그 자체로 그리고 그들 스스로 소중하게 여겨진다). 그에 반해 가족의 가보는 고유의 가치를 갖지만(그것은 자체를 위하여 소중하게 여겨지는 것이지 경제적 가치를 위해 소중히 여겨지는 것은 아니다), 그것을 소중히 여기는 가족이 없다면 가치 없는 것이 된다. 우리가 이러한 구별을 의미 있는 것으로 받아들인다면, 자연적 대상들과 인간이 아닌 생명체들은 본래적 가치를 갖는 것인지 고유의 가치를 갖는 것인지 하는 것은 중요한 문제가 될 것이다. 이에 대한 보다 자세한 내용은 수전 암스트롱과 리처드 보즐러의 *Environmental Ethics: Divergence and Convergence*(New York: McGraw-Hill, 1993), 53쪽을 보라. 본래적 가치의 옹호론은 홈스 롤스턴의 *Environmental Ethics*(Philadelphia: Temple University Press, 1988)를 보라. '불완전한(truncated) 의미'에서 본래적 가치로 확인된 고유의 가치에 대한 옹호론은 비어드 캘리코트의 "The Intrinsic Value of Nonhuman Species", in *The Preservation of Species*, Bryan Norton(편) (Princeton, N.J.: Princeton University Press, 1986), 6장을 보라.

용도와 별개로 가치를 갖는다. 분명 우리의 많은 환경적 관심사는 우리가 자연에서 인정하는 본래적 가치에 의존한다. 많은 사람들이 볼 때 생명 자체는 그것이 어떤 형태를 취하든 본래적으로 가치 있는 것이다. 야생지, 경치 좋은 풍경, 국립공원 등은 자유의 종처럼 우리의 국가적 유산과 역사의 일부이기 때문에 많은 사람이 소중히 여긴다(이것은 본래 새고프의 논의로서 이미 3장에서 살펴보았다).

회색 곰은 도구적 가치를 거의 갖지 않을 수도 있지만, 사람들은 회색 곰이 여전히 옐로스톤 국립공원에 존재한다는 사실 자체를 소중하게 여긴다. 흰머리독수리의 상징적 가치는 그것이 가질 수도 있는 도구적 가치를 능가한다. 개발되지 않고 탐사되지도 않은 야생지는 이 지역을 결코 방문하지도 않고 개발하거나 이용하지도 않을 사람들에게조차도 아주 소중하게 여겨진다. 뮤어와 핀쇼의 의견 차이는 야생지에서 본래적 가치를 보았던 사람(뮤어)과 보지 못했던 사람(핀쇼)의 차이다. 뮤어는 세쿼이아 숲은 경제적인 유용성을 훨씬 능가하는 영적이고 종교적인 가치를 소유한다고 주장하면서 그것을 대성당과 같다고 말했다.

우리가 인간의 활동이 환경을 파괴한다고 이야기할 때, 우리는 흔히 본래적 가치의 상실이나 경시에 대해서 언급하고 있는 것이다. 그랜드캐니언의 절단면이 상류의 수력 발전용 댐으로부터 방류되는 물의 범람으로 침식될 때, 산성비가 그리스와 로마의 고대 건조물들을 부식시킬 때, 해안선이 포장된 산책로와 카지노 도박장으로 바뀔 때, 인간의 활동은 우리가 자연에서 발견하는 본래적 선을 파괴한다.

환경윤리학에 종사하는 수많은 철학자들에게 가장 큰 도전은 도구적 가치에 기반을 둔 논의들을 물리칠 수 있는 본래적 가치에 대한 설명을 발전시키는 일이다. 5장에서 보았듯이, 패스모어는 근대 문화에서 최고의 영향력을 가진 물질주의와 탐욕을 상쇄하기 위해 감수성을 강조할 것을 요구한다. 새고프는 오로지 도구적인 가치만을 인정하는 지배적인 경제적 모형을 비판하고 나서, 철학자들에게 우리의 환경적 책임들의 기초가 되는 문화적, 심미적, 역사적, 윤리적 가치들을 분명히 할 것을 권유한다. 그리고 이러한 가치들이야말로 인간으로서의 우리가 **원하는** 바가 무엇인지를 결정해 줄 뿐만 아니라 우리가 어떤 존재**인지**를 결정해 준다고 말한다.

그렇다면 보다 체계적인 환경철학의 발전은 종종 도덕적 지위 혹은 도덕적 권리와 책임 등에 편협하게 집중하는 것에서부터 가치에 대한, 특히 본래적 가치에 대한 보다 일반적인 논의로의 전환을 필요로 한다. 하지만 불행하게도 본래적 가치에 호소하는 것은 종종 회의주의와 마주친다. 우리는 본래적 가치를 표현하기 위한 단어를 갖고 있는 것 같지 않다. 많은 사람들은 그러한 가치는 단지 주관적이라고, 즉 '아름다움이 보는 사람의 눈에 달려 있는' 것처럼 개인적 견해의 문제라고 생각한다. 그래서 측정 가능한 도구적 가치(이익과 같은 것)가 불분명하고 알기 어려운 본래적 가치(야생지의 아름다움과 같은 것)와 충돌할 때, 도구적 가치가 종종 너무 쉽게 승리한다. 이 장의 나머지 부분에서는 생명 자체가 본래적 가치를 갖기 때문에 인간은 그것에 책임이 있다고 주장하는 다양한 견해에 대해 살펴볼 것이다.

3. 생명 중심 윤리학과 생명 외경

생명 중심 윤리학(biocentric ethics)이라는 용어는 모든 생명이 본래적 가치를 지니고 있다고 보는 이론을 지칭한다(biocentric이라는 단어는 life-centered 를 의미한다). 그래서 리건과 같은 사람은 몇몇 동물에게 고유의 가치를 부여하고자 했지만, 모든 생명체를 포함하지 않았기 때문에 생명 중심적이지 않다고 할 수 있다. 반면에 굿패스터가 도덕적 고려 가능성을 위한 충분조건으로써 생명 자체에 초점을 맞춘 것은 생명 중심적이라고 할 수 있다.

생명 중심 윤리학의 초기 형태는 알베르트 슈바이처(Albert Schweitzer, 1875-1965)의 '생명 외경' 원리다. 슈바이처는 종교, 음악, 윤리, 역사, 철학 등에 관해 광범위하게 글을 썼다. 물론 그는 또한 일생의 많은 시간을 아프리카의 오지 마을에서 의료 활동을 하는 데 바쳤다. **생명 외경**이라는 구절로 표현되는 그의 윤리학은 현대 생명 중심 윤리학의 흥미로운 원조가 된다.

슈바이처의 삶은 의욕적이었고 다른 사람들을 보살피고 배려하는 데 헌신했다. 또한 그는 글을 많이 쓰는 작가이기도 했는데, 그의 많은 책들은 현대 사회의 윤리적 질병들을 진단하고 치료하는 것에 집중한다. 생명 외경은 그가 갈등에 시달리는 세상에 희망을 제공한다고 믿었던 태도다. 우리는 슈바이처의 진단과 치유 방식을 간략하게 살펴볼 가치가 있다.[8]

근대 산업사회는 생명의 선(goodness)을 자연의 선과 결부시켜 생각했던 세계관과는 거리가 멀다. 슈바이처가 "세계와 생명의 긍정"이라 불렀던 이러한 믿음은 윤리학에서의 자연법적 전통을 연상시킨다. 과학과 기

---

8 슈바이처의 윤리적 견해에 대한 가장 포괄적인 진술은 그의 *Civilization and Ethics*(London: A. & C. Black, 1946)에서 발견된다. 그의 자서전적인 *Out of My Life and Thought*, trans.A.B. Lemke(New York: Holt, 1990) 또한 상당히 도움이 된다. 제임스 브라바존(James Brabazon)의 자서전 *Albert Schweitzer: A Biography*(New York: Putnam, 1975)는 유용한 2차 자료다.

3부 환경윤리학의 이론들

술의 진보와 이에 동반되었던 산업사회는 자연을 무차별적이고, 가치중립적이고, 기계적인 힘이라고 봄으로써 윤리학과 자연 사이의 관계를 단절시켜 놓았다. 근대의 과학은 종종 자연을 물리적이고 기계적인 법칙들에 의해 지배를 받는 기계로 보았다. 자연 자체에는 본래적인 어떤 선도 악도 없다. 그러한 세계에 표류하게 되었기에 인간의 윤리학은 토대 없이 방치되었다. 윤리적 가치는 개인적 견해나 감정에 지나지 않는 것이 되었다. 근대 산업사회의 전쟁, 비인간적 관료주의, 무의미한 노동, 문화적 타락 등은 모두 이러한 분리로 인한 결과들이다.

슈바이처의 윤리적 사고는 자연과 윤리학 간의 유대를 다시 확립하고자 하는 것이었다. 그러나 슈바이처는 아프리카에 있는 가장 외딴 지방들을 여행하며 시간을 보냈기 때문에 자연이 부드럽고 온화한 것으로 오해하지는 않았다. 그는 파괴적이고 변덕스러운 자연의 힘을 잘 알고 있었다. 그럼에도 불구하고 자연에는 인간 윤리의 기초를 마련해 주는 데 일조할 수 있는 선, 즉 본래적 가치가 있다고 확신했다. 이러한 쟁점을 해결하기 위해 그가 발전시켰던 생각은 **생명 외경**이라는 구절에 담겨 있다.

슈바이처는 이러한 생각이 떠올랐던 순간을 거의 신비적인 말들로 기술한다. 아프리카에서 상류 지역으로 이동하는 거룻배를 타고 가면서, "우리가 해 질 녘 하마의 무리를 지나쳐 가는 바로 그 순간 내 머릿속에는 불현듯 생각지도 않았고 바라지도 않았던 **생명 외경**이라는 구절이 떠올랐다."[9]

그렇다면 생명 외경이 의미하는 것은 무엇인가? 슈바이처가 원래 사용한 독일어 구절은 'Ehrfurcht vor dem Leben'이었다. Ehrfurcht는 경

---

9 Albert Schweitzer, *Out of My Life and Thought*, 130쪽.

외(awe)와 경이(wonder)의 태도를 함축한다. 비록 외경(reverence)에는 아마도 Ehrfurcht에서는 나타나지 않는 종교적 색채를 내포하고 있을지라도, 슈바이처가 이와 같은 어떤 것을 염두에 두었다는 것은 분명해 보인다. Ehrfurcht의 어원을 보면 존경(honor)과 두려움(fear)이 결합된 태도를 나타낸다는 것을 알 수 있다. 흔히 높은 산꼭대기로부터의 장엄한 광경에 의해 고취된 태도나 맹렬한 폭풍에 의해 고취된 태도를 떠올리는 것도 크게 어긋나지는 않을 것이다.

슈바이처는 인간 의식의 가장 근본적인 사실은 "나는 살고자 하는 생의 한가운데에서(in the midst of life), 살고자 하는 생명"이라는 인식이라고 주장했다.[10] 윤리학은 우리가 그러한 사실을 충분히 깨닫고 경외하게 될 때 시작된다.

생각하는 존재가 된 인간은 그 자신의 생명을 외경하는 것과 똑같이 모든 살려는 의지(will-to-live)에게도 똑같이 외경하고자 하는 충동을 느낀다. 그는 그러한 다른 생명을 자신 속에서 경험한다. 그는 생명을 보존하고, 생명을 촉진하며, 발전 가능한 생명을 최고의 가치로 고양시키는 것을 선한 것으로 받아들인다. 그리고 생명을 파괴하고, 해치며, 발전 가능한 생명을 억누르는 것을 악한 것으로 받아들인다. 이것이야말로 도덕의 절대적이고 근본적인 원리다.[11]

다시 말해 슈바이처는 모든 생명체가 본래적 가치, 즉 우리의 경외와 외경을 요구할 만한 가치를 갖는다고 주장한다. 생명은 하나의 중립적이

---

10 같은 책, 같은 쪽.
11 같은 책, 131쪽.

3부 환경윤리학의 이론들

고 가치로부터 자유로운 우주 속의 '사실'이 아니다. 생명은 그 자체로 선한 것이다. 생명은 존중하는 마음을 불러일으키는 것이고 존중받을 만한 가치가 있는 것이다.

비판자들은 재빠르게 '생명 외경'의 윤리를 우스꽝스러운 것으로 풍자한다. 슈바이처는 바이러스나 박테리아의 생명이 인간의 생명만큼 가치 있다고 주장하는가? 인간의 생명만큼 개미의 생명도 존중해야 하는가? 만약 그렇지 않다면 그는 인간 생명과 다른 생명, 예를 들어 인간 면역 결핍 바이러스(HIV)와 같은 생명 간의 갈등을 해결하기 위한 어떤 방안을 마련해 주는가? 인공 합성 생명의 등장은 생명에 대한 사람들의 태도를 변화시킬 것인가?

많은 사람들이 보기에 슈바이처는 지나치게 힘든 삶을 살았다. 그는 심지어 질병을 옮기는 모기조차 죽이는 것을 꺼려했다. 모기를 죽이기보다는 방 밖으로 내몰기 위해 노력했다. DDT의 사용도 반대했는데, 그 이유는 그것이 무차별적으로 생명을 죽이는 방식이라고 생각했기 때문이다. 그러나 슈바이처가 때때로 생명을 죽일 수밖에 없는 필연성을 몰랐던 것은 아니다. 때로는 다른 생명에 대한 외경으로부터도 생명을 죽여야 할 때가 있다. 생명을 유지하기 위해서 우리는 다른 생명을 먹이로 희생시켜야 한다. 그는 또한 고통을 끝내 주기 위해서라면 동물을 죽이는 것도 마다하지 않았다.[12]

그러나 이것은 슈바이처가 갈등의 상황에서 우선권을 정하기 위해 적용되는 어떤 방책이나 규칙을 지지했다는 의미는 아니다. 그러한 위계는

---

12 브라바존의 *Albert Schweitzer*, 257쪽에는 슈바이처가 자기가 기르고 있는 펠리컨의 상처를 치료할 수 없다는 것을 깨달았을 때, 그 새를 죽이려고 했다는 이야기가 실려 있다. 이 절에서 이야기하는 또 다른 일화들도 브라바존의 책에서 인용했다.

외경 자체보다도 더 근본적인 규칙이나 기준이 있다는 것을 암시함으로써 '생명 외경' 윤리의 토대를 훼손시킬 것이다. 그러한 위계는 또한 우리가 생명을 죽여야만 할 때 흔히 부딪히게 되는 심각한 딜레마를 가볍게 보아 넘길 것이다. 갈등을 명쾌하게 해결해 주는 어떤 원리나 규칙은 어떤 윤리적 갈등도 단지 겉보기에만 갈등이 있는 것으로 보이는 것이지 실제로는 그렇지 않다는 암시를 줄 것이다.

슈바이처는 단순히 생명 외경을 특정 상황에 적용될 수 있는 규칙, 즉 말하자면 특정 상황에서는 어떤 식으로 결정해야 한다고 규정하는 규칙으로 구상한 것은 아니다. 생명 외경은 우리가 해야 할 것이 무엇인지를 결정하기 위한 규칙이라기보다는 우리가 누구인지를 결정하는 태도다. 그것은 행위의 규칙이라기보다는 오히려 성격 특성이나 도덕 덕목을 말한다. 도덕적으로 선한 사람은 각 생명의 고유 가치를 경외하고 존중한다.

그러나 이것은 선한 사람이 살생을 선택해야만 하는 상황과 관련해서는 무엇이라고 말할 것인가? 바이러스를 죽이는 의사, 돼지를 잡는 육가공업자, 나무를 베는 농부의 경우는 어떤가? 슈바이처는 우리가 이러한 결정들에 대해 책임을 회피할 수 있는 것은 아니라고 말한다. 이러한 결정들은 어떻게든 이루어질 수밖에 없지만, 그러나 책임 있게 그리고 의식적으로 조심스럽게 이루어져야 한다. 생명 외경은 우리로 하여금 이러한 결정들에 대한 책임에 민감해지도록 만드는 성격 특성이다. 또한 우리로 하여금 이러한 결정들이 담고 있는 여러 가지 의미를 의식하도록 만드는 태도를 말한다. 그것은 우리로 하여금 생명을 닥치는 대로, 혹은 무정하게, 가차 없이 죽이는 것을 주저하도록 만든다. 그렇게 함으로써 우리가 진정한 도덕적인 삶을 살아가는 데 기여한다.

실험실에서 생명체를 창조하는 것이 생명을 대하는 우리의 태도에 어떤 영향을 미칠 수 있는지를 고찰해 보는 것은 흥미로운 일이다. 자연적인 생명은 엄청나게 긴 시간을 거치면서 창조 및 진화되어 왔고, 그리고 셀 수 없을 정도로 많은 요인들이 역사의 과정을 변화시켜 왔다. 그럼에도 이 모든 것에 맞서서 생명은 존재하고, 계속해서 진화한다. 그런 경이로운 일을 직시하면서 우리 인간은 우주에서의 인간의 지위에 대해 보다 겸손한 태도를 취할 수 있었을 것이다. 그런데 인간이 이제 실험실에서 생명을 창조할 수 있다면, 아마 생명 자체는 그렇게 특별하지도 않고 소중하지도 않을 것이다. 그리고 인간은 생명을 창조할 수 없다고 생각했을 때보다 더 독특하고, 더 거만한 존재가 될 수밖에 없을 것이다.

슈바이처의 윤리적 견해는 아프리카 야생지에서의 여러 해에 걸친 풍부한 경험을 바탕으로 하고 있다. 그러나 그의 견해는 대중이나 철학자들에게 폭넓은 호응을 얻지 못했다. 아마도 그러한 관점이 지나치게 낭만적이고 소박하다고 생각해서였을 것이다. 슈바이처는 또한 이러한 입장에 대해 전문 철학자들이 요구하는 학술적 형태의 답변을 내놓지 못했다. 하지만 최근의 생명 중심 이론들은 더 설득력이 있을 수도 있다.

4. 윤리학과 성품

최근의 생명 중심적 논의로 옮겨 가기 전에 이 논의의 바탕에 깔려 있는 철학적 쟁점을 검토해 보는 것이 도움이 될 것이다. 이 장을 시작하면서 우리는 최근의 환경철학이 전통적인 이론들과의 단절을 보여 주고 있음을 시사한 바 있다. 그 이후에도 우리는 이것이 무엇인지 조금씩 살펴보았는데, 이쯤에서 이것이 무엇을 의미하는지 자세하게 밝히는 것이 좋겠다.

2장에서 살펴본 바와 같이 공리주의, 의무론, 자연법 등의 전통적인 윤리 이론의 수많은 지지자들은 윤리학의 가장 근본적인 질문들을 '내가 무엇을 해야 하는가'라는 것으로 간주한다. 윤리학의 목적은 우리 행위의 길잡이 역할을 할 수 있는 규칙이나 원리를 분명히 하고 옹호하는 일이다. 그리고 철학자의 과제는 왜 모든 합리적인 사람들이 그러한 규칙들에 따라서 행동해야 하는지를 논증함으로써 그것들을 정당화하는 것이다. 이러한 전통 내에 있는 대부분의 철학자들에게 이 작업을 위해 필요로 하는 것은 결국 규칙을 따르는 것이 한 개인의 합리적인 자기 이익이 된다는 것을 보여 주는 것이다.[13]

윤리학에 대한 이러한 접근 방식을 생각하면 왜 많은 사람들이 생명 외경에 관한 슈바이처의 견해를 받아들이는 데 어려움을 겪었는지를 이해할 수 있다. 만약 슈바이처의 견해를 우리 행위의 길잡이 역할을 하는 규칙으로서 간주한다면, 생명 외경은 당연히 우리가 앞 절의 말미에서 언급했던 반직관적 입장에 우리를 말려들게 한다. 그러나 슈바이처는 생명 외경을 윤리적 **규칙**으로 내놓은 것이 아니었다. 생명 외경은 우리가 세상에 대하여 가져야 하는 근본적 **태도**이다. 이러한 의미에서 슈바이처의 윤리학은 '내가 무엇을 해야 하는가'라는 질문이 아니라, '나는 어떤 유형의 인간이 되어야 하는가'라는 질문에 초점을 맞춘 것이었다. 그의 윤리학은 규칙의 윤리학이 아니라 성품의 윤리학이며, 인간 행위의 측면

---

13 Kenneth Goodpaster, "From Egoism to Environmentalism", in *Ethics and Problems of the Twenty-First Century*, Kenneth Goodpaster and Kenneth Sayre(편) (Notre Dame, Ind.: University of Notre Dame Press, 1979), 21-35쪽.

이 아니라 **성품**, 성향, 가치의 측면에서 도덕적으로 선한 사람을 설명하고자 한다.

이러한 전환은 2장에서 설명했던 덕 윤리학이라는 전통으로의 복귀를 의미한다. **덕 윤리학**은 규칙이나 원리보다는 도덕적 성품이나 덕을 강조한다. 공리주의, 의무론, 자연법과 같은 윤리적 체계들은 인간의 **행위**에 초점을 맞추고, 우리가 그러한 행위가 옳은지 그른지를 판가름하는 데 이용하는 어떤 규칙이나 원리를 정당화하고자 한다. 덕에 기반을 둔 윤리학은 선한 사람의 어떤 성격 특성을 기술하고 지지하면서 도덕적으로 선한 사람에 대한 철학적 설명을 만들어 낸다. 아리스토텔레스 윤리학처럼 덕에 기반을 둔 이론들은 대부분 목적론적이다. 덕과 악덕(덕의 반대)의 구별은 어떤 인간의 **목적** 달성이나 성취와의 관련성을 통해서 이루어진다. 아리스토텔레스에게 덕이란 사람들로 하여금 의미 있고 충실한 인간의 삶을 살아가는 것을 가능하게 해주는 성격 특성과 성향이었다.

우리가 최근의 환경철학들을 검토할 때는 이러한 구별을 염두에 두어야 한다. 최근 새로 생겨나고 있는 많은 철학은 단순하게 공리주의나 의무론에 의해 주창된 규칙이나 원리에 대한 대안을 제안하는 것이 아니다. 대신에 그것들은 철학적 관점의 전환을 요구하고 있다. 즉 행위의 규칙에 관한 관심으로부터 도덕적 성품에 관한 관심으로의 전환을 요구한다.

이러한 전환은 환경에 대한 다른 견해를 요구할 뿐만 아니라 그에 못지않게 우리 자신에 대해서도 다른 견해를 요구한다. 새고프가 우리에게 만족스러운 환경윤리학은 우리가 **원하는** 바를 결정하는 그런 가치들뿐만 아니라 우리가 누구**인지**를 결정하는 그런 가치들도 다루어야 한다고 주장한 것을 상기해 보라. 이러한 구별이 은연중 말해 주는 것은 인간으로서의 우리의 정체성은 부분적으로 우리의 가치들과 태도들에 의해 형성된다는 점을 인지해야 한다는 것이다. 한 개인의 성품, 즉 보통 '인격'이라 말할 수 있는 성향, 관계, 태도, 가치, 믿음 등은 그 개인의 정체성과 독립해 있는 어떤 특징이 아니다. 성품은 자아가 마음 내키는 대로 입었다 벗었다 하는 한 벌의 옷과 같은 것이 아니다. 오히려 자아는 개인의 가장 근본적이며 지속적인 성향, 태도, 가치, 믿음 등과 동일하다. 그래서 환경철학이 우리에게 자연에 대한 근본적인 태도를 바꿀 것을 요구할 때, 그것은 사실상 우리 자신을 변화시킬 것을 요구하는 것이다.

이러한 전환이 윤리학에서 정당화의 본질을 어떻게 바꾸어 놓는지를 주목해 보자. 많은 전통적인 윤리 이론에서 사실로 밝혀졌듯이, 어떤 규칙을 정당화하는 데 그것이 자기 이익과 관련되어야 한다고 요구한다면, 우리는 이런 식의 정당화가 흔히 실패하리라는 것은 당연하다고 봐야 한다. 윤리적 논쟁들은 흔히 자기 이익과 윤리적 가치 간의 갈등을 수반한다. 우리가 어떻게 생명 외경을 '정당화'할 것인지를 고려해 보자. 아직 외경으로서 생명을 다루는 성향을 갖지 않은 자아에게 정당화를 위한 유일한 길은 어떻게 그 성향이 자아의 어떤 다른 이익에 도움이 되는지를 보여 주는 것이 될 것이다.

내가 이제껏 생명을 외경으로서 다루는 원리를 받아들이지 않았다면, 이제 와서 왜 그렇게 해야 하는가? 이 질문에 대답하는 유일한 방법은 이러한 태도를 채택하는 것이 자기 이익에 어떻게 도움이 되는지를 보여 주는 것이다. 그러나 새고프의 주장에 따르면 이것은 우리가 누구인지를 결정하는 그러한 가치들 대신에 우리가 무엇을 원하는지를 결정하는 가치들에 그 태도를 연결시키는 것을 의미한다. 또한 생명 외경이 어떤 도구적인 가치로 환원될 수 있는 것이어야 한다고 말하는 것이다. 우리는 외경의 태도를 채택해야 하는데, 그 이유는 어떤 식으로든 그것은 우리의 목적에 이바지하거나 우리의 요구를 만족시키기 때문이다. 물론 이것은 바로 생명 외경의 윤리가 거부하는 것이다. 생명은 **본래적 가치**를 가지며, 단순히 **도구적으로** 가치 있는 것 이상이다.

다른 한편으로 이미 생명 외경이라는 특성이 부여된 사람에게 정당화의 문제는 별 필요가 없을 것이다. 나의 근본적인 태도들 중의 하나가 생명 외경이라면, 왜 내가 생명을 외경해야 하는가라는 질문은 일어나지 않을 것이다.[14] 그래서 도덕적인 태도에서의 근본적인 전환을 요구하는 윤리학의 정당화는 자기 이익에 호소하는 것과는 다른 어떤 것을 필요로 한다.

5. 테일러의 생명 중심 윤리학

최근 생명 중심 윤리학을 가장 완전하게 발전시키고 철학적으로 세련되게 정당화해 주고 있는 것 중의 하나는 바로 폴 테일러(Paul Taylor)의 『자연에 대한 존중*Respect for Nature*』(1986)이다. 슈바이처가 나름대로 생명 외경이 무엇이고 그러한 태도에서 어떤 실천적인 함의들이 따라 나오는지를 설명하려 시도했지만, 그러한 태도를 채택하는 데 대한 적절한 정당화를 마련해 주지는 못했다. 그에 비해 테일러는 자연 존중의 태도를 채택하는 것이 왜 합리적인지에 대해 자세하게 설명한다. 이러한 이유로 그의 견해를 생명 중심 윤리학의 표본으로 보고 집중적으로 살펴보고자 한다.

---

14 물론 사람들은 자신의 근본적인 태도가 의심을 받는 순간을 맞이한다. 하지만 실존적인 위기의 그러한 순간들은 더 이상의 정당화가 이루어질 수 없다는 견해에 반박하기보다는 오히려 더 강화해 주는 경향이 있다.

테일러는 생명 중심적 이론가로서 인간과 다른 생명체들 간에 존재하는 도덕적 관계에 대해 체계적이고 포괄적인 설명을 시도한다. 그는 이러한 관계가 모든 생명의 고유의 가치에 기초를 두고 있는 것으로 본다.

> 내가 옹호하는 환경윤리학 이론의 주요 신조는 행위가 옳다고 하는 것과 성격 특성이 도덕적으로 선하다고 하는 것은 그것들이 이른바 자연 존중이라고 하는 어떤 궁극적인 도덕적 태도를 표명하거나 구체화하느냐에 달려 있다.[15]

이러한 이론에 대한 테일러의 설명과 정당화 과정은 여러 단계로 진행된다. 그는 우선 모든 생명체가 자기 자신의 선을 갖는다고 말하는 것이 의미 있다고 주장한다. 테일러의 표현대로 하면, 모든 생명체는 "목적론적 삶의 중심"이기 때문에 그 자신의 선을 갖는다고 얘기될 수 있다. 테일러는 이러한 '선(good)'이 생명을 가진 살아 있는 존재들로부터 따라 나오는 단순한 사실이라고 생각한다. 어떤 실재(entity)가 스스로 선을 갖는다는 것은 우리로 하여금 인간은 그 실재에 어떤 책임을 갖는다고 결론을 내리도록 하기 위해 필요하기는 하지만 충분하지는 않다.[16] 어떤 실재가 고유의 가치를 갖는다고 말하는 것은 그것이 선을 갖는다는 사실적 주장을 넘어 이 실재가 도덕적으로 고려할 가치가 있고 도덕적 행위자들은 그 실재에 대한 의무를 갖는다는 규범적인 주장을 하는 것이다.

---

15 Paul Taylor, *Respect for Nature*(Princeton, N.J.: Princeton University Press, 1986), 80쪽.

16 여기에서 테일러는 "inherent worth(고유의 가치)"라는 구절을 내가 "inherent value(고유의 가치)"라고 사용했던 것과 대략 같은 의미로 사용한다. 고유의 가치(inherent worth)를 갖는 대상은 어느(다른) 가치 평가자와 독립적인 가치를 소유한다. 그것은 그 자체로, 그리고 그것 스스로 소중하게 여겨진다.

3부 환경윤리학의 이론들

우리가 테일러가 주장한 '자연에 관한 생명 중심적 관점'이라고 하는 것을 이해하고 받아들이게 될 때, 우리는 어떤 존재가 자신의 선을 갖는다는 기술적 주장으로부터 어떤 존재는 고유의 가치를 소유한다는 규범적 주장으로 옮겨 가게 된다. 이러한 관점을 받아들이고 모든 생명체의 고유의 가치를 인정하는 것은 자연 존중을 우리의 '궁극적인 도덕적 태도'로서 채택하는 것이다. 그리고 이어서 이러한 태도를 채택하는 것은 우리가 자연환경에 대해 도덕적으로 책임 있는 방식으로 행동하리라는 것을 의미한다.

테일러의 견해를 이해하기 위하여 우리는 먼저 자신의 선을 갖는 것들과 그렇지 않은 것들을 구분할 필요가 있다. 테일러는 자신의 선을 갖는 존재로 어린아이를 예로 들고, 자신의 선을 귀속시키는 것이 의미가 없는 어떤 것으로는 모래 더미를 예로 들고 있다. 부모의 결정은 아이들의 선을 증진하는 것을 목표로 한다. 아이들은 선이 증진될 때 이득을 보고 선이 좌절될 때 피해를 입는다. 다른 한편 마치 모래 자체가 어떤 식으로든 피해를 입거나 이득을 볼 수 있는 것인 양, 모래 자체의 선에 대해 이야기하는 것은 의미가 없다.

다음으로 테일러는 **실제적인** 선과 **외견상**의 선, 혹은 그가 말하는 **객관적** 가치와 **주관적** 가치 개념 간의 전통적인 철학적 구별에 의존한다. 어떤 것의 선은 그 존재가 그것의 선이라고 **믿는** 것과 항상 동일한 것은 아니다. 나에게(주관적으로) 나를 위해 좋은 것으로 **보이는** 것은 **실제로**(객관적으로) 나를 위해 좋은 것이 아닐 수도 있다. 이러한 구별은 테일러가 그의 생명 중심 윤리학에 자신의 객관적인 선을 갖는 어떤 존재를 포함시킬 수 있는 여지를 만들어 준다. 그는 외견상의 선 개념이나 주관적인 선 개념을 무시하기 때문에, 주관적 선을 설명하는 데 전제된 믿음, 이해관계 혹은 욕구를 소유하는 그러한 존재들만을 포함시킬 필요가 없다.

그렇다면 어떤 실재들이 그 자신의 객관적 선을 갖는가? 테일러의 대답은 목적론적 삶의 중심이라는 개념에서 발견된다. 이것을 이해하기 위해서 슈바이처의 생명 외경 윤리와 아리스토텔레스의 자연법적 전통과 비교해 보는 것이 도움이 될 것이다. 또한 리건이 동물권 윤리학에서 사용한 삶의 주체라는 개념과 대조해 보는 것도 유익할 것이다.

먼저 테일러의 예를 가지고 시작해 보자.

> 예를 들어 우리는 나비의 이해관계나 선호에 대해서 이야기하기를 주저할 수 있다. 그리고 아마도 나비가 어떤 것을 선하다거나 바람직한 것으로 고려한다는 의미에서 그것을 소중히 여긴다는 사실을 당장에 부정할 것이다. 그러나 일단 우리가 나비의 일생을 이해하게 되고, 나비가 건강하게 생존하기 위해 필요한 환경 조건을 알게 된다면, 그것에 이로운 것이 무엇이고 해로운 것이 무엇인지에 관해 이야기하는 데는 어려움이 없을 것이다. ……심지어 우리가 단세포의 원생동물과 같은 단순한 동물 유기체들을 고려할 때조차도, 그것에 이롭거나 해로운 것이 무엇인지, 어떤 환경 변화가 유리하거나 불리한지, 그리고 어떤 물리적 환경이 좋거나 나쁜지에 대해 얘기하는 것은 생물학적인 지식이 있는 사람에게는 충분히 의미 있는 일이다. 우리가 이러한 유기체들에 관한 지식을 많이 얻으면 얻을수록, 우리는 이들에게 무엇이 이익이 되고 그렇지 않은지에 대해 더 적절한 판단을 내릴 수 있다.[17]

---

17 Paul Taylor, *Respect for Nature*, 66-67쪽.

이것은 철학 이론을 들먹이지 않더라도 우리 대부분이 받아들일 수 있는 것이다. 살아 있는 것이 무엇이든 그것의 선에 관해 얘기하는 것은 의미가 있다. 이러한 선은 어느 누구의 믿음이나 견해에도 의존하지 않는다는 의미에서 객관적이다. 그것은 생물학적 증거에 의해 뒷받침될 수 있는 주장이다. 또한 우리가 결국은 **알게** 될 어떤 것이다. 우리가 어떤 실재의 선을 알 때, 우리는 무엇이 그 실재에 이익이 되는지를 안다. 비록 그 존재 자체가 식물처럼 자신의 이해관계를 의식하지 못하더라도 말이다. 그래서 심지어 주말에만 농사를 짓는 사람도 퇴비가 토마토에 좋고 가지치기는 사과나무에 좋지만 가뭄은 채소에 좋지 않고 진딧물은 콩에 좋지 않으며 무당벌레는 진딧물에 좋지 않다고 얘기할 수 있는 것이다.

모든 생명체는 선을 갖는데, 그 이유는 생명체들이 목적론적 삶의 중심이기 때문이다. 2장의 자연법적 윤리학에 대한 논의에서 텔로스라는 그리스어가 '목적(purpose)', '목표(goal)' 혹은 '궁극적 목적(end)' 등으로 번역된다는 것을 기억해 보라. 아리스토텔레스는 생물학적 관찰을 통해 모든 생명체는 어떤 특유의 목적 혹은 텔로스를 위하여 행동한다고 주장한다. 테일러 역시 각각의 종들은 그 종들을 위한 특정한 선을 결정하는 특유의 성질(nature)을 갖는다고 주장한다. 그러나 아리스토텔레스와는 달리 테일러는 이러한 성질이 유기체의 본질 혹은 영혼과 동일시할 필요가 없다고 생각한다. 테일러에게 이러한 성질은 그러한 종들에 의해 발휘된 생태학적 위치나 기능에 보다 가까운 것이다.

하지만 진딧물과 무당벌레의 예에서 보듯이, 하나의 종을 위한 선은 다른 종을 위해서는 선이 아닐 수도 있다. 각각의 종은 그 특정한 목적을 갖지만, 모든 생명체 역시 목적을 갖는다. 일반적으로 그 목적은 성장, 발전, 지속, 번식과 같은 것이다. 생명 자체는 이러한 목적을 향한다는 의미에서 목표 지향적이다. 각 생명체는 이러한 목적을 가진 활동의 중심이다. 즉 목적론적 삶의 중심이다.

이와 관련하여 슈바이처는 "나는 살고자 하는 생의 한가운데에서 살고자 하는 생명이다"라고 말했다. 우리가 "살고자 하는" 모든 것이 의식적으로 그래야 한다고 가정하지 않는 한, 슈바이처의 생각은 이 점에서 테일러와 거의 같다. 각각의 생명체는 그 자신의 선을 갖는데, 그 이유는 생명체로서의 각 생명은 방향과 목적, 텔로스를 갖기 때문이다. 이것은 그 존재 자체가 그러한 사실을 의식적으로 알고 있건 없건 간에 엄연한 사실이다. 살고자 하는 의지는 성장, 발전, 번식, 지속적인 삶이라는 생물학적인 과정에서 분명히 드러난다.

이러한 견해는 동물의 권리를 옹호하는 리건의 견해와 대조될 수 있다. 5장에서 리건은 삶의 주체인 모든 존재는 그것들에게 도덕적 지위라는 자격을 부여해 주는 고유의 가치를 갖는다고 주장했다(고유의 가치라고 할 때 리건은 'inherent value'라는 용어를, 테일러는 'inherent worth'라는 용어를 사용한다). 삶의 주체가 된다는 것은 단순하게 살아 있고 의식을 갖는다는 것 이상의 복잡한 일련의 특성을 필요로 한다. 이렇게 해서 리건은 "1년 혹은 그 이상 된 정신적으로 정상적인 포유동물들"을 위해서만 도덕적 지위를 주장한다. 테일러의 목적론적 삶의 중심이라는 개념은 리건의 삶의 주체라는 개념보다 더 포괄적이다. 테일러는 다음과 같이 이야기한다.

생명체가 목적론적 삶의 중심이라고 말하는 것은 그것의 외적 활동은 물론 내적 기능이 모두 시간 속에서 그 유기체의 존재를 지속시키는, 그리고 그것이 종족을 재생산하고 변화하는 환경적인 사건들과 조건들에 끊임없이 적응하는 수단인 생물학적 작용들을 성공적으로 수행하는 것

을 가능하도록 만들어 주는, 일정한 경향을 가지고 있으면서 목표 지향
적이라는 의미다. 그것을 목적론적 활동의 중심이 되도록 만들어 주는
것은 모두 그 선의 실현을 위해 지향하는 유기체가 갖는 이러한 기능들
의 일관성과 통일성이다.[18]

리건과 마찬가지로, 그러나 아마도 아리스토텔레스나 슈바이처와는
다르게 테일러는 어떤 존재가 그 자신의 선을 갖는다는 **기술적** 주장으로
부터 우리는 그러한 존재에 대해 윤리적 의무를 갖는다는 **규범적** 주장으
로 옮겨 가는 데 있어 매우 조심스럽다.[19]

테일러에 따르면 생명체가 자신의 선을 갖는다는 것은 생물학적 사실
의 문제다. 그러나 이러한 사실만으로는 우리가 생명체에 대한 어떤 특
정한 윤리적 입장을 표명하지 못한다는 의미에서 그것은 윤리적 선은
아니다. 자신의 선을 갖는다는 것만으로 어떤 존재에게 도덕적 지위를
부여하지는 못한다.

테일러는 고유의 가치라는 개념을 참고로 해서 모든 생명체가 도덕적
지위를 갖고 우리는 그러한 생명체들에 대한 의무를 갖는다는 규범적
주장을 해명한다. 그는 고유의 가치 개념을 사용해 우리로 하여금 다음
두 가지의 규범적 판단에 이르게 한다. 첫째, 고유의 가치를 갖는 존재는
마땅히 도덕적 고려 대상이 되어야 한다는 것, 둘째, 모든 도덕 행위자는
고유의 가치를 지닌 존재의 선을 존중할 의무가 있다는 것이다.[20] 그렇다

---

18 같은 책, 121-122쪽.
19 이러한 '자연주의적 오류'에 관한 리건의 견해는 *The Case for Animal Rights*(Berkeley:
   University of California Press, 1983), 247-248쪽을 보라.
20 Paul Taylor, *Respect for Nature*, 75쪽.

면 어떤 것이 자신의 선을 갖는다는 것과 그것이 고유의 가치를 갖는다는 것 사이에는 어떤 연관이 있는가?

그 자신의 선을 갖는다는 것은 그 생명체가 인간의 의무의 대상이 되는 것을 가능하게 해준다. 즉 어떤 존재가 사실상 증진되어야 할 그 자신의 어떤 선을 가질 경우에만, 우리는 그것의 선을 증진하거나 보존할 의무를 가질 수 있다. 그러므로 자신의 선을 갖는다는 것은 어떤 존재가 고유의 가치를 갖기 위한 필요조건이 된다. 그러나 그것은 충분조건은 아니다. 생명체가 고유의 가치를 갖는다는 규범적 주장은 이른바 테일러가 생명 중심적 관점이라 일컫는 것과 관련해 설명되거나 정당화된다. 생명 중심적 관점은 다른 생명체에 대한 우리의 관계를 개념화하는 믿음들의 체계다. 그것은 자연계와 그에 대한 우리의 관계에 대한 근본적인 견해를 제공해 주는 믿음들의 체계다. 일단 우리가 이러한 세계관을 채택한다면, 우리는 모든 생명체가 고유의 가치를 소유하는 것으로 간주하는 것만이 그것들을 적절하게 대우하는 유일한 방식이라는 것을 알게 된다. 그것들을 오직 이러한 방식으로 이해하는 것만이 생명 중심적 관점과 일치한다.

자연에 관한 생명 중심적 관점은 네 가지 주요 믿음을 중심으로 이루어진다. 첫째로 인간은 모든 다른 생명체와 똑같은 의미와 조건에서 지구의 생명 공동체를 이루는 구성원으로 생각된다는 것이다. 둘째로 인간을 포함하는 모든 종은 상호의존적인 체계의 일부라는 것이다. 셋째로 모든 생명체는 자신의 방식대로 선을 추구한다는 것이다(목적론적 삶의 중심이라는 믿음). 마지막으로 인간은 본질적으로 그 밖의 다른 생명체들보다 더 우월하지 않은 것으로 생각된다는 것이다.[21]

---

21 같은 책. 특히 3장은 생명 중심적 관점을 자세하게 다루고 있다.

더 나아가 테일러는 생명 중심적 관점은 합리적이면서 사실에 대해 정통한 사람이라면 채택해야 하는 자연에 대한 관점이라고 설명한다. 그것은 합리적인 과학적 증거에 굳건하게 근거해 있는 관점이다. 이러한 관점을 거부하는 것은 우리에게 생태학적 지식의 많은 것들을 포기하거나 수정할 것을 요구한다. 일단 한 개인이 이러한 견해를 받아들인다면 그는 모든 생명체의 고유의 가치를 인정하는 것이 생명에 대한 이러한 관점과 일치하는 유일한 시각임을 알게 될 것이다.

생명체를 고유의 가치를 소유한 것으로 간주하는 것은 자연 존중의 태도를 받아들이는 것이다. 그것은 어떤 기본적 동기들과 성향들을 확립하는 자연에 대한 근본적 태도를 받아들이는 것이다. 이러한 태도를 받아들이는 것은 다른 생명체들의 선을 단순히 그것들 자신의 **선이라는** 이유로 증진시키고 보호하는 성향을 갖는 것이다. 또한 다른 존재들의 선을 자기 자신의 행위의 근거로 받아들이는 것이다.

테일러의 생명 중심 윤리학은 슈바이처의 생명 외경 윤리학에서 빠뜨리거나 놓친 많은 철학적 쟁점을 다룬다. 생명 중심적 관점이 어떻게 모든 생명체에게 고유의 가치를 부여하는 것을 합당하게 만들어 주는지에 대한 테일러의 설명은 슈바이처에게는 결여되어 있는 이러한 믿음의 합리적 근거를 마련해 준다. 마찬가지로 고유의 가치와 자신의 선에 대한 테일러의 설명은 철학적 토론에도 많은 기여를 한다. 이제 테일러에게는 규범 윤리학의 쟁점들을 다루면서 보다 더 실천적인 지침을 제공하는 일이 남아 있다.

6. 실천적 함의들

테일러의 규범 윤리학은 두 가지 기본 쟁점에 초점을 맞춘다. 하나는 자연에 대한 존중의 태도로부터 따라 나오는 일반적 규칙이나 의무이고, 다른 하나는 인간의 윤리적 요구와 다른 생명체들의 윤리적 요구 간의 갈등을 해결하기 위한 우선순위 규칙이다. 이제 어떻게 최근의 윤리적 사고가 환경적 실천에 적용될 수 있는지를 보여 주는 한 가지 예로서 이러한 규범적 함의들을 간략하게 살펴보자.

테일러는 자연에 대한 존중의 태도로부터 따라 나오는 네 가지 일반적 의무, 즉 **불침해**(nonmaleficence), **불간섭**(noninterference), **성실**(fidelity), 그리고 **보상적 정의**(restitutive justice)를 발전시킨다.[22]

먼저 불침해의 의무는 우리가 어느 생물체에게도 피해를 끼쳐서는 안 된다는 것이다. 테일러는 이것을 소극적 의무로 이해한다. 즉 우리는 그 자신의 선을 갖는 생물체에 피해를 끼치게 될 행동은 어느 것이든 삼가야 할 의무를 갖는다. 하지만 우리가 유발시키지도 않은 피해까지 방지해야 할 적극적 의무는 갖지 않는다. 또한 우리는 생물체의 고통을 감소시켜 주거나 그것들이 자신의 선을 얻는 것을 도와줄 의무도 갖지 않는다. 마지막으로 이러한 의무는 모든 다른 의무들과 마찬가지로 도덕적 행위자들에게만 적용된다. 예를 들어 인간을 **제외하고는** 포식성 동물들에게 그들의 먹잇감이 되는 동물들에게 피해를 입히는 것을 억제하라고 요구할 수는 없다.

불간섭의 의무 또한 소극적 의무다. 이 의무에 따르면 우리는 개별적

---

22 같은 책. 4장에서는 이러한 의무들을 자세하게 소개한다.

인 생물체들의 자유에, 혹은 일반적으로는 생태계나 생명 공동체에 간섭하지 말 것이 요구된다. 인간은 다양한 방식으로 개별 생물체에 간섭할 수 있기 때문에, 다양한 특정 의무들이 이러한 일반적 규칙으로부터 따라 나온다. 우리는 생물체들이 그들의 선을 자유롭게 추구하는 것을 적극적으로 나서서 막아서도 안 되고 그러한 목표에 도달하기 위해 필요로 하는 것들을 거부하는 행위를 해서도 안 된다. 그래서 우리는 생물체들을 덫으로 잡거나 포획해서도 안 되고, 또한 그것들이 건강이나 영양 섭취를 추구하는 것을 막는 행위를 해서도 안 된다.

불간섭의 의무는 우리가 "자연 생태계를 조종, 통제, 변경하거나 '관리'하려고 하거나 다른 식으로 그것들의 정상적인 기능에 간섭하려들지 말 것을 요구한다."[23] 마지막으로 이것 또한 소극적인 의무이기 때문에, 우리는 우리 자신의 행위가 피해의 원인일 때를 **제외하고는** 생물체들이 자신의 텔로스를 실현하는 것을 도와야 할 적극적 의무는 갖지 않는다.

테일러는 성실의 의무를 야생동물에게만 적용한다. 자연 존중은 우리가 야생동물을 기만하거나 배반하지 말 것을 요구한다. 대부분의 총사냥과 낚시, 덫사냥, 그리고 이러한 활동을 즐기고 권유하는 것은 야생동물을 기만하고 배반하려는 기도를 포함하고 있다. 기만하는 것은 어느 경우나 그렇듯이 기만하는 자가 기만을 당하는 자보다 짐짓 우월하다고 생각한다. 기만당하는 자는, 그것이 동물이든 그 밖의 다른 인간이든 간에, 기만하는 자보다 더 열등한 가치를 갖는 것으로 여겨진다. 총사냥, 낚시, 덫사냥은 일반적으로 불침해와 불간섭의 의무를 위반하지만 동시에 성실의 규칙을 어기는 것으로, 이것은 자연을 존중하지 않는다는 것을

---

23 같은 책, 175쪽.

보여 주는 또 다른 방식이다.

네 번째 의무인 보상적 정의는 다른 생물체에게 피해를 끼치는 인간은 그 생물체에게 보상해 줄 것을 요구한다. 정의는 도덕적 주체가 피해를 입었을 때, 그 피해에 책임이 있는 행위자가 그 피해를 배상해 주도록 한다. 일반적으로 앞의 세 가지 의무는 인간과 다른 생물체 간의 기본적인 도덕적 관계를 확립해 준다. 반면 보상적 정의의 의무는 기본적인 세 가지 의무 중 어느 것이라도 위반했을 경우, 인간과 다른 생물체 간의 도덕적 균형이 복원되어야 한다고 규정한다. 그래서 우리가 동물의 서식지를 파괴한다면, 정의는 그것을 복원시킬 것을 요구한다. 또한 우리가 동물이나 식물을 포획하거나 덫으로 잡는다면, 정의는 그것들을 자연적 환경으로 되돌려 놓을 것을 요구한다.

마지막으로 테일러는 이러한 네 가지 의무를 위한 우선순위 관계를 살핀다. 그는 불침해의 의무가 "자연에 대한 우리의 가장 기본적인 의무"라고 생각한다. 그는 또한 세심한 주의를 기울인다면 다른 세 가지 의무들 간의 갈등을 최소화할 수 있다고 주장한다. 하지만 충돌을 피할 수 없고 중요한 이익이 영속적인 피해가 없이 발생할 경우에는 보상적 정의의 의무는 성실의 의무에 우선하고 성실의 의무는 불간섭의 의무에 우선한다.

아마도 생명 중심 윤리학이 해결해야 할 가장 큰 과제는 인간과 다른 존재의 이해관계가 충돌할 때일 것이다. 이것은 환경철학을 평가하는 가장 중요한 기준이고, 일반적으로 사람들이 환경철학을 발전시키려는 중요한 동기이기도 하다. 인간의 중요한 이해관계가 다른 생명체의 복지와 충돌할 때, 우리는 어떻게 해야 하는가?

우리는 생명 중심 윤리학의 근본 원리와 일관성을 유지하기 위해서 그

3부 환경윤리학의 이론들

러한 충돌을 해결할 때는 언제든 인간의 이해관계에 특권을 주어서는 안 된다는 것을 인정할 필요가 있다. 즉 인간에게 원칙적 우위를 부여하는 결정은 어느 것이든 해결책으로 받아들일 수가 없다. 어떤 해결책이든 다른 생명체의 고유의 도덕적 가치를 존중해야 한다.

우리는 이런 도덕적 갈등과 딜레마가 인간 중심적 체제 내에서는 발생하지 않는다는 것을 알고 있다. 즉 다른 생명체들의 고유의 가치를 인정하고 난 이후에만 갈등이 광범위하게 발생한다. 테일러는 여러 가지 예를 든다. 즉 산책길을 만들기 위해 습지를 매립하고, 쇼핑센터를 짓기 위해 야생화가 자라는 초원을 불도저로 밀고, 밀과 옥수수를 심기 위해 대초원을 갈아엎고, 노천 채굴을 위해 산등성이를 파헤치는 것이 그것이다.

이러한 인간의 활동이 도덕적인 문제를 발생시키는 것은 다른 살아 있는 생물체들에게 상당한 피해를 입혔을 때다. 그렇다면 우리는 어떻게 인간을 알게 모르게 편애하지 않으면서 이러한 충돌을 해결할 수 있을까?

테일러는 자유주의적 정치철학의 오랜 전통을 따라서 이러한 충돌의 공정한 해결책을 마련하기 위한 여러 가지 형식적이거나 절차적인 규칙들을 주장한다. 바로 자기방어(self-defense), 비례(proportionality), 최소악(minimum wrong), 분배적 정의(distributive justice), 보상적 정의(restitutive justice) 등이다. 자기방어의 규칙은 다른 생물체들의 이해관계가 인간의 건강이나 생명을 위협하거나 위태롭게 할 때, 인간의 이해관계를 더 소중히 여기는 것을 정당화해 준다. 그래서 우리를 공격하는 회색 곰을 죽이거나 감염성 있는 생물체나 벌레를 박멸하는 것이 정당화될 수 있다. 다만 이러한 규칙은 정당방위처럼 최후의 수단으로만 사용해야 한다.

다른 네 가지 규칙은 인간에 대한 심각한 피해의 위협이 없을 때 이용된다. 이들 규칙은 모두 **기본적 이해관계**와 **부수적 이해관계**의 구분에 근거한다. 비례와 최소악의 규칙은 다른 존재의 기본적 이해관계가 인간의 부수적 이해관계와 충돌할 때 적용된다. 이 경우 인간의 부수적 이해관계가 다른 존재의 기본적 이해관계와 양립할 수 없다면, 비례의 규칙은 우리가 다른 존재의 (기본적) 이해관계를 희생시키는 대가로 인간의 (부수적) 이해관계를 충족시키는 것을 금지시킨다. 그래서 유행하는 신발이나 핸드백을 만들기 위해 악어와 같은 파충류를 죽이고자 하는 인간의 이해관계는 비례의 규칙, 즉 자연 존중에 의해 금지된다.

만약 인간의 부수적 이해관계가 다른 존재들을 위협하고 위태롭게 하지만, 그들의 기본적 이해관계와 양립 가능할 경우, 최소악의 규칙은 인간의 이해관계를 충족시킬 조건들을 마련해 준다. 그래서 자연 존중은 수력 발전을 위해 강을 둑으로 막는 것이 다른 생명체들에게 불리하게 영향을 미치게 될 때에도 그것을 허용할 수도 있다.

분배적 정의의 규칙은 인간과 다른 존재의 기본적 이해관계가 서로 충돌할 때, 이를 해결할 수 있는 조건을 마련해 준다. 일반적으로 공정성은 이득과 부담의 분배가 공평하게 이루어질 것을 요구한다. 마지막으로 보상적 정의는 갈등의 해결이 최소악의 규칙이나 분배적 정의의 규칙에 의해 확립된 조건들을 충족시키지 못하는 경우에는 언제나 보상이 이루어질 것을 요구한다.

7. 도전과 발전

생명 중심 윤리학을 옹호하기 위한 테일러의 철저한 논의도 심각한 도전에 직면한다. 우선 그의 결론에 대한 여러 실천인인 도전들이 있다. 예

3부 환경윤리학의 이론들

를 들어 불간섭을 주요 규범적 규칙으로서 강조하는 것은 기껏해야 인간과 자연에 대한 잘못된 관점과 연관된 것이다. 우리가 자연에 '간섭'해서는 안 된다고 말하는 것은 인간이 어떻게든 자연 밖에 혹은 자연과 별개로 존재한다는 것을 함의한다. 즉 인간은 자연과 구별되는 존재이니, 자연적 과정을 그대로 내버려 두어야 한다는 것이다. 그러므로 그 주장은 환경의 변화(심지어 환경 파괴조차)가 자연적 과정의 결과라면 허용 가능하고, 반면 인간의 간섭에서 나온 것이라면 잘못된 것이라는 것이다. 그러나 인간은 다른 어떤 생물체와 마찬가지로 자연적 과정의 일부다. 따라서 변화가 인간에 의해서 일어났다는 사실은 그 자체로 어떤 윤리적 함의도 지니지 않아야 한다는 것이다.

다른 도전들은 테일러가 개별적 유기체들을 강조한다는 사실에 집중한다. 고유의 가치는 개별 생물체들에게만 있다. 예를 들어 우리는 생태계나 무생물, 혹은 종들에 대한 **직접적** 의무를 갖지 않는다. 그래서 테일러의 생명 중심주의는 탈인간 중심주의적이긴 하지만 여전히 개체주의적이다. 여기에서 여러 문제가 발생한다.

첫째, 테일러의 윤리학은 개체들 간의 **대립적인** 관계를 가정하는 경향이 있다. 테일러는 그들 자신의 텔로스를 각각 추구하는 개체들에 초점을 맞춤으로써 충돌과 경쟁을 생명의 자연적 상태라고 가정한다. 이 모델에서 생명 중심 윤리학의 과제는 이러한 충돌을 공평하게 해결해 주는 절차를 찾는 일이다. 우리는 다른 철학자들이 보다 더 전체주의적인 철학이라면 충돌보다는 협동과 상호의존을 강조할 것이라고 주장하는 사실을 보게 될 것이다.

게다가 개체들에 집중하는 것은 테일러를 심각한 딜레마에 빠지게 하는 것 같다. 한 가지 예를 들어 보자. 나는 우리 집 앞마당의 일부를 파헤쳐 잔디를 걷어 내고 콘크리트와 블록으로 이루어진 파티오(patio)로 바꿀 계획을 하고 있다. 그 과정에서 나는 개개의 풀잎들에서 수백만의 미생물에 이르기까지 수많은 생명체를 파괴하게 될 것이다. 이러한 행위가 심각한 도덕적 충돌을 일으키는가?

우리가 봐왔듯이, 테일러는 그의 생명 중심적 평등주의를 포기하지 않고는 인간의 이해관계에 우선성을 부여할 수 없다. 그래서 그는 이러한 충돌을 해결하기 위해 기본적 이해관계와 부수적 이해관계를 구별하고 비례, 최소악, 보상적 정의의 규칙에 의존하려 했을 것이다. 결국 내가 파티오를 만드는 것은 허용될 수도 있고, 허용되지 않을 수도 있다.

내가 파티오를 만드는 것이 허용되지 않는다면, 테일러의 윤리학은 우리에게 너무 많은 것을 요구하는 것일 수도 있다. 이것은 그의 주장이 직관에 반하는 것이라고 단순하게 말하는 것 이상이다(테일러는 직관에 반하는 것이라고 해서, 우리가 그것을 거부할 하등의 이유가 없다고 주장한다). 오히려 그의 기준은 대부분의 사람들이 지니고 있는 능력을 훨씬 능가하는 수준의 주의와 관심을 요구한다(잔디밭에 길을 내고, 그로 인해서 수많은 잔디 싹을 밟아 죽이지나 않을까 하여 잔디밭을 가로 질러 걸어다니는 것을 자제해야 하는가? 채소를 먹는 것에 대해 윤리적 정당화를 할 필요가 있는가?). 우리가 다른 생명체들을 도덕적으로 고려할 만한 가치가 있는 것으로 본다면, 우리가 하는 대부분의 행위는 정당화되기 어려울 것이다.

다른 한편으로 내가 파티오를 만드는 것이 허용된다면, 테일러는 왜 이러한 부수적 이해관계가 잔디와 미생물의 기본적인 이해관계에 우선하는지를 정확하게 보여 주어야 한다. 분명 우리는 파티오를 만들기 위해 인간을 대량으로 살상하는 것을 허용할 수 없고, 그래서 탈인간 중심주의를 유지하기 위해 우리는 왜 파티오 건설이 식물의 경우에는 허용되는지에 대한 강력한 정당화를 필요로 할 것이다. 테일러는 보상적 정의의 규칙이 결국 개입되어야 한다고 주장하는 것으로 보인다. 나는 "우리와 다른 생물체들 간의 정의로운 균형을 복원하는" 한에서 파티오를 만들 수 있다. 하지만 불행하게도 내가 파괴했던 바로 그 생물체들과의 균형을 복원할 수 없기 때문에 이러한 방안은 나의 의무가 생물체의 종에 대한 것임을 함의하는 것으로 보인다. 아마 그것은 내가 마당의 다른 어딘가에 약간의 잔디를 다시 심어야만 한다는 것일 텐데, 그것은 우리로 하여금 테일러의 윤리학이 기반하는 개체주의를 포기할 것을 요구하는 것이 될 터이다.

2장에서 소개한 목적론, 생물학적 계획과 목적에 대한 논의에 대해서도 일반적인 반론이 제기된다. 테일러의 견해는 특정 생물학적 사실들로부터 목적론적 삶의 중심(생물체)이 그 자신의 선을 갖는다는 결론으로 추론한 것이다. 생물학은 보통 존재의 목적, 목표, 기능을 언급하는데, 이러한 의미에서 생물학은 목적론적 구조를 채택하는 것으로 보인다. 그런데 이런 목표 지향적인 활동이 추구하는 목표를 모두 '좋은 것'으로 간주해야 하는가? 아리스토텔레스와 자연법 전통에서는 그렇게 보지만, 그것은 분명 타당하지 않은 것이다.

한 인간이 어떤 목표를 추구한다고 가정해 보자. 그가 추구하는 목표가 선(good)이라고 왜 가정해야 하는가? 이에 대한 한 가지 설명은 의식적이고 합리적인 행위자가 의도적인 행위를 하는 이유는 그가 행하는 행위의 목표가 어떤 의미에서든 좋은 것(good)이라고 믿기 때문에 행한다고 가정하는 것이다. 정의(定義)에 의해 합리적인 사람이라면 어떤 것을 하는 것이 좋지 않다면 그것을 선택하지 않을 것이기 때문이다. 아리스토텔레스는 모든 행위는 어떤 선을 목표로 한다고 주장했다. 그러나 행위의 주체가 의식적이지도, 의도적이지도 않은데, 그래도 그런 주체가 추구하는 목표가 좋은 것이라고 결론지을 수 있는가?

이와 대비해 2장에서 살펴보았던 다음과 같은 예들, 이를테면 "콩팥의 목적은 혈액의 노폐물을 걸러 내는 것"이고, "수컷 새의 반짝이는 깃털의 목적은 암컷을 유혹하는 것"이고, "포식자 종의 기능은 먹이동물 종의 개체 수를 조절하는 것"이고, "습지대는 홍수 조절과 물을 여과하는 기능을 하는 것"이라는 예들을 고려해 보자. 콩팥, 반짝이는 깃털, 종, 습지대는 자신들의 목표를 의식적으로 그리고 의도적으로 선택하지 않는다는 것을 가정한다면, 목표에 도달하는 것이 바로 지각된 선(perceived good)을 성취하는 것이라고 하는 것은 그리 분명하지 않다. 어떤 다른 가치 구성요소가 다른 곳에서 가정되는 경우에만(예를 들어 노폐물이 없는 혈액이 좋다든가, 암컷 새를 유혹하는 것이 좋다든가, 먹이 종들의 개체 수를 조절하는 것이 좋다든가, 홍수는 나쁘다든가 하는 것들), 사람들은 목표에 도달하는 것이 좋다고 결론 내릴 수 있다. 문제는 테일러가 생명 중심적 관점과 자연 존중의 태도라는 개념을 그런 가치가정에 끼워 넣을 수 있는가다.

우리는 이 장 시작 부분의 사례에서 소개한 합성생물학의 경우를 고려함으로써 테일러에 대한 이러한 도전들에 관련한 보다 폭넓은 시각을 가질 수 있다. 과학자들은 실용적인 목적을 위해 실험실에서 생명, 즉 자기 복제하는 생물체를 창조해 왔다. 그러한 인공적인, 즉 합성적인 생물의 존재는 테일러가 생명 중심적 관점을 포함하고 윤리적인 자연 존중을 수반하는 것으로 규정한 네 가지 규칙들 각각에 문제를 제기한다.

첫째로 테일러는 생명 중심적 관점은 인간이 대등하게 생명 공동체의 단순한 구성원이라는 것을 가정한다고 주장한다. 그러나 이러한 주장은 인간이 또한 생명 공동체의 다른 구성원들의 창조자라면 다소 신뢰성을 잃게 된다. 둘째로 테일러는 함께 진화해 왔던 모든 생명체는 단일한 상호 의존 체계의 일부라고 주장한다. 그러나 이것은 상호 의존적인 체계에서 어떤 역할도 하지 않는 합성 생명에 대해서는 참이 아니다. 셋째로 테일러는 모든 생명체는 그 자신의 선을 갖고 '목적론적 삶의 중심'이라고 주장한다. 인간이 인공 생명을 설계하고 창조해 왔다는 것을 감안한다면 합성 생명체들의 선은 그들이 인간에 의해 설계된 목적에 이바지하게 될 때 확인된다고 주장하는 것이 보다 그럴듯하다. 마지막으로 테일러는 생명 중심적 관점은 인간이 본래 다른 생명체들보다 더 우월하지 않다는 것을 주장한다고 이야기한다. 하지만 다른 생명체의 창조자로서 인간은 적어도 그 생명체들에게는 더 우월하다고 주장할 수 있다.

그래서 생명 중심 이론이 해결해야 할 과제는 여전히 남아 있다. 우리가 모든 생명체에게 선을 부여하는 것이 과연 정당한가? 분명 어떤 것들(테일러의 예는 모래 더미였다)은 그 자신의 선을 갖지 않는다. 그러나 다른 것들은 그 자신의 선을 갖는다. 그 자신의 목적과 목표를 만들어 내고 추구하는 자율적인 인간 존재는 확실히 독립적인 그 자신의 선을 갖는다. 그러나 모든 생명체가 독립적인 선을 갖는가? 무엇이 생명을 무작위적인 변화와 구별함으로써, 생명에 간섭하는 것은 해롭고 무작위적 변화에 간섭하는 것은 해롭지 않은 것으로 만드는가?

우리가 생명체는 자연적으로 어떤 목적을 성취하기 위해 움직인다는 아리스토텔레스의 목적론적 생물학을 상기하거나 자연적인 기능들은 신의 설계라는 자연법의 '신의 계획'과 같은 것을 채택하지 않는 한, 생명 혼자만으로 선하다는 것은 분명치 않은 것 같다. 또한 인공적인 생명이 그 자신의 선을 갖는지도 분명하지 않다. 어떤 생명(예를 들어 그 자신의 목적을 갖는 존재들)은 자격이 있지만, 다른 것들은 자격이 없을 수도 있다. 생명 중심주의자는 모든 생명체가 그 자신의 삶에 본래적인 선을 갖는다는 것의 의미를 설명하고 옹호하기 위한 과제를 여전히 갖고 있는 것이다.

8. 요약 및 결론

생명 중심주의적인 접근은 도덕적 지위의 범위를 최대한으로까지 확장한다. 모든 생명체는 단지 살아 있다는 것만으로 도덕적 지위를 갖는다. 생명 중심주의자들이 모든 생명체의 가치에 관심을 집중하는 것은 확실히 옳다. 그러나 문제는 생명의 가치가 온전한 도덕적 지위라는 의미에서의 도덕적 가치인지 혹은 다른 가치, 즉 아마도 여전히 인간 중심주의적인 가치인지 하는 것이다. 슈바이처의 생명 외경을 되돌아보는 것은 새고프에 의해 논의된 영적이고 상징적이며 심미적인 가치들을 생각나게 한다. 아마도 비도구적인, 본래적인 가치를 갖는 모든 대상이 도덕적 지위라는 범주에 포함되어야 하는 것은 아니다.

생명 중심주의자들은 또한 생태학적인 관점으로부터 발생하는 도전에 직면한다. 종이나 생태계는 직접적인 의미에서 살아 있는 것이 아니기 때문에 생명 중심주의적인 이론에 편입될 수 있는지는 전혀 분명하지가 않다. 많은 환경론자들에 따르면, 바로 그러한 생태학적 전체들이 환경윤리학의 일차적인 관심 대상이 되어야 한다. 다음 장들에서 이러한 관심사들을 다루게 될 것이다.

생각해 봅시다

1. 'value'라는 단어는 '가치를 평가하다'라는 동사로도, 그리고 '가치'라는 명사로도 사용된다. 어떤 것들은 가치를 갖고 있다고 주장되며, 또한 우리 인간은 수많은 것들에 대한 가치를 평가한다. 그런데 가치를 평가하는 인간이 더 이상 존재하지 않는다면, 그때에도 가치를 가진 것들이 존재한다고 말할 수 있는가?

2. 가치 있다고 생각되는 것들의 목록을 작성해 보자. 그리고 도구적인 가치를 지닌다고 생각되는 것들과 그 자체로 가치 있다고 생각되는 것들을 구분해 보자. 여러분이 생각하는 가치의 유형에는 어떤 것들이 있는가?

3. 아리스토텔레스와 마찬가지로 테일러는 각각의 종은 그 종 특유의 활동을 하고, 그것에 의해 특유의 본질을 갖는다고 주장했다. 이 방법 말고도 종들을 구분할 방법이 있는가?

4. 테일러는 이해관계의 갈등을 중재하기 위해 인간의 이해관계를 기본적인 것과 부수적인 것으로 구분했다. 여러분이 보기에 이러한 구분은 유용한가? 인간에 있어서 기본적 이해관계에 해당하는 것은 무엇인가? 그리고 부수적 이해관계에 해당하는 것은 무엇인가? 기본적 이해관계는 부수적 이해관계에 항상 우선하는가?

5. 테일러의 입장에서 야생지나 강, 생태계에 이해관계나 선을 부여하는 것이 의미 있는가? 그것들도 목적론적 삶의 중심이라고 할 수 있는가?

7장

야생지, 생태학, 그리고
윤리학

토론 사례 | 야생지 관리 - 옐로스톤 국립공원의 화재

약 1,200만 에이커에 달하는 광역 옐로스톤 지역(GYA)은 옐로스톤 국립공원 및 그랜드티턴 국립공원과 대부분 공유림인 주변 지역으로 이루어져 있다. 여기에는 이들 국립공원 이외에도 아이다호 주, 와이오밍 주, 몬태나 주에 있는 2개의 국립 야생생물 보호지역과 6개의 국유림이 포함된다. 1988년 여름은 옐로스톤에서 기후를 측정한 이래 6~8월 동안 비 한 방울 내리지 않은 가장 건조한 여름이었다.

매년 이 지역에서는 수십 차례의 화재가 발생했다. 대개는 번개로 인한 것으로 보통 1~2에이커 정도 태우다가 자연적으로 꺼졌다. 하지만 1988년 여름은 달랐다. 그해 광역 옐로스톤 지역에서 총 248건의 화재가 발생했고, 옐로스톤 국립공원에서만 50건의 화재가 발생했다. 5월과 6월 국유림 순찰 경비대는 보통 그랬던 것처럼 작은 화재들을 그대로 놔두었고, 대개는 조금 타다가 꺼졌다. 그러나 7월 중순경 강풍과 계속된 가뭄으로 인해 화재는 걷잡을 수 없게 되었다. 7월 하순 국립공원 당국은 화재를 '도깨비불(wildfires)'로 규정하고 불을 진압하기 위해 움직였다. 수백 대의 소방차와 비행기, 2만 5,000여 명의 소방관, 국립경비대, 미 육군·공군·해군의 요원들, 그리고 1억 2,000만 달러의 경비가 투입되었다. 그러나 화재는 통제 불능이었고 8월을 거쳐 9월까지 계속됐다. 거의 두 달 동안 미국 국민들은 옐로스톤 국립공원이 불타고 있다는 뉴스를 들어야 했다.

9월 눈폭풍이 불고 나서야 마침내 화재는 진화되었다. 그때까지 옐로스톤 국립공원 안의 거의 100만 에이커에 달하는 지역과 공원 밖의 50만 에이커의 지역이 불에 탔다. 봄에는 푸르고 무성한 숲으로 보였던 곳이 초가을에는 검은 지형으로 바뀌었다.

1872년 옐로스톤 국립공원이 생긴 후 100여 년 동안 화재 진압은 야생지 관리의 중요한 목표였다. 유명한 스모키 곰은 화재 진압 노력의 상징이었다. 화재 진압 정책은 거의 보편적인 지지를 얻었다. 목재에 관심 있는 사람은 자연자원을 지키기 위해, 레크리에이션 애호가는 공원의 다용도 이용을 위해, 보존주의자는 야생지의 자연미를 보존하기 위해 화재 진압을 주장했다.

1940년대부터 산림청은 화재를 산림 관리의 수단으로 보기 시작했다. 1950년대와 60년대 국립공원 당국은 일정 지역에서 화재를 방임하면서 그 추이를 면밀히 관찰했다. 그 결과 화재가 자연적인 현상이면서 동시에 생태계에도 유익한 결과를 낳는다는 점을 알게 되었다. 즉 화재는 생명의 다양성을 보전하는 데에도, 그리고 자연적인 식물 천이(遷移)에도 도움이 된다는 사실을 인식한 것이다. 가령 자이언트 세쿼이아 나무와 뱅크스 소나무 씨앗의 경우, 불의 뜨거운 열을 쏘인 다음에야 발아하기 시작하고 커틀런드 솔

새 같은 새들은 이런 화재가 발생해야 자라는 나무에 서식한다.[1] 화재는 너저분한 것들을 처리하고 토양을 순환하는 데에도 도움이 된다. 또한 잡초를 없애 덩치 큰 종이 살기 유리한 조건을 조성해 주고, 새로운 생명들이 싹을 틔우게 해준다.

1970년대 초반 옐로스톤을 포함해 많은 공원들이 인명과 재산에 위협이 되지 않는 한에서 자연 발생의 화재를 방임하는 정책을 채택했다. 그래서 1972년부터 1988년 사이에 옐로스톤 공원에서는 수백 건의 화재가 '허가'되었다(허가의 요건을 충족시키지 못하는 화재는 '도깨비불'로 규정되어 진압되었다). '허가된 화재'는 보통 작은 지역을 태운 후 자연적으로 꺼졌다. 대부분의 전문가들은 화재 방임 정책을 성공적인 정책으로 평가했다.

다음에 살펴볼 두 사건은 야생지 관리자들에게 화재를 관리수단으로 여겨 온 정책을 재고하게 만들었다. 2000년 5월 국립공원사무국은 반델리어 국립기념물의 덤불을 정리하기 위해 화재를 이용하고 있었다. 그런데 강풍이 불어 불은 도깨비불이 되었고 뉴멕시코 주의 로스알라모 거리를 뒤덮었다. 2주일 동안 불은 통제 불능이었고 5만 에이커를 태우고 260개의 주택을 파괴했다. 2만 5,000명 이상이 집을 떠나야 했다. 그리고 불은 핵폭탄의 산실이자 현재는 핵폭탄 제조공장으로 사용되는 로스알라모의 핵무기연구소 빌딩들을 파괴했다.

미국 내무부에서 발간한 보고서는 국립공원사무국이 화재에 대한 지침을 따르지 않았다고 비판했다. 하지만 내무부 장관 브루스 배빗(Bruce Babbit)은 내무부가 여전히 야생지 관리 도구로 통제된 불을 사용해야 한다는 점을 확인했다. 배빗 장관은 통제된 불은 중요한 관리수단이라는

---

1 커틀런드 솔새가 뱅크스 소나무에 의존하는 것에 대해서는 Daniel Botkin, *Discordant Harmonies*(New York: Oxford University Press, 1990), 68-71쪽을 참고하라.

점을 강조했다. "우리는 화재의 원료가 되는 것들을 줄이는 방향으로 숲을 관리할 수밖에 없고, 이 정책을 포기할 수 없다." 배빗은 통제된 화재로 인해 미국의 숲은 더 건강하고 안전할 것이라고 말했다. 배빗에 따르면, 서부의 숲은 매년 점점 더 "위험하고 폭발적"이 되는데, 이는 "자연적인 화재 사이클이 더 이상 존재하지 않기 때문이다. 우리는 여러 해 동안 이런 통제된 화재 정책을 이용해 왔다. 화재관리 부서들은 매년 수백만 에이커를 말 그대로 태움으로써 화재의 원료와 화재의 위험을 성공적으로 줄여 왔다." 하지만 이런 정책은 1999년 여름 국경하천카누보호지역 (Boundary Waters Canoe Area, BWCA)의 보호 관리와 관련해 직접적인 도전에 봉착한다.

1999년 7월 4일 미네소타 북부에 있는 국경하천카누보호지역에 엄청난 폭풍이 발생했다. 단기간에 폭풍은 이 지역과 인근의 40만 에이커의 산림을 파괴했다. 길이 30마일, 폭 12마일 반경의 나무들이 쓰러지고 피해를 입었다. 국경하천카누보호지역은 모터가 달린 자동차와 보트의 출입을 허용하지 않는 엄격한 통제지역이다. 매년 방문객의 수는 일정 한도로 통제되고, 하이킹과 카누 타기만이 허용된다. 법에 의해 이 야생지역 안에 있는 죽고 손상된 나무들은 건드려서는 안 되고 이 지역 외곽의 목재 제조도 엄격히 규제된다. 그 결과 수백만 그루의 죽은 나무들이 삼림 바닥에 널브러져 있었다. 많은 전문가들은 죽은 나무들을 정리하기 위한 다른 특별한 방법이 없다면 불을 이용할 수밖에 없다고 믿는다. 이와 관련하여 두 가지 방안이 있다. 하나는 죽은 나무들에 불을 지르고 방화대를 설치하는 것이다. 다른 하나는 전동 톱, 불도저와 트럭 등을 야생지역으로 투입해 죽은 나무들을 목재로 이용하는 것이다.

이 문제와는 별도로 당국은 강풍 이후의 지역은 그 이전과는 매우 다른 지역이라는 점을 인식했다. 폭풍으로 쓰러진 나무들 중 상당수는 적송과 스트로부스소나무였는데, 그중에는 100피트나 그 이상의 것들도 있었다. 하지만 새로 태어날 가능성이 큰 종들은 사시나무 종류로 상대적으로 수명이 짧은 나무일 것이다. 앞으로 수십 년 동안 이것들은 과거에 한때 그랬던 것처럼 소나무가 주축이 되는 침엽수 생태계를 대체할 것이다.

토론 주제

1. 대형 산림 화재 후에 미국 산림청은 적극적으로 나무를 다시 심어야 하는가, 아니면 '자연 그대로 내버려 두어야' 하는가? 여러분의 답은 화재의 원인에 따라 달라져야 하는가? 도대체 자연 과정이라는 것은 무엇인가?

2. 번개와 같이 자연적 원인을 지닌 화재는 인간에 의해 야기된 화재와 다르게 취급해야 하는가?

3. 옐로스톤 국립공원 같은 지역을 보존하는 정책 결정과 관련해 여러분이 근거로 삼는 가치는 무엇인가? 이런 가치는 미국 남서부의 사막 같은 야생지 보존을 옹호하는 가치와 다른가?

4. 매년 400만 명 이상이 옐로스톤 국립공원을 방문한다. 이러한 사실은 공원의 '야생'지역으로서의 위상에 영향을 미치는가?

1. 서론

6장에서 설명한 바와 같이 생명 중심 윤리는 여러 가지 방식에서 전통적인 윤리적 사고로부터의 이탈을 의미한다. 생명체의 특정 성질이 아니라 생명 그 자체를 도덕적 지위의 기준으로 설정함으로써 생명 중심 윤리는 도덕의 영역을 크게 확대하면서 동시에 전통 이론에 내재한 도덕적 위계를 거부한다. 그래서 생명 중심주의는 도덕적 지위를 자연계의 많은 것들로 확대함으로써 윤리적 사고의 일대 전환을 이루었다.

하지만 많은 환경론자들에게 있어서 생명 중심 윤리는 전통과 충분히 단절하지 못하고 있다. 그래서 광범위한 영역의 환경 쟁점을 다루는 데 충분하지 않다. **생태 중심적** 윤리라고 불리는 접근에 따르면, 충분한 환경 윤리라면 강과 산 같은 생명체가 아닌 자연물에 대해서도 진지한 고려를 해야 하고, 생태계에 대해서도 적절한 고려를 해야만 한다. 무생물이나 자연물 간의 '관계'뿐만 아니라 종과 생태계 등과 같은 생태적 '전체'도 윤리적으로 고려될 자격을 지닌다는 점에서 **생태윤리**는 '전체주의적'이어야 한다.

생태 중심적 사상가들은 생명 중심적 접근은 숲을 나무들로 잘못 본다고 주장한다. 그들에 따르면, 생태계에 대한 배려는 생태계 안에 존재하는 나무나 동물에 대한 배려와 근본적으로 다른 것이다. 숲, 습지, 초지, 호수 등의 생태계, 그리고 야생지역은 그 자체로 가치가 있으며, 도덕적으로 고려될 자격이 있다. 그런데 이들 비판자에 따르면 생명 중심 윤리는 우리가 생태계에 부여하는 가치를 설명하지 않으며, 설명할 수도 없다. 생태계, 종, 산, 강 등은 어떤 명백한 의미에서 살아 있는 것이 아니기 때문에 생명 중심적 접근은 생태 중심주의자들이 생태계 전체에 부여하기를 원하는 윤리적 가치를 설명할 수 없는 것으로 보인다.

생태 중심 윤리는 생명체들의 다른 생명체 및 무생물적 환경과의 상호작용을 연구하는 학문인 생태학에 상당 부분 빚지고 있다. **생태계**(삼림, 습지, 호수, 초지, 사막)는 다양한 생명체들이 살아 있는 또는 무생물적인 자연환경과 호혜적인 방식으로 상호작용하는 지역이다. 생태계에서 중요한 것은 개별 유기체가 아니라 상호의존성이다. 생태학자들은 이러한 체계적인 상호작용과 상호의존성을 탐구하고 설명하려 한다. 전통적인 생물학자나 동물학자와는 달리 생태학자는 개별 유기체가 아니라 그것들의 상호의존성과 관계에 초점을 맞춘다.

생태윤리는 개별 유기체보다는 상호의존성에 기반을 둔 생태 공동체에 관심을 갖는다. 그래서 '개체주의' 윤리라기보다는 '전체주의' 윤리다. 앞으로 다룰 생태 중심적 철학에서 생태학은 중요한 역할을 담당한다. 이들 철학은 자신들의 주장을 설명하고 정당화하는 데 있어서 생태학의 도움을 많이 받는다. 불행하게도 철학이나 윤리학에서 생태학을 이용하려는 시도에는 많은 문제가 따른다. 우선, 적절한 과학의 방법, 모델, 결론에서 생태학자들은 의견의 일치를 보지 못하고 있다. 생태학은 단하나의 통합된 학문은 아닌 것이다. 둘째, 과학적 관찰에서 윤리적 결론을 이끌어 낼 수 있을지, 그리고 어떤 윤리적 결론을 이끌어 낼 수 있을지 불분명하다. 앞으로 보겠지만, 유사한 생태학적 사실로부터 매우 다른 규범적 결론을 이끌어 낼 수 있으며, 또한 서로 다른 생태학적 사실로부터 동일한 규범적 결론을 이끌어 낼 수도 있다. 그래서 생태학과 윤리학이 어떤 관련을 맺는가 하는 문제는 아직 해결되지 않았다.

이번 장에서는 생태학의 주요 개념과 과학으로부터 철학적 추론을 이끌어 내는 방식을 소개한다. 특히 야생지의 가치에 대해 초점을 맞추면서 제기되는 윤리적, 철학적 쟁점들을 다룰 것이다. 도덕 문제를 넘어 가치 문제로 철학적, 윤리적 관심을 확대하면서, 이전의 윤리 전통에서 자연계를 바라보고, 가치 평가하는 방식을 살펴볼 필요가 있다. **야생지** 개념에 대한 다양한 관점을 이해하는 것은 좋은 출발점이 될 것이다.

야생지는 자연 생태계의 탁월한 예이고, 야생지 보존 문제는 환경 관련 논쟁의 전면에 등장해 있다. 그런데 생명 중심적 접근은 야생지에 대한 직접적 고려를 제공할 수 없다. 예를 들어 야생지의 도덕적 지위 같은 문제에 대해 윤리적 확대주의는 우리가 야생지에 대해 가치 평가하는 다양한 방식들을 설명할 수 있을 것 같지 않다. 야생지를 어떻게 바라볼 것인가, 그것을 어떻게 가치 평가할 것인가, 그리고 우리는 야생지와 어떤 관련을 맺고, 야생지를 어떻게 관리할 것인가가 생태 중심 윤리의 핵심적인 관심 사항이다.

그러나 어떤 원리가 야생지와 인간 간의 상호작용을 이끌어야 하는가? 우리는 야생지를 적극적으로 관리해야 하는가? 만약 그렇다면 어떻게 **관리**해야 하는가? 아니면 우리는 소극적인 상태로 머물러야 하는가, 그래서 단지 야생지를 있는 그대로 **보존**하거나 **보호**해야 하는가? 우리에게는 그동안 변화해 왔던 야생지를 이전 상태로 **복원**시킬 책임이 있는가? 그렇다면 도대체 복원이란 정확히 어떤 것인가? 1988년 옐로스톤 국립공원 화재와 그에 따라 벌어진 화재 진압 정책을 둘러싼 일련의 논의들은 이런 논쟁을 보여 주는 중요한 사례다.

옐로스톤 국립공원과 국경하천카누보호지역 같은 야생지를 보전하는 것은 적극적인 관리, 이를테면 어떤 화재는 허용하고 어떤 화재는 허용하지 않을 것을 요구한다. 국경하천카누보호지역의 많은 나무들이 강풍으로 쓰러질 때, 미국 산림청은 어떻게 관리**해야** 하는가? 강풍으로 나무들이 쓰러진 상태의 야생지는 이전 야생지와는 전혀 다를 것이다. 그런 상태의 야생지는 이전 야생지보다 더 좋은가, 아니면 더 나쁜가, 아니면 이도 저도 아닌 단지 다를 뿐인가? 인간이 개입해 복원한 소나무 생태계는 사시나무가 장악하는 생태계보다 더 좋은가, 아니면 단지 다를 뿐인가?

2. 야생지의 이상

1964년의 야생지보호법은 야생지를 "인간에 의해 속박받지 않는 지역, 인간이 거주자가 아니라 단지 방문자인 지역"으로 정의한다. 여기서 야생지는 인간 활동에 의해 손상되지 않은, 침범되지 않은 지역을 의미한다. 야생지보호법에 따라 주 정부는 특정 공유지를 "미래에도 야생지를 즐길 수 있게 하기 위해 손상되지 않은 한도에서만 사용하고 즐길 수 있도록"[2] 별도로 떼어 놓을 수 있게 되었다. 일반적으로 이것은 하이킹, 캠핑, 모터 없는 보트, 일정한 형태의 사냥이나 낚시는 허용하지만 채굴이나 벌목 같은 상업적 활동은 물론 영구 구조물이나 도로의 건설도 금지한다.

야생지의 개념은 보통 생각하는 것보다 더 복잡하다. 얼핏 야생지 하면 강이나 산맥처럼 '저 멀리' 관찰되는 자연물을 연상한다. 그러나 야생지는 이런 단순한 예가 보여 주는 것보다 훨씬 더 풍부한 개념이다. 도시와 마을처럼 인간이 거주하는 지역과 대비되는 자연적 지역으로 이해되는 야생지는 실제 야생지의 개념이나 가치와는 다르다. 예를 들어 토착

---

2 미국 야생지보호법(1964), 1131조(a).

3부 환경윤리학의 이론들

민은 이런 야생지보호법이 의미하는 야생지 개념을 갖고 있을 것 같지는 않다. 농사를 짓는 사람과 유목을 하는 사람은 도시에 사는 사람만큼 인간이 거주하는 지역과 인간이 거주하지 않는 지역을 구분할 것 같지 않다. 야생지의 개념이 비교적 근대에 만들어진 것으로 생각할 이유가 여기에 있는 것이다.

인간이 단지 방문자로 머무는 지역들이 있긴 하지만, 인간에 의해 건드려지지 않은 야생지는 이 지구상에 존재하지 않는다. 지구 대부분에 인간이 거주하고 있고, 인간의 활동은 지구 전역에 영향을 미친다. 지구의 기후 변화나 대기 오염은 인간의 활동이 지구 전역에 영향을 미친다는 사실을 보여 주는 사례다. 야생지를 보존하고 관리하기 위해서라도 인간의 활동이 요구되며, 그런 의미에서 야생지 또한 인간 활동의 산물인 것이다. 그래서 야생지를 별도로 지정해 보존하려는 정책조차 어떻게 보면 적극적 관리인 셈이다. 야생지는 우리 인간이 발견하는 어떤 것이 아니라 창조하는 어떤 것이다. 따라서 야생지를 지정하고, 보존하고, 관리하는 정책 결정은 야생지 생태계를 어떻게 관리해야 하는가에 대한 윤리적 문제와 연관된다. 산림 화재는 진압해야 하는가, 아니면 내버려 두어야 하는가? 원래 살았던 종들을 해당 지역으로 재도입해야 하는가? 이런 정책은 인간을 위한 것인가, 아니면 자연 상태를 유지하기 위한 것인가?

야생지에 대한 정책 결정은 우리가 야생지를 이해하고 가치 평가하는 방식에 의존한다. 현대에서 그것의 일부는 생태학에 토대를 두고 있기도 하고, 또 일부는 우리의 역사와 문화에 토대를 둔다. 여기서는 최근 세대들, 특히 유럽인과 미국인 등이 야생지를 이해하는 몇 가지 전통적인 방식을 설명할 것이다.

야생지는 말 그대로 '거친(wild)', '길들여지지 않은(untamed)' 지역을 의미한다. 이때의 야생지는 인간의 생존을 위협하는 거칠고 잔혹하며 위험한 곳이다. 이것은 고대의 관점으로, 성서에 기원한 유대-기독교적 전통에도 해당한다.

구약과 신약 모두 야생지를 헐벗고 황량한 장소로 본다. 고대 중동에서 인간이 정착했던 거주지 주변 지역은 황량한 사막이어서 살기가 힘들었다. 그곳에서 인간은 거주자가 아닌 단지 방문자였을 뿐이었고, 거주지를 떠나 야생지에 오랫동안 머문다는 것은 그야말로 끔찍한 일이었다. 동시에 야생지는 보다 근본적인 상징적 의미를 담고 있었다.

성서에 따르면 아담과 이브는 에덴동산에서 추방되어 '저주받은' 야생지로 들어간다. 그곳은 "가시나무와 엉겅퀴가 무성하고, 먹을 것이라고는 들풀밖에 없는"[3] 곳이다. 모세는 자신의 민족을 노예 상태에서 해방시켜 '약속된 땅'으로 들어가기 위해 40년간 야생지를 방랑한다.[4] 또한 신약에서 예수는 야생지에 들어가 40일 동안 단식하면서 악마의 유혹을 받는다. 이것이 상징하는 바는 명확하다. 야생지는 위험한 장소이면서 동시에 악의 소굴이다. 야생지는 에덴의 약속된 땅과는 정반대의 의미를 지닌 곳이다.

이러한 자연관과 다른 문화의 자연관을 비교하는 것은 흥미로운 일이다. 다른 문화와 비교했을 때, 유목 문화는 야생지를 지나치게 적으로 간주한다. 오갈랄라 수 족의 추장인 루서 스탠딩 베어(Luther Standing Bear)는 이 점을 다음과 같이 묘사한다.

우리는 드넓은 대평원, 아름다운 구릉, 그리고 굽이치는 강물을 보고

---

3 「창세기」 3장 17-19절.
4 「마태복음」 4장 1절.

3부 환경윤리학의 이론들

그것을 사납다(wild)라고 하지 않는다. 단지 백인들만이 자연을 '삭막한' 곳으로, 사나운 동물과 야만인이 우글거리는 장소로 본다. 우리에게 있어서 그곳은 친숙한(tame) 곳이다. 동쪽에서 털이 많이 난 백인들이 오기 전까지, 그래서 그들이 야만스러운 광폭한 불의를 우리와 우리의 가족들에게 행하기 전까지, 자연은 사나운 곳이 아니었다.[5]

'동쪽에서 온 털 많은 인간들', 즉 유럽의 정착민이자 개척자들은 야생지에 대한 성서적인 관점을 공유했다. 메이플라워 호가 1620년 플리머스에 도착했을 때, 그들은 윌리엄 브래드포드(William Bradford)의 표현을 빌리자면[6], '음험하고 삭막한 야생지'에 직면했다. 2년 후 마이클 위글스워스(Michael Wigglesworth)는 그때의 느낌을 다음과 같이 묘사한다.

> 버려진 황량한 야생지
> 그곳엔 아무도 살고 있지 않았다.
> 다만 지옥의 마귀들과 야만인들이
> 악마를 경배하고 있었다.[7]

당시의 청교도들의 글과 기도문에서 우리는 그들이 자신의 경험을 성

---

5 Luther Standing Bear, *Land of the Spotted Eagle*(Boston: Houghton Mifflin, 1933). 여기서는 다음의 책에서 재인용. T.C. MrLuhan(편), *Touch the Earth: A Self-Portrait of Indian Existence*(New York: Promontory Press, 1971), 45쪽.

6 William Bradford, *Of Plymouth Plantation*, 1620-1647(Boston: Wright and Potter, 1899), 62쪽. 여기서는 다음의 책에서 재인용. Roderick Nash, *Wilderness and the American Mind*(New Haven, Conn.: Yale University Press, 1967), 24쪽. 여기서 상당 부분은 야생지의 이념에 대한 내시의 탁월한 기록에 기반을 두었다.

7 *Proceedings of the Massachusetts Historical Society* 83(1871-1873). 여기서는 다음의 책에서 재인용. Mark Sagoff, *Economy of the Earth*, 125쪽.

서적인 관점에서 바라보고 있음을 알 수 있다. 그들은 자신들이 이스라엘 민족처럼 박해를 피해 야생지에 들어왔고, 그곳에서 신앙을 시험받고 있다고 믿었다. 그들의 눈에 비친 야생지는 '악마의 땅'이요, '악마의 덫에 걸려 사탄의 노예가 된 야만인이자 짐승이 된 자들의 소굴'이었다.[8]

청교도 모델은 야생지에 대한 애매한 태도를 드러내고 있다. 한편으로 야생지는 피해야 할 두려움의 공간이었다. 그곳은 신에 의해 버림받은 땅이자 악마의 소굴이었다. 그들에게 있어 도시와 거리가 번영의 장소라면, '음험하고 황량한' 곳으로 표현되는 야생지는 고통과 죽음의 장소였다.

다른 한편으로 야생지는 약속된 땅은 아니지만 압제로부터의 피난처를 의미했다. 즉 야생지는 압제로부터 도망친 사람들이 잘하면 약속된 땅을 건설할 수 있는, 최소한 일시적인 안식처 정도는 되었다. 청교도들은 뉴잉글랜드 야생지에서 자신들의 신앙이 시험받고 있다고 믿었다. 야생지는 신이 재림해 이스라엘 백성과 약속을 맺은 장소였다. 그들은 자신들이 야생지에서 얼마나 잘 행동하느냐에 따라 새로운 '선택된 백성'이 될 수 있다고 믿었다. 야생지는 그들에게 있어 극복해야 할 벽이었고, 지배해야 할 적이었으며, 정복해야 할 위협이었다.

청교도 모델은 야생지에 대한 적대적이고, 심지어는 공격적인 태도를 부추겼다. 야생지는 길들여져야 하고, 새로운 에덴동산은 건설되어야 한다. 사람들은 야생을 복속시키고 정복하라는 소명을 받은 것이다. 삼림이 잘려 나가고, 습지가 매립되고, 땅이 경작되고, 정착촌이 건설될 때, 그 땅은 '발전되고', 땅의 가치는 증진된다. 몇몇 토착민이 그랬듯이 청

---

8 John White, *The Planter's Plea*(1630). 여기서는 Peter Carroll, *Puritanism and the Wilderness*(New York: Columbia University Press, 1969), 11쪽에서 재인용.

3부 환경윤리학의 이론들

교도들은 야생지를 정복하고 통제하기 위해 그곳에 불을 질렀다. 늑대, 코요테, 곰과 같은 '해충', '야수', '약탈자' 등을 박멸하는 것은 이런 관점에서 도출되는 도덕적 절대명령이었다.

유럽인의 이러한 사명이 완수됨에 따라 야생지에 대한 새로운 모델이 초기의 청교도 모델을 대치하게 된다. 이제 야생지는 좋은 삶을 건설하기 위한 막대한 자원으로 간주된다. 이미 정복된 자연은 자연자원일 뿐이고, 야생지는 개발되지 않은 막대한 자원일 뿐이다. 야생지는 자원이 되기 전까지는 막대한 불모의 땅이다. 인간의 지배가 이미 확인되었기 때문에, 야생지는 더 이상 위협이 아니라 약속의 땅이다. 이것은 로크의 관점을 연상시킨다. **로크의 모델**에서는 무소유의 거대한 땅이 인간의 노동을 통해 생산적이고 가치 있는 재산으로 바뀐다. 야생지는 신이 만인에게 함께 준 것으로, 활발하고 야심 있는 개인들의 노동을 통해 사유재산으로 전환되기를 기다리는 공간이다.

로크의 모델에서는 야생지를 부동산으로, 그리고 소유되고 사용되는 상품으로 본다. 그것의 가치는 그것과 '결합된' 인간의 노동에 달려 있다. 야생지는 더 이상 두려움의 대상이 아니며, 인간의 목적에 봉사하는 엄청난 잠재력을 상징한다. 야생지는 그 자체로는 상대적으로 수동적인 존재일 따름이다. 그것은 그것의 소유자의 목적 이외에 다른 목적이 없는 '그저 저기에 존재하는 것'일 뿐이다. 누군가에 의해 소유되지도, 그리고 누군가에 의해 사용되지 않는다면 그것은 버려진 잠재력일 따름이다.

초기 보전운동의 상당 부분은 야생지에 대한 로크의 모델을 갖고 있었다고 말하는 편이 공평할 것이다. 핀쇼 등 보전주의자들에게 있어서 야생지는 일종의 자원으로 그것이 생산한 상품에 따라 가치가 결정되는 것으로 인식되었다. 로크의 모델은 보전운동의 반대자들에 의해서도 공유되었다. 개인의 부를 위하여 야생지를 이용하고 개발하는 사람들은 야생지의 가치는 인간의 용도에 달려 있다는 로크의 가정을 공유했다. 그들은 야생지가 인간의 사용을 위해 통제되고 관리되어야 한다는 것에 대해서는 보전주의자들과 견해가 같았다. 다만 이런 자원의 수혜자가 과연 누구여야 하는가에 대해서는 입장이 달랐다.

청교도 모델과 달리 로크의 모델은 화재 진압 정책을 지지하는 경향이 있다. 특정 목적을 위해 땅을 깨끗하게 하는 데 화재를 이용할 수는 있겠지만, 삼림에 화재가 난다는 것은 어디까지나 자원과 잠재력의 상실을 의미한다. 초기 보전주의자들이 국유림과 국립공원의 화재 진압 정책을 주도했다. 스모키 곰은 이런 보전운동의 산물이다. 또한 보전주의자들은 포식자 박멸 정책을 정당화하기 위해 로크의 모델을 이용하기도 했다. 포식자들은 사냥감을 두고 인간과 경쟁하고 있었고, 포식자를 줄이는 것은 그만큼 인간을 위해 이용될 수 있는 자원을 증가시키는 것이기 때문이었다.

야생지에 대한 세 번째 모델은 **낭만주의 모델**인데, 오늘날 많은 환경운동가들에게 상당한 영향력을 발휘한다. 여기에서 야생지는 순수와 순결의 상징이다. 야생지는 손상되지 않고 타락하지 않은 자연의 마지막 보루다. 청교도 모델과 대조적으로 여기에서 야생지는 파라다이스, 즉 에덴동산으로 인식된다. 야생지는 문명의 타락으로부터 벗어나기 위해 우리가 의지해야 할 장소다. 청교도들이 위험과 사탄의 유혹을 느꼈던 곳에서 낭만주의자들은 신성한 순수를 본 것이다. 청교도들이 도시를 인간 번영의 본산으로 보았다면, 낭만주의자들은 도시를 버림받은 땅으로 보았다.

3부 환경윤리학의 이론들

이러한 견해의 철학적 뿌리는 장자크 루소(Jean-Jacque Rousseau), 미국에서는 랠프 왈도 에머슨(Ralph Waldo Emerson), 헨리 데이비드 소로(Henry David Thoreau) 등에게서 찾을 수 있다. 로크와 마찬가지로 루소는 현재의 사회적 삶의 상태와 대조되는 '자연 상태'에 대해 논의한다. 루소에 있어서 자연은 거짓이 없고, 믿을 만하며, 유덕한 공간을 상징한다. 반면 사회는 인위적인 욕망과 이기심, 불평등의 원천이다. 루소는 자연으로 돌아가자고 주장하지는 않았지만, 인간의 자연적, 본래적 선에 대한 이해에서 도출되는 원리가 교육과 정치를 이끌어야 한다고 믿었다. 그는 '자연과 조화로운 삶'을 바람직한 삶의 모델로서 추천하는데, 이러한 삶은 자급, 소박한 욕망, 문명과 기술로부터의 탈피, 평정 등으로 특징된다. 이러한 입장에서 인간 본성의 본래적 선은 자연의 본래적 선과 분리될 수 없다. 루소는 종종 자연을 스위스 알프스의 손상되지 않은 야생지와 동일시했다.

그러나 야생지에 대한 낭만주의적 견해에 최초로 철학적 영향을 미친 것은 에머슨과 특히 소로였다. 에머슨은 18, 19세기 유럽 낭만주의 운동에 영향을 받았다. 낭만주의는 자연에 대한 기본적 이해 방식으로 과학적 경험주의와 합리적 분석을 거부한다. 낭만주의적 관점에 따르면, 우리가 일상적으로 경험하는 세계는 과학에 의해 분석되고 관찰된 세계인데, 이것은 대부분 인간과 문화가 만들어 낸 창조물일 뿐이다. 우리는 문화에 의해 교육받은 대로 세계를 보고 경험한다. 이러한 세계는 더 깊은 실재, 즉 인간의 신념과 가치에 의해 규정당하지 않는 실재를 왜곡할 뿐이다. 더 깊고 '초월적인' 실재를 이해할 때에만 우리는 참된 이해에 도달한다.

유럽의 낭만주의와 연관된 미국의 철학적 운동은 '뉴잉글랜드 초월주의'라고 불린다. 초월주의자 중에서 가장 유명한 사람이 에머슨과 소로다. 이들은 과학적, 기술적 분석이 아니라 직관과 상상력을 통해, 그리고 시와 문학을 통해 더 깊은 실재를 이해할 수 있다고 주장한다. 인간의 활동에 의해 오염되지 않았기에 야생지야말로 초월적 실재의 가장 믿을 만한 형태다. 야생지는 신의 창조를 그대로 볼 수 있는 가장 좋은 곳이다. 문명의 타락한 영향으로부터 벗어날 수 있는 최후의 피신처다. 그리고 최고의 진리와 영적 탁월함을 가장 가깝게 접촉할 수 있는 곳이다.

그래서 소로는 월든 호숫가의 한 오두막에서 칩거한다. 그에 따르면, 야생지에서 산책하는 것은 인간의 영혼을 고양시켜 주는 효과가 있다. 야생지에서의 산책을 통해 "신경이 안정되고, 감정과 마음은 제자리를 찾는다." 야생지는 "마음을 안정시키고, 억견과 편견, 전통, 기만의 진흙탕으로부터 벗어나…… 우리가 **실재**라고 부르는 곳에 도달할" 기회를 제공한다.[9]

제임스 쿠퍼(James Cooper)의 「가죽 스타킹 이야기Leatherstocking Tales」처럼 낭만주의적 관점이 잘 드러난 작품도 없을 것이다. 『사슴 사냥꾼』, 『모히칸 족의 최후』, 『탐험가』, 『개척자』, 『대평원』 등 일련의 소설에서 쿠퍼는 내티 범포의 삶을 추적한다. 내티는 사슴 사냥꾼, 매의 눈, 가죽 스타킹 등 다양한 이름으로 알려진 낭만주의의 영웅이다. 그는 뉴욕 주 북부 외진 곳의 토착민들 사이에서 자랐으며, 그들로부터 야생지에서의 삶을 배웠다. 그는 소박한 사람이었고, 순수하면서도 현명했고, 존경할 만하고, 강건했고, 덕 있는 사람이었다. 그는 전혀 가식이 없었고, 사회생

---

9 Henry David Thoreau, *Walden*(1854; New York: Library of America, 1985)에 있는 것으로 Roderick Nash, *Wilderness and the American Mind*, 89-90쪽에서 인용했다. 강조는 소로가 한 것이다.

활에서 오는 악덕과도 거리가 멀었다. 그는 야생지에서 편안함을 느꼈고, 야생지와 조화롭게 살았다.

소설에서 나타난 내티의 삶을 보면, 그는 문명이 발전함에 따라 계속해서 서부로 밀려나게 된다. 그는 항상 문명과 야생지의 경계선에서 살았다. 그래서 처음 유년기에는 뉴욕 주에서 살다가 말년에는 대평원에서 살았다. 이것을 보면 사회의 요구와 기대로 인해 자연적 순수와 덕이 어떻게 탐욕, 파괴, 악덕으로 바뀌는가를 알 수 있다. 내티와 더불어 우리는 야생지가 사라지는 것을 슬퍼하고, 그것과 함께 진실하고 온전한 소박한 삶이 사라지는 것을 안타까워한다.

3. 야생지라는 '신화': 현대적 논의

야생지를 이해하고 평가하기 위한 여러 모델들은 현대 환경론에 중요한 영향을 미쳤다. 야생지를 자연자원의 막대한 보고로 보는 핀쇼의 보전주의는 20세기 환경정책에 상당한 영향을 미쳤다. 하지만 그보다는 낭만주의 모델이 현대 환경론에 더 광범위하고 강력한 영향을 미쳤다. 1800년대 중반 이미 야생지에 대한 낭만주의적 관점과 거기에서 나오는 자연 파괴에 대한 반감은 야생지의 보존을 요구하게 된다. 그래서 3장에서 다룬 보전주의자와 보존주의자의 대립은 헤츠헤치 계곡에 대한 공적인 논쟁이 발생한 때로부터 60년 전에 이미 있었다. 일찍이 1800년대의 처음 10년간 존 제임스 오듀본(John James Audubon)은, 미국의 야생동물보호협회인 오듀본협회는 이 사람의 이름을 딴 것이다, 숲이 파괴되는 것을 슬퍼했다. 그는 "나무들이 도끼에 의해서 빠르게 사라지는" 것을 바라보면서 "탐욕스러운 공장으로 인해 100년 안에 고상한 숲이 모두 없어질 것"이라고 말한 바 있다.[10] 1858년 에세이에서 소로는 야생지 보존지역을 만들어야 한다고 주장한다.

> 곰과 퓨마가 있고, 그리고 문명화되지 않은 사냥꾼이 있는 국립야생보존지역이 있어서는 안 되는가? 그리고 무의미한 스포츠나 음식을 위해서가 아니라, 우리의 영감과 참된 휴식을 위해 숲이 있어서는 안 되는가?[11]

야생지가 신비한 계시까지는 아니더라도 영감의 근원이라는 초월주의자들의 확신은 가장 영향력 있는 보존주의자인 존 뮤어에 의해 공유되었다. 뮤어의 저작과 노력은 국립공원 및 주립공원, 그리고 야생생물 보호지역을 만드는 데 크게 공헌했다. 옐로스톤 같은 초기의 공원들이 보존주의적 이유에서만 생긴 것은 아니지만, 야생지에 대한 뮤어의 입장은 공원과 보존지역에 대한 현대적 이해의 기반이 된다. 상당한 정도에서 이러한 입장은 에머슨과 소로에 의해 묘사된 야생지에 대한 낭만주의 모델에 토대를 둔다.

낭만주의 모델이 환경에 대한 가치 평가에 미친 영향이 매우 크기 때문에, 이 모델을 자세히 살펴보아야 한다. 또한 낭만주의 모델이 야생지에 대해 얼마만큼 정확한 서술에 의존하고 있는지, 그리고 야생지의 가

---

10 John James Audubon, *Delineations of American Scenery and Character*, Francis Hobart Herrick(편)(New York: Baker, 1926), 9-10쪽. 여기서는 Roderick Nash, *Wilderness and the American Mind*(New Haven, Conn.: Yale University Press, 1967), 97쪽에서 재인용.

11 Henry David Thoreau, *The Maine Woods*, in *The Writings of Henry David Thoreau*(Boston: Houghton Mifflin, 1894-95), vol. 3, 212-213쪽. 여기서는 Roderick Nash, *Wilderness and the American Mind*, 102쪽에서 재인용.

치는 정확히 어디에서 비롯된 것인지 분명하게 할 필요가 있다. 그리고 야생지에 대한 기술에서 가치에 기초한 윤리적이고 정책적인 처방으로 이끄는 추론에 대해 정확하게 알 필요가 있다.

낭만주의 모델은 야생지를 정확하게 기술하고 있는가? 물론 많은 야생지들이 낭만주의적 관찰자들이 생각하는 것처럼 아름답고 경외스러운 이미지를 주는 것은 사실이다. 낭만주의 모델의 매력을 알기 위해서 단지 산업도시들이 주는 도시적 퇴락이나 교외의 거리 가게들이 주는 추함을 글레이셔 국립공원의 아름다운 경관과 비교해 보는 것으로 충분하다. 그럼에도 불구하고 낭만주의 모델이 전혀 문제가 없는 것은 아니다. 최근 많은 사람들이, 그들은 대부분 환경운동에 우호적인 사람들인데, 야생지에 대한 이러한 통념에 도전했다.[12] 그들에 따르면 이러한 야생지에 대한 통념은 과학적, 역사적, 윤리적 측면에서 보면 한계가 분명하다. 이런 야생지에 대한 잘못된 이해가 위험하고 오도된 환경정책을 낳고 있다고 그들은 주장한다.

야생지가 '신화'에 불과하다는 주장은 얼핏 기괴하게 보일 수도 있다. 야생지는 하나의 공간, 즉 자연적인 대상이고, '저기 밖에 존재하는' 자연의 일부이기 때문이다. 어떻게 자연적인 공간이 신화가 될 수 있겠는가?

야생지에 대한 이런 통념에 새로운 비판자들은 야생지는 특정한 역사적 문화적 맥락에서 이해된 개념이라고 주장한다. 환경사가인 윌리엄 크로논(William Cronon)은 이러한 생각의 두 가지 근원을 규명했다.[13] 그에 따르면, 낭만주의의 핵심적인 것으로 18, 19세기 유럽인과 미국인이 가졌

---

12 캘리코트와 넬슨이 편집한 *The Great Wilderness Debate*(Athens: University of Georgia Press, 1998)는 이 논쟁과 관련된 중요한 내용을 가장 잘 담고 있다. 내가 여기서 사용한 '통념'이라는 말은 이들의 책에서 따온 것이다.

던 '숭고'의 개념과, 특별히 미국인이 가졌던 프런티어의 개념이, 야생지에 대한 근대적 관점의 근원이 된다. 낭만주의자들에게 있어서 숭고의 경험은 이 지상에서 '신의 자취를 볼 수 있는' 드문 기회다. 숭고의 경험은 신성하고 영적이며 내세의 경험을 의미한다. 그런 경험은 인간의 고안물과 인조물이 배제된 공간 안에서만 가능하며, 거기에서 인간은 자신의 유한함과 사소함을 인식할 수 있다. 옐로스톤, 요세미티, 그랜드캐니언 같은 웅장한 공간들이 숭고한 환경의 대표적인 사례로 부각된다.

프런티어에 대한 미국인 특유의 경험 또한 야생지 신화의 창조에 공헌했다. 자연에 맞서는 독립적이고 고결하며 창조적인 인간, 즉 강직한 개인이라는 프런티어의 신화는 미국인의 자화상을 형성하는 강력한 힘이었다. 그러나 역사가 프레더릭 잭슨 터너(Frederick Jackson Turner)가 20세기가 끝났을 때 지적했듯이, 프런티어는 끝났다. 크로논에 따르면, 이런 강력한 이미지에 매달리는 문화가 거의 남지 않은 미개척의 야생지를 보호하려는 것은 우연이 아니다.[14]

이런 주장들을 어떻게 평가해야 할까? 자연과 문화를 확연하게 구분하지 않는 사회, 즉 개인주의, 지리학적 팽창, 정복이 중요한 역할을 하는 사회는 아마도 야생지를 인간의 침범으로부터 보호하려는 이념이 의미가 없는 사회가 될지도 모른다.

야생지의 이념이 갖는 기원을 역사적으로 설명하려는 시도는 역사적 맥락에서 이런 개념을 위치시키기는 하지만, 그렇다고 해서 이런 개념이 잘못된 것이거나 오해된 것이라는 점을 보이지는 않는다. 야생지의 보존

---

13 William Cronon, "The Trouble with Wilderness, or Getting Back to the Wrong Nature", Cronon(편), *Uncommon Ground: Toward Reinventing Nature*(New York: Norton, 1995).

14 같은 책.

을 주장하는 사람들은 이런 야생지의 개념이 어떻게 발생했는가에 대한 역사적인 설명을 받아들이면서, 계속 야생지는 인간의 개발로부터 강력하게 보호될 가치를 지닌다고 주장할 수 있기 때문이다. 야생지의 이념에 대한 새로운 비판자들은, 비록 그들 또한 때때로 야생지의 보호를 옹호하긴 하지만, 야생지에 대한 전통적인 이해가 보호를 위한 충분한 근거를 제공할 수 있다는 것에 의심을 품는다. 야생지의 **이념**에 대한 이들의 비판은 다음의 세 가지 일반적 범주에 해당한다. 첫째, 야생지에 대한 통념은 사실적, 과학적으로 타당하지 않다는 것, 둘째, 그것은 윤리적으로 문제가 있다는 것, 셋째, 받아들이기 어려운 정치적, 실천적 함의를 가질 가능성이 높다는 것이다.

야생지에 대한 통념은 실제로 세계에 대한 부정확한 모델일 수 있다. 첫째, 야생지 하면 으레 축복받고 온화한 공간으로 연상하는 경향이 있다. 무성하고 푸른 숲, 잡목과 덩굴이 없는 탁 트인 평원, 장엄한 일몰, 풍부한 먹거리와 옷, 유순한 동물, 온화한 기후가 그것이다. 하지만 실제의 야생지는 거친 공간이다. 사막, 북극의 툰드라, 열대우림은 소로가 월든 호숫가를 산책하면서 보았던 낭만적인 자연과는 거리가 멀다. 상대적으로 좀 낫다는 국립공원조차 현대적 편의시설이 없거나 또 추운 겨울철에는 살기 힘든 장소다. 우리는 실제 자연과는 너무나 거리가 먼 관점에서 숭고한 야생지를 바라본다. 그래서 칙칙한 더운 여름날 계곡 바닥에서 땀을 뻘뻘 흘리는 상태에서가 아니라 그랜드캐니언이 내려다보이는 산등성이에서 야생지를 그야말로 관조하고 있는 것이다.

더욱이 낭만주의 모델은 '다윈 이전(pre-Darwinian)'의 사고를 조장하는 경향이 있다. 이 모델은 인간을 자연과 분리된, 그래서 자연으로부터 영감을 얻긴 하지만 자연과는 전적으로 다른 존재로 본다. 여기에서 인간의 영혼은 '초월적'이며, 비록 자연에서 초월적 실재를 가장 깊숙이 접촉할 수 있다지만, 여전히 자연은 저급한 물리적 실재일 뿐이다. 반면 대부분의 생태윤리학은 인간은 자연의 일부이지 결코 자연을 초월하고 자연과 다른 존재는 아니라는 다원적 관점을 강조한다. 이러한 관점에서 보면 이원론(인간과 자연)을 받아들이는 것은 도덕적 위계(자연 위의 인간)와 갈등(자연과 인간의 대립)을 조장할 따름이다.

또한 낭만주의 모델은 야생지를 특정 시점에 존재했던 상태의 이상화된 이미지로 바라보는 경향이 있다. 예를 들어 북미와 호주의 환경론자들은 때때로 최초의 유럽 정착민들이 도착하기 이전의 땅을 낭만적으로 미화한다. 하지만 이들 유럽인에 의해 '발견된' 땅은 사실 토착 원주민들이 사용하고 있었다. 최초의 유럽인들이 도착했을 때, 이곳 산림과 초지에는 이미 상당수의 사람들이 살고 있었던 것이다. 이러한 사실을 체계적으로 무시하고 왜곡하는 것에는 노골적인 인종주의까지는 아니더라도 심각한 문화적 편견이 도사리고 있다.[15]

끝으로 낭만주의 모델은 야생지를 정태적이고 불변하는 공간으로 보는 경향이 있다. 우리가 단지 내버려 두기만 하면 야생은 자연적이고 손상되지 않은 상태로 보전될 것이라는 가정이 그것이다. 이러한 가정은 조지 퍼킨스 마시(George Perkins Marsh)에 의해 표명되었다. 그는 오늘날의 보존주의자와 보전주의자 모두에게 영향을 미친 19세기의 환경론자인데, 『인간과 자연Man and Nature』에서 다음과 같이 말한다.

---

15 쿠퍼의 「가죽 스타킹 이야기」는 낭만주의적 야생관이 북미 인디언에 대한 문화적인 편견 및 인종주의적 태도와 어떻게 관련되는가를 잘 보여 주는 예다. 이 책에서 토착민들은 두 가지 유형 중 하나로 묘사된다. 하나는 영웅적이고 고상한 유형, 다른 하나는 위험한 야만인 유형이다.

인간이 거주하지 않은 지역에서는 땅과 담수의 비율과 위치, 대기의 강우량과 증발량, 평균 온도, 식물과 동물의 분포는 지질의 변화에 의해서만 변하는데, 이러한 변화는 아주 완만해서 지리적 조건은 항상적이고 불변의 것으로 간주될 수 있다.[16]

하지만 이 가정에는 문제가 있다. 지구상에 인간의 영향을 받지 않은 곳은 없다. 심지어 어떤 지역을 야생 보존지로 보호하자는 결정조차 야생지를 인간의 행위에 의존하게 한다. 그러나 더 중요한 것은 옐로스톤 화재에 대한 논쟁에서 보듯, 손상되지 않은 '항상적이고 불변적'인 야생지란 관점은 실제 자연과 맞지 않는다는 것이다. 그렇다면 옐로스톤을 야생지로 보존하자는 입장은 옐로스톤이 자연 발생의 화재로 황폐화되도록 내버려 둬야 한다는 것을 의미하는가? 옐로스톤 지역에는 1년에도 수십 번씩 번개로 인해 화재가 발생한다. 검게 타 나무 한 그루 없는 경관이, 많은 환경론자들이 그리는 낭만적이고 숭고한 야생지는 아닐 것이다. 하지만 화재를 막아 야생지를 보존하자는 것은 자연에 대한 인간의 간섭을 의미한다. 반면 자연을 그대로 놔두는 것은 요세미티와 옐로스톤의 낭만주의적 이미지가 시사하는 초월적 실재와의 합일을 고무하는 야생지와는 거리가 먼 결과를 가져올 것이다.

예를 들어 미네소타 주 북부에 있는 국경하천카누보호지역을 자연 상태로 보존하려 한다고 가정해 보자. 그것은 도대체 무엇을 보존한다는 것인가? 스노모빌과 카누도 자연 상태에 포함되는가? 토착 인디언도 자연 상태에 포함되는가? 인디언들의 사냥, 낚시, 벼농사도 '손상되지 않

---

16 G.P. Marsh, *Man and Nature*, D. Lowenthal(편) (Cambridge, MA, Harvard University Press, [1864] 1967), 29-30쪽. 여기서는 Botkin, *Discordant Harmonies*, 8쪽에서 재인용.

은' 야생지라고 할 수 있는가? 인디언들은 전통적 방식으로만 이런 활동을 허가받아야 하는가? 아니면 모터보트도 사용할 수 있는가? 유럽인이 도착하기 직전이 이상적인 상태인가? 아니면 수천 년 전 이 지역의 특징이었던 툰드라 환경을 복원시켜야 하는가? 빙하기 때의 상태가 자연 상태라고 할 수 있는가? 소나무, 삼나무, 가문비나무 등의 침엽수림이 자연 상태인가, 아니면 1999년 7월 4일 폭풍우로 나무들이 쓰러진 이후 새로 번성할 사시나무와 자작나무 등의 낙엽수림이 자연 상태인가? 이러한 물음들은 자연을 항상적이고 불변적인 것으로 보는 관점의 문제점을 보여 준다.

현대의 생태학자들은 자연을 손상되지 않고 변화하지 않는 것으로 보는 관점을 거부한다. 그들에 있어서 야생지는 정적인 것이 아니라 동적인 것이다. 변화와 진화가 정상적인 것이고 동일성과 항상성이 예외적인 것이다. 생태학자 대니얼 보트킨(Daniel Botkin)은 『부조화 속의 조화 *Discordant Harmonies*』(1990)에서 이러한 주장을 하고 있다.

일반적으로 자연을 인간의 영향력으로부터 자유로운 것으로 보는 마시의 관점이 옹호되고 있다. 이 관점은 생태학 교재와 환경 관련 문헌에서도 지배적이다. 아마 더 중요한 점은 이러한 자연관이 개체군과 생태계에 대한 20세기 과학 이론의 토대라는 것이다. ……몇 년 전까지만 해도 생태학에서 지배적인 이론은 고도로 구조적이고 조직적이며 규칙적이고 안정 상태의 생태계에 대한 엄밀한 개념을 가정해 왔다. 이제 과학자들은 그러한 견해가 지역적이고 국지적인 수준에서 잘못되었다는 것을 알게 되었다. 즉 독수리나 두루미이건, 아니면 농토이거나 숲이건 간에 개체군과 생태계 수준에서 그런 견해는 잘못된 것이다. 이제 변화는

3부 환경윤리학의 이론들

생명권에서 본질적이고 자연적인 것으로 보인다. ……최소한 몇몇 경우에 변화는 생명체의 지속에도 필수적이다. 왜냐하면 생명체들은 변화에 적응해 왔고, 변화에 의존하기 때문이다.[17]

생태 중심적 접근의 과제는 생태계를 강조하는 생태학적 인식과 부합되는 동시에, 항상성이 아니라 변화가 정상적인 것이라는 생태학적 인식에 부합된 정합적인 철학적 윤리를 발전시키는 것이다. 그래서 우리는 부분과 전체의 관계에 대한, 그리고 전체를 지배하는 변화의 역학에 대한 설명을 필요로 한다. 또한 생태학을 진지하게 고려하는 윤리학이라면 이 문제에 대해 철학적으로 충분한 설명을 해야만 한다.

비판자들은 야생지에 대한 통념이 윤리적으로 부적절한 자민족 중심적인 관점을 조장할 수 있다고 지적한다. 앞에서 보았듯이 이런 견해는 백인 정착민들과 식민주의자들이 도착하기 전에 야생지에 거주했던 토착민들을 종종 무시한다. 일단 야생지를 별도로 지정하고 보존하려고 한다면, 사냥과 수렵 같은 전통적인 토착민들의 활동은 더 이상 허용될 수 없다. 그런 관점은 토착민들을 무시하고 주변화할 뿐만 아니라, 토착민들과 그들의 문화를 불법 점유하고 심지어는 파괴에 이르게 하는 정책들을 조장하는 것이다.[18]

---

17 Daniel Botkin, *Discordant Harmonies*, 9쪽.
18 야생지에 관한 미국인들의 편견에 대해서 주목한 최초의 학자 중에는 인도의 구하가 있다. Ramachandra Guha, "Radical American Environmentalism and Wilderness Preservation: A Third World Critique", *Environmental Ethics* 11(1989년 봄), 71-83쪽. 그리고 다음을 볼 것. Luther Standing Bear, "Indian Wisdom", in *Land of the Spotted Eagles*(Boston: Houghton Mifflin, 1933). 야생지 개념에 대한 또 다른 비판은 캘리코트와 넬슨이 편집한 *The Great Wilderness Debate*(Athens: University of Georgia Press, 1998) 2부를 참고하라.

끝으로 비판자들에 따르면, 야생지에 대한 통념은 바람직하지 않은 정치적 결과를 가져올 수 있다. 만약 환경론자들이 야생지 보호의 근거로 야생지에 대한 이런 잘못된 이해에 토대를 둔다면, 그래서 이런 약점이 노출된다면 더 이상 야생지 보호의 명분이 설득력을 갖지 못할 것이다. 야생지가 '인간에 의해 침범되지 않'고, 그리고 그런 지역이 더 이상 존재하지 않는다면 야생지 보존 운동은 고상하긴 하지만 불가능한 꿈을 추구하는 셈이 된다. 처음 BWCA를 설치하려고 할 때, 실제로 이런 주장이 있었다. 야생지 옹호론자들이 미네소타 주 북부의 100만 에이커가 넘는 땅을 야생지로 지정하려고 할 때, 반대자들은 이미 그 지역에 집과 오두막, 낚시 캠프가 있다는 사실을 지적했다. 야생지가 '인간은 거주하지 않고 단지 방문자'인 지역이라면, 그리고 이미 이 지역에 오랫동안 인간이 살고 있었다면 이 지역은 더 이상 야생지가 아니게 된다.

물론 야생지 이념을 옹호하는 사람들은 이런 비판에 반론을 제기한다. 가령 롤스턴은 이런 비판은 야생지와 거주지의 차이, 그리고 자연과 문화의 차이를 제대로 설명하지 못한다고 주장한다.[19] 인간이 자연의 일부이긴 하지만, 인간의 활동에 기인한 변화의 정도와 비율은 자연적 변화의 정도와 비율과 매우 다르다. 특히 이것은 불도저와 벌목용 전동 톱, 각종 기계들을 가진 근대 기술 사회에서 그렇다.

BWCA의 나무 붕괴(blowdown)에서처럼 자연적인 변화가 비록 드라마틱하고 광범위하다고 할지라도, 그것은 인간에 의해 야기된 변화와는 근본적으로 다르다. 인간이 야기한 변화는 의도적이고 목적적이다. 반면 자연적 변화는 그 나름의 역사와 원인을 갖는다. BWCA 폭풍은 인간에

---

19 Holmes Rolston, "The Wilderness Idea Reaffirmed", *The Environmental Professional* 13(1991), 370-377쪽.

3부 환경윤리학의 이론들

의해 야기된 대규모 벌목과는 과학적으로, 역사적으로, 생물학적으로, 미적으로 다르다. 더욱이 토착민들이 유럽인들이 정착하기 전에 이미 아메리카 대륙과 호주의 상당 지역에 거주했다고 할지라도, 유럽 문화가 들어오면서 이들의 거주 유형과 규모는 주목할 정도로 바뀌었다. 토착민들이 나름 복잡한 문화를 갖긴 했지만, 그들은 전체 생태계를 파괴하고 침범할 기술과 기계를 갖고 있지는 않았다. 인간이 자연의 일부라고 말하는 것이 모든 인간의 활동이 자연 과정과 동등하게 양립 가능하다는 것을 의미하지는 않는다. 야생지 이념에 대한 비판자들은 야생 자연과 인간 문화의 차이를 충분하게 구별하고 있지 않은 것이다. 그래서 야생 이념의 옹호자들은 인간의 조작과 거주로부터 야생지를 보호하는 것을 정당화하는 것을 야생지의 이념은 많이 담고 있다고 주장한다.

이 논쟁을 어떻게 평가해야 하는가? 야생지 논쟁을 다룬 중요한 선집의 두 편집자인 비어드 캘리코트(J. Baird Callicott)와 마이클 넬슨(Michael Nelson)은 "야생지에 대한 통념은 나중에 나온 강력한 비판들로 인해 치명상을 입었다"라고 결론짓는다. 그럼에도 불구하고 그들은 야생지의 이념은 너무나 중요해서 포기할 수는 없다고 믿는다. 대신 그들은 환경 정책을 계속해서 지도할 수 있는 야생지의 개량된 이념을 추구해야 한다고 주장한다.[20] 이들은 다음 두 가지 대안을 제시한다.

한 가지 대안은 야생지에 대한 통념이 가진 인간 중심적 측면을 약화시키는 것이다. 통념에서 야생지 보호의 명분으로 제시된 것들의 상당 부분은 인간의 가치, 즉 야생지는 자원의 보고로서 미적, 영성적, 휴양적 목적에서 가치 있다는 것과 연관되어 있다. 대신 우리는 야생지와 관련

---

20 J. Baird Callicott and Michael P. Nelson(편), *The Great Wilderness Debate*, 1-20쪽.

된 인간과 무관한 가치들, 특히 희귀 생물, 멸종위기의 생물을 위한 서식지로서의 가치에 주목해야 한다. 그런 '생명 다양성의 보호지'는 인구가 증가하는 인간 세계에서 다양한 생물들을 위한 피난처로서 귀중한 지위를 차지해야 한다. 이런 대안적 이해는 야생지에 대한 기존 통념에 가해지는 비판을 피해 갈 수 있게 한다. 그것들은 과학적으로 방어 가능한데, 보전생물학(conservation biology)이라는 과학이 야생지를 서식지로서 자리매김하고 관리할 수 있는 탄탄한 근거를 제공해 주기 때문이다. 또한 그것들은 경관이나 레크리에이션이 아니라 생명 다양성과 서식지에 초점을 맞춤으로써 야생의 지역에 대한 우리의 이해를 넓힐 수 있게 한다. 그래서 생명 다양성의 보호지는 예를 들어 롤스턴이 옹호했던 자연과 문화의 구분과도 양립 가능하다.

또 다른 대안은 야생지가 인간에게 야생자연과 자연적이고 지속가능하고 공생적인 관계에서 살 기회를 제공한다는 점을 인식하는 것이다. 야생지의 보존은 자연계와 조화롭게 사는 것을 배우고, 실제로 살 수 있는 유일한, 아마도 마지막 기회를 제공한다. 앞으로 이 논쟁이 어떻게 전개될지는 모르겠지만, 야생지에 대한 낭만적이고도 소박한 이해는 더 이상 환경정책이나 환경윤리의 타당한 대안은 아닌 것 같다.

4. 생태학에서 철학으로

환경윤리에서 생태학적 개념의 중요성을 설명하기 위해 우리는 야생지의 문제를 다루었다. 4, 5, 6장에서 다룬 도덕적 지위와 관련한 논의는 많은 사람들이 환경윤리의 핵심이라고 믿는 생태학적 관점을 갖고 있지 못하다. 생태 중심 윤리를 이해하는 데에서 핵심 개념은 생명과학으로서 생태학이 갖는 성격과 그 함의다. 많은 환경론자들, 환경철학에서 생태 중심적 접근을 취하는 모든 학자들은 생태학에 기초해 자신들의 주장을 설명하고 정당화한다. 따라서 이들의 주장을 이해하기 위해서는 먼저 생태학적 연구를 주도하는 여러 모델들을 알아야만 한다. 철학자들이 생태학에 기초해 이끌어 낸 교훈도 다르지만, 이들이 이런 교훈을 이끌어 내는 생태학의 모델들도 다양하다.

과학으로서 생태학은 100년이 약간 넘는 역사를 갖고 있다. **생태학(ecology)**이라는 용어는 독일의 생물학자 에른스트 헤켈(Ernst Haeckel)이 1860년대에 처음 사용했다고 한다. 헤켈은 그리스어인 oikos(가계, 가정)와 logos(학문)를 합성해서 ecology란 말을 만들어 냈다. 생태학은 집이나 환경에서 사는 유기체들을 연구하는 과학인 것이다(경제학(economics)도 비슷한 그리스 어원을 갖고 있는데, 그것은 oikos와 nomos의 합성어로 '가정의 규범'을 의미한다).

생태학을 이끌었던 가장 초기의 모델 중 하나는 유기체 모델이다. 이 모델에서 개별 종들과 환경의 관계는 개별 신체기관과 신체의 관계와 같다. 유기체가 여러 단계를 거쳐 성숙한 상태로 성장하듯이, 생태계도 성장하고 발전하고 성숙해진다. 따라서 생태계에 대해서도 '건강한', '병든', '젊은', '성숙한'이라는 표현이 가능하고, 이것은 생태계의 정상적 발전 여부와 관련해 이루어진다. 그래서 이 모델은 유기체의 측면에서 부분과 전체의 관계를, 그리고 발전 또는 성숙의 측면에서 변화의 성격을 설명한다.

유기체 모델은 상당수의 환경정책을 추천하고 윤리적 결론을 이끌어 내는 데에 있어서 매력적인 토대를 제공한다. 자연계가 수백만 년 동안 정상적이고도 자연적인 과정을 진행해 왔다면, 우리는 최소한 자연에 간섭할 때 조심스럽게 진행해야 한다. 그래서 아리스토텔레스적 전통을 연상시키는 논리로, 우리는 생태계는 자연적인 목적을 갖고 있기 때문에, 생태계에 적절하고 좋은 것이 무엇인지 과학적이고 객관적인 방식으로 결정할 수 있다고 주장할 수 있다. 이러한 유기체 모델을 지침으로 해서 환경론자들은 생태학의 객관적 사실로부터 정책과 윤리적 지침을 이끌어 낸다. 마치 개별 유기체의 건강과 복지에 대해 말하는 것처럼, 생태계의 건강과 복지에 대해 말할 수 있는 것이다.

유기체 모델은 19세기 말 미국의 생태학자인 헨리 카울스(Henry Cowles)와 프레더릭 클레멘츠(Frederick Clements)의 선구적인 작업에서 비롯되었다. 이들 과학자는 특정 지역에서의 식물의 천이 과정에 대한 연구에 전념했다. 시카고 대학의 카울스는 미시간 호 모래언덕을 따라 진행된 식물 천이를 연구했다. 그는 호숫가에서 멀어짐에 따라 일정하고 명확한 방식으로 식물들이 다른 식물들로 대체된다는 사실을 발견했다. 그래서 생태학자들은 호수에서의 거리에 따라 식물 천이가 이루어지는 것이 자연적이고 정상적이라고 말할 수 있게 되었다.

네브래스카 대학에서 클레멘츠는 서부 평원의 대초원과 초지에 대해 카울스와 비슷한 연구 작업을 수행했다. 클레멘츠는 특정 서식지에서 벌어지는 생물 변화의 동적 과정에 관심을 갖고 있었다. 그는 시간의 흐름에 따라 일정 지역에 어떤 종이 들어오고, 점차 숫자가 많아져 지배 종이 되고, 그러다 쇠락해 마침내 사라진다는 사실을 인식했다. 그는 이러한 식물 천이가 우연적이고 임의적이라고는 생각하지 않았다. 그는 일정 지역과 기후에서 식물 천이는 안정되고 상대적으로 영구적인 군집, 즉 이른바 극상 군집(climax community, 극상이란 생태학 용어로, 어떤 생물권에 있어서 천이가 안정되어 이후 변화 없이 번영을 유지하는 상태를 의미한다 – 옮긴이)으로 발전해 나간다고 믿었다. 그래서 생태학자들은 어떤 지역이나 서식지에서는 특정 극상 군집이 가장 안정적이라는 것을 결정할 수 있게 되었다. 이러한 군집은 그 자체 특정 지역에서 종착점, 또는 목표를 제공하는 '초유기체'로 생각되었다.

유기체 모델에서 생태학자는 의사에 비유된다. 의사가 해부학과 생리학을 연구해 신체의 정상 상태를 진단할 수 있는 것처럼, 생태학자는 서식지(기후대, 강우량, 토질 등)를 연구해 해당 지역의 정상 상태를 알 수 있다. 생태학자는 생태계의 건강과 균형을 확보하기 위해 문제를 진단하고 처방도 내릴 수 있는 것이다.

클레멘츠는 극상 군집을 그 자체의 '복합 유기체'로 이해했다.

> 그것은 제라늄, 북미산 가슴울새, 침팬지 등의 개체 생물보다 더 고도의 질서를 갖고 있다. 그것은 개체 생물과 마찬가지로 통합된 메커니즘이다. 거기에서 전체는 부분의 총합보다 더 크며, (부분이 갖지 않은) 새로운 속성을 가진 새로운 종류의 유기적 존재가 된다.[21]

같은 페이지 조금 뒤에서 클레멘츠는 다음과 같이 주장한다.

> 식생의 단위, 극상 형태(climax formation)는 하나의 유기적 실재다. 유기체로서 극상 형태는 자라나고, 성숙하고, 죽어 간다. ……극상 형태는 성년 유기체로 가장 완벽하게 발전한 군집이다. 그것의 초기, 중간 단계는 모두 발전의 단계일 뿐이다. 천이는 극상 형태의 재생산 과정이다.[22]

---

[21] Donald Worster, *Nature's Economy*(Cambridge, England: Cambridge University Press, 1985), 211쪽.

유기체 모델에서 생태계는 자연적 평형 상태, 즉 조화와 균형 상태로 나아가기 때문에 야생지의 파괴를 막으려는 데 열심인 환경론자들에게 이 모델은 큰 힘이 될 수 있다. 그것은 환경 문제를 진단하고, 그것에 대한 해결책과 관련해 과학적 기초를 제공하기 때문이다. 이러한 입장에서 보면 자연에 대한 인간의 개입은 잘못된 것이고, 자연을 간섭하지 않는 보존주의적 정책이 요구된다.

그러나 20세기 초반 유기체 모델은 생태학자들 사이에서 설득력을 잃기 시작한다. 다수의 생태학자들은 유기체 모델은 과학적, 철학적 이유에서 잘못된 것이라고 믿게 되었다. 자연의 생명 공동체는 어떤 단 하나의 유기적 전체로의 과정을 밟지 않는다. 종들, 식물과 동물, 생물적 요소와 무생물 요소 간의 상호작용은 유기체 모델이 가정하는 것보다 훨씬 더 복잡하고 다양하다. 클레멘츠와 카울스가 본 통일성과 안정성은 단기적으로 몇몇 지역에서는 들어맞을지 모르지만 장기적으로 모든 지역에 해당되는 이야기는 아니다. 유기체 모델은 무생물 요소를 공간 또는 수동적 환경으로 오해하는 경향이 있다. 하지만 비판자들이 보기에 무생물적 환경은 생태적 과정이 진행되는 데 중요한 역할을 하고 있다.

1930년대 중반 영국의 생태학자 아서 탠슬리(Arthur Tansley)는 생태계라는 새로운 개념을 제시했고, 이것이 유기체 모델을 생태학의 주류에서 축출하게 한다. 1936년의 논문에서 탠슬리는 생태학 연구에 생태계 개념이 더 적절한 모델이라고 주장한다.

내가 보기에는 단지 유기적 복합체뿐만 아니라, 생물군계(biome) – 가

---

22 같은 책.

3부 환경윤리학의 이론들

장 넓은 의미에서의 서식지의 요소 – 라 불리는 물리적 요소의 복합체를
포괄한 (물리학적 의미의) 전체 **체계(system)**가 더 적절한 개념이다.

생태학자의 관점에서 보면 지구 표면의 자연의 기본 단위는 그렇게 형
성된 체계들이다.

우리가 **생태계**라고 부르는 것들은 크기와 종류에 있어서 매우 다양하
다. 그것은 우주 전체에서 원자에 이르기까지 우주에 존재하는 무수한
물리 체계다.[23]

생태계 개념은 오늘날까지 중요한 과학적 개념으로 남아 있다. 탠슬
리는 생태학을 과학적 학문으로 확립하려 했다. 생명 공동체를 자기 나
름의 생명을 가진 초유기체로 말하는 것은 많은 이들에게 비과학적이고
지나치게 형이상학적으로 비춰졌다. 탠슬리는 복합 유기체라는 용어 대
신 물리적 체계라는 용어를 사용함으로써 생태학을 보다 타당한 물리적
인 과학들과 연결하려 했다. 이러한 입장에서 생태계는 다른 물리적 체
계와 마찬가지로 더 이상 신비한 것이 아니며, 원자에서 태양계에 이르
는 다양한 물리적 체계를 기술하는 데 사용되는 것과 같은 개념들과 범
주들로 이해될 수 있다.

생태계라는 개념은 유기체 모델이 갖지 못한 몇 가지 장점을 갖고 있
다. 우선, 그것은 초유기체나 복합 유기체 같은 단어가 함의하는 살아 있

---

23 Arthur Tansley, "The Use and Abuse of Vegetational Concepts and Terms", *Ecologist* 16(1935), 284-307쪽. 여기서는 Frank Golley, *A History of the Ecosystem Concept in Ecology*(New Heaven, Conn.: Yale University Press, 1993), 8쪽에서 재인용. 강조는 탠슬리가 한 것이다. 앞으로 나올 내용은 상당 부분 골리의 책에 기초한다.

는 독립적인 존재라는 의미로부터 벗어난다. 1930년대에 이런 식의 생각은 주의 깊은 과학적인 관찰이라기보다는 철학적 메타포적 사유에 기초하는 것으로 보였다. 둘째, 시스템 개념은 물리학, 화학, 수학과의 유사성으로 인해 주류 과학에 더 잘 부합하는 것이었다. 셋째, 생태계 개념을 통해 생태계의 과정에서 무생물적 요소가 차지하는 중요한 역할을 설명할 수 있었다. 무생물 요소들은 생태계의 구조와 기능에 크게 공헌했다. 생태계 개념은 무생물 요소의 물리화학적 과정과 생물 요소의 생물학적 과정을 통합한다. 끝으로 생태계 개념은 생태적 전체가 자연의 근본적인 부분이라는 생태학의 핵심 이념을 담고 있다. 동물학과 식물학의 상당부분을 특징짓는 개체주의로는 생명과학의 전부를 담을 수가 없다. 생태학은 생태적 전체 안에서, 그리고 그것들 간의 통일, 관계, 의존성을 관찰하고 설명함으로써 공헌하는 바가 크다. 또한 생태계 개념은 자연이 독립적이고 고립된 부분의 집합으로 환원되지 않는다는 사실을 설명하는데 사용될 수 있다. 하지만 이러한 전체는 그 자체로 독립적인 생명을 가진 유기체가 아니라, 일정한 방식으로 조직된 생물적 요소와 무생물적 요소의 집합이다.

탠슬리를 시작으로 해서 생태학자들은 생태계의 구조와 기능에 초점을 맞추기 시작했다. 체계의 구조는 부분들이 어떻게 관련을 맺는가를 보여 준다. 생태계 개념과 더불어 '피드백 루프(feedback loop)'라는 중요한 개념이 등장했다. 생태계의 각 요소들은 단선적이고 인과적인 방식이 아니라, 피드백 루프라는 복잡한 방식으로 관계를 맺는다. 이것은 생태계의 요소들이 다른 요소들에 영향을 받을 뿐만 아니라, 동시에 상호 연관의 역동적인 네트워크를 통해 다른 요소에 영향을 미친다는 것을 의미한다. 이러한 피드백은 임의적인 방식이 아니라, 전 체계의 균형 또는 평형을 유지하는 방식으로 작동한다. 피드백 루프의 좋은 예가 가정용 난방장치에 붙어 있는 자동 온도 조절기다.

실내 온도가 떨어지면 자동 온도 조절기에 자극이 가해진다. 그러면 조절기는 난방장치를 가동하여 실내 온도를 변화시킨다. 실내 온도가 변하면 자동 온도 조절기에 자극을 가하게 되고, 이로 인해 난방장치는 꺼지게 된다. 이러한 과정이 계속 반복된다.

그래서 이러한 접근은 자연이 초지, 호수, 산림 등 생태계로 조직되어 있다는 사실, 그리고 개별 구성원의 정상적인 기능을 통해 실내 온도를 유지하는 난방 체계처럼 체계가 비교적 안정적인 균형 상태에 있다는 사실을 보여 주고 있다. 구조(관계의 네트워크)와 기능(균형 상태를 유지하기 위해 작동하는 피드백 루프의 활동) 모두 과학적, 수학적 개념으로 설명될 수 있다. 그래서 생태학이 갖고 있는 전체주의는 지배적인 물리학적, 과학적 패러다임 안으로 통합된다.

한편 생태계의 구조는 생태계를 구성하는 여러 종들 간의 먹이관계로 설명될 수 있다. 생태계의 관계의 네트워크는 또한 먹이사슬의 네트워크다. 종들은 각기 다른 '영양 단계(trophic levels)'에 위치한다(그리스어로 trophikos는 영양(nourishment)을 의미한다). 그리고 이 영양 단계는 먹고 먹히는 것에 의해 결정된다. 우리는 각 영양 단계에서 일어나는 활동을 그것에 의해 교환되는 에너지와 생화학적 영양의 측면에서 설명할 수 있으며, 이러한 방식에서 생태학은 물리학과 밀접하게 결합된다.

20세기 중반 생태계 개념은 생태학의 표준 모델이 된다. 생태계의 이념(생태계가 통일되고 안정된 평형 상태를 유지하기 위해 작동하는 구조적 전체라는 이념)은 많은 환경론자에게 지대한 영향을 미쳤다. 우리는 이러한 전통 안에 있는 두 가지 흐름을 설명할 것이다. 이 두 흐름은 서로 다른 철학적, 윤리학적 함의를 갖는데, 바로 '공동체 모델'과 '에너지 모델'이다.

공동체 모델에 따르면 자연은 사회 또는 공동체다. 그래서 시민들이 자신들이 사는 공동체와 관계를 맺고 개인들이 가족과 관계를 맺듯이, 부분은 전체와 관계를 맺는다는 것이다. 변화는 발전 또는 성장의 맥락이 아니라 상호작용과 상호의존의 맥락에서 이해된다. 공동체의 구성원은 서로 다른 역할, 즉 '직업'을 갖고 있고, 이것을 통해서 공동체의 원활한 작동에 이바지한다. 공동체 모델에서 생태학은 자연이라는 일종의 가정을 연구하는 것이다.

공동체 모델을 옹호하는 초기의 사람들 중에는 종들의 경쟁과 갈등을 강조하는 다윈주의적 주장을 반박하려는 의도를 가진 사람들이 있었다.[24] 그들은 자연을 일종의 '가정'으로 이해했고, 그 가정에서 각 구성원은 서로 협동하면서 전체에 이바지한다고 생각했다. 그들 중 많은 사람들은 자신들의 연구 작업을 **생태학**이라는 비교적 생소한 용어보다는 '가정'이나 '경제'처럼 오래된 용어로 표현하기를 원했다. 그들의 입장에서, 자신들의 연구 작업은 '자연'이란 '가정'을 연구하는 것이었고, 그것은 또한 '자연의 경제'를 연구하는 것이었기 때문이다.

공동체 모델과 관련해 가장 영향력 있고 존경받는 학자는 영국의 동물학자 찰스 엘턴(Charles Elton)이다. 엘턴은 자신의 연구 주제를 '동물의 사회학이자 경제학'으로 표현한다. 그는 자연을 통합된 상호 의존 경제로 보는 관점을 발전시키고자 했다.

따라서 엘턴의 공동체 모델은 **기능주의적** 모델이라고 할 수 있다. 개별 존재는 그것이 전체 체계에서 행하는 기능에 의해 규정된다. 체계 자체

---

24 Donald Worster, *Nature's Economy*, 14장.

3부 환경윤리학의 이론들

는 경제학적인 개념으로 이해된다. 어떤 구성원은 생산자로, 어떤 구성원은 소비자로 기능한다. 먹이는 상품으로, 생태 공동체는 '먹이사슬'로 이해된다. 먹이사슬 내에서 구성원들은 다양한 직업에 종사한다. 자연의 법칙은 먹이를 생산하고, 분배하고, 소비하는 과정이다. 개별 종의 기능 또는 역할은, 이것은 엘턴의 용어로 생태학적 적소(niche)인데, 무엇을 먹고 무엇에 먹히는가에 의해 결정된다.

'먹이사슬'이란 말이 아마도 공동체 모델에서 가장 친숙한 개념일 것이다. '생산자'라 불리는 유기체는 유기적 혼합물(설탕, 녹말, 섬유소)을 가지고 무기물 분자(이산화탄소, 물)로부터 자신의 먹이와 에너지를 만들어 낸다. 광합성은 생산자가 먹이를 만들어 내는 기본 과정이다. '소비자'라고 불리는 유기체는 먹이를 직간접으로 생산자에 의존한다. 1차 소비자인 초식동물은 생산자인 식물로부터 직접 먹이를 얻는다. 육식동물은 초식동물을 먹어 2차 소비자가 되거나, 다른 육식동물을 먹어 3차 소비자가 된다. 돼지, 쥐, 인간 등은 잡식동물로 동물과 식물 모두를 먹는다.

먹이사슬의 끝에는 분해자가 있다. 균이나 박테리아가 분해자에 해당하는데, 이것들은 죽은 유기물을 먹어 단순한 무기물로 분해한다. 분해된 무기물은 생산자가 사용하며, 분해자는 해충이나 곤충 등의 유기체가 먹어 치운다.

공동체 모델은 생태학자에게도, 그리고 생태학자가 아닌 일반인에게도 지속적으로 영향을 미쳤으나, 덜 은유적이고 덜 의인(擬人)적인 입장과 경쟁하게 된다. 생태학을 물리학과 연결시킴으로써 생태학을 정당화하려는 탠슬리의 바람을 계승한 생태학자들은 '먹이', '생산자', '소비자', '공동체', '직업' 등의 질적인 개념들을 해체하고 '생태계', '에너지' 등의 보다 객관적인 용어로 대체하려 했다.

에너지 모델에서 생태계는 에너지 체계, 에너지 회로로 이해된다. 물리학자들이 물리계의 에너지 흐름을 연구하는 것처럼, 생태학자들은 생태계의 에너지 흐름을 연구한다. 먹이사슬이란 용어는 화학과 물리학의 수학적으로 엄밀한 언어로 대체된다. 생태계는 또한 물리적, 기계적 체계로 간주된다.

더욱이 에너지 모델은 살아 있는 것과 그렇지 않은 것, 즉 생물과 무생물의 구분을 무너뜨린다. 무생물적 요소(태양에너지, 기온, 물, 화학분자 등)도 생물적 요소와 마찬가지로 체계를 구성하는 주요 요소들이다. 우리는 먹이사슬을 통과하는 먹이의 흐름을 추적할 수 있는 것과 마찬가지로 생태계를 통과하는 에너지의 흐름을 추적할 수 있다. 다만 경제나 가정이라는 메타포를 사용하지 않을 뿐이다. 광합성은 태양에너지가 이산화탄소와 물 분자의 화학적 결합을 깨고 새롭게 탄화수소와 산소를 형성하는 과정이다. 호흡을 통해 탄화수소와 산소는 다시 이산화탄소와 물, 에너지로 변형된다. 이러한 과정을 통해 방출된 에너지는 삶, 성장, 재생산이란 화학적, 물리적 과정의 원동력이 된다. 광합성과 호흡은 생태계에서 탄소와 산소의 순환 과정이다.

살아 있는 유기체는 질소를 필요로 하는데, 왜냐하면 질소가 단백질, DNA, 그리고 다른 중요한 분자의 화학적 기초이기 때문이다. 질소 또한 생태적 순환 과정을 밟는다. 대기의 78%를 형성하는 질소는 다양한 생물학적, 물리학적 과정을 통해 물로 용해될 수 있는 질소 이온으로 전화된다. 토양과 다양한 식물 뿌리에 사는 박테리아와 물에 사는 조류, 그리고 심지어 번개까지도 이러한 전화 과정에 이바지한다. 또한 식물은 토양에서 섭취한 질소를 단백질과 DNA 같은 복잡한 질소화합물로 변형시킨다. 동물은 식물이나 다른 동물을 먹음으로써 필요한 질소화합물을 섭취한다. 끝으로 식물과 동물이 죽을 때, 분해자가 이 질소화합물을 다시 질소 가스와 질소 이온으로 분해한다. 여기서 다시 순환 과정이 시작한다.

생태학자들은 탄소, 산소, 질소의 순환은 결국 태양에너지에 의해 이끌어지기 때문(인의 순환과 물의 순환도 마찬가지다)에 생태계는 다양한 화학적, 생물학적, 기후의 순환을 통해 흐르는 에너지로 설명될 수 있다고 본다.[25]

에너지에 초점을 맞춘다고 해서 그것이 생태학 모델이 되는 것이 아니며, 그것은 생태학적 접근 안에서 단지 하나의 강조점일 뿐이다. 명확히 에너지 체계라고 해서 생태계가 되는 것은 아니다. 생태학자들이 관심을 갖는 에너지 체계는 생명을 부양하고, 생명의 사이클을 이루는 체계일 것이다. 그리고 생태 공동체라는 말은 여전히 생태계 모델의 일부로 남는다. 그럼에도 불구하고 공동체와 에너지 둘 중에 어느 것을 강조하느냐에 따라 서로 다른 규범적인 결론이 나올 수 있다. 지금까지 언급된 생태학적 연구는 대부분 공통의 가정을 갖는다. 자연 생태계는 상대적인 안정점, 평형점을 향해 나아가는 경향이 있다는 것이다. 체계가 혼란스러워지면 자연의 힘은 평형점으로 돌아가는 방향으로 작동한다. 그리고 평형 상태에 있는 체계는 변화에 저항하고, 평형 상태로 돌아가려고 한다.

하지만 최근 몇몇 생태학자들은 이러한 주장에 도전한다. 그들은 자연 체계는 생각보다 더 무질서하다고 주장한다.[26] 그들에 따르면, 생태계는 항상 변화하고 있으며, 더 중요한 사실은 이러한 변화는 아무런 지향점 없이 이루어진다는 것, 따라서 발전이란 개념이 적절하지 않다는 것

---

25 이 주제에 대해서는 다음 글을 읽어 보라. David Gates, "The Flow of Energy in the Biosphere", *Scientific American* 224(1971년 9월), 89-100쪽.

26 Donald Worster, "The Ecology of Order and Chaos", *The Wealth of Nature*(New York: Oxford University Press, 1993), 13장. 이 글은 생태학의 카오스적 접근에 대한 탁월한 논평이다.

이다. 수학과 과학에서의 카오스 이론에 영향을 받아, 이들은 생태계 안의 복잡한 상호연관성을 강조하면서, 생태계 안에서 일어나는 아무리 작은 임의적인 변화라 할지라도 예측할 수 없는 중대한 결과를 낳을 수 있다고 주장한다. 궁극적으로 카오스 모델은 자연에 어떤 균형, 또는 장기적인 평형이 존재한다는 것을 부정한다.

5. 생태학에서 윤리학으로

우리는 많은 환경론자들이 생태학에서 도출하기를 희망하는 윤리적, 정책적 함의를 살펴보면서, 생태학의 여러 모델이 갖는 의미를 알 수 있었다. 전체주의를 윤리적 영역으로 가져오는 데 관심이 있는 사람들에게 유기체 모델은 흥미를 끄는 대안이다. 유기체 모델에서 생태계는 독립적인 살아 있는 유기체이거나, 최소한 그런 유기체로 이해될 수 있다. 그래서 의학적 판단을 할 때 갖는 정도의 과학적 확신을 갖고, 생태계에 대해 가치 평가적 판단을 이끌어 낼 수 있다. 이러한 가치 판단들(건강한, 병든, 성숙하지 못한, 성숙한)은 생태계의 균형을 회복하고, 그것을 자연 상태로 보존하려 하거나, 그것을 지속가능한 수확을 낳는 방향으로 관리하려는 사람들에게 특히 유용하다. 또한 유기체 모델은 생태계에 도덕적 지위를 부여하기를 원하는 사람들에게도 유용하다. 만약 생태계가 살아 있는 유기체라면 당연히 도덕적 지위를 부여할 수 있는 최소한의 요건을 만족시킬 수 있기 때문이다.

최근 영국의 과학자 제임스 러브록(James Lovelock)과 미국의 생물학자 린 마굴리스(Lynn Margulis)를 대표로 하는 일단의 과학자들은 지구는 하나의 살아 있는 유기체라고 주장했다.[27] 러브록은 그의 저작에서 피드백 루프와 평형이라는 생태학적 개념을 사용하면서도, 전체 체계에 가이아(Gaia)라는 이름(가이아는 그리스어로 대지의 여신이다)을 붙이면서 유기체 모델에 호감을 보이고 있다. 러브록과 가이아 가설의 옹호자들은 가이아 가설을 지구를 오염시키고 파괴하는 인간의 행위를 비판하려는 의도로 사용하고 있다. 가이아 가설이 메타포로 사용된 것인지 아니면 실제 의미로 사용된 것인지는 몰라도, 이 가설은 환경보호를 옹호하는 데 사용될 수 있는 강력한 논거다.

하지만 자연적 사실에서 윤리적 가치를 규정하려는 시도에 대해서 중요한 도전이 있는데, 바로 '존재'와 '당위', 즉 '사실 판단'과 '가치 판단' 사이에는 논리적 간격이 크게 벌어져 있다는 주장이다. 지난 수십 년 동안 많은 철학자들은 자연적인 것에 대한 기술에만 근거해서 어떤 것이 좋거나 옳다고 결론짓는 것을 '자연주의적 오류'라고 부르면서 잘못된 것이라고 거부해 왔다.

이런 추리의 문제점은 최소한 플라톤 이래 철학자들이 인정해 온 것이다. 『국가』 1권에서 플라톤은 정의를 '강자의 이익'이라는 자연적 속성으로 보는 견해에 깔린 이러한 혼란의 상당 부분을 규명한 바 있다. 최근의 논의는 18세기의 철학자인 흄의 **존재**와 **당위**의 구분에 집중된다.[28] 비판의 요지는 "어떤 것이 **그렇다**"에 대한 논거와 "어떤 것이 **그래야 한다**"

---

27 James Lovelock, *Gaia: A New Look at Life on Earth*(Oxford University Press, 1979); *The Ages of Gaia: A Biography of Our Living Planet*(Oxford University Press, 1988); Dorian Sagan and Lynn Margulis, "The Gaia Perspective of Ecology", *Ecologist* 13((3,4월), 160-167쪽.

28 David Hume, *A Treatise on Human Nature*(London: Oxford University Press, 1740) 3권, 1부 1절.

에 대한 논거는 별개라는 것이다. 설사 '어떤 것이 자연적인 것'으로 인정된다 할지라도 '그것이 좋다'라는 문제는 또 다른 논의를 필요로 한다는 것이다.[29]

2장에서 우리는 자연법적 또는 목적론적 윤리학의 전통에서 자연적 활동과 선을 연관시키는 것을 보았다. 예를 들어 심장의 정상적, 자연적인 활동에 대한 기술로부터 어떤 심장이 건강하고 좋은지를 설명하는 것이다. 탄생, 성숙, 죽음으로의 성장의 정상적 단계에 대한 기술로부터 어떤 삶이 건강하고 좋은 삶인지를 설명하는 것도 마찬가지다. 이와 마찬가지로 '생태계'를 목적론적 견지에서 기술할 수 있다면, 그러한 자연적 설명에 기반을 둔 가치 평가도 가능하지 않겠느냐 하는 것이다.

만약 유기체 모델을 채택해 생태계를 유기적 전체로 볼 수 있다면, 이러한 목적론적 추리 방식도 괜찮을 것이다. 그래서 생태계(그것의 온전함과 안정)의 정상적 발전에 대한 자연과학적 기술로부터 체계를 구성하는 요소들이 좋은지 나쁜지, 또는 옳은지 그른지, 아니면 건강한지 그렇지 않은지를 추론해 낼 수도 있을 것이다. 가령 포식자는 생태계의 개체 수를 조절하는 데 공헌하기 때문에 좋고, 따라서 보호해야 한다는 것이 한 가지 예가 될 것이다.

그러나 아직 한 가지 문제가 해결되지 않았다는 사실에 유념해야 한다. 즉 생태계의 건강을 왜 소중하게 생각해야 하는가? 문제의 유기체가 개별 인간이라면, 우리는 건강한 심장의 가치를 설명하는 데 별 어려움이 없을 것이다. 그러나 습지, 사막, 초지의 안정과 온전함을 왜 소중하게

---

29 자연주의적 오류에 대한 고전적 논의는 G.E. Moore, *Principia Ethica*, 무어에 대한 최고의 논평은 William Frankena, "The Naturalistic Fallacy", *Mind* 48(1939), 464-477쪽, 관련 논문들을 모은 것으로는 W.D. Hudson, *The Is/Ought Question*(New York: St. Martin's Press, 1970)이 있다.

3부 환경윤리학의 이론들

생각해야 하는가? 부분과 전체의 관계의 문제를 다룰 때, 그리고 개별 유기체의 성장 및 발전의 문제를 다룰 때, 가치의 목적론적 모델은 상당히 매력적이다. 하지만 생태학자들은 유기체 모델을 거부했고, 그렇다면 생태학적 사실과 환경의 가치 간에는 더 큰 차이가 존재하게 된다.

환경론자들과 생태학자들의 이러한 차이는 최근의 생태학 모델이 갖는 함의를 살펴보면 더욱 명확해진다. 예를 들어 생태계는 자연적인 평형과 안정 상태를 갖고 있다는 주장이 제기될 수 있다. 많은 환경론자들에게 이것은 보존과 보호 정책을 시사한다. 자연을 간섭하지 않고 그대로 내버려 두면 자연은 알아서 안정, 균형, 조화로의 최선의 길을 찾아갈 것이다. 이 점을 인식한다면 자연의 길을 존중하고, 자연계를 그대로 보존하는 방향으로 나아가야 한다는 결론이 나온다.

그러나 정반대의 논리도 가능하다. 자연은 어떻게든 알아서 균형을 찾아갈 것이기 때문에, 우리는 자연에 대해 마음대로 간섭해도 된다는 논리도 있을 수 있는 것이다. 또한 자연의 균형이 이루어지는 메커니즘(에너지와 영양의 물리화학적 사이클)을 알기 때문에, 생태계를 관리하고 통제할 수 있는 훨씬 더 좋은 위치에 있다. 그래서 우리는 토양에 영양분과 비료를 주고, 염소와 같은 외래종을 사살하거나 염소를 먹이로 삼는 새로운 포식자를 도입함으로써 자연의 조화를 창출하고 관리할 수 있다.

카오스 이론의 함의도 마찬가지로 다양하다. 생태계를 지배하는 원리는 안정적인 것이 아니라 변화하는 것이며, 자연 상태는 조화와 균형이 아니라 무질서하고 유동적이라고 카오스 이론을 가정해 보자. 그렇다면 그것의 윤리적, 정책적 함의는 어떤 것인가? 우리는 보존하거나 복구해야 할 어떤 자연적 질서도 없다는 이유에서 이것을 야생지 보존과 복구에 반대하는 논거로 사용할 수 있다. 또한 19세기 사회진화론자들과 마찬가지로 카오스 이론의 옹호자들은 모든 종은 무질서한 세계에서 서로 생존을 위해 싸우며, 인간 또한 자신의 환경을 자기 이익을 위해 관리하는 자연적 본능을 갖는다고 주장할 수 있다.[30] 반면 이와는 정반대로 자연의 복합성과 무질서는 자연에 대한 우리의 간섭이 훨씬 더 신중해야 한다는 것을 보여 준다고 주장할 수 있다. 즉 자연의 복합성으로 인해 우리는 자연을 두려워하거나 존중해야 하며, 자연을 이해하고 관리하는 능력에 한계가 있음을 인정해야 한다고 주장할 수 있는 것이다.

지금까지의 논의가 보여 주는 것은 논쟁의 여지가 없는 과학적 사실로부터도 우리는 다양한 윤리적 결론을 이끌어 낼 수 있다는 것이다. 따라서 환경 문제에서 생태학이 중요하기는 하지만 그렇다고 해서 생태학적 통찰만으로는 서로 충돌하는 환경정책들 중에서 하나를 선택하기가 충분하지 않다는 것이다. 또한 누군가 환경과 관련한 가치평가, 윤리적 판단, 정책을 옹호하기 위해서 생태학에 호소할 때 바로 이러한 사실에 주의할 필요가 있다.

6. 전체주의의 여러 형태

이번 장을 시작하면서 '전체주의'가 생태 중심적 이론들에 공통되는 이념이라고 언급한 바 있다. 하지만 이 개념은 다른 철학적 개념들이 대개 그러하듯, 규정하기가 어렵다. 어떤 의미에서 그것은 쉽게 이해될 수도 있는 개념이다. 그래서 '전체가 부분의 총합 이상이다'라는 일상적 표

---

30 도널드 워스터는 다음 글에서 카오스 이론을 사회진화론의 이데올로기적 측면에서 논의하고 있다. "Ecology of Order and Chaos", 165-170쪽.

현이 전체주의의 본질을 말해 주고 있는 것 같기도 하다. 하지만 이러한 일상적 이해의 이면에는 철학적으로 복잡한 측면이 있다.

전체는 부분의 총합 이상이라는 말이 의미하는 것은 무엇인가? '형이상학적 전체주의'의 관점에서 이것은 전체는 부분과 별개로 존재하는 동시에 부분과 마찬가지로 실재하는 존재라는 것을 의미할 수 있다. 형이상학적 전체주의에서는 전체는 실재적이고, 심지어는 부분보다 더 실재적이라고 주장한다. 환경철학에서 이것은 생태계는 그것의 개별 구성 요소를 넘어서 독립된 존재를 갖고 있다는 주장과 관련될 것이다. 그렇다면 생태계가 독자적인 도덕적 지위를 갖는다고 주장할 길이 열리는 것이다.

앞에서 우리는 이러한 주장의 단서를 보았다. 예를 들어 유기체 모델은 형이상학적 전체주의를 암시하는 것으로 보인다. 클레멘츠는 극상 군집이 그 자체로 새로운 종류의 유기적 존재인 '복합적 유기체'라고 주장했다. 레오폴드의 「땅의 윤리」에 대한 중요한 주석가인 캘리코트도 이와 유사한 주장을 한다.

> 생태학은 유기체 상호간의 관계와 유기체와 환경과의 관계를 연구하는 학문이다. ……고전적인 서양 과학의 특징인 대상의 존재론적 우위와 관계의 존재론적 종속은 생태학에서는 정반대가 된다. 즉 오히려 생태적 관계가 유기체의 본질을 규정한다. 종은 그것이 생태계의 적소로 적응할 때, 자신의 본질을 획득하는 것이다. 체계 자체, 즉 생태적 전체가 그것의 구성 부분들을 형성하고 만드는 것이다.[31]

---

31 J. Baird Callicott, "The Conceptual Foundations of the Land Ethic", *In Defense of the Land Ethic*(Albany, NY: SUNY Press, 1989), 87쪽.

근대 생물학의 관점에서 종은 생태계의 적소에 자신을 적응시킨다. 다른 유기체(포식자, 먹이, 균, 죽은 유기체)와의 현실적 관계, 그리고 물리적, 화학적 조건(기온, 복사열, 염분, 바람, 토양, 물 pH)과의 현실적 관계가 자신의 외적 형태, 즉 신진대사 과정, 생리 과정, 재생산 과정을 규정하고, 심지어는 자신의 심리적, 정신적 능력마저도 결정한다.[32]

결국 개체가 생태계를 규정하는 것이 아니라, 오히려 생태계가 개체를 규정한다는 것이다. 캘리코트가 말하는 (개체에 대한 전체의) '존재론적 우위'는 형이상학적 전체주의에 해당한다.

전체주의의 두 번째 의미는 '방법론적 또는 인식론적 전체주의'다. 형이상학적 전체주의와 달리 방법론적 또는 인식론적 전체주의는 무엇이 존재하는지, 그리고 무엇이 실재하는지에 대해서는 관심이 없다. 대신 다양한 현상을 이해하는 가장 최선의 방법이 무엇인가에 초점을 맞춘다. 이러한 관점에 따르면, 설사 생태계의 구성 요소에 대해서 다 안다 할지라도 그것은 생태계에 대한 불충분하고 불완전한 이해에 불과하다.

어떤 방식에서 공동체 모델은 방법론적 전체주의를 시사한다. 공동체 모델은 개별 유기체에 대한 기능적 설명을 제안하면서, 상호의존적 체계를 전체로서 이해할 때만이 제대로 된 이해에 도달한다는 것을 함의한다. 예를 들어 먹이사슬은 개체를 먹이사슬에서 수행하는 역할의 맥락에서 규정한다.

끝으로 '윤리적 전체주의'는 도덕적 고려 가능성을 전체로 확대한다. 예를 들어 법인이 그것을 구성하는 개별 구성원들의 법적 지위와 무관

---

32 J. Baird Callicott, "The Metaphysical Implications of Ecology", *In Defense of the Land Ethic*, 110쪽.

하게 법적 지위를 갖는다고 인정하는 것과 마찬가지로, 윤리적 전체주의는 윤리적 지위가 개체 이외의 존재로 확대되어야 한다고 주장한다.

레오폴드의 다음 문장만큼 이러한 입장을 잘 대변하는 것은 없을 것이다.

> 어떤 것은 그것이 생명 공동체의 온전함(integrity), 안정, 아름다움을 보전하는 경향에 따라 옳다. 그리고 그 반대는 그르다.[33]

옳고 그름은 공동체를 구성하는 구성원들이 아니라 전체 공동체에 이득이 되느냐 해가 되느냐에 달려 있다는 것이다.

여기서 전체주의에 대한 철학적 논쟁을 다룰 수는 없다. 전체주의의 여러 유형들에 대해서는 각각 중대한 철학적 반론이 제기될 수 있다는 점만 말하고자 한다. 앞으로 우리는 이런 반론들을 살펴보게 될 것이다. 이것은 생태 중심적 환경철학 앞에 놓인 과제인 것이다.

7. 요약 및 결론

환경윤리에 대한 생태 중심적 접근은 자연의 본질을 이해하고, 자연의 가치를 이해하는 데 생태학이 중요한 역할을 해야 한다는 신념에서 나온 것이다. 생태 중심적 접근으로의 방향 전환은 개별 동식물 대신 생태적 전체를 강조하는 것이다. 하지만 앞에서 보았듯이 생태학은 계속 발

---

33 Aldo Leopold, "The Land Ethic", *A Sand County Almanac*(New York: Oxford University Press, 1949), 262쪽.

전하는 학문이다. 그래서 생태 중심적 접근은 아직 완벽하게 형성된 접근은 아니다. 우리는 어떤 특정한 생태학적 사실들이 이들 철학에서 이용되고 있는지, 그리고 그러한 이용은 어떻게 설명되고 정당화되는지에 대해 더욱 관심을 기울일 필요가 있다.

생각해 봅시다

1. 여러분이 옐로스톤 국립공원의 책임자라면 보다 많은 사람들이 오지에 접근할 수 있도록 하는 도로 건설 계획안에 찬성할 것인가, 아니면 반대할 것인가? 국립공원은 지금보다 더 레크리에이션 차량이나 여행자의 접근을 쉽게 해야 하는가? 또 노인이나 장애인의 접근을 더 쉽게 해야 하는가?

2. 국경하천카누보호지역 야생지에 큰 화재가 났을 때, 미국 산림청은 화재를 진압하기 위한 조치를 취해야 하는가? 산림청은 강풍으로 쓰러진 적송과 스트로부스 소나무를 다시 심어야 하는가, 아니면 자연에 맡겨 두어야 하는가? 자연에 맡겨 둘 경우, 그 지역은 생애 주기가 짧은 사시나무와 자작나무 숲이 될 것이다.

3. '야생지!' 하면 떠오르는 이미지는 어떤 것인가? 왜 그런 이미지를 갖게 되었는가? 여러분은 야생을 표현할 때 어떤 형용사를 사용하겠는가?

4. 미적 인식이나 가치도 교육될 수 있는 부분인가? 만약 상대방이 산의 경치가 아름답다고 생각하지 않는다면, 여러분은 산이 아름답

다는 사실을 그에게 설득시킬 수 있는가? 그리고 그를 설득하기 위해서 어떤 근거를 사용할 것인가?

5. 야생지 복원을 목표로 하는 정책을 추진할 때 어떤 모델을 따라야 하는가? 처음 백인 정착자들이 도착했을 때의 모습으로 복원해야 하는가? 아니면 간섭하지 않고 자연 그대로 내버려 두어야 하는가? 만약 그대로 내버려 둔다면 외래종이 그 지역을 차지하게 될 상황이라도 그대로 내버려 두어야 하는가?

6. 야생지 관리에서 생태과학은 어떤 역할을 수행해야 하는가? 생태학적 관점에서 판단할 때 어떤 결정이 적절하지 않은가?

7. 팀이나 국가 같은 집단의 이익은 그것을 구성하는 구성원들의 이익과 동일한가? 개인의 이익과 집단의 이익이 같을 수 있는가? 만약 집단의 이익과 개인의 이익이 충돌할 때 이것을 해소하기 위해 따라야 할 규칙이 존재하는가?

8장

땅의 윤리

토론 사례 | 사냥, 윤리, 그리고 환경

환경적 측면에서 보았을 때 사냥은 책임 있는 행동이라고 할 수 있는가?
한편에서 보았을 때, 스포츠를 위해 고의로 동물을 죽이는 것은 자연계에
대한 관심과 배려에 반하는 것이다. 하지만 다른 한편에서 보면 사냥은 건
강한 생태계를 조성하기 위한 야생생물 관리에서 중요한 역할을 차지할
수 있다. 동물권과 생명 중심 윤리를 옹호하는 사람들은 사냥은 어떤 형태
이건 비윤리적이라고 주장하지만 다르게 보는 사람들도 있다. 그들은 어
떤 동물을 사냥하느냐, 언제 어떻게 왜 사냥하느냐에 따라, 그리고 어떤
도구를 가지고 사냥하느냐에 따라 사냥이 정당화될 수 있다고 주장한다.

　레크리에이션과 스포츠를 목적으로 사냥되는 동물에는 사슴, 오리, 거
위, 메추라기, 꿩, 칠면조 등이 있다. 트로피를 받기 위해 야생생물을 함부
로 사냥하는 이른바 '트로피' 사냥은 곰, 늑대, 엘크, 무스, 호랑이, 사자,

코끼리, 코뿔소, 버펄로 등 덩치 큰 사냥감을 표적으로 삼는다. 낚시까지 사냥으로 포함할 경우, 사냥은 송어부터 상어에 이르는 해양 종들과 관련된다. 바다표범이나 고래와 같은 해양 포유류 또한 사냥을 당한다. 실로 사냥되지 않은 동물과 물고기의 종을 찾기가 어려울 정도다.

사람들이 사냥을 하는 이유는 다양하다. 레크리에이션이나 스포츠 목적이 가장 일반적인 사냥의 형태인데, 즐거움이나 스포츠를 위해서다. 생존을 위한 사냥도 있는데 이것은 먹을 것을 구하기 위해서다. 상업용 사냥은 죽은 동물 전체나 일부를 팔기 위해 이루어진다. 또한 상아, 머리, 가죽, 뿔, 또는 동물 사체 같은 전리품을 위해 사냥이 이루어지기도 하는데, 나중에 이것들은 전시되기도 한다. 코끼리의 상아, 코뿔소의 뿔, 상어의 지느러미 등 동물의 특정 부위는 의학적 재료, 예술적 대상, 진미로 매우 귀중한 것으로 평가된다. 그리고 과학적 목적에서 사냥되는 동물도 있다. 또 원하지 않는 종을 박멸하거나, 개체 과잉인 사슴의 개체 수를 조절하는 것같이 생태적인 이유에서 사냥이 이루어지기도 한다.

사냥 방법 또한 다양하다. 야생지에서 걸어서 사냥감을 추적하는 사람도 있고, 사냥 전용 구역에서 전문적인 지침에 따라 사냥하는 사람도 있다. 동물이 접근할 때까지 기다리는 사람도 있고, 동물을 추적하기 위해 개를 이용하는 사람도 있다. 개를 풀어 곰을 추적할 때 곰이 개를 피하기 위해 나무에 올라가면 그때 총을 쏜다. 또 차량을 이용하기도 하는데, 차량은 동물을 추적하는 수단이면서 동시에 사냥꾼을 보호해 주는 수단이다. 포경선과 트롤선은 대양을 가로지르는 동물을 지구 끝까지 추적할 수 있다. 또 비행기나 헬리콥터를 이용해 늑대나 다른 야생동물을 공중에서 쏘기도 한다. 레크리에이션을 위해 사냥하는 사람은 대개 소총, 엽총, 활과 화살, 덫을 사용한다. 생존과 상업 용도로 사냥하는 사람은 다양한 사냥 기술을 발휘하는데, 자동 반자동 병기와 모터 차량, 추적 위성을 사용한다. 심지어 원격 조정 카메라와 총을 이용해 온라인에서 마우스를 클릭해 사냥을 하는 사람도 있다.

사냥꾼 윤리 강령이 있는데, 이것은 어떤 사냥이 적절하고 정당한지에 대한 지침을 제공한다. 강령에 따르면, 시즌이 아님에도 사냥하는 것, 불법적으로 사냥하는 것, 동물에게 부당한 고통을 가하는 것, 상처입은 동물을 쫓지 않는 것, 밀렵하는 것, 차량을 이용하는 것, 총기 관리를 잘못하는 것 등은 비윤리적인 행위로 규정된다. 미끼를 사용해 동물을 잡는 것이나, 동물에게 탈출할 수 있는 공정한 기회를 주지 않는 것도 많은 사냥꾼들은 비윤리적인 것으로 규정한다.

특정 동물과 특정 지역에 대해서 사냥이 허용되는 시즌이 있다. 이런 시즌의 설정은 일반적으로 사냥되는 동물이 짝짓기를 하고 새끼를 낳는 기간과 관련되는데, 이는 동물들로 하여금 번식을 할 수 있게 하기 위해서다. 그리고 사냥 허용 한도를 정하기도 하는데, 이것은 미래에도 사냥감을 확보할 수 있도록 동물의 수를 유지하기 위한 것이다.

지나치게 잔혹한 사냥은 윤리적 이유에서 비판을 받아 왔다. 여우 사냥과 곰을 갖고 노는 행위(곰을 묶어 놓고 개와 싸우게 하는 것 – 옮긴이), 바다표범 사냥 등이 잔혹한 사냥으로 유명하다. 어떤 종은 그 자체로 도덕적 지위를 갖는다고 간주되어 그것을 사냥할 경우 비판받기도 하는데, 영장류와 고래, 돌고래가 그것이다. 또한 유인원, 코뿔소, 표범 등과 같이 멸종 위기의 동물에 대한 사냥도 비판을 받는다. 생태적 이유에서 동물을 사냥하고 죽일 때가 있는데, 일반 대중과 환경주의자들 사이에서 심각한 논란을 일으킨다.

포식자의 부재, 사냥의 금지, 사냥 범위의 제한으로 인해 어떤 종들은 서식지의 수용 능력을 넘는 상황이 발생하기도 한다. 미국 도시 지역이나 준도시 지역에서 흰꼬리사슴이 지나치게 많은 것이 좋은 예다. 생태적 이유에서 동물을 솎아 내거나 사냥하는 것은 수용 능력에 맞게 동물의 개체 수를 줄이는 오래된 관행이다. 시즌에만 사냥을 허용하고, 허가 제도와 허용 한도를 규정하는 것은 적절한 개체 수에 대한 과학적 이해에 기초하여 이루어진다.[1]

토론 주제

1. 사냥이 환경적 측면에서 정당화된다면 그것은 언제이고, 정당화되지 않는다면 그것은 또 언제인가?

2. 사냥의 목적이 동물을 죽이는 것인데, 사냥에 윤리 규약이 존재하고 그 것을 지켜야 한다는 것은 아이러니한가?

3. 20세기 중반 늑대는 미국 서부의 많은 지역에서 멸종 직전까지 갈 정도로 사냥을 당했다. 늑대는 소와 양 같은 가축들에게는 위협이 되었고, 사슴이나 엘크 같은 사냥감을 두고 인간과 경쟁했기 때문이다. 최근 몇 년간 늑대가 다시 돌아오면서 지금은 다시 사냥을 허가할 수 있을 정도로 개체 수가 늘었다. 만약 여러분이 늑대 사냥을 지지한다면 어떤 조건 하에서 그것을 지지하겠는가?

4. 코요테, 설치류, 들개, 찌르레기 같은 동물은 유해동물 또는 해충으로 생각되어 마구잡이로 사냥되었다. 여러분이 생각하기에 종의 씨를 말릴 정도로 사냥을 해야 하는 동물이 있는가?

---

1 다음은 환경적 관점에서 사냥을 옹호한 초기의 논문이다. Robert Loftin, "The Morality of Hunting", *Environmental Ethics*, Vol 6, No 3(1984년 가을), 241-250쪽.

5. 낚시는 사냥과 윤리적으로 동일한 문제점을 갖는가? 만약 그렇다면 그 이유는 무엇이고, 그렇지 않다면 그 이유는 무엇인가?

1. 서론

레오폴드는 생태 중심 환경윤리의 발전에서 가장 영향력 있는 사람이라고 할 수 있다. 그가 살아 있는 동안 생태학이 발전하기 시작했고, 그는 이 새로운 학문의 입장에서 윤리 문제를 근본적으로 재고할 것을 처음으로 요구했다. 그는 일생 동안 생태학과 윤리학의 통합을 위해 노력했다. 또한 장중한 문체의 소유자로 글을 많이 썼는데, 그가 죽은 후에 출판된 『모래 군의 열두 달』은 환경운동의 고전적인 저작 중의 하나로 평가받는다. 이 책에서 가장 중요한 부분이 「땅의 윤리」란 글인데, 이것은 생태 중심 윤리에 대한 최초의 체계적인 저작이라고 할 수 있다. 여기서는 레오폴드의 땅의 윤리를 생태 중심 윤리의 가장 훌륭한 범례로 보고 중점적으로 다룰 것이다.

레오폴드 사상의 발전은 포식자에 대한 인식의 변화와 맥을 같이한다. 그의 초기 관심 분야는 수렵 관리인데, 이것은 핀쇼의 관심 분야가 임학인 것에 비교된다. 핀쇼는 자원 관리 분야에 과학적 기술과 원리를 도입했는데, 이는 수렵 관리에도 적용된다. 레오폴드는 예일대 임학부에서 훈련을 받았고, 1933년에 『사냥감 관리*Game Management*』라는 이 분야의 고전이 된 책을 출간했다. 이 책은 보전주의자들의 교과서이기도 하다. 이 책에 따르면 사슴과 메추라기 등과 같은 사냥감은 그 수확량을 늘리기 위해 관리해야 할 '자원' 또는 '작물'이다. "다른 모든 농업기술과 마찬가지로 사냥감 관리는 생산성을 지배하는 환경 요인을 조절함으로써 수확물을 생산한다."[2] 그리고 사냥감 자원의 수확을 결정하는 환경 요인 중의 하나는 포식자의 존재다.

1915년 출판된 초기의 글에서 레오폴드는 포식자를 '해충'이라고 이름 붙이면서 포식자에 대한 보전주의적인 입장을 보여 준다. 그는 목장주와 사냥꾼 사이에 존재하는 적대감에 대해 유감을 표시하면서, 목장주, 사냥꾼, 사냥감 관리자는 중요한 공동의 이익을 갖는데 그것은 다름 아니라 포식자를 감소시키는 것이라고 충고한다. 아마도 오늘날의 생태학자와 환경론자를 경악하게 할 글에서, 그는 다음과 같이 설명한다.

> 포식동물이 목장주의 이익을 갉아먹는다는 사실은 잘 알려져 있고, 사냥감이 부족할 때 포식동물을 줄이면 상황이 호전된다는 것은 당연하다. 늑대, 사자, 코요테, 스라소니, 여우, 스컹크 등의 해충들이 우리의 사냥감과 같은 비율로 줄어든다면 걱정할 필요가 없다. ……장려금 제도, 독극물 풀기, 덫 설치를 통해 얻는 결과의 가치가 무엇이든 간에, 해충들은 계속 번성하리라는 것은 여전한 사실이고, 해충들의 감소는 실제적이고 강력하며 포괄적인 계획에 의해서만 이루어질 수 있을 것이다.[3]

하지만 레오폴드는 현장 경험과 연구를 통해서 생태학에 대한 조예가 깊어지면서 보전주의적 접근의 문제점을 인식하기 시작한다. 구체적으로 말하면, 보전주의적 접근은 자연을 기계적인 대상으로, 즉 인간의 목

---

2 Aldo Leopold, *Game Management*(New York: Scribner's, 1933), 179쪽.

3 Aldo Leopold, "The Varmint Question", *The River of the Mother of God and Other Essays* by Aldo Leopold, Susan Flader and J.Baird Callicott(편) (Madison: University of Wisconsin Press, 1991), 47-48쪽.

적대로 조작해도 되는 단순한 대상으로 보는 경향이 있다. 레오폴드는 이것이 최소한 두 가지 점에서 생태학적 관점과 충돌한다고 보았다.

첫째, 이것은 자연의 상호 연관성을 무시한다. 자연의 한 부분을 조작하는 것(예를 들어 포식자를 전멸시키는 것)은 확실히 다른 곳에서 중대한 결과(예를 들어 사슴의 과잉)를 초래할 것이다. 더욱이 기계론적 모델과 달리 생태학은 이러한 조작이 초래할 모든 결과를 인간이 확실히 다 알 수는 없다는 점을 가르쳐 준다. 둘째, 기계론적 접근은 지구를 '죽은' 존재로 취급한다. 하지만 실제로 한 줌의 진흙에도 엄청난 수의 유기체가 살아 있다는 점을 생태학은 말해 준다. 「해충의 문제The Varmint Question」라는 글을 발표한 지 10년도 채 안 되어 그는 이전의 보전주의의 공리주의적 경제적 계산을 초월하는 '도덕적 문제'로서 환경 보전의 문제를 논의한다.

> 우리 시대의 통찰력 있는 사람들 중 많은 이들은 이른바 '비동물계 (inanimate nature)'를 살아 있는 것으로 간주해 왔다. 그리고 우리 중…… 상당수는 지구와 인간 사이에는 지구에 대한 기계적인 이해에서 나오는 것보다 더 깊고 밀접한 관계가 존재한다는 것을 직관적으로 느껴 왔다.

> 철학은 도덕적으로 죄의식을 느끼지 않고서는 지구를 파괴할 수 없는 이유를 제시한다. 즉 '죽은' 지구는 우리가 그 자체 직관적으로 존중하는 생명적 성질을 소유하는 유기체라는 것이다.[4]

우리가 '생태주의적 관점'이라고 부르는 이런 새로운 관점이 수십 년

---

4 Aldo Leopold, "Some Fundamentals of Conservation in the Southwest"(1923), Flader 와 Callicott가 편집한 *River of the Mother of God and Other Essays*, 47-48쪽에 재수록.

간 발전해 오다가, 마침내 1940년대 후반 「땅의 윤리」에서 가장 완벽한 형태로 표현되었다. 생태주의적 관점은 자연을 도구적 가치로 보는 관점으로부터 자연의 본래적 가치를 인정하는 관점으로의 변화를 의미한다.

우리는 『모래 군의 열두 달』에 실린 레오폴드의 짧은 에세이 「산처럼 생각하기Thinking Like a Mountain」에서 그의 심경 변화를 읽을 수 있다. 이 글에서 레오폴드는 "젊은 혈기에 방아쇠를 당기고 싶은 조바심에" 늑대를 쏘았고, 재빨리 그곳에 도착해 "늑대의 눈 속에서 격렬한 푸른 광채가 사라져 가는 것을 보았던" 순간을 회고한다.[5] 그때까지 그는 늑대의 수가 적어지면 사냥감이 더 많아지리라는 생각만 했다. 하지만 늑대가 죽어 가는 것을 보면서 생태학적 시각이라는 더 넓은 시각에서 사태를 보기 시작했고, 이전 자신의 생각이 잘못되었다는 것을 깨달았다. 실제로 우리는 짧은 생각에 개입을 함으로써 자연의 균형에 도움을 주기보다는 해를 끼칠 때가 더 많았다. '산처럼 생각하는' 방법을 깨달아 더욱 폭넓고 장기적인 관점에서 자연을 이해하기 전까지, 우리는 자연 생태계를 잘못 관리할 수밖에 없는 운명인 것이다.

2. 땅의 윤리

레오폴드의 「땅의 윤리」는 오디세우스에 관한 이야기로 시작한다. 바로 트로이 전쟁에서 돌아온 오디세우스가 열두 명의 노예를 비행죄로 교수형에 처한다는 이야기다. 당시 노예는 재산으로 이해되었기 때문에

---

5 Aldo Leopold, "Thinking Like a Mountain", *A Sand County Almanac*(1949; New York: Ballantine, 1970), 138쪽.

오디세우스의 행위는 비윤리적인 것으로 보이지 않았다. 윤리는 이후에 진화를 거듭해 도덕적 지위가 모든 인간에게 확대 적용되었다. 레오폴드는 윤리가 땅, 식물, 동물을 포함하도록 더욱 확대 적용할 것을 요구한다. 20세기 중반에도 여전히 땅은 오디세우스의 노예와 마찬가지로 단순한 재산일 따름이다. 즉 우리는 땅에 대한 특권은 갖고 있지만 땅에 대한 의무는 갖고 있지 않다.

땅에 대한 생태학적 이해는 땅을 재산으로 보는 로크의 관점을 거부한다. 더 이상 땅을 단순한 재산으로, 그래서 우리가 원하는 대로 사용하고 가공하는 죽은 물질로 볼 수는 없다. 땅은 살아 있는 유기체로, 그래서 건강할 수도 아플 수도, 다칠 수도, 그리고 죽을 수도 있는 존재인 것이다. "땅은 단순한 흙이 아니다. 그것은 흙, 식물, 동물의 회로를 거쳐 흐르는 에너지의 원천이다."[6]

레오폴드는 「땅의 윤리」의 첫 부분을 도덕 확대주의를 제안하면서 시작한다. 그는 '윤리의 확대'에 대해 말하면서, "땅의 윤리는 흙, 물, 식물, 동물, 집합적으로 땅을 포함하도록 공동체의 영역을 확대하는 것일 뿐이다"라고 주장한다. 현재 "우리는 아직까지 땅의 윤리를 신봉하고 있지는 않지만, 새들이 생명권의 차원에서 계속 존재해야 한다는 것을 인정할 지점에는 도달했다."[7] 그의 제안은 도덕적 고려, 즉 "생명권(biotic rights)"을 새, 흙, 물, 식물, 동물로 확대 적용해야 한다는 것이다.

그렇다고 해서 레오폴드가 자연물이 인간의 이익을 위해 관리될 수 있는 '자원'으로 사용될 수 있고, 사용되어야 한다는 생각을 포기한 것은 아니다. 따라서 레오폴드를 싱어나 리건, 스톤 같은 동물권이나 식물권

---

6 Aldo Leopold, "The Land Ethic", *A Sand County Almanac*, 253쪽.
7 같은 책, 253쪽, 239쪽, 247쪽.

의 옹호자로서 해석하기는 어렵다.[8] 물론 동물에게 도덕적 권리를 부여하는 입장과 자원으로 사용하려는 입장을 양립시키기는 쉽지 않다. 레오폴드의 오랜 사냥 습관은 그가 동물권 옹호 진영에 가담하는 것을 불가능하게 한다.

이렇듯 언뜻 보기에 일관되지 않은 것으로 보이는 것도 땅의 윤리를 전체주의로 해석한다면 해소될 수 있는 문제다. 도덕적 지위를 부여받는 것은 '땅의 공동체'이고, 개별 구성원은 자원이다. 생태주의적 관점은 인간 또한 자연의 정복자가 아니라 생명 공동체의 구성원이라는 사실을 가르쳐 준다. 생태학은 도덕적 고려의 초점을 개별 존재로부터 생명권 전체로 전환시킨다.

따라서 레오폴드의 저작에 나타나는 도덕 확대주의는 우리가 단순하게 다른 유형의 개별적인 도덕 주체를 위한 도덕적 숙고의 여지를 만들 것을 요구하는 것이 아니다. 레오폴드가 요구하는 것은 개체로부터 공동체로 관심을 변화시켜야 한다는 것이다. 우리는 땅을 상징하는 공동체에 도덕적 지위를 부여해야 한다는 것이다.

땅의 윤리의 핵심 주장은 레오폴드의 가장 유명하면서도 논쟁의 여지가 있는 다음 문장으로 간단히 요약된다.

> 어떤 것은 그것이 생명 공동체의 온전함, 안정, 아름다움을 보전하는 경향에 따라 옳다. 그리고 그 반대는 그르다.[9]

---

8 이 점은 캘리코트에 의해 강력히 주장되었다. J. Baird Callicott, "Animal Liberation: A Triangular Affair", *Environmental Ethics* 2(1980), 311-338쪽. 캘리코트는 후기 논문에서는 그의 주장을 다소 온건하게 표현하지만, 레오폴드의 입장과 동물해방론이 양립 불가능하다는 소신에는 변함없다. J. Baird Callicott, *In Defense of the Land Ethic*. 그리고 존 몰린(Jon Moline)도 이와 유사한 주장을 한다. "Aldo Leopold and the Moral Community", *Environmental Ethics* 8(1986), 99-120쪽.

생태학적 관찰과 결합한다면 이 원리는 구체적인 규범적 결론을 도출하는 데 사용될 수 있을 것이다.

레오폴드는 생명 공동체의 본질을 설명하기 위해서 '생명 피라미드' 또는 '땅의 피라미드'의 이미지를 사용한다. 이것은 엘턴의 기능주의적 공동체 모델과 탠슬리의 에너지 모델의 요소를 갖고 있기 때문에 중요하다. 땅의 피라미드는 태양에너지가 흐르는 생명 요소와 무생명 요소로 이뤄진 '고도로 유기적인 구조'다. 이 구조는 제일 밑바닥에 흙, 그다음 식물, 곤충, 새, 설치류, 그다음에 원숭이와 육식동물에 이르는 다양한 동물 집단을 포함하는 피라미드로 표현될 수 있다.[10]

각각의 종은 자신이 먹는 먹이에 따라 여러 층, 또는 여러 '영양 수준'으로 나뉜다. 포식자보다 먹이의 숫자가 훨씬 많아야 한다(만약 그렇지 않다면 포식자는 금방 굶어 죽을 것이다). 위로 올라갈수록 개체 수는 줄어든다. 먹이와 다른 여러 가지의 의존 방식을 먹이사슬이라고 부른다.

> 각각의 종은 여러 사슬의 고리다. 사슴은 참나무 이외에도 100여 종의 식물을 먹는다. 소는 옥수수 말고도 100여 종의 식물을 먹는다. 따라서 이것들은 둘 다 100여 개의 사슬을 가지고 있다. 피라미드는 매우 복잡한 사슬이어서 무질서해 보인다. 그러나 체계가 안정되었다는 사실은 그것이 고도로 유기적인 구조임을 말해 준다. 그리고 체계가 잘 유지되느냐는 그것을 이루는 다양한 부분들의 협력과 경쟁에 달려 있다.[11]

---

9 Aldo Leopold, "The Land Ethic", *A Sand County Almanac*, 262쪽.
10 같은 책, 252쪽.
11 같은 책, 252-253쪽.

여기에서 우리는 몇 가지 일반적인 규범적 처방에 도달할 수 있다. "고도로 유기적인 구조"의 복합성을 전제한다면, "겉보기에 무용하다고 해서 어떤 부분을 버리는 사람은 바보나 다름없다." 그래서 다양한 생명 형태를 있는 그대로 보존하는 것이 일차적인 규칙이다. 왜냐하면 생태학자들조차 이러한 복합적 체계가 어떻게 작동하는가를 제대로 알 수 없기 때문이다.

이 복잡한 구조는 수백만 년의 진화 과정을 통해 전개되어 왔기 때문에, 그것에 대한 인간의 간섭은 항상 겸손하고 제약된 것이어야 한다. 체계가 변하면 체계를 구성하는 모든 요소들이 다 그것에 적응해 변해야 한다. 진화 과정에서 보이듯, 체계의 변화는 아주 느리게 일어나며, 체계는 자기 스스로를 규제하는 면이 있다. 그런데 생태계에 대한 인간의 개입처럼 변화가 급작스럽고 격렬하게 일어난다면, 재난이 발생할 수밖에 없다. 따라서 우리는 생태계를 조심스럽게 다루어야 한다. 토착 식물과 동물은 바로 그 지역에서 가장 잘 적응해 온 존재라고 보아야 한다. 외래종을 새로 들여오는 것은 재난을 자초하는 일이다. 화학 살충제, 제초제, 비료를 사용하는 것도 마찬가지다.

레오폴드의 『모래 군의 열두 달』을 읽다 보면 안정되고 조화로운 생태적 관계가 어떤 것인지 알 수 있다. 샌드 카운티의 농장에서 생활하는 레오폴드의 모습은 땅과 건강한 관계를 맺는 인간의 전형을 보여 준다. 소규모의 자급자족형 농장 생활이 일반화될 수만 있다면, 아마도 그것이야말로 이상적인 생태적 삶에 가까울 것이다.

『모래 군의 열두 달』에서 2월의 이야기는 특히 인상적이다.

　　농장을 소유하지 않으면 두 가지 정신적 위험이 있다. 하나는 아침식사가 마치 식료품점에서 온다고 생각할 위험이 있고, 다른 하나는 난방 열이 난방로에서 생긴다고 생각할 위험이 있다. 첫 번째 위험을 피하기 위해서는 식료품점이 없는 곳에서 채소밭을 가꾸어 보아야 한다. 그리고 두 번째 위험을 피하기 위해서는 난방로가 없는 곳에서 참나무 장작을 난로 받침대에 올려놓고 쪼개 보아야 한다. 2월의 눈보라가 밖의 나무들을 흔들어 대는 동안, 자신의 정강이를 따뜻하게 해보아야 한다. 만약 사람들이 참나무를 자르고, 쪼개고, 운반하고, 쌓으면서 온 정신을 일하는 데 쏟는다면 그는 열이 어디에서 오는지를 알게 될 것이다. 그리고 이것들은 도시에서 난방기를 끼고 앉아 주말을 보내는 사람들이 알 수 없는 것들이다.[12]

이 문장의 다음 내용은 레오폴드가 참나무의 전 생애를 추적하는 것이다. 땔감으로 사용된 참나무는 지난 7월 폭풍 때 번개가 치면서 쓰러졌다. 번개는 "이 참나무의 삶에 종지부를 찍었고", "우리에게 세 무더기의 땔감을 남겨" 주었다. 레오폴드는 이 늙은 나무의 죽음을 슬퍼하면서도 그 나무의 후손들이 이미 근처에 뿌리를 내렸다는 사실에 안도한다. 1년간 건조시킨 후 그는 참나무를 손수 잘라 낸다. 한 번 톱질을 할 때마다 나이테에 각인되어 있는 참나무의 생애가 하나씩 잘린다. 레오폴드는 톱질을 하면서 나무의 생애를 추적한다. 나무가 처음 도토리에서 발아한 남북전쟁 때까지 세월을 거슬러 올라가면서 나무의 삶의 변화를 하나하나 되새겨 본다. 참나무는 이제 생애를 마치면서 한 줌의 재가 되어 농가에 열을 제공해 준다. 그리고 재는 퇴비가 되어 땅으로 돌아간다. 그리고

---

12 같은 책, 6-7쪽.

빨간 사과가 되어 다시 나타나거나, "도토리를 묻어 두느라 여념이 없는 살찐 다람쥐로" 조만간 다시 나타날 것이다.[13]

커다란 참나무의 죽음 그 자체는 슬프지만, 이것은 넓은 시각에서 보아야 한다. 인간을 포함해 모든 살아 있는 것은 생태 공동체의 구성원이다. 참나무는 비록 땔감으로 사용되지만, 생태 공동체의 구성원으로 존중되어야 한다. 한 그루의 참나무가 죽고, 다른 종들은 그것을 소비함으로써 혜택을 얻는다. 조화롭고 안정된 관계에서 공동체의 각 구성원은 다른 존재들이 삶을 영위하는 데 사용되는 자원이다. 참나무는 죽었지만 살아 있는 것이다. 자원은 사용되지만 다시 생태계로 돌아가 재순환되는 것이다. 공동체는 이러한 무한한 상호의존성으로 특징된다. 그리고 생태계의 건강은 그것의 장기적인 안정과 온전함에 있다.

여기서 우리는 땅의 윤리를 매력 있는 철학적 대안이게끔 해주는 몇 가지 측면을 볼 수 있다. 첫째, 땅의 윤리는 상당히 포괄적인 시야를 제공한다. 언뜻 보기에도 그것은 모두는 아니지만 대개의 환경 관련 문제들에 대한 의사결정 절차를 제공한다. 동물해방운동과 달리 그것은 야생지 보존, 환경오염, 자연보전, 에너지, 자원 고갈 등 다양한 문제에 대한 체계적인 접근을 가능하게 한다.

둘째, 그것은 개체주의적 생명 중심적 접근이 갖고 있는 직관에 반하는 결론들 중 상당 부분을 피할 수 있다. 우리는 모기를 죽일 것인가, 나무를 자를 것인가, 잔디밭을 갈아엎을 것인가 등 사소한 문제들에 지나치게 매달릴 필요가 없다. 생태계가 건강하게 계속 작동할 수 있는가가 주요 관심사인 것이다.

---

13 같은 책, 6-19쪽.

끝으로 땅의 윤리는 철저히 탈인간 중심적이다. 이러한 입장에 따르면 인간은 생태 공동체에서 특권적 지위를 갖고 있지 않다. 인간은 땅의 정복자가 아니라 땅 공동체의 단순한 구성원일 뿐이다. 이러한 사고의 변화는 자연물과 체계에 도덕적 지위를 부여해 줄 뿐만 아니라, 생태학의 교훈과도 일치한다. 많은 환경론자들에 있어서 이것은 타당한 환경윤리가 되기 위한 가장 중요한 전제조건이다.

3. 레오폴드의 전체주의

땅의 윤리를 평가하기 전에, 레오폴드의 전체주의적 입장의 본질을 이해하는 것이 중요하다. 앞서 우리가 인용했던 짧게 요약한 문장은 레오폴드가 '**윤리적 전체주의**'의 형태를 취하고 있다는 것을 명확히 보여 준다. 옳고 그름은 공동체의 안녕에 달린 것인지 공동체 구성원들의 안녕에 달린 것은 아니다.

이러한 입장에서는 사슴 군집의 '온전함, 안정, 아름다움'이 보존되는 한에서 개체 사슴을 죽이는 것은 윤리적으로 허용될 수 있다. 실제로 사슴의 개체 수가 지나치게 많으면 사슴 개체군의 안정뿐만 아니라 사슴이 속한 전체 생태계의 온전함을 해치게 될 것이다. 이 경우 우리는 사슴을 선별해 죽일 의무도 있을 수 있다.

그러나 생태 공동체와 관련해 윤리적 전체주의를 채택하는 것이 왜 합리적인가? 우리는 레오폴드의 저작에서 이에 대한 세 가지 답변을 찾아볼 수 있다. 첫째, 자원 관리와 관련한 의사결정에서 윤리적 전체주의는 우리가 취할 수 있는 가장 '**실제적인**' 접근 방식이다. 둘째, 윤리적 전체주

3부 환경윤리학의 이론들

의는 생태학에 함축되어 있는 **'인식론적'** 전체주의에 의해 함축된다. 끝으로, 윤리적 전체주의는 생태적 전체의 **'형이상학적 실재성'**을 인정한다.

윤리적 전체주의를 채택하는 실제적인 이유는 부분적으로는 개체주의적 사유가 실패했기 때문이다. 역사는, 개체 식물과 동물에 대해서만 생각할 경우, 잘못되고 위험한 땅 관리 정책을 초래한다는 점을 잘 보여준다. 생태계의 상호의존성을 무시하는 것은 필연적으로 생태계의 파괴를 초래한다는 것을 보여 주는 많은 증거가 있다. 예를 들어 레오폴드는 포식자의 대량 살상이 사슴 개체군에 미치는 영향을 언급했다. 그래서 생태계의 도덕적 지위를 인정하는 것(예를 들어 레오폴드의 「산처럼 생각하기」에서 보이듯)은 이러한 오류를 방지하는 한 가지 방법이 될 것이다. 레오폴드는 목장주, 농부, 사냥꾼, 정책 결정자 등을 상대로 글을 쓸 때, 윤리적 전체주의에 대한 현실적인 접근 방식을 취하는 경향이 있다.

인식론적 전체주의는 생태학에 대한 충분한 이해는 전체적이고 기능적인 설명에서만 나온다는 주장에서 비롯된다. 예를 들어 늑대에 대해 완벽하게 이해하려면 늑대가 생태계에서 차지하는 역할에 대한 설명을 포함해야 한다. 생명 공동체의 구성원으로서 늑대는 생태계의 전반적인 안정과 온전함에서 중요한 역할을 담당한다. 그리고 이런 생태계에 대한 기능주의적 공동체 모델은 윤리적 전체주의의 토대를 제공해 준다. 개별 유기체의 가치는 부분적으로는 그것의 기능, 역할, 작용, 관계 등에서 나온다. 따라서 생태학적 이해는 개별 유기체가 아니라 요인들에 도덕적 고려를 부여해야 하는 윤리적 관점을 채택할 이유를 제공하고 있는 것이다.

우리는 앞서 인용한 문장을 통해 땅 그 자체를 살아 있는 존재로 간주해야 한다는 레오폴드의 주장을 살펴보았다. 유기체 모델이 함축한 형이상학적 전체주의는 윤리적 전체주의를 승인하는 또 하나의 논거를 제공한다. 레오폴드는 러시아 철학자인 우스펜스키(Ouspensky)를 인용하면서 "지구의 각 부분, 즉 땅, 산, 강, 대기를 신체의 장기로 간주하는 것"이 가능하다고 주장했다. 지구가 죽은 물질이라는 우리의 생각은 부분적으로는 지구의 생명 과정이 매우 느리고, 또 너무나도 복잡하게 상호관계를 맺고 있기 때문에, 우리가 그러한 점을 인식하지 못하는 데에서 비롯된다. 형이상학적 전체주의와 윤리적 전체주의의 연관성을 밝히는 문장에서 그는 다음과 같이 말한다.

> 그렇다면 철학은 도덕적 죄의식을 느끼지 않고서는 지구를 파괴할 수 없는 이유를 제시한다. 즉 '죽은' 지구가 우리가 그 자체 직관적으로 존중하는 생명적 성질을 소유하는 유기체라는 것이다.[14]

지구 자체가 살아 있다면, 그리고 그것에 '건강한, 아픈, 성장하는, 죽어 가는'이라는 형용사를 부여할 수 있다면, 지구가 도덕적으로 고려될 가치가 있다고 주장할 수 있는 것이다.

그러나 윤리적 전체주의를 채택할 여러 가지 이유가 있다고 말하는 것이 문제의 생명적 '전체'의 본질을 설명해 주는 것은 아니다. 우리가 7장에서 보았듯이, 생태학자들은 생태계에 대한 서로 다른 모델에 의존하고 있으며, 이들 모델은 각기 다른 윤리적 함의를 갖고 있다. 그렇다면 '생명 공동체'를 정확히 어떻게 규정해야 하는가? 생태계의 활동을 가장 잘 설명하는 것은 어떤 모델인가?

앞서 말했듯이, 레오폴드가 살았던 시기는 생태학의 발전사에서 초기

---

14 Aldo Leopold, "Some Fundamentals of Conservation in the Southwest", 95쪽.

에 해당하기 때문에, 그의 저작에서 세 가지 모델 모두가 발견된다는 것은 그리 놀랄 만한 사실이 아니다. 우리는 이미 지구는 '살아 있는 유기체'라는 레오폴드의 문장을 인용한 바 있다. 「땅의 윤리」의 상당 부분은 공동체 모델에 의존한다. '먹이사슬'의 이미지는 엘턴의 기능주의적 공동체 모델과 강하게 관련된다. 하지만 레오폴드는 엘턴의 모델을 사용하는 와중에도 탠슬리의 에너지 모델의 개념을 사용한다. "식물은 에너지를 태양으로부터 얻는다. 이 에너지는 여러 층의 먹이사슬로 나타나는 생물상(biota)으로 불리는 회로를 통해 흐른다."[15] 우리가 생산자와 소비자의 먹이사슬을 통해 흐르는 먹이에 초점을 맞추느냐, 아니면 회로를 통해 흐르는 에너지에 초점을 맞추느냐는 윤리적으로 중요한 문제다.

땅의 건강과 죽음이라는 이미지를 예로 들어 보자. 레오폴드는 종종 땅의 건강을 보존할 의무가 우리에게 있다고 강조한다. 그러면서 땅이 죽어 가는 것을 보면서 애석해한다. 그러나 건강과 죽음이라는 표현은 유기체에 대해서는 직접 적용할 수 있지만, 공동체와 에너지에 대해서는 단지 일종의 비유로서 사용할 수 있을 것이다. 물론 우리 대부분은 건강의 본래적 가치를 인정한다. 하지만 건강이란 표현이 비유로서 사용된다면, 그것은 도대체 어떤 가치를 가질 수 있는가? 또한 유기체가 온전하고 안정적이라는 것과 공동체와 에너지 회로가 온전하고 안정적이라는 것은 전적으로 다른 문제다. 이것들은 땅의 윤리가 갖고 있는 근본적인 문제점이다. 명확히 레오폴드는 생태학적 요인들로부터 규범적이고 윤리와 관련된 결론들로 나아가고 있다. 이런 결론들은 생태계에 '온전함, 안정, 아름다움'이라는 속성을 부여하고 있다. 여기서 두 가지 중요한 도전

---

15 Aldo Leopold, *A Sand County Almanac*, 252쪽.

이 등장한다. 그런 속성들이 생태계에 부여될 수 있는가? 어떻게 생태학적 사실이 윤리적 결론을 지지할 수 있는가?

생태계에 대한 레오폴드의 모델은 도대체 어떤 것인가? 이에 대한 정직한 답변은 레오폴드가 이들 모델의 의미를, 특히 윤리적 의미를 정확히 알지 못했다는 것이다. 레오폴드의 후기 저작에서 유기체 모델은 거의 포기한 것으로 보인다.[16] 그러나 「땅의 윤리」를 그의 가장 완숙한 작품으로 본다면, 그는 이 서로 다른 모델들의 명확한 구분을 알지 못했거나, 그런 구분이 중요하다고 생각하지 않았다고 우리는 결론지어야 할 것이다.

4. 땅의 윤리에 대한 비판: 사실과 가치

레오폴드의 땅의 윤리에 대한 비판은 크게 두 가지로 나눌 수 있다. 첫째, 생태학적 사실로부터 윤리적 가치로 나아가는 것에 대한 비판, 둘째, 전체주의의 윤리적 함의에 대한 비판이다. 첫째가 '자연주의적 오류'에 대한 것이라면, 둘째는 생태계의 본질에 관한 것이다.

앞 장에서 살펴보았듯이, 자연적 사실에서 윤리적 가치를 근거 지우려는 시도들에 대한 비판은 **존재**와 **당위**, 즉 사실 판단과 가치 판단 간에는 논리적인 차이가 있다는 것이다. 지난 수십 년 동안 많은 철학자들은 자연적인 것에 대한 기술에서 어떤 것이 옳거나 좋다고 보는 것을 자연주의적 오류라고 부르면서 잘못된 것이라고 거부해 왔다. 생태계의 온전함

---

16 J. Baird Callicott, "The Conceptual Foundations of the Land Ethic", *In Defense of the Land Ethic*, 87-90쪽.

과 안정을 옳고 그름과 동일시하는 레오폴드의 지침(어떤 것은 그것이 생명 공동체의 온전함, 안정, 아름다움을 보전하는 경향에 따라 옳다. 그리고 그 반대는 그르다)은 자연주의적 오류를 범한 대표적인 추리 형태다.

언뜻 보기에 레오폴드가 유기체 모델을 채택한다면, 사실과 당위의 간격을 메우는 한 가지 방법은 아리스토텔레스적 전통에 의해 옹호된 목적론적 추리 유형을 이용하는 것이다. 유기체 모델은 생태계를 어떤 항상적인 균형점을 향해 나아가는 유기적 전체로 본다. 그렇다면 나름의 온전함과 안정을 가진 유기적 전체의 정상적 발전에 대한 자연과학적 기술로부터 체계를 구성하는 요소들이 좋은지 나쁜지, 또는 옳은지 그른지, 아니면 건강한지 건강하지 않은지를 추론해 낼 수도 있을 것이다. 가령 포식자는 생태계의 개체 수를 조절하는 데 공헌하기 때문에 좋으며, 따라서 보호해야 한다는 것이 한 가지 예가 될 것이다. (올림픽공원의 산양처럼) 외래종을 죽이거나, (옐로스톤의 늑대처럼) 토착종을 재도입하는 정책도 올바른 정책인데, 그 이유는 그것을 통해 생태계의 자연적 온전함을 유지할 수 있기 때문이다.

그러나 7장에서 제기된 문제가 아직 해결되지 않았다는 사실에 유념해야 한다. 즉 왜 우리는 생태계의 온전함과 안정을 소중하게 생각해야 하는가? 이 문제를 해결하는 한 가지 방법은 생태계는 더 큰 단위의 생태계의 안정과 온전함에 이바지한다고 주장하는 것이다. 그래서 심장이 인간의 신체에서 중요한 기능을 담당하는 것처럼, 습지는 더 큰 유기적 전체에서 중요한 기능을 담당하고 있다고 말하는 것이다. 그리고 이 방식을 따른다면, 레오폴드가 그랬듯이 지구 자체는 하나의 유기적 전체로 고려되어야 한다고 주장하는 것이 될 것이다.

하지만 이것이 과학적으로 타당하다고 할지라도(그런데 생태학 모델에서 확인했듯이 이것이 사실인지는 명확하지 않다), 이러한 추리 방식은 문제를 한 단계 뒤로 연장하는 것에 불과하다. 이런 더 큰 유기적 전체의 온전함과 안정을 왜 가치 있는 것으로 평가해야 하는가라는 문제가 제기되기 때문이다. 그러나 땅의 윤리는 도구주의적이고 개체주의적인 근거(예를 들어 더 큰 전체는 그것을 구성하는 부분들, 가령 인간 같은 존재의 안녕을 위해서 가치 있는 것으로 평가되어야 한다)를 취할 수는 없기 때문에, 전체 체계에 어떤 목적론적인 목표가 존재한다고 가정해야만 할 것이다. 그리고 여기서 목적론적 모델은 붕괴하고 만다. 생태학도 철학도 지구의 목표(텔로스)가 무엇인지에 대해 적절한 설명을 제공해 주지는 않기 때문이다.

땅의 윤리가 취할 수 있는 다른 방법은 개별 유기체와 마찬가지로 생태계도 발전 단계가 있다고 주장하는 것이다. 의학이 인간의 정상적 성장 단계에 기초해 인간의 복지와 건강의 중요성을 말하는 것처럼, 생태학도 생태계의 정상적 성장 단계에 기초해 생태계의 안녕과 건강의 중요성을 말하는 것이다. 하지만 불행하게도 이것은 모든 지역은 생태적 천이가 목표하는 단 하나의 극상 단계를 가지고 있고 각각의 생태계는 격리되어 있으며 독특하다는 유기체 모델의 타당성을 가정하는 경우에만 논리에 맞는 얘기가 된다. 그러나 대개의 생태학자들이 유기체 모델을 거부한다는 사실을 인정한다면 이 방법은 설득력이 없다. 당연히 시간을 거쳐 발전하는 단일 생태계만 있는 것은 아니다. 예를 들어 어떤 영역의 개체군은 잡초에서 시작해서 다년생 식물과 잔디, 그리고 관목을 거쳐 소나무 숲, 참나무 숲에 이르기까지 일련의 생태적인 변화를 겪는다. 이런 생태계의 안정과 온전함은 무엇인가? 초지와 관목을 보존해야 하는가? 아니면 소나무 숲을 보존해야 하는가? 아니면 아예 손대지 않고 무슨 일이 일어나든 그대로 내버려 두어야 하는가? 여기서 중요한 점은 우리는 이런 문제를 의미 있게 제기할 수 있다는 것이다. 따라서 생태적 사실로부터 윤리적 가치로 도약할 수 있느냐 하는 문제는 여전히 해결되지 않았다.

이제 남은 방법은 유기체 모델을 포기하고 대신 공동체 모델이나 에너지 모델을 채택하는 것이다. 하지만 이중 어떤 것도 문제를 해결하지는 못한다. 공동체 모델에 따르면, 개체는 다른 개체에 대해 기능적인 관계를 맺는데, 문제는 먹이사슬 자체의 기능을 가정할 근거가 없다는 것이다. 물론 개별 유기체나 종이 먹이사슬 내에서 차지하는 역할에 대해서는 기능적인 가치 평가를 할 수 있을 것이다. 가령 잔디밭에 진딧물이 많은 것은 무당벌레에게는 좋다. 그러나 문제는 왜 먹이사슬 또는 어떤 특정 먹이사슬이 그 자체로 소중한가 하는 문제는 아직 답변되지 않았다는 것이다. 에너지의 흐름에 대해서는 더더욱 그렇다. 왜 먹이사슬, 또는 에너지 흐름의 안정과 온전함을 보전하는 것이 좋거나 옳은 것인가?

이 반론의 철학적 의미는 다음과 같이 요약할 수 있다. 레오폴드의 규범적 결론("어떤 것은 그것이 생명 공동체의 온전함, 안정, 아름다움을 보존하는 경향에 따라 옳다. 그리고 그 반대는 그르다")은 어떤 방식에서 생태학의 사실로부터 도출되는 것으로 보인다. 하지만 생태계에 온전함, 안정, 아름다움을 귀속시키는 사실적, 의미적 토대가 실제로 존재한다고 할지라도(생태학 모델에 대한 논의에서 보았듯이, 이것을 실제 검증된 사실로 보기는 어렵다), 이러한 사실들이 가치와 관련된 결론으로 연결되는지는 분명하지 않다.[17]

생태적 기능은 아리스토텔레스적 의미에서처럼 어떤 목표를 향하는 것

---

17 이러한 맥락에서 온전함의 개념을 이용한 치밀한 논변으로는 다음 글이 있다. Laura Westra, *An Environmental Proposal Ethics: The Principle of Integrity*(Lanham, Md.: Rowman and Littlefield, 1994).

이라고 말한다면, 그래서 부분은 더 큰 전체를 위해, 그리고 전체는 자기 나름의 목표를 가진 전체라고 말한다면, 우리는 규범적 결론에 도달할 수 있는 일정한 토대를 갖게 될지도 모른다. 그러나 2장에서 보았듯이, 자연 선택에 대한 진화론적 관점에서 보자면, 생물학에서 목적론적 설명은 맞지 않는다. 진화론적 관점에서 생태계의 구성원들은 앞으로의 목표, 또는 의도 때문에 그렇게 기능하는 것이 아니라, 과거에 그러한 자신의 행동이 적응에 유리했다고 판정되었기 때문에 그렇게 기능하는 것이다.

엘로스톤의 늑대의 예를 들어 보자. 생태계에서 늑대라는 포식자는 어떻게 '기능하는가'라는 문제를 다룰 때, 우리는 늑대는 엘크를 먹음으로써 생태계의 안정과 평형을 유지하기 '위해서' 존재하는 것으로 생각하기 쉽다. 그러나 진화론적 관점에서 보면, 늑대가 엘크를 먹이로 삼는 이유는 과거 그러한 행위가 적응에 유리한 것으로 판명되었고, 그러한 행위를 한 늑대들이 살아남아 번식을 했기 때문이다. 생태계의 기능적 활동에 대한 이러한 사후적(back-looking) 설명은 어떤 기능적 활동이 옳거나 좋다고 결론지을 하등의 이유가 없음을 보여 준다. 2장에서 말했듯이, "자연은 선도 악도 아니다. 자연은 그냥 존재할 뿐이다."

그러나 이러한 비판의 힘을 과대평가해서는 안 된다. 비판의 핵심은 자연적 사실에 기초해 윤리적 판단을 뒷받침할 수 없다는 것이 아니라, 어떤 것이 옳으냐 그르냐를 증명하려면 그것이 정상적이거나 자연적이라고 말하는 것 이상을 필요로 한다는 것이다. 생태학적 사실은 그 자체로 생태적 온전함과 안정이 윤리적 가치라는 것을 '증명'해 주지 않는다.

우리는 「땅의 윤리」에서 레오폴드가 이 문제에 어떻게 대처하는지를 볼 수 있다. 윤리를 땅으로 확대하는 것에 함의된 윤리적 혁명은 인간의 심리 상태가 근본적으로 바뀔 때에만 가능하다고 레오폴드는 주장한다.

3부 환경윤리학의 이론들

도덕과 생태 교육을 통한 심리의 변화야말로 존재와 당위의 간극을 메울 수 있다는 것이다.

> 땅과의 윤리적인 관계가 땅에 대한 사랑, 존경, 감탄, 그리고 땅의 가치에 대한 높은 관심 없이도 존재할 수 있다는 것은 상상조차 할 수 없다. 여기서 가치가 의미하는 것은 경제적 가치보다 훨씬 더 넓은 의미의 가치, 즉 철학적 견지에서 말하는 그런 가치다.[18]

이 문장은 생태계로 윤리를 확대하는 윤리적 전체주의는 인간이 땅에 대한 태도를 바꿀 때만이 가능하다는 것을 말해 준다. 땅을 사랑하고, 존경하고, 감탄할 때에만 우리는 땅에 이롭게 행동할 근거를 갖는다는 것이다. 그렇다면 우리 인간은 어떻게 사랑, 감탄, 존경으로 땅에 다가갈 수 있는가? 땅에 대한 생태적인 가치 평가의 '전제조건 중의 하나'는 '생태학에 대한 이해'다.[19] 그래서 생태학의 자연적 사실이 직접 윤리적 결론을 이끌지는 않는다. 그것은 태도의 변화를 이끌고, 그것을 통해 윤리적 가치의 변화를 이끌어 낸다. 따라서 우리는 그것이 자연적이거나 정상적이어서가 아니라, 우리가 생태학으로부터 배워서 땅을 사랑하고, 존경하고, 감탄하기 때문에, 생태계의 보존을 소중하게 여긴다.[20] 이러한 관점에서 생태학은 규범 윤리보다는 도덕 교육에 더 관심을 갖는다.

---

18 Aldo Leopold, "The Land Ethic", 261쪽.

19 Aldo Leopold, *A Sand County Almanac*, 262쪽.

20 캘리코트는 이런 입장을 다음의 글에서 상세하게 전개하고 있다. J. Baird Callicott, "Hume's Is/ought Dichotomy and the Relation of Ecology to Leopold's Land Ethic", *In Defence of the Land Ethic*(Albany, NY: SUNY Press, 1989), 117-127쪽. 어디에서 레오폴드가 끝나고, 어디에서 캘리코트가 시작하는지는 가끔 불명확하지만, 땅의 윤리에 대한 캘리코트의 해석과 정당화는 항상 읽을 만한 가치가 있다.

하지만 불행하게도 우리가 이러한 접근법을 취한다면, '안정과 온전함의 원리'는 원래 갖고 있던 힘의 상당 부분을 상실한다. 즉 여기서 이 원리는 직접적으로 요구하는 규범적 원리("땅 공동체의 온전함, 안정, 아름다움을 보존하는 방식으로 행위하라")가 아니다. 그것은 단지 일정한 방식("경제적, 도구적 관점에서만 생각하지 마라. 그 대신 땅 공동체의 온전함, 안정, 아름다움을 보존하는 만큼 어떤 것은 옳거나 그르다고 생각하도록 노력하라")으로 생각하도록 사람들에게 '권고'하는 원리다. 이 원리는 레오폴드가 주장했듯이 윤리적 고려를 땅으로 확대하는 '진화 과정'을 방해하는 장애물에 대한 도전이 될 것이다. 이것은 경제학적인 사고방식에 대한 도전이요, 대안이다. 그러나 이것은 땅 자체를 위해 행위해야 한다는 독립적 근거는 제공하지 못한다.

5. 땅의 윤리에 대한 비판: 전체주의적 윤리

땅의 윤리에 대한 두 번째 비판은 전체주의에 대한 것이다. 이러한 비판은 크게 두 가지로 나눌 수 있다. 첫째, 생태계의 가치를 정당화하는 것이 가능한가? 둘째, 그것의 윤리적 함의를 받아들일 수 있는가?

땅의 윤리가 갖고 있는 전체주의 성향에 대한 가장 중대한 윤리적 비판은 땅의 윤리는 전체를 위해 개체의 선을 희생하는 것을 용인한다는 점이다. 우리가 생명 공동체의 관점에서 옳고 그름을 정의한다면, 공동체의 선을 위해 개별 구성원(예를 들어 인간)을 희생시킬 수 있다는 것이다. 예를 들어 레오폴드는 생명 공동체의 안정과 온전함을 보존하기 위해 개별 동물들을 사냥할 수 있다고 본다. 그리고 인간을 생명 공동체의 평등한 구성원으로 여긴다. 그렇다면 레오폴드의 입장에서는 땅의 공동체

3부 환경윤리학의 이론들

의 온전함, 안정, 아름다움을 위해서는 인간 사냥도 허용할 수밖에 없다는 결론이 나온다는 것이다.

이런 반론은 다양한 비판자들에 의해 다양한 방식으로 제기되어 왔다. 작가이자 활동가인 마르티 킬(Marti Kheel)은 윤리적 전체주의를 '토털리즘적'이라고 규정하고, 에릭 캐츠(Eric Katz)는 레오폴드의 입장이 개체에 대한 존중을 파괴한다고 주장한다.[21] 또한 리건은 레오폴드의 입장을 '환경 파시즘'이라고 부르면서 다음과 같이 비판한다.

> 권리에 기초한 환경윤리를 발전시키는 것의 어려움은 도덕적 권리의 **개체주의적** 성격과 자연에 대한 **전체주의적** 관점을 조화시키는 데에 있다. ……레오폴드는 여기서 후자의 입장을 잘 보여 준다. ……그런데 이러한 견해는 '생명 공동체의 온전함, 안정, 아름다움'이란 명분 아래 생명 공동체의 이익을 위해 개체를 희생시킬 수도 있다는 것을 함축한다. 이런 점을 감안할 때, 개체의 권리 개념이 '환경 파시즘'이라고 불리는 견해와 화해하기는 어렵다.[22]

이것은 중대한 비판이다. 따라서 땅의 윤리의 옹호자들이 이 문제에 대한 적절한 답변을 하지 못한다면, 우리는 다른 곳에서 만족할 만한 환경윤리의 대안을 찾아야 한다.

이에 대한 한 가지 대안은 '실용주의적 전체주의'를 발전시키는 것이

---

21 Marti Kheel, "The Liberation of Nature: A Circular Affair", *Environmental Ethics* 7(1985년 여름), 135-149쪽. 그리고 Eric Katz, "Organicism, Community, and the Substitution Problem", *Environmental Ethics* 7(1985년 가을), 241-256쪽.

22 Tom Regan, *The Case for Animal Rights*(Berkeley: University of California Press, 1983), 361-362쪽. 강조는 리건이 한 것이다.

다. 가령 현재 나타나는 극심한 환경 파괴를 전제한다면, 마치 생태계가 그 자체로 도덕적 지위를 갖는 것처럼 간주하는 것이 좋다는 것이다. 하지만 이것은 문제를 해결하는 것이 아니라 연장하는 것에 불과하다. 생명 공동체의 선과 개별 인간의 선이 충돌할 때 우리는 어떻게 해야 하는가? 공동체에 도덕적 지위를 부여하고, 공동체의 이익을 인간의 이익보다 중요한 것으로 간주할 것인가? 아니면 생태계 보존이란 허울을 벗어 던지고 인간의 이익을 중시할 것인가? 전자의 경우라면 환경 파시즘이란 비판에 직면할 것이고, 후자의 경우라면 전체주의를 포기하는 것이된다.

이에 대한 또 다른 접근이 철학자 돈 마리에타(Don Marietta)에 의해 이루어졌다.[23] 그는 윤리적 전체주의가 다양한 함의를 가질 수 있다고 주장한다. 그에 따르면, 앞서의 생명 공동체의 온전함과 안정에 대한 레오폴드의 문장이 생명 공동체의 선이 옳고 그름의 1)**유일한** 원천이라는 것을 의미할 수도, 2)**가장 중요한** 원천이라는 것을 의미할 수도, 3)**한 가지** 원천을 의미할 수도 있다.

마리에타는 생명 공동체의 선을 옳고 그름의 유일한 원천으로 보거나, 또는 가장 중요한 원천으로 보는 것은 정당화될 수 없다고 주장한다. 이러한 극단적인 입장은 인간을 **오로지** 생물학적 존재로만 본다는 점에서 환원주의적이다. 하지만 인간은 생물학적 존재 이상이기 때문에 만족할 만한 윤리라면 인간과 도덕적으로 관련된 광범위한 요인들을 모두 고려해야 한다. 그리고 이것은 자연 안에서의 인간의 생물학적 역할을 포함하기는 하지만 그것에 한정되지는 않는다.

---

23 Don E. Marietta, Jr., "Environmental Holism and Individuals", *Environmental Ethics* 10(1988년 가을), 251-258쪽.

그래서 마리에타는 윤리적 전체주의는 옳고 그름의 한 가지 새로운 원천을 윤리학에 도입하는 것으로 보아야 한다고 결론짓는다. 그리고 윤리적 전체주의는 그것을 옳고 그름의 유일한 또는 가장 중요한 원천이라고 볼 때에만 파시즘이란 비판에 무너지는 것이다. 그에 따르면, 우리는 몇 개의 구체적인 강력한 행위 규칙들을 가지고 판단을 하기에는 도덕적 상황이 너무 복잡하다는 사실을 인정해야 한다. 전체주의는 다른 이론들이 간과한 '상황의 복잡성'에 주목한 것이고, 따라서 그것을 신봉한다고 해서 필연적으로 환경 파시즘에 빠지는 것은 아니다.

레오폴드의 전체주의가 이런 방식으로 정당화될 수 있을까? 얼핏 봤을 때 그럴 수 있을 것 같지는 않다. 레오폴드의 원리는 마리에타가 거부했던 일종의 강력한 규칙으로 제안된 것으로 보이기 때문이다. 이 원리에 따르면, 어떤 것은 옳거나 그른 것이지, 어중간한 것은 없다는 것이기 때문에 이 원리는 마리에타가 받아들이는 도덕 다원주의의 여지를 남기지 않는다. 그러나 이 두 견해를 종합할 방안이 있다.

첫째, 마리에타의 제안을 수용해, 도덕적으로 복잡한 세계에서 어떤 행위는 어떤 방식에서는 옳지만 다른 방식에서는 그르다는 것을 인정하는 것이다. 예를 들면 농부가 수확량을 늘리기 위해서 습지를 메우는 것은 옳은 행위이면서 동시에 그른 행위일 수 있다. 생태 중심적 관점에서 보자면 이것은 그른 행동이다. 하지만 경제 파산에 직면한 그 농부 집안의 입장에서 보면 옳은 행동이다. 이런 경우 옳고 그름은 단지 각각의 입장에서 좋은, 그럴듯한 이유가 제시될 수 있다는 것을 의미할 뿐이다.

철학자 존 몰린(Jon Moline)은 다른 접근을 제시한다.[24] 몰린의 해석은 옳

---

24 Jon Moline, "Aldo Leopold and the Moral Community", *Environmental Ethics* 8(1986년 여름), 99-120쪽.

고 그림에 대한 레오폴드의 설명에서 '어떤 것'이란 단어에 초점을 맞춘다. 몰린에 따르면, 여기서 '어떤 것'이 개별 행위를 의미한다면, 레오폴드는 여지없이 환경 파시즘이란 비판에 직면한다. 그러나 '어떤 것'이 행위 유형 또는 규칙, 태도를 의미한다면 환경 파시즘이란 비판은 적절하지 않다. 몰린은 전자의 입장을 '직접 전체주의', 후자의 입장을 '간접 전체주의'라고 부른다. 그리고 레오폴드는 간접 전체주의로 읽혀져야 한다고 주장한다.

> 나는 레오폴드가 간접 전체주의자라고 주장한다. 즉 그는 전체주의적 기준을 행위에 직접 적용시키는 것이 아니라 관습, 규칙, 지침, 태도에 대한 비판을 통해서 간접적으로만 행위에 적용시키기 때문이다. 그는 무엇보다도 우리의 행동이 사고방식과 욕구 방식에서 나온다는 점에 주목해, 사고방식과 욕구 방식을 비판한 것이다.[25]

몰린의 주장은 앞에서 다룬 성품 윤리학과도 관련된다. 그에 따르면, 레오폴드의 '온전함과 안정'의 원리는 인간의 성품, 태도, 성향, 사고와 욕구 방식에 대한 규범적 지침으로 간주되어야 한다. 그것은 우리가 어떤 종류의 사람, 어떤 성품을 가진 사람이 되어야 하느냐에 대한 것이지, 어떤 행위를 해야 하느냐에 대한 것이 아니다.

몰린은 비판자들이 직접 전체주의나 간접 전체주의나 결국은 별반 차이가 없다고 비판하리라는 점을 인정한다.[26] 구체적 사례에서 간접 전체

---

25 같은 책, 105쪽.
26 같은 책, 106쪽. 이 비판은 행위 공리주의와 규칙 공리주의의 논쟁으로 잘 알려져 있다. David Lyons, *Forms and Limits of Utilitarianism*(Oxford, England: Clarendon Press, 1965), 118쪽.

3부 환경윤리학의 이론들

주의와 직접 전체주의는 같은 처방을 내놓거나 아니면 다른 처방을 내놓거나 둘 중의 하나다. 만약 같은 처방을 내놓는다면 이 두 가지는 실제 차이가 없는 것이다. 다른 처방을 내놓는다면 간접 전체주의는 전체주의가 아닌 셈이다. 왜냐하면 전체주의적 결론을 포기했기 때문이다.

그러나 이러한 비판은 구체적 상황에서 항상 하나의 확실한 처방이 존재하리라는 가정에서만 효력이 있다고 생각된다. 레오폴드는 생태학자도 어떤 것이 생명 공동체의 온전함과 안정을 보존할지 정확히 알 수 없다고 누차에 걸쳐 지적한 바 있다.

> 보통 사람들은 오늘날 과학자들이 공동체의 작동 방식을 정확히 안다고 생각한다. 그런데 이것은 사실 과학자들이 알지 못하는 것을 안다고 가정하는 것이다. 과학자는 공동체의 작동 방식을 정확히 알 수 없다. 다만 그는 생명 메커니즘이 너무 복잡해서 그것의 작동 방식을 완벽히 알 수 없다는 것만을 알 따름이다.[27]

생태계의 복잡성과 생태계가 계속 변화한다는 것을 전제한다면, 우리는 구체적 상황에서 어떤 것이 확실히 생태계의 온전함과 안정을 보존할 것이라고 생각해서는 안 된다. 하지만 그렇게 되면 행위에 대한 직접적인 지침으로서 레오폴드의 원리는 공허하고 부적절한 것이 되고 만다는 문제점이 발생한다.

이제 자연의 생태적 복잡성에 대한 레오폴드의 인식과 우리 세계의 도덕적 복잡성에 대한 마리에타의 인식, 그리고 몰린의 간접 전체주의를

---

27 Aldo Leopold, "The Land Ethic", 240-241쪽.

종합해 문제 해결의 실마리를 찾아보자. 생태학은 자연의 생태계가 매우 복잡하다는 것을 가르쳐 준다. 우리는 자연에 대한 기계론적 관점을 버리고 생태계에 대한 급작스러운 인위적인 조작에 대해 의심의 눈초리로 보아야 한다. 한편 마리에타는 도덕적 상황이 복잡하다는 점에 주목한다. 이 두 가지 관점을 결합한다면 생태윤리는 근본적으로 '불확정적'이라고 결론지어야 한다. 즉 구체적인 사례에서 우리는 어떤 행위가 윤리적으로 타당한지를 결코 알 수 없다. 우리는 우리의 행위 결과를 이해할 수 있을 만큼 생태계에 대해 충분히 알 수 없고, 또 서로 대립하는 가치들이 서로 다른 방향에서 우리를 이끌 수 있다. 몰린이 설명한 2차 원리 유형이 우리를 도울 수 있는 상황이 바로 이런 상황이다.

이러한 상황에서 우리는 생태계의 온전함과 안정을 보존하는 경향이 있는 태도나 성향, 관습에 인도되어야 한다. 일반적으로 이것은 사랑, 존경, 감탄의 태도다. 실제 상황에서 이것은 자연 생태계에 대한 상대적으로 보수적인 태도를 함축한다. 그것은 인위적인 변화보다는 자연적이고 진화적인 변화를, 외래 동식물보다는 토착 동식물을, 급속한 변화보다는 느린 변화를, 환경 문제에 대한 기계적이고 인위적이며 조작적인 해결책보다는 생물학적 해결책을 선호한다.

이러한 입장에서 레오폴드의 윤리는 행위나 행위 규칙이 아니라 도덕적 성향 또는 덕에 초점을 둔다. 우리는 어떤 행위나 결정이 올바른지를 정확히 구체적으로 규정할 수는 없다. 그러나 과연 어떤 사람이 책임 있게 행위하고 있는가에 대해서는 적어도 판단할 수 있다. 그 사람이 '사랑과 존경'의 성품으로 행위한다면 그의 결정은 책임 있는 것이 된다. 생태학의 세계와 도덕의 세계의 복잡성을 고려한다면, 어떤 도덕 규칙도 분명한 실천적인 충고를 제공하지는 않는다. 이러한 상황에서 우리가 할

3부 환경윤리학의 이론들

수 있는 최선의 길은 일정 유형의 인간이 내리는 최선의 판단에 의존하는 것이다. 여기서 이 사람은 생명 공동체를 사랑하고 존경하며 감탄하는 사람이다. 그리고 그가 어떤 결정을 내리든지 간에, 그것은 윤리적으로 책임 있는 결정이다. 물론 그렇다 할지라도 과연 그가 내리는 판단이 어떤 것인지에 대해서는 독립적으로 미리 명시할 방법은 없다.

레오폴드의 전체주의에 대한 최종적인 논의를 하기 전에 한 가지 더 숙고해 볼 것이 있다. 철학적 비판자들은 이러한 논리가 별 설득력이 없다고 볼 수 있다. 그들에 따르면 덕 있는 사람이 어떤 행위를 하든 간에 그것은 결국 표현될 수 있는 규칙(또는 격률)이라는 것이다. 그리고 그것은 유사한 상황에서 적용되거나 적용되지 않거나 둘 중 하나다. 만약 적용되는 것이라면 우리는 행위를 지도할 규칙을 갖는 셈이고, 또한 그 규칙에 대한 철학적 검토 작업을 할 수 있게 된다. 반면 적용되는 것이 아니라면 우리는 윤리를 포기하고 우리의 판단을 자의적인 결정에 맡기는 꼴이 된다.

의료윤리에서 제기되는 다음의 예가 이러한 입장을 설명하는 데 유용할 것이다. 심각한 생리적 질환으로 인해 복잡한 기술 장치에 의존해 생존하는 경우(최소한 신체 기능은 여전히 작동하고 있다)가 최근 많아졌다. 상당수의 국가에서는 이에 대비해 '사전 의료 의향서(living will)'의 효력을 인정하는 법안을 통과시켰다. 그래서 사람들은 자기가 판단을 내릴 만한 능력이 있을 때, 미리 자신의 생명 보조 장치를 제거할 조건을 규정할 수 있다. 우리는 여기서 자기 결정의 원리를 받아들이고 있는 것이다. 이러한 방식을 통해 자기 나름의 판단 능력이 있는 사람은 의료 행위를 거부할 수 있다.

생태학자들이 처한 문제도 다르지 않다. 이 경우 과학은 의학이 되는

데, 종종 불확정적이다. 인간의 신체 조직은 매우 복잡하기 때문에 의사는 환자의 증상을 확실히 알 수 없다. 따라서 유언장을 작성할 때 사람들은 극단적인 불확실성에 처한다. 즉 자신이 처한 상황에 대해, 증상에 대해, 그리고 미래에 어떤 기술을 이용할 수 있는지에 대해 확실히 알 수 없는 것이다. 또한 그들은 도덕적 불확실성에 처해 있다. 생명 보조 장치를 떼야 한다는 것에 대해서도, 그리고 떼어서는 안 된다는 것에 대해서도 모두 그럴듯한 이유가 있을 수 있다.

우리는 사안의 복잡성을 감안해 유언이 **직접적인** 지침이 아니라 단지 **간접적인** 지침이어야 한다고 주장할 수 있다. 즉 유언장은 **누가** 의사결정을 할 자격이 있는지를 규정하는 것이지, 구체적으로 어떻게 의사결정을 해야 하는지를 규정하는 것은 아니라는 것이다. 그래서 우리는 사랑하는 사람(예를 들어 배우자, 부모, 자식)이 자기를 위해 결정할 자격이 있다고 유언할 수 있다. 그리고 이것은 그 사람이 내리는 결정이 어떤 것이든지 간에 올바른 결정이라는 것이다. 그 사람의 판단이 정당한 이유는 그 사람의 성품에 연유한다. 우리는 유언장을 작성하면서 다음과 같은 생각을 한다. 그 사람은 나를 사랑하고, 합리적이고, 사려가 깊고, 감정 또한 풍부하기 때문에, 그는 복잡한 상황에서 나름의 최선의 결정을 내릴 것이다. 나는 이러한 결정이 사실 나조차도 명확히 할 수 없는 매우 어려운 결정이라는 것을 인정하며, 또한 그 결정이 무엇으로 밝혀지든 그것에 찬성하거나 반대하는 그럴듯한 이유가 있을 수 있다는 점을 인정한다.

이러한 해석은 레오폴드를 오늘날의 아리스토텔레스주의자들의 입장과 유사한 것으로 만든다. 아리스토텔레스 윤리학과 마찬가지로 땅의 윤리는 어떤 궁극적인 도덕 규칙이나 원리를 옹호하는 것이 아니라 윤리적 성품의 형성에 초점을 맞추고 있다. 아리스토텔레스에 있어서 도덕

교육과 도덕 심리학은 윤리의 진화에서 중요한 역할을 담당한다. 이것이 그럴듯한 독해인가, 그렇지 않은가는 다시 논의해야 할 것이다. 여기서는 땅의 윤리에 대한 중대한 반론이 있긴 하지만, 땅의 윤리가 이러한 반론에 대응할 능력이 없지는 않다는 점만 지적하고자 한다.

이제 레오폴드의 전체주의적 윤리에 대한 마지막 반론을 살펴보자. 생태학적 전체에 대한 의미 있는 설명은 정당화가 가능한가? 우리는 생태학자들이 생태계에 대한 서로 다른 모델들을 옹호해 온 것을 보았다. 유기체 모델, 공동체 모델, 에너지 모델 등으로 말이다. 이중 어떤 것이 땅의 윤리에 적절할까?

우리는 레오폴드가 때때로 유기체 모델을 채택한다는 사실을 안다. 레오폴드에서 땅은 그 자체로 살아 있는 유기체로 간주된다. 어떤 방식에서 이것은 땅의 윤리에 가장 어울리는 모델이다. 생태계를 유기적 전체로 볼 때, 우리는 생태학적 사실에서 온전함과 안정, 건강, 복지 같은 가치와 관련된 개념들로 가장 잘 추론해 나갈 수 있다.

의학과 수의학은 이런 추론이 가능할 수 있다는 강력한 예를 제공한다. 개별 유기체의 정상적인 성장에 대한 과학적 이해가 있다고 전제한다면, 의학은 병을 진단하고, 건강을 증진시킬 능력이 있다고 할 수 있다. 만약 생태계가 개별 유기체와 비슷한 존재라고 판명된다면 의학과 마찬가지로 생태학은 과학과 가치를 종합할 가능성이 있는 것이다.

그러나 우리는 이미 생태학자들이 유기체 모델을 버렸다는 사실을 알고 있다. 레오폴드는 생태 전체주의를 주장하기 위해 생태학에 의존했지만, 생태학은 이제 유기체 모델이 부적절한 모델이라고 결론을 내렸다. 유기체 모델에 대한 고전적인 반론은 탠슬리의 저작에서 발견된다.[28]

탠슬리는 생태계가 유기체라는 것은 단지 비유일 따름이라고 주장했다. 즉 생태계가 실제로는 유기체가 아니라는 것이다. 신체의 장기는 신체 안에서 존재하지만, 각 개별 생명체는 생태계 외부에서 존재한다. 그리고 생태계는 유기체와 달리 '통일성과 한정성'을 갖지 않는다. 따라서 생태계의 구성원들은 다른 체계로 들어가 그 체계의 구성원이 될 능력이 있다. 생태계의 구성원들이 갖는 이러한 독립성은 생태계의 구성원과 신체 장기가 서로 다르다는 점을 말해 준다.

그렇다면 레오폴드의 전체주의는 기능주의적 공동체 모델로 이해되어야 할 것이다. 여기서 생태계의 구성원은 전체의 부분이나 신체의 장기가 아니라 서로 기능적으로 의존하는 관계다. 개별 유기체는 자기가 먹는 것과 자기가 먹히는 것과 관련해 생명 공동체나 먹이사슬의 한 부분이다. 개별 유기체들의 배열과 그들의 서로에 대한 관계가 체계를 구성하는 것이다.

그러나 생태계에 대한 이러한 설명이 레오폴드의 윤리가 필요로 하는 부분을 제공해 줄 수 있는가? 레오폴드는 우리의 도덕적 고려(사랑, 존경, 그리고 감탄)의 대상은 공동체의 구성원이 아니라 공동체 자체라는 점을 분명히 했다. 그리고 공동체의 안녕은 그것의 온전함과 안정으로 이루어진다. 그러나 유기체와 관련해서 온전함과 안정을 이야기하는 것은 의미가 있지만 먹이사슬과 관련해서 온전함과 안정을 이야기하는 것은 무슨 의미가 있는가?

지금 문제가 되고 있는 것을 고려해 보자. 레오폴드에 대한 지금까지의 독해에 따르면, 인간은 생명 공동체에 대한 사랑, 존경, 감탄으로부터

---

28 Arthur Tansley, "The Use and Abuse of Vegetational Concepts", 284-307쪽. 또한 초기 논문인 "The Classification of Vegetation and the Concept of Development", *Journal of Ecology* 8(1920), 118-149쪽. 그리고 생태학의 역사에 대해서는 Donald Worster, *Nature's Economy*(Cambridge, England: Cambridge University Press)를 참고하라.

행위해야 한다. 그러나 이것은 공동체가 자기 나름의 이익과 선을 갖고 있을 때만이 가능한 것으로 보인다(만약 그렇지 않다면 구성원들의 선을 확보하기 위한 수단으로만 공동체의 선을 위해 행동하는 것이다. 그리고 이것은 전체주의적 관점을 포기하는 것을 의미한다). 우리가 생명 공동체를 존경하고 사랑할 수 있다고 주장하는 것은 합리적인가? 레오폴드의 입장은 그렇다는 것이다. 공동체는 자기의 이익을 가지고 있으며, 그것의 이익은 그것의 온전함과 안정이기 때문에 공동체는 사랑받고 존경받을 수 있다는 것이다. 그러나 생명 공동체를 온전함과 안정을 소유할 수 있는 종류의 것이라고 할 수 있을까?

특정 시점의 공동체는 그럴 수도 있을 것이다. 예를 들어 작은 연못은 그것이 고갈되지 않을 때, 그리고 그것의 다양한 생명 군집이 유지되고 있을 때, 그리고 기후가 변화하지 않을 때, 인위적이거나 비토착적인 요소들이 개입되지 않을 때, 요약하면 그것의 기능적 관계들이 유지될 때 온전함과 안정을 소유한다고 말할 수 있다.

그러나 우리가 앞에서 살펴보았듯이 생태계는 고정적인 것이 아니다. 자연의 생물학적, 화학적, 지질학적, 기후적 변화를 통해, 생명 공동체는 스스로 변화해 간다. 그렇다면 우리는 특정한 온전함과 안정을 보존하기 위해 자연 과정에 간섭할 것인가, 아니면 이러한 자연 과정이 계속되도록 허용하고 온전함과 안정에 대한 가장 분명한 감정을 포기할 것인가 하는 선택에 직면한다. 옐로스톤의 늑대의 예는 이런 문제를 매우 극적으로 제기한다.

그러나 **생명 공동체**라는 용어는 공동체의 특정 구성원들이나 그 구성원들의 특정 배열이 아니라 생물학적 과정과 관계가 유지될 수 있는 조건들을 말하는 것으로 이해될 수 있다. 그래서 생태계, 그것은 지금의 지역과 비슷한 의미인데, 그것이 생물학적 과정을 유지할 수 있을 때 온전함과 안정을 갖는다고 할 수 있다. 따라서 건강한 공동체는 영양분이 풍부하고 침식되지 않은 표토, 산성화되지 않은 비를 가지며, 살충제와 제초제가 없고 특정 종의 개체 수가 과잉되는 일도 없다.

하지만 이러한 답변에는 몇 가지 문제점이 있다. 먼저, 생태계의 건강이란 개념 안에 너무 많은 것을 집어넣고 있다는 점이다. 어떤 생물학적 과정은 스스로 가장 생태적으로 열악한 지역에서도 생존할 능력이 있음을 보여 왔다. 예를 들어 HIV, 천연두, 마마 등은 생태학적 이상과 거리가 먼 조건에서 왕성하게 번성한다. 우리는 어떤 생물학적 과정이 체계의 건강에 이바지하거나 그렇지 않은가를 판단할 그 이상의 표준을 필요로 한다.

더욱 중요한 것은 이러한 답변은 땅의 윤리를 도구적이고 비전체주의적 가치에 기초하는 것으로 보인다는 점이다. 실제로 이러한 답변은 생태계의 온전함과 안정을 보존해야 하는 이유는 그것이 자체로 가치를 갖고 있기 때문이 아니라, 그것이 본래적 가치를 가지고 있는 다른 것들의 안녕에 공헌하기 때문이라고 말하는 것이다.

6. 캘리코트의 수정

1970년대 중반 이후로 미국의 철학자 캘리코트는 레오폴드의 땅의 윤리를 옹호하는 글을 광범위하게 써왔다.[29] 캘리코트의 저작은 레오폴드의 사상에 대한 훌륭한 통찰을 보여 주며, 땅의 윤리에 대한 창조적 독해

---

29 캘리코트의 중요한 논문들 중 상당수는 *In Defense of the Land Ethic*에 실려 있다.

를 가능하게 해준다. 캘리코트의 저술은 레오폴드의 접근이 환경윤리 연구의 풍부한 원천으로 존재한다는 사실을 잘 증명해 주고 있다.

자연주의적 오류라는 반론의 근저에는 사실(존재) 언명과 가치(당위) 언명 사이에는 논리적인 차이가 있다는 전제가 깔려 있다. 사실 언명은 인간의 판단과 독립적인 것이며, 따라서 객관적이다. 반면 가치 언명은 인간의 판단에 의존하며, 따라서 주관적이다. 이렇게 본다면 규범 윤리의 주요 목표는 사실로부터 가치를 추리하는 것일지도 모른다. 그러나 사실 그 자체만으로는 규범적 결론을 이끌어 내기에 충분하지 않다.

캘리코트는 레오폴드를 데이비드 흄과 애덤 스미스에서 시작해 찰스 다윈을 거치는 윤리적 전통 안에 위치하게 함으로써 존재와 당위의 간격을 메우려 한다. 캘리코트에 따르면, 이 전통에서 윤리의 핵심은 도덕감이다. 윤리는 느낌, 태도, 성향, 애정 등의 인간의 감정으로부터 나온다. 흄에 있어서 동정은 인간의 가장 기본적인 감정 중의 하나다. 인간은 다른 사람과 하나가 될 수 있고, 따라서 함께하는 감정, 즉 동정을 느낄 수 있다. 윤리는 이 감정에서 유래한다. 그래서 윤리적 당위는 세계에 대한 단순한 사실에서 나오는 것이 아니라 우리에 대한 사실에서 나오는 것이다(존재와 당위의 차이를 그렇게 명확히 인식한 사람도 결국 흄이다). 고의적 살인이 어째서 도덕적으로 잘못된 것인지 알아보려면 자신의 마음을 들여다보면 된다고 흄은 말한다. 우리 자신의 마음을 들여다보면 '불승인의 감정'을 발견할 것이고, 이것이 살인이 나쁜 이유다. 악은 사실의 문제. 그러나 그것은 "우리 마음 안에 있는 사실이지 대상에 있는 사실은 아니다."

도덕감이 어떻게 존재와 당위의 간격을 메우는지 알아보자. 순전히 서술적이고 사실적인 존재 언명에서 시작해 보자. 마당에 어린아이가 쓰러져 있고 무릎에 상처가 났다. 아이는 울고 있다. 그는 나의 아들이다. 이

언명들로부터 내가 달려가서 아들을 달래고 돌보아야 한다고 우리는 결론지을 것이다. 왜 내가 아들에게로 달려가야 하느냐는 물음에 대해 흄은 "그는 너의 아들이고, 너는 그를 사랑하기 때문이다"라고 답할 것이다.

흄에 따르면, 그가 나의 아들이라는 언명은 그 자체로 논리적으로 당위 언명을 이끌어 내지는 않는다. 그 언명은 추가 언명과 결합할 때 당위 언명을 이끌어 낸다. 여기서 추가 언명은 나에 대한, 그리고 일반적으로는 인간에 대한 언명으로 부모는 자신의 아이를 사랑한다는 언명이다. 그리고 이 추가 언명 또한 사실 언명이다. 결국 가치 판단은 인간 심리의 기본 요소에 그 뿌리를 두고 있다는 것이다.

캘리코트는 이러한 접근이 다윈에서 더 발전했으며, 이후에 레오폴드에 의해 선택되어, 땅의 윤리 안에서 통합되었다고 본다.

> 「땅의 윤리」에서 레오폴드가 (비록 생략하고는 있지만) 분명히 암시하고 있는 다윈의 설명은 아마도 모든 포유류에 공통적인 부모와 자식의 애정에서 시작한다. 부모와 자식 간의 애정과 동정의 끈은 가까운 친족들로 이루어진 작은 집단을 형성하게 해준다. 가족 구성원을 결합해 주는 부모와 자식 간의 애정은 우연히 덜 가까운 친족에게로 확대되었고, 그로 인해 친족 집단이 확대되었다. 그리고 새롭게 확대된 친족 집단은 보다 성공적으로 자신을 방어하고, 보다 효과적으로 자신을 부양할 수 있었다. 즉 그 집단 구성원들의 포괄적 적응이 증가한 것이다. 그래서 더 널리 퍼진 가족애는 전체 집단에 퍼지게 된다. 이 같은 가족애를 다윈은 '사회적 감정'이라고 부르는데, 이는 흄과 스미스를 그대로 계승한 것이다.[30]

---

30 J. Baird Callicott, "Conceptual Foundations of the Land Ethic", 79쪽. 캘리코트는 이러한 주장의 근거로서 다윈의 『인간의 유래*The Descent of Man*』, 특히 4장을 인용하고 있다.

사실과 가치의 간격을 메우는 애정과 동정의 감정은 이렇게 개인에서 확장되어 사회 전체를 포괄하게 된다. 레오폴드에 따르면, "땅의 윤리는 단순히 공동체의 범위를 흙, 물, 식물, 동물, 그리고 이것들의 집합적 표현인 땅으로 확대한 것일 뿐이다."[31]

캘리코트의 해석에서 레오폴드는 흄과 다윈이 속한 전통의 일부다. 레오폴드는 가족과 공동체에 대한 유대를 생명 공동체의 다른 구성원들을 포함하도록 확장할 것을 요구한다. 그래서 존재로부터 당위로의 추론, 생태계의 파괴라는 사실로부터 환경보호 활동이라는 당위로의 추론은 아이가 아프다는 사실로부터 아이를 도와야 한다는 당위로의 추론과 논리적으로 동일한 것이다. 캘리코트에 따르면, 땅의 윤리의 논리는 다음과 같다.

> 자연선택은 인간에게 친족과 공동체 구성원에 대해 유대감을 느끼고, 도덕적으로 반응하고 하나됨을 느끼는 능력을 부여했다. 또한 오늘날 자연환경, 즉 땅은 하나의 공동체로 생각된다. 따라서 환경윤리 또는 땅의 윤리는 가능하고 동시에 필요하다. 여기서 땅의 윤리가 가능하다는 것은 이제는 생리심리적(biopsychological), 인지적 조건이 성숙했다는 것이고, 땅의 윤리가 필요하다는 것은 인간이 집단적인 힘에서 자연의 온전함, 다양성, 안정을 깨뜨릴 능력을 획득했다는 것이다.[32]

이러한 해석은 레오폴드를 탁월한 지적 전통의 일부로 위치시키지만, 전혀 문제가 없는 것은 아니다. 아마 가장 중대한 반론은 주지하듯이 감

---

31 Aldo Leopold, "The Land Ethic", 239쪽.
32 J. Baird Callicott, "Conceptual Foundations of the Land Ethic", 83쪽.

정은 윤리의 기초로는 불안정하다는 것이다. 인간은 동정과 애정, 협력에서 행위할 때도 있지만, 이기심과 증오, 경쟁에서 행위할 때도 있다. 그렇다면 인간의 심리는 인간들 간의 유대감의 기초도 되지만, 정반대로 단절의 기초도 된다. 그래서 다음과 같은 문제가 제기된다. 나는 왜 땅에 대해 증오감이 아니라 동정심을 확대해야 하는가? 우리는 여전히 땅에 대해 부정적인 감정이 아니라 긍정적인 감정을 개발해야 할 필요가 있다.

가족과 공동체의 안녕이라는 명분을 내걸고 생태계의 온전함, 안정, 아름다움을 파괴하는 상황이 발생한다는 점을 인정한다면, 이 반론은 실천적으로 중요한 의미를 지닌다. 예를 들어 전 세계의 많은 지역에서 가족들의 생계를 위해 사람들은 열대우림, 야생지, 멸종 위기에 처한 종을 파괴한다. 그런 경우 도덕감은 생태계를 보호하기보다는 파괴하는 유인으로 작용할 것이다. 땅의 윤리를 도덕감에 근거해 정립하려 한다면, 바로 그러한 감정의 미명하에 땅을 파괴하는 사람들에게 할 말이 없게 된다.

이 문제는 흄의 윤리학에 대해 칸트가 제기했던 비판과 같다. 칸트가 보기에 인간의 심리는 윤리학의 충분한 기초가 될 수 없다. 왜냐하면 그것은 당신이 그를 염려한다면, 그에게 해를 가해서는 안 된다는 정도의 단지 조건적인 명령만을 부여하기 때문이다. 하지만 칸트가 보기에 윤리학은 이성적 존재라면 반드시 지켜야 할 절대적인 명령을 부과할 수 있어야 한다. 당위는 개인의 감정, 태도, 느낌에 의존해서는 안 된다.

하지만 철학자들도 해결하지 못한 문제를 레오폴드에게 요구하는 것은 공정하지 못하다. 칸트의 온갖 노력에도 불구하고 철학자들은 아직도 이 문제에 대해 활발하게 논쟁을 벌이고 있다. 캘리코트는 땅의 윤리의 윤리적 기초에 대해 사려 깊지만 논쟁을 유발하는 해석을 한 바 있다. 서양의 주류 철학은 최소한 정언(절대)명령이 요구하는 막강한 힘을 고려해 볼 때, 땅의 윤리가 갖고 있는 윤리적 토대는 그다지 확고한 것은 아니라고 본다. 어쩌면 서양 철학자들이 윤리학에 너무 많은 것을 요구하는 것인지도 모른다. 우리가 바랄 수 있는 최선의 것은 감정과 동감, 사랑에 기초한 윤리학일 것이다.

전체주의에 대한 반론에 캘리코트는 다음과 같이 대응한다. 캘리코트에 따르면 땅의 윤리는 형이상학적 전체주의를 채택하는데, 이것은 상당한 윤리적 함의를 지닌다. 우리는 7장에서 이미 레오폴드의 형이상학적 전체주의에 대한 캘리코트의 해석을 만난 바 있다. 그는 '기능적 에너지'라는 생태학 용어를 사용해 레오폴드의 먹이 피라미드를 설명하면서 관계와 전체의 형이상학적 우위를 주장한다.

> 생태학은 유기체의 다른 유기체와 환경 간의 관계를 다루는 학문이다. ……대상의 존재론적 우위와 관계의 존재론적 종속이 고전적인 서양 과학의 특징이었는데, 이것은 생태학에서 완전히 역전된다. 즉 유기체가 생태적 관계를 규정하는 것이 아니라, 생태적 관계가 유기체의 본질을 규정한다. 종은 그것이 생태계의 적소로 적응할 때 자신의 본질을 획득하는 것이다. 체계 자체, 즉 생태계가 그것의 구성 요소들을 말 그대로 형성하고 만드는 것이다.[33]

또 다른 곳에서 캘리코트는 다음과 같이 말한다.

> 근대 생물학의 관점에서 종은 생태계의 적소에 자신을 적응시킨다. 다

---

[33] 같은 글, 87쪽.

른 유기체(포식자, 먹이, 기생생물, 죽은 유기체)와의 현실적 관계, 그리고 물리적, 화학적 조건(기온, 복사열, 염분, 바람, 토양, 물 pH)과의 현실적 관계가 자신의 외적 형태, 즉 신진대사 과정, 생리 과정, 재생산 과정을 규정하고, 심지어는 자신의 심리적, 정신적 능력마저도 결정한다.[34]

근대 생태학에 기초해 캘리코트는 "각 부분의 본질은 전체에 대한 그것의 관계를 통해서 결정되기 때문에, 사물보다는 관계가 우선하며, 생태계를 구성하는 종들보다는 생태계가 논리적으로 우선한다"고 주장한다.[35] 그래서 생태학적 전체주의는 우리를 실재 배후의 본질로 안내한다. 캘리코트는 생태학은 형이상학적 함의만 지니는 것이 아니라 윤리학적인 결론으로 나아간다고 믿는다.

생태학적 관점에서 개별 유기체는 분화되긴 했지만 연속적인 전체에 비해 덜 분명한 대상이기 때문에 자아와 타자의 구분은 흐릿해진다. ……상상력을 통해 자기 내부로부터 밖으로 이동함에 따라 나 자신과 나의 환경의 명확한 경계를 발견하기란 불가능하다. ……실로 세계는 나의 확대된 몸이다.[36]

그래서 "자아를 관계적으로 보는 관점은 이기주의를 환경주의로 전환시킨다." 나는 자연과 하나이기 때문에, 자연을 보존하고 보호하는 것(환

---

34 J. Baird Callicott, "The Metaphysical Implications of Ecology", *In Defense of the Land Ethic*, 110쪽.
35 같은 글, 110-111쪽.
36 같은 글, 112-113쪽.

경주의)은 나 자신의 이익(이기주의)이다. 따라서 캘리코트는 생태학에서 형이상학으로, 그리고 다시 윤리학으로 추론하면서, 생태학적 사실로부터 윤리적 가치로의 가교를 마련한다.

여기서 두 가지 문제가 제기된다. 과연 생태학은 캘리코트가 주장하는 전체주의를 채택할 근거를 마련해 주는가? 그리고 전체주의는 타당한 환경윤리로 우리를 이끄는가?

이 쟁점들은 둘 다 심각한 문제에 봉착한다. 첫째, 7장의 생태학 모델에 대한 논의에서 보았듯이, 생태학자들은 캘리코트가 땅의 윤리에 귀속시킨 기능주의적 에너지 모델이 자연에 대한 정확한 서술인지에 대해 아직 합의하지 못했다. 더욱 중요한 사실은 과학적 관찰에서 형이상학적 결론을 이끌어 내려는 시도에 대해서는 주의할 필요가 있다는 것이다. 실제로 대부분의 철학자들은 형이상학과 인식론이 과학보다 앞선다고 주장한다. 과학적 주장과 관찰은 무엇이 실재이고, 무엇이 알려질 수 있는가에 대한 일련의 가정을 전제하기 때문이다. 과학은 철학적 가정 없이는 시작할 수 없기 때문에, 과학으로부터 철학적 결론을 이끌어 내는 것은 논점 선취다.[37]

현재 우리의 관심은 형이상학적 전체주의로부터 환경주의 윤리로의 추론이다. 캘리코트는 개인들의 본래적 가치는 서양 철학의 기본 전제라는 점을 상기시킨다. 앞의 장들에서 살펴보았듯이 본래적 가치의 문제는 동물의 복지와 권리로부터 탈피해 더 폭넓은 환경윤리학으로 향하는

---

37 다음 두 개의 글은 이 주장을 통찰력 있고 설득력 있게 제기한다. Andrew Brennan, *Thinking about Nature: An Investigation of Nature, Value, and Ecology*(Athnes: University of Georgia Press, 1988); Karen Warren and Jim Cheney, "Ecosystem Ecology and Metaphysical Ecology: A Case Study", *Environmental Ethics* 15(1993년 여름), 99-116쪽.

보다 일반적인 윤리적 확대주의에서 핵심적인 주제였다. 캘리코트는 인간 이외의 자연물에 본래적 가치를 부여하는 것보다는 생태학적 전체주의가 더 중요한 것이라고 말함으로써 이 문제에 대답한다. 인간은 본래적 가치를 갖는 것으로 가정되기 때문에(만약 인간이 본래적 가치를 갖고 있지 않다면 상황은 어떻게 될까?), 그리고 우리는 자아와 자연 사이를 명확하게 구별할 수 없기 때문에 우리가 자연에 본래적 가치를 부여하는 것은 정당하다는 것이다.

그러나 자아와 자연의 이러한 (의심스러운) 통합은 형이상학적 통합이지 심리학적 통합은 아니다. 캘리코트의 주장이 설사 형이상학적으로 타당하다 할지라도, 우리 대부분에 있어서 자아와 자연의 구분은 명확하고 직접적이며 현실적인 것이다. 확실히 나는 나와 자연이 하나라는 것을 믿지 못하겠다. 그리고 레오폴드와 캘리코트를 따라 흄의 용어로 말하자면, 나는 나와 자연이 하나라는 것을 느끼지 못한다. 자아와 타자 사이에 확고한 경계(그것이 형이상학적인 것이든, 아니면 자연적인 것이든)가 없다는 주장은 그 자체로 우리가 무엇을 해야 하는가를 확립할 만큼 충분한 것은 아니다. 실제로 여기서 자연주의적 오류의 문제가 다시 제기된다.

캘리코트의 형이상학적 전체주의에서 도출될 수 있는 윤리적 결론을 살펴보자. 자아가 형이상학적으로나 심리학적으로 자연계와 하나가 된다고 가정하자. 그렇다면 '나'는 무엇을 해야 하는가? 캘리코트는 내가, 새로운 '계몽된 자기 이익'에 기초해 기존에 자아를 위해 남겨 둔 본래적 가치를 자연계로 확대해야 한다고 제안한다. 그러나 왜 기존에 자연을 위해 남겨 둔 단순한 도구적 가치를 자아로 확대하기보다는 오히려 이 일을 하는가? 왜 나는 전체의 선을 위해 자아를 기꺼이 희생하고자 해서는 안 되는가? 보다 일반적으로 얘기하자면, 우리는 더 큰 선을 위하여 인간의 본래적 가치를 잃을 수도 있는가? 파시즘의 유령이 배회하고 있는 것이다.

윤리학적 전체주의에 대한 중요한 반론이 전체의 안녕을 위해 개인의 안녕을 희생해도 되느냐 하는 것이었다는 점을 기억해 보자. 원래 개인에게 부여했던 본래적 가치가 전체로 이전됨에 따라 개인은 본래적 가치가 없는 상태로 방치될 가능성이 제기된다. 우리가 우리의 애정을 자아에서 땅으로 확대함에 따라 자아는 완전히 전체에 함몰되어 도덕적 지위를 박탈당할지도 모른다.

캘리코트는 확실히 이런 반론에 대답하기 위한 방편을 가지고 있다. 때때로 그는 우리가 "차곡차곡 포개지고 중첩되는 공동체(nested and overlapping communities)" 안에 존재한다고 말하면서, 처음에는 우리의 애정이 자아와 가족으로 그리고 나중에는 보다 폭넓은 공동체로 확장되는 동심원 모델을 제안한다.[38] 이 모델에 따르면 우리는 원 중심부의 가까운 내부 집단에 이전에 부여했던 최초의 우선적 가치를 부정하지 않으면서도 도덕적 고려 가능성의 자격을 땅으로 확대할 수 있다. 그러나 내부 집단, 즉 나나 가족에 대한 책임과 외부 집단, 즉 생태계와 야생지에 대한 책임이 서로 충돌하는 상황이 벌어진다면 나는 어떻게 해야 하는가? 만약 외부 집단에 충실하면 파시즘이란 비판이 제기될 것이다. 반면 나와 가족 같은 내부 집단에 충실하면 전체주의는 자연계의 윤리적 지위를 발전시킨 것이 아닌 셈이 된다.

우리는 이러한 논의들을 어떻게 이해해야 하는가? 우리는 레오폴드의 영감을 주는 원래 저작의 간결함으로부터 벗어난 것처럼 보인다. 레오폴

---

38 이러한 견해는 캘리코트의 다음 글에서 가장 선명하게 나타난다. "Animal Liberation an Environmental Ethics: Back Together Again", *In Defense of the Land Ethic*, 3장.

드의 주장을 반론으로부터 방어하면서, 우리는 우리 자신이 철학적 논의에 깊이 빠져, 환경 문제에 대한 논의로부터 상당히 이탈했음을 알았다. 그러나 이것은 철학의 계속적인 필요성을 보여 주는 하나의 증거다. 이 책 전체를 통해서 살펴보게 되겠지만 환경 문제는 우리가 어떻게 살아야 하는가 하는 근본적인 문제를 제기한다. 우리는 이 근본적인 문제에 대한 답을 쉽게 찾으리라고 기대해서는 안 될 것이다.

7. 요약 및 결론

땅의 윤리에 대해 여전히 중요한 철학적인 반론들이 존재한다. 하지만 그럼에도 불구하고 레오폴드의 작업은 환경에 대한 철학적 성찰의 가능성을 보여 준다. 의심의 여지없이 그의 저작은 환경윤리에 관심이 있는 모든 이들에게 영감을 제공한다. 아마도 그가 행한 최대의 공헌은 생태계와 관계에 주목해 생태적 전체가 진지한 도덕적 대우를 받을 가치가 있다는 것을 보였다는 점이다. 이러한 고려가 직접적인 도덕적 지위의 형태, 아니면 간접적인 도덕적 지위의 형태를 띠어야 하는가는 알 수 없지만, 레오폴드는 이 문제가 더 이상 간과될 수 없다는 점을 우리에게 확인시켜 주었다.

생각해 봅시다

1. 농부와 목장 주인은 가축을 보호하기 위해 코요테나 늑대와 같은 포식동물을 죽여도 되는가? 이렇게 이익이 상충할 때 정부는 어떻게 대처해야 하는가?

2. 여러분은 옐로스톤 생태계에 늑대를 다시 도입하는 계획에 찬성하는가? 만약 그렇다면 여러분의 입장에 반대하는 사람들에게 자신의 입장을 설명해 보라.

3. 사슴 사냥 문제에 대해 싱어와 리건은 레오폴드와 어떻게 의견이 다른가? 개체 수의 크기, 생태계의 여건 등의 요소들은 그 문제와 어떻게 관련되는가? 이들 사상가는 가축과 야생동물의 가치에 대해 서로 다른 평가를 하는가?

4. 여러분은 인간이 생명 공동체의 평등한 시민이라는 견해에 동의하는가? 인간을 자연의 지배자로 보는 입장과 평등한 시민으로 보는 입장도 아닌 그 중간 입장은 없는가?

5. 레오폴드는 '죽은 지구'가 일정한 생명성을 지닌 하나의 유기체라고 주장한다. 살아 있는 유기체와 무생물의 차이는 정확히 무엇인가? 지구는 과연 살아 있는 존재인가?

6. 땅 또는 생태계에 대해 비유가 아닌 방식으로 '건강한', '건강하지 못한'이라는 표현을 쓸 수 있는가? '건강한' 생태계가 의미하는 바는 도대체 무엇인가?

7. 1장 말미에서 제기된 질문, 즉 자연적인 것은 무엇이든 다 좋은가 하는 문제로 돌아가 보자. 이 문제에 대한 여러분의 생각은 그때나 지금이나 변함이 없는가, 아니면 변했는가?

9장
급진적 환경철학:
심층생태주의와 생태여성주의

토론 사례 | 환경운동인가, 에코테러리즘인가?

상당수의 전문가들에 따르면 환경 파괴는 개인의 행동이 아니라 사회적, 경제적, 문화적으로 깊이 각인된 가치들과 관행에서 발생한 결과다. 만약 그렇다면 그런 만큼 환경을 위한 활동은 단순히 개인의 노력이나 개선이 아니라 광범위한 사회적 변화가 필요할 것이다. 그래서 환경윤리는 개인의 도덕 문제가 아니라 환경 정치의 문제가 된다.

그러나 환경 문제가 깊게 고착된 사회상황과 연관된 것이라면 변화에 대한 반대 또한 깊게 각인되어, 현재의 정책을 변화시키려면 다양한 정치적, 사회적 활동이 필요할 것이다. 입법을 위한 로비활동, 편지 보내기 운동, 특정 정치 후보 지원, 집회와 기념식에 참여하기, 항의 햇불 들기, 소송 걸기, 불매운동 등은 모두 다양한 정도에서 지금의 환경정책에 영향을 미쳐 왔다. 이러한 행동은 기존 정치 경제 제도권 내에서의 활동을 통해서

3부 환경윤리학의 이론들

효과적인 변화가 가능하리라는 가정에서 나온 것이다.

그러나 정치 경제 체제 그 자체가 환경 문제에 책임이 있다고 우리가 믿는다면 어떻게 해야 하는가? 오염 유발자와 개발론자들의 정치 경제적 영향력, 느슨한 법 집행, 언론의 편견과 불충분한 보도, 이기심, 경쟁, 소비를 부추기는 경제 체제, 자기 재산을 마음대로 사용하는 것을 허용하는 사유 재산제도는 제도권 안에서의 활동 효과를 감소시키는 요인들이다.

그렇다면 환경적이고 생태적인 목적을 위한 비합법 수단은 정당화될 수 있는가? 환경보호를 위한 비합법 활동은 두 가지로 구분할 수 있다. 오랜 전통을 갖고 있는 시민 불복종과 관련된 것이 그 하나이고, 다른 하나는 '에코사보타주(ecosabotage)' 또는 '에코테러리즘(ecoterrorism)'이라고 불리는 것이다.

시민 불복종 운동은 헨리 데이비드 소로와 마하트마 간디, 마틴 루터 킹 같은 다양한 사상가의 삶과 저작에 기원을 둔다. 일반적인 의미에서 시민 불복종 운동은 도덕적인 이유에서 정부 정책에 반대해, 그것을 저지하기 위한 수단으로 법에 고의적으로 불복종하는 것이다. 그래서 항상 그런 것은 아니지만 그들은 종종 법에 저항한다. 미국 시민운동가들은 간디의 지침을 따라 공공시설에서 인종에 따라 분리된 좌석에 앉기를 거부함으로써 인종분리정책과 인종차별정책에 저항해 왔다. 한편 소로는 정부가 노예제를 지원하는 것에 항의하기 위해 세금 납부를 거부했다. 시민 불복종의 주요 옹호자들은 대부분 비폭력을 고수했고, 자신의 행동에 대한 책임(처벌)을 감수했다.

이런 맥락에서 보면 환경운동가들의 행위 상당 부분은 시민 불복종 행위로 분류될 수 있다. 환경운동단체인 그린피스가 아마도 시민 불복종으로 가장 유명한 단체일 것이다. 그린피스 대원들은 출입이 금지된 핵실험

지역에 배를 타고 들어가고, 오염을 비난하는 깃발을 걸기 위해 굴뚝에 기어 올라가고, 포경선의 작업을 방해하거나 포경선으로 돌진하기도 한다. 이러한 행동은 형법에 저촉되거나 경범죄에 해당되는 일이긴 하지만, 인명이나 재산에 대해서는 특별한 위험을 주지 않는다. 이러한 행동을 지지하는 사람들은 미국에서 20세기의 민권 운동가의 시민 불복종이 정당한 것처럼, 자신들의 행동도 정당하다고 주장할 것이다.

또한 지금의 시점과 문화는 사람들이 자신들이 심각한 잘못에 연루되었다는 것을 이제야 서서히 인식하는 수준에 머물러 있기 때문에, 정상적인 정치적 법적 절차로는 변화가 이루어지기 어렵다고 주장할 수도 있을 것이다. 시민 불복종 행위가 언론에 보도되고, 환경운동가의 체포와 재판이 여론화된다면, 여론의 주목을 이끌어 내고 대중의 행동을 유도하는 매우 효과적인 수단이다. 법의 위반에서 오는 부정적 결과를 최소화하고, 행동이 신중하고 비폭력으로 이루어졌고, 또한 결과도 좋았다면, 시민 불복종은 정당화될 수 있다고 주장하기도 한다.

몇몇 환경운동가들은 그런 정치적인 항의가 엄밀히 보면 불법적인 것이긴 해도 환경을 보호하기에는 충분하지 못하다고 믿는다. 그래서 정치적 행위를 하지 않을 경우 환경적으로 참혹한 결과가 나온다는 사실을 고려한다면 시민 불복종 이상의 행위도 정당화될 수 있다고 여긴다. 그래서 그들은 '멍키렌칭(monkey wrenching, 방해 전략)'이라 불리는 사유재산 파괴 행위도 환경을 지키기 위해서는 도덕적으로 정당화될 수 있다고 주장한다. 더 나아가 '에코테러리즘'이라 불리는 개인과 재산에 대한 폭력도 도덕적으로 정당화될 수 있다고 주장하기까지 한다.

멍키렌칭은 에드워드 애비(Edward Abbey)의 소설 『멍키렌치 갱*The Monkey Wrench Gang*』 시리즈를 통해 유명해졌다. 급진적 환경운동단체인 어스 퍼스트(Earth First)!는 대놓고 멍키렌칭을 옹호하지는 않았지만 사실상 조장하는 측면이 없지 않다. 빌 디벌(Bill Devall)은 멍키렌칭을 "배의 어구나 벌목 장비를 해체해 못쓰게 만드는 것처럼 특정 장소의 환경 파괴에 사용되는 조형물을 고의적으로 못쓰게 하는 행위"로 정의한다. 또한 디벌은 '에코사보타주' 또는 '에코타주(ecotage)'를 '어떤 장소를 방어하기 위해 환경 파괴와 관련된 기술적, 관료적 행위가 이루어지지 못하도록 하는 것'이라고 정의한다. 멍키렌칭의 전형적인 예에는 나무에 대못 박기(벌목을 하지 못하도록 쇠 대못을 나무에 박아 넣는다), 공사 차량이나 벌목 차량의 연료탱크에 모래 퍼넣기, 전력선 절단하기 등이 있다. 동물해방운동단체가 동물을 구하는 과정에서 실험실을 파괴하는 것도 마찬가지로 재산 파괴 행위라고 볼 수 있다.

시민 불복종 운동의 고전적인 사례와는 달리 멍키렌칭과 에코사보타주는 발각되지 않기 위해 야밤에 행해지곤 한다. 1986년 해양보호목자협회(Sea Shepherd Conservation Society)는 항구에 정박해 있던 아이슬란드 국적의 포경선 두 척을 침몰시켰다. 이들은 야밤에 은밀히 배에 잠입해 해수판을 열어 배를 가라앉혔다. 이것은 시민 불복종 행위와 달리 일종의 재산 파괴 행위이며, 그 자체로 폭력적인 행위는 아니지만 인명이 죽거나 다칠 가능성도 있다. 벌목꾼이 벌목하는 도중 톱이 쇠 대못에 부딪혀 부상을 입기도 하는 것이다.

해양보호목자협회 대원들은 두 척의 배를 침몰시켰지만 세 번째 배를 침몰시키지는 않았다. 야간 경비원이 그 배에 승선해 있는 것을 발견했기 때문이다. 그들은 미리 사람은 다치지 않게 하기로 결의했던 것이다. 이것은 1985년 있었던 프랑스 정부의 그린피스 대원에 대한 조치와 대조된다. 그린피스는 프랑스가 핵무기 실험을 계획했던 제한 해역으로 그들의 배 '레인보우 워리어 호(Rainbow Warrior)'를 띄웠다. 프랑스 정부는 위조

여권을 가진 정보부원을 뉴질랜드로 잠입시켜, 레인보우 워리어 호를 침몰시켰는데, 배가 침몰하면서 그 배에 타고 있던 승무원도 죽었다. 또한 1995년 가을 프랑스군은 국제 해역에서 핵실험하는 것에 항의하는 여러 척의 그린피스 선박을 강제로 나포했다.

지구해방전선(Earth Liberation Front, ELF)은 느슨한 연결 조직을 갖고 있지만, 에코사보타주의 필요성을 주장해 온 단체다. 이 단체는 1996년 콜로라도 주 베일 스키리조트 방화사건, 미시간 주 및 워싱턴 주의 대학 실험실 폭발물 설치 사건, 2006년 샌디에이고의 콘도 및 SUV 대리점 방화사건에 연루되었다.

2001년 미연방수사국(FBI)은 이 단체를 '테러 위험 단체'로 규정하고, 에코테러리즘을 미국의 매우 위험한 국내 테러라고 보았다. 2005년과 2006년 FBI는 '백파이어 작전'을 시작했고, 그 결과 국내 테러 혐의로 30명을 기소했다.

토론 주제

1. 환경을 보호하기 위한 시민 불복종은 정당화되는가? 만약 그렇다면 언제 왜 정당화되는가? 여러분은 환경을 보호하기 위해 어떤 법에 불복종할 것인가?

2. 오래된 나무숲을 벌목하는 것을 막기 위한 수단으로 나무에 대못을 박는 것은 정당한 방법인가? 이것은 비폭력적 형태의 시민 불복종 행위인가?

3. 서구의 전통 상당 부분에서 정부는 중요한 사회적 목표를 위해 폭력과 살인을 정당화할 때가 있었다. 정의로운 전쟁과 정당방위가 폭력이 윤리

적으로 정당화되는 두 가지 방식이다. 때때로 우리의 문화는 무고한 생명을 보호하는 최후의 수단으로 폭력을 승인해 왔다. 인간이 아닌 자연 생명체를 위해 개인에게 폭력을 행사하는 것은 정당화되는가? 정의로운 전쟁이나 정당방위에 기초한 논거들은 생태 문제로 확대될 수 있는가?

4. 정치적 행위를 하지 않을 경우 환경적으로 참혹한 결과가 나온다는 사실이 일반 시민이나 민간 기업에 대해 불법적인 행위를 하는 것을 정당화할 수 있는가? 예를 들어 사람이 거주하지 않는 시설물이나 SUV 차량에 방화하는 에코사보타주 행위는 도덕적으로 정당화되는가?

5. 방화 같은 에코사보타주 행위는 일종의 테러 행위인가? 만약 그렇다면 왜 그렇고, 그렇지 않다면 왜 그렇지 않은가?

1. 서론

사회적, 문화적 비판자들은 크게 두 그룹으로 나눌 수 있다. 하나는 현재의 환경 위기를 극복하기 위해서는 단지 개량(reform)이 요구된다는 입장이고, 다른 하나는 근본적인 변혁이 요구된다는 입장이다. 지금까지 우리가 살펴본 환경철학은 모두 개량주의로 분류될 수 있다. 이것들은 경제학을 개량하고, 도덕적 지위에 대한 현재의 관점을 확대하며, 과학과 윤리학을 좀 더 잘 통합하면 된다고 보는 입장이다. 이 장에서는 현재의 환경 위기를 해결하기 위해서는 보다 급진적인 사회 변혁이 필요하다고 보는 환경철학을 살펴볼 것이다.

심층생태주의와 생태여성주의의 신봉자들은 환경 파괴의 원인이 현대 세계에 뿌리박혀 있는 문화적, 사회적 요인들에서 비롯된다고 믿는다. 이런 깊이 각인된 원인들을 건드릴 때에만, 그리고 단순한 개량이 아니라 근본적인 변혁이 있을 때에만 현재의 환경 위기를 극복할 수 있다고 본다. 증상과 원인의 관계로 이 문제를 설명해 보자.

심층생태주의자와 생태여성주의자에 따르면, 개량주의자는 오염과 자원 고갈의 문제에 집중함으로써 오로지 환경 위기의 직접적인 결과에만 주목한다. 재채기와 기침이 우리의 일상생활을 힘들게 하는 것처럼, 오염과 자원 고갈은 현대 산업사회의 라이프스타일을 힘들게 한다. 하지만 그것의 근본 원인은 살펴보지 않고 단지 약품으로 재채기와 기침을 다스리려고 하는 것은 잘못이다. 이와 마찬가지로 환경주의자가 그것들의 사회적, 인간적 원인을 다루지 않고 오로지 오염과 자원 고갈에만 관심을 갖는 것은 잘못이다. 심층생태주의와 생태여성주의는 환경 문제의 근원을 해결하기 위해서는 중대한 사회적 변화가 필요하다고 주장하며, 그런 점에서 급진적인 환경철학이라고 할 수 있다.

심층생태주의와 생태여성주의는 환경 문제의 주요 원인이 무엇이냐 하는 점에서는 개량주의적 접근과 입장을 달리한다. 심층생태주의는 현대적인 사고를 지배한다고 생각되는 일반 철학 또는 세계관에서 생태 파괴의 원인을 찾는다. 심층생태주의에 따르면 이런 지배적인 세계관의 특징은 편협한 인간 중심성이다. 현재의 위기를 극복하기 위해서는 인간과 자연에서의 인간의 위치에 대한 우리의 철학적 관점을 근본적으로 변혁시켜야만 한다. 이런 변혁은 개인적이고도 문화적인 것이며, "기본적인 경제적 이데올로기적 구조"를 바꾸는 것과 관련된다.[1] 요컨대 우리는 개인과 동시에 문화를 바꾸어야만 한다.

---

1 Arne Naess, "A Defense of the Deep Ecology Movement", *Environmental Ethics* 6(1984년 가을), 264쪽.

생태여성주의자는 이런 분석은 너무나 추상적이고 일반적이라고 주장하면서, 대신 구체적인 인간의 제도와 관행에 주목해 현재의 '불공정'한 제도와 관행을 문제삼는다. 구체적으로 그들은 자연에 대한 지배와 파괴는 지배와 위계의 사회적 유형, 즉 다른 인간들에 대한 어떤 인간들의 통제와 지배관계에서 비롯되었다고 믿는다. 최초의 페미니즘 사상가 중 한 사람인 로즈메리 래드포드 루터(Rosemary Radford Reuther)는 다음과 같이 말한다.

> 관계의 기본 모델이 지배의 모델인 사회에서는 여성의 해방도, 생태 문제의 해결도 불가능하다는 점을 여성들은 인식해야 한다. 따라서 여성들은 사회경제적 관계와 사회의 기본 가치를 근본적으로 변혁하기 위해서 여성운동의 요구와 생태운동의 요구를 결합시켜야 한다.[2]

이러한 입장에서 환경 파괴는 인간의 지배 형태의 일종인 자연에 대한 인간의 지배에서 발생하는 것으로 이해될 수 있다. 이러한 위기를 정확히 이해하기 위해서 우리는 인간에 의한 인간의 지배라는 보다 일반적인 지배의 형태를 이해할 필요가 있다.

2. 심층생태주의

땅의 윤리와 달리 심층생태주의는 하나의 원천에서 나온 것도 아니고

---

2 Rosemary Radford Reuther, *New Woman/ New Earth*(New York: Seabury, 1975), 204쪽.

체계적인 철학도 아니다. 심층생태주의라는 용어는 탈인간 중심적 이론 일반부터[3] 노르웨이의 철학자 아르네 네스(Arne Naess)의 고도로 전문적인 철학에 이르기까지 매우 다양한 환경철학을 의미하는 것으로 사용되어 왔다(예를 들어 어스 퍼스트!와 지구해방전선의 구성원들처럼). 정치 운동으로서 급진적 환경주의에 관심이 있는 사람들에게 있어 심층생태주의는 이런 환경운동을 정당화해 주는 철학이다. 최근 여러 해 동안 '**심층생태주의**'라는 표현은 주로 네스와 디벌, 조지 세션스(George Sessions)의 저작에서 발전된 환경 문제에 대한 접근을 가리키는 것으로 통용되어 왔는데, 여기서는 이것을 다룰 것이다.[4]

심층생태주의는 우리가 앞에서 이미 다룬 많은 사람들과 그들의 입장에 철학적 뿌리를 두고 있다. 3장에서 다룬 기퍼드 핀쇼와 존 뮤어의 논쟁이 피상적 생태주의(핀쇼)와 심층생태주의(뮤어) 사이에서 벌어진 논쟁의 초기 버전이다. 『침묵의 봄』에서 인간 중심주의에 대한 레이첼 카슨의 비판, 그리고 서구 기독교에 대한 린 화이트의 비판 또한 19세기 소로의 낭만주의와 더불어 심층생태주의의 선구가 되었다.[5]

'심층적(deep)'과 '피상적(shallow)'의 구분은 1973년 네스에 의해 처음 도입되었다.[6] 네스는 '피상적 생태운동'을 '오염과 자원 고갈에 대한 투

---

3 예를 들면 '심층적'과 '피상적'의 구분은 반디비어와 피어스의 저작에도 나온다. Donald VanDeVeer and Christine Pierce, *People, Penguins, and Plastic Trees*(Belmont, Calif.: Wadsworth, 1986), 69-70쪽. 여기서 '피상적 생태주의'는 자연은 인간의 필요, 이익, 선과 독립된 어떤 독자적인 가치도 갖고 있지 않다는 입장을 지칭하고, '심층적 생태주의'는 자연은 인간의 이익과 무관하게 자기 고유의 가치를 갖고 있다는 입장이다.

4 Arne Naess, *Ecology, Community, and Lifestyle*(Cambridge, England: Cambridge University Press, 1989); Bill Devall and George Sessions, *Deep Ecology: Living As If Nature Mattered*(Salt Lake City: Peregrine Smith Books, 1985) 참고.

5 George Sessions(편), *Deep Ecology for the Twenty-First Century*(Boston: Shambala Publications, 1995), 9쪽.

쟁'에만 관심 있는 운동으로 규정한다. 네스는 그것이 '선진국 국민의 건강과 풍요'를 유지하는 것에 기본 목표를 둔 인간 중심적인 접근 방법이라고 주장한다. 심층생태주의는 오염과 자원 고갈의 문제에만 관심을 갖는 것의 배경이 되는 '지배적인 세계관'이라고 불리는 것을 비판해 왔다. 지배적인 세계관에 대한 이런 심층생태주의의 비판은 우리가 앞서 살펴본 생태 중심주의와 탈인간 중심주의에 기초를 둔다. 심층생태주의자들은 대안으로서 전체주의적이고 탈인간 중심적인 철학적 세계관을 구축하려고 시도한다.

그러나 철학적 세계관의 급진적 변화에 대한 요구는 곧바로 중대한 반론에 직면한다. 급진적 변화는 정의(定義)에 의해 그것의 출발점(현재의 세계관)과 근본적으로 다른 것이라면, 도대체 우리는 어떻게 그것을 이해하고 설명할 수 있는가? 어떻게 우리가 우리 자신의 개인적, 문화적 세계관이나 이데올로기에서 나와 그것을 전적으로 다른 것과 비교할 수 있는가?

심층생태주의는 이러한 과제를 해결하기 위해 다양한 전략을 채택한다. 여기에는 시민 불복종과 에코사보타주 등의 정치활동 이외에 시, 불교, 영성주의 등 다양한 수단이 포함된다. 이 운동을 이해하는 가장 좋은 방법은 자신들의 지지자들이 모두 동의하는 이념을 명확하게 보여주기 위해 네스와 세션스가 제시한 실천적 원리를 살펴보는 것이다. 여기서 강령은 다양한 심층생태주의 운동이 통합될 수 있는 근간으로 작용한다.

---

6 Arne Naess, "The Shallow and the Deep, Long-Range Ecology Movement", *Inquiry* 16(1973), 95-100쪽.

3. 심층생태주의의 강령

심층생태주의자들은 현재의 심각한 환경 위기 상황을 해결하기 위해서는 개인적, 사회적 관행을 바꾸는 정도로는 부족하며, 세계관을 근본적으로 바꿔야 한다고 생각한다. 네스와 세션스는 강령을 그들 공동의 원리로 이해하고 발전시켰다. 강령은 그것에 대한 다양한 철학적 해석을 가능하게 할 만큼 일반적인 것으로, 그리고 실제 문제에 대한 피상적 접근과 심층적 접근을 구분할 수 있을 만큼 구체적인 것으로 기획되었다.[7] 네스와 세션스가 발전시킨 강령은 다음의 원리들로 구성된다.[8]

1. 인간과 지구상에 존재하는 모든 생명체의 번성은 본래적 가치를 지닌다. 생명체의 가치는 협의의 인간의 목적에서 나오는 유용성과 무관하다.

2. 생명의 풍부함과 다양성은 그 자체로 가치 있고, 인간과 지구상에 존재하는 모든 생명체의 삶이 번성하는 데 이바지한다.

3. 인간은 없어서는 안 될 본질적 필요를 충족시키는 경우를 제외하고는 생명의 풍부함과 다양성을 축소시킬 권리가 없다.

4. 현재 자연계에 대한 인간의 간섭은 과도하며, 상황은 급속히 악화되고 있다.

5. 인간의 삶과 문화가 번성하려면 인구가 근본적으로 줄어야 한다. 자연계의 번영을 위해서도 마찬가지다.

---

7 이러한 구분에 대해서는 로덴버그의 서문을 많이 참고했다. Arne Naess, *Ecology, Community, and Lifestyle*의 Rothenberg의 "Introduction".

8 강령은 디벌과 세션스의 책 *Deep Ecology: Living As If Nature Mattered* 5장에서는 '기본 원리'로, 네스의 책 *Ecology, Community, and Lifestyle* 1장에서는 '강령'으로 표현된다.

6. 보다 나은 삶의 조건을 조성하려면 정치적 변혁이 필요하다. 정치적 변혁을 통해 경제, 기술, 이데올로기의 기본 구조를 바꿀 수 있다.

7. 이데올로기의 변화는 생활수준의 향상에 집착하는 것이 아니라 '**삶의 질**'이 갖는 의미를 인식하는 것이다. **큰**(big) 것과 **위대한**(great) 것의 차이에 대한 깊은 자각이 있어야 한다.

8. 이러한 점들을 인식하는 사람은 필요한 변화를 위해 각자에게 요구되는 행동을 할 의무가 있다.

이 원리들은 실제 환경 문제와 관련한 다양한 구체적인 주장을 설명하고 지지해 주는 근거가 된다. 예를 들어 열대우림의 계속적인 파괴와 관련해, 우리는 원리 1, 2, 3에 호소할 수 있다. 또한 원리 5와 7은 자원 보전, 인구 문제, 소비 문제, 원자력과 관련된 에너지 정책을 개발하는 데 중요하다.

또한 강령은 과학으로서 생태학이 심층생태주의에 영향을 미치는 방식을 잘 보여 준다는 점도 중요하다. 어떤 의미에서 생태학은 원리 4와 5의 직접적인 이유를 제공한다. 그리고 원리 1과 2의 의미를 설명하고 방어하는 데에도 관계된다. 생태학은 비환원주의적, 전체주의적 세계관을 뒷받침한다는 의미에서 생태철학에 중요하다.

더 구체적으로 이야기하면 생태학과 보전생물학이 도달한 결론은 종종 '무지의 선언(statement of ignorance)'이다. 네스는 "과학자들이 작은 규모의 생태계에 대해서조차 새로운 화학적 소재가 미치는 결과를 정확히 예측할 수 있는 경우는 드물다"라고 말한다. 이런 과학적 무지를 감안할 때, 자연계에 대한 개입 정책을 주장하는 사람에게 입증 책임이 있다.

왜 자연에 개입하려는 사람에게 입증 책임이 있을까? 우리가 개입하려고 하는 생태계는 일반적으로 특정 안정 상태에 있으며, 이러한 상태가 간섭과 그로 인해 야기되는 예측 불가능하고 광범위한 변화 상태보다는 인류에게 유익하다고 볼 나름의 이유가 있다. 자연에 대한 개입으로 심각하고 바람직하지 못한 결과가 산출된 이후에는 이것을 원래 상태로 복원시키는 것은 일반적으로 가능하지 않다.[9]

따라서 과학적 이해가 윤리학적 분석에 공헌하는 것과 같은 방식으로 생태학은 심층생태주의에 공헌한다. 우리는 이러한 생태학적 이해를 기초로 해서 세계에 대해 더 잘 알 수 있고, 윤리적 평가와 처방도 더 잘 내릴 수 있게 된다. 생태학적 이해는 새로운 통찰을 제공하기 때문에 생태학에 기초한 윤리학은 새로운 가치평가와 처방을 제공할 수 있을 것이다.

4. 형이상학적 생태학

땅의 윤리와 마찬가지로 심층생태주의도 다양한 방식으로 생태학에 의존한다. 생태학은 자연 생태계가 작동하는 방식에 대해 많은 정보를 준다. 또한 생태학은 환경의 무질서를 진단하고, 이 무질서를 교정하는 정책을 입안하는 데도 도움을 준다. 생태학은 자연 생태계에 대한 이해를 제공하는데, 이런 이해가 우리가 평가하고 추천을 할 수 있는 토대가 된다. 뿐만 아니라 환경 문제에 대한 섣부른 기술적 처방에 대해 경고한

---

9 Arne Naess, *Ecology, Community, and Lifestyle*, 26-27쪽.

다. 레오폴드가 언급한 주제를 다시 다루면서 네스는 환경 변화에 대한 겸손하고도 제한적인 접근 방식을 옹호한다.

그러나 네스는 과학의 한계를 인식하면서, 우리가 생태학에 지나치게 의존해서는 안 된다고 경고한다. 그는 생태학을 궁극적 과학이라고 보는 입장을 '생태학주의(ecologism)'라고 부르면서, 거기에는 위험이 도사리고 있다고 주장한다. 우리가 구체적인 문제에 대한 해결책을 찾을 때 생태학에 지나치게 의존하면 위험이 발생한다. 생태학을 구체적인 문제에 대한 과학적 답변을 제공해 주는 또 다른 과학으로 보는 것은 신속한 기술적 처방에 대한 일반적인 피상적 희망에 유혹된 것이다.

네스는 심층생태주의의 기본 취지에 어울리게 야생지 파괴와 멸종 같은 환경 문제는 우리가 어떻게 살아야 하는가에 대한 근본적 물음과 관계된다고 본다. 최근 '생태주의적 관점'의 발전이 단지 하나의 피상적인 기술적 처방을 다른 피상적인 기술적 처방으로 대치하는 것으로 사용될까 걱정한다. 그것은 생태학을 징후를 다루는 단지 새로운 수단으로 보는 것이다. 그것은 환경 위기의 근본 원인에 대해 보다 깊이 탐구하려는 시도를 좌절시키는데, 그렇게 되면 생태학은 보다 근본적인 주제에 대한 관심에서 이탈하는 것이다. 문화의 기본 가정을 문제 삼으려는 운동을 탈선시키는 정치 전략의 일부로 생태학이 이용될 위험이 있다. 네스는 이와 관련해 심층생태주의 운동의 정치적 성격을 분명히 해야 하며, 그러기 위해서는 '탈정치화 전략에 대한 투쟁'이 요구된다고 주장한다.[10]

과학으로서의 생태학은 환경 위기의 배경이 되는 근본적인 문제에 대한 사유 모델을 제공한다. 심층생태주의자들은 생태학에서 영감을 얻어

---

10 같은 책, 130-133쪽.

다양성, 전체주의, 상호의존성, 관계 등과 같은 문제에 대해 생태학으로 통찰하는 대안적 세계관을 추구한다. 또한 그들은 환경 위기의 근원을 근본적인 철학적 원인에서 찾는다. 이러한 입장에 따르면 기본적인 세계관과 관행을 바꿔야 환경 문제가 해결될 수 있다. 이런 근본 문제에는 '인간의 본성은 무엇인가?', '인간과 자연의 나머지 부분과의 관계는 어떤가?', '실재의 본질은 무엇인가?' 등이 포함된다. 이러한 물음은 전통적으로 **형이상학적** 문제로 규정되어 왔다. 그래서 심층생태주의는 윤리학의 문제뿐만 아니라 형이상학과 존재론의 문제에도 관심을 갖는다. 심층생태주의자들은 현재 환경 문제의 원인이 상당 부분 근대 산업사회의 지배적인 철학에 전제되어 있는 형이상학에 있다고 본다. 그리고 과학적 생태학이 아니라 **형이상학적 생태학**에 초점을 맞춘다.

근대 산업사회 배후에 깔린 지배적인 형이상학은 기본적으로 '개체주의적'이고 '환원주의적'이다.[11] 이것은 개체만이 실재한다고 주장하면서, 대상을 가장 기본적인 요소로 환원함으로써 실재의 근본에 접근한다. 그리고 그것에 따르면, 가장 기본적인 요소들이 무엇이든 간에, 요소들은 엄밀한 물리법칙에 따라 서로 관계를 맺는다. 그러나 지배적인 세계관은 인간을 자연의 나머지 부분과 근본적으로 다른 존재로 본다. 개별 인간으로서 우리는 '마음' 또는 '자유의지', '영혼'을 갖고 있는데, 이것이 우리를 나머지 자연을 지배하는 엄격한 기계적 결정론으로부터 해방시켜 준다. 그래서 지배적인 세계관은 7장에서 다룬 형이상학적 전체주의를 거부한다.

지배적인 세계관을 거부하는 것이 심층생태주의 형이상학의 핵심이

---

11 '지배적인 근대의 세계관'에 대해서는 디벌과 세션스의 책 *Deep Ecology: Living As If Nature Mattered* 3장을 참고하라.

다. 생태학으로부터 단서를 얻어, 심층생태주의 형이상학은 개체 인간이 자연으로부터 독립되어 있다는 관점을 거부한다. 인간은 우리를 둘러싼 환경의 일부이지, 환경과 분리된 존재가 아니다. 인간은 환경의 다른 요소들과의 관계에 의해 구성된다. 중요한 의미에서 환경(여기에는 생명과 무생명이 모두 포함된다)이 우리 인간이 어떤 존재인지를 규정한다. 인간들 간의 관계, 그리고 인간과 자연의 관계가 없다면, 인간은 말 그대로 완전히 다른 존재가 될 것이다. 인간을 사회적, 자연적 환경으로부터 고립된 '개체'로 환원시키는 철학은 근본적으로 잘못된 것이다.

오스트레일리아의 철학자이자 심층생태주의자인 워릭 폭스(Warwick Fox)는 이 점을 다음과 같이 말한다.

> 그것은 존재의 장(場)에서 확고한 존재론적 구분이 불가능하다는 이념이다. 즉 인간의 영역과 인간이 아닌 존재의 영역의 이분법은 실재에서는 존재하지 않는다. ……그것의 경계를 인정하는 것은 그만큼 심층적인 생태주의적 관점이 결여된 것이다.[12]

8장에서 설명한 캘리코트의 형이상학적 전체주의를 연상시킬 정도로 심층생태주의자들은 개체의 실재성(최소한 서양 철학에서 말하는)을 부정한다. 체계 안의 관계로부터 분리되어 존재하는 개체는 있을 수 없다. 인간의 본성은 자연과 분리될 수 없다. 인간을 개체로 보는 관점은 지배적인 세계관이 인간을 보는 관점인데, 이것은 실재에 대한 왜곡으로, 매우 위험하고 잘못된 형이상학이다.

---

12 Warwick Fox, "Deep Ecology: A New Philosophy for Out Time?", *Ecologist* 14(1984), 194-200쪽. 그리고 디벌과 세션스의 책, 66쪽.

의심의 여지없이 이러한 사고방식은 많은 사람들로 하여금 심층생태주의를 환경철학의 변방으로 좌천시키고 싶은 생각이 들게 한다. 확실히 심층생태주의가 주장하는 내용은 서양 철학의 주류로부터의 급진적인 이탈이다. 그러나 관점을 근본적으로 변화시켜야 한다고 요구하는 것들은 모두 이해하는 데에 어려움이 있을 수밖에 없다. 하지만 우리는 그러한 입장을 이해할 수 있다는 희망을 가지고 다양한 방식으로 심층생태주의에 접근하고자 한다.

먼저 과학적 생태학에서 힌트를 얻어 심층생태주의에 대한 이해를 시도해 보자. 생태계를 태양에너지와 화학에너지가 흐르는 에너지 회로로 본다면, 우리는 개별 유기체를 화학적, 생물학적 과정 그 자체보다는 덜 영구적이고, 덜 실재적인 존재로 볼 수 있다. 개별 유기체는 왔다가 사라지지만 과정은 환경 조건이 허용하는 한 계속된다. 개별 유기체는 화학적 과정이 일어나는 장소로 생각할 수 있다.

이러한 결론에 도달하는 또 다른 접근 방식은 개별 유기체가 살아 있다는 것이 무엇을 의미하는가에 대해 생각해 보는 것이다. 최소한의 화학적, 생물학적 과정이 계속되어야만 개별 유기체는 살 수 있다. 이 과정이 그치면 유기체의 삶도 그친다. 그래서 유기체가 생존하기 위해서는 먼저 과정이 있어야 한다. 과정이 존재할 때 삶도 존재한다. 따라서 삶이 존재하기 위해서는 과정이 필요하다. 화학적, 생물학적 과정은 삶의 필요충분조건이기 때문에, 과정은 개별 유기체보다 더 실재적이거나 최소한 개별 유기체만큼은 실재적이라고 말할 수 있다.

생물물리학자인 해럴드 모로비츠(Harold Morowitz)도 이와 유사한 주장을 했다.

3부 환경윤리학의 이론들

근대 생태학의 관점에서 보았을 때, 모든 생명체는 흩어져 사라지는 구조다. 즉 그것은 그 자체로 지속되는 것이 아니라 체계에서 에너지의 연속적인 흐름의 결과로 지속된다. ……이러한 관점에서 보면 개체의 실재성은 의심스럽다. 왜냐하면 개체는 그 자체로 존재하는 것이 아니라 우주의 에너지 흐름의 국지적 요동으로서만 존재하기 때문이다. ……다음의 예가 이런 사실을 이해하는 데 도움이 될 것이다. 흐르는 물줄기의 소용돌이를 생각해 보자. 소용돌이는 끊임없이 변화하는 물분자로 이루어진 구조다. 그것은 과거 서구적 의미의 실재로 존재하지 않는다. 물의 흐름이 있을 때만 존재한다. 흐름이 멈추면 소용돌이도 사라진다. 같은 의미에서 생물학적 실체가 이루어지는 구조는 일시적이며 고정적이지 않다. 그것은 구조와 형태를 유지하기 위해 에너지의 항상적 흐름에 의존하는 계속 변화하는 분자들로 이루어진다.[13]

끝으로 '개체주의'라는 개념을 살펴봄으로써 형이상학적 생태학을 더 잘 이해할 수 있다. 우리는 개체라는 말이 의미하는 것이 무엇인지를 잘 알고 있다고 생각한다. 보통 **개체**를 명사(하나의 개체, 그 개체)로 사용하지만, 그 말은 형용사(개체적 인간, 개체적 나무 등)로 사용할 때 정확한 것이 된다.

여러분이 밖에 나가 자기가 본 개체들을 세어 보라는 명령을 받았다고 가정해 보자. 아마 여러분은 그것의 의미가 개체 인간을 세어 보라는 말로 이해할 수도 있겠지만, "어떤 개체요?"라고 물어볼 수도 있을 것이다.

---

13 Harold Morowitz, "Biology as a Cosmological Science", *Main Currents in Modern Thought* 28(1972), 156쪽. 캘리코트는 이 부분을 인용하면서 세밀히 검토한다. J. Baird Callicott, "Metaphysical Implications of Ecology", *Environmental Ethics* 9(1986년 겨울), 300-315쪽. 여기서 캘리코트는 17세기 물리학에서 기계론적 모델이 나왔던 것처럼, 이것을 대치하는 생태학에서도 '공고한 형이상학적 합의'가 나오고 있다고 주장한다.

이것은 개체에 대해 말할 때, 우리는 이미 우리의 경험을 특정 방식으로 결정하는 형이상학 또는 세계관을 채택했다는 것을 말해 준다. 우리의 일상 언어는 고립되고 분리된 유기체들이 가장 실재적이라고 보는 형이상학을 전제하는 것으로 보인다. 그러나 마찬가지로 개체 공동체, 개체 생태계, 개체 종, 개체 화학적 순환을 언급한다고 가정해 보자. 또는 개체 신체 부분, 개체 장기, 개체 세포, 개체 분자, 개체 원자 등을 언급할 수 있다고 가정해 보자. 개체 인간은 더 큰 개체(예를 들어 종이나 생태계)의 부분이거나 더 작은 개체(예를 들어 장기나 세포)의 집합체로 볼 수 있다.

이것의 의미는 세계는 '개체'와 '전체' 같은 범주로 처음부터 구분되지 않는다는 것이다. 오히려 세계를 이해하는 특정 방식이, 그리고 세계를 이해하는 특정 필요가 개체로 간주되는 것과 전체로 간주되는 것을 결정한다. 심층생태주의에 따르면, 지배적인 세계관은 개체와 주위 환경의 인위적 구분을 전제한다. 이 형이상학은 그것이 환경 파괴를 불러옴으로써 위험한 것임이 판명되었다. 생태학에서 영감을 받은 대안적 형이상학을 통해 우리는 환경 문제를 극복할 수 있다.

5. 형이상학에서 윤리학으로

아마도 심층생태주의에서 철학적으로 가장 도전적인 부분은 형이상학적 견해를 그것으로부터 도출된 규범적 처방과 연결시키는 일일 것이다. 이 책의 전반부에서 우리는 표준적인 윤리 이론들이 어떻게 확대되어 환경 문제에 적용되는지를 살펴보았다. 그때 나는 환경 문제와 관련해 전통 윤리학이 한계점에 도달했다고 주장하는 최근의 비판자들에 대

3부 환경윤리학의 이론들

해 언급한 적이 있다. 여기서는 심층생태주의를 중심으로 대안적 입장이 전통 윤리학과 어떻게 얼마나 다른지 살펴볼 것이다.

환경 문제는 새로운 윤리학뿐만 아니라 새로운 형이상학을 요구한다. 여기서는 심층생태주의자들이 형이상학적 생태학에서 윤리적, 정치적 관심으로 넘어가는 과정을 살펴본다.

서양의 철학적 전통에서 가장 근본적이고 공통적인 구분은 **객관성**과 **주관성**의 구분이다. 서양의 주류 형이상학은, 특히 존재론 분야는 실재의 본질을 고찰한다. 여기서 실재 세계는 인간과 독립해 존재하는 것으로 간주된다. 이것이 객관 세계이고, 과학의 목표는 이러한 실재를 이해하는 것이다. 그러한 한에서 과학적 주장은 '참되고', '객관적'인데, 그 이유는 과학적 주장이 실재와 대응하기 때문이다. 반면 인간은 세계를 해석하고, 판단하고, 지각하고, 가치 평가하고, 감정을 느낀다. 이러한 인간적 요소들은 인간에 의존하기 때문에 '주관적'이다. 그리고 그것들은 인간에 의존하기 때문에 실재 세계에 대한 객관적인 '진리'로 오해되어서는 안 된다.

일반적 의미에서 이러한 구분은 인식론 및 윤리학과 관련하여 중요한 함의를 갖는다. 심층생태주의자들은 이러한 구분이 자연을 이해하고 가치 평가하는 데 부정적인 영향을 미친다고 믿는다.

인식론적으로 볼 때, 자연에 대한 객관적 기술은 측정될 수 있고 테스트될 수 있으며 검증될 수 있다. 반면 자연에 대한 주관적 판단은 자의적이고 예측 불가능하며 편파적이고 검증 불가능하다. 객관적 기술은 합리적이고 참일 수도 있지만, 주관적 판단은 그럴 수가 없다. 윤리학에서 가치(당위)에 대한 주관적 판단은 사실(존재)에 대한 객관적 기술에서 도출될 수 없다.

이러한 구분을 정교하게 하기 위해 17세기의 철학자들은 **제1성질과 제2성질**을 구분한다. 제1성질은 대상 안에 존재하는 성질로, 대상을 참되고 객관적으로 표현하는 것으로 간주된다. 크기, 형태, 질량, 연장, 운동이 제1성질의 예다. 그것들은 대상 안에 존재하는 성질이다. 반면 제2성질은 대상과 관찰자의 상호작용의 결과로 존재한다. 대상의 색깔, 감촉, 맛, 냄새 등이 제2성질에 해당한다. 그것들은 그것들을 경험하는 인식자가 있어야만 존재할 수 있다. 제2성질은 인식자에게 의존하기 때문에 주관적인 것이지 대상 그 자체의 일부는 아니다.

이러한 17세기적 시각에서 보자면 과학의 역할은 대상의 제1성질을 완벽하게 기술하는 것이다. 제1성질은 모두 수학적 개념으로 기술될 수 있기 때문에, '실재적(real)' 세계는 수학적 물리학과 역학의 세계가 된다. 예를 들어 '실재 나무'는 색깔을 갖고 있지 않다. 나무들은 빛의 파장만을 반영할 뿐이다. 그래서 우리가 다른 눈을 갖고 있다면 나무도 다르게 보일 것이다. 또한 나무는 '무겁지' 않고, 다만 질량을 가질 뿐이다. 우리가 지금보다 더 크고 힘센 존재라면, 나무는 지금 보이는 것처럼 무겁지 않을 것이다. 그래서 색깔, 무게, 취미 같은 제2성질에 대한 기술은 과학적으로 부적절한 것이 된다. 그것들은 참되지도, 합리적이지도, 객관적이지도 않다.

나아가 **제3성질**에 대한 판단은 자연물에 대한 한층 더 복잡한 기술로, 제2성질에 대한 기술보다는 덜 객관적이고, 덜 참되다. 예를 들어 나무를 '장엄하다', '아름답다', '경외감을 불러일으킨다'라고 서술하는 것은 단지 개인의 의견을 말하는 것뿐이다. 색깔은 대상과 주체의 상호작용(굴절된 빛의 파장과 신경세포의 반응)을 통해서 존재하는 것이지만, 아름다움은 전적으로 관찰자의 눈에서 존재하는 것이다.

3부 환경윤리학의 이론들

이러한 구분과 이러한 구분으로부터 나오는 가치와 관련된 결론들이 어떻게 주관과 객관의 구분에 의존하는지를 알아보자. 심층생태주의자들은 인간 주체가 본질적으로 자연계에 속한다고 생각한다. 이렇게 생각할 경우, 객관과 주관, 실재적인 것과 지각된 것, 사실과 가치의 이분법의 근거는 취약해진다. 물론 우리는 이러한 구분을 여전히 할 수 있고, 또 이러한 구분은 우리에게 편리한 면이 있긴 하지만, 그것이 가진 형이상학적 우선성은 사라진다. 실재 세계는 '외부'에 존재하지 않으며, 우리와 분리되어 존재하지도 않는다. 우리는 실재 세계 안에서 존재한다. 우리의 지각, 판단, 가치 평가는 과학의 추상적 판단만큼이나 실재적이다. 또한 우리의 가치 평가와 판단은 과학적 판단만큼 합리적이고, 참되고, 객관적이다.

이제 이러한 구분이 환경 문제에 대한 논의에서 어떤 역할을 수행하는지 살펴보자. 지배적인 세계관을 신봉하는 사람들은 종종 환경론자들을 이성보다 감정을 앞세우는 감상주의자로 취급한다. 지배적인 세계관에 따르면, 떡갈나무는 실제로는 탄소, 산소, 질소의 순환 과정에서 나름의 역할을 하는 탄소와 물 분자가 모인 것뿐이다. 만약 순환 과정에서 떡갈나무의 기능을 대체할 기술적 수단을 개발할 수 있다면, 탄소를 가구나 목재같이 더 유용한 용도에 사용하는 것이 더 합리적이다. 떡갈나무의 '장엄한' 모습을 보전하기 위해 개발에 반대하는 것은 단지 감상적인 감정일 뿐이다. 그런 감상적이고 감정적인 입장은 의사결정에 부적절하다. 지배적인 세계관에 따르면 그러한 입장은 합리적이지도, 객관적이지도, 과학적이지도 않다. 이와 관련해 네스는 다음과 같이 말한다.

개발론자와 보호론자의 대립은 실재하는 것을 경험하는 데 나타나는 어려움을 보여 준다. 보호론자가 실재로서 경험하고 보는 것을 개발론자는 그렇지 못한다. 그 역도 마찬가지다. 보호론자는 숲을 하나의 통일체, 게슈탈트로 보고 느낀다. '숲의 심장'에 대해 말할 때, 그들은 '기하학적 중심'에 대해 말하는 것이 아니다. 개발론자는 나무들의 수량을 보고, 숲을 관통하는 도로는 전체 숲의 작은 부분만을 차지한다고 주장한다. 그리고 왜 그 정도의 일에 난리법석을 피우느냐고 주장한다. 보호론자의 주장에 대해서는 도로는 숲의 중심을 건드리지 않는다고 할 것이다. 그러면서 숲의 심장은 구했다고 생각할 것이다. 이러한 차이는 윤리적인 것이라기보다는 존재론적인 것이다. ……보호론자가 보기에 개발론자는 심각한 장님이다. 우리가 어떤 환경윤리를 채택하느냐는 우리가 어떤 식으로 실재를 바라보느냐에 달려 있다.[14]

많은 심층생태주의자들에 따르면, 개체와 자연에 대한 엄격한 구분이 가능해야 객관적 판단과 주관적 판단에 대한 엄격한 구분도 가능하다. 이러한 구분은 과학과 기술의 판단을 인식론적으로 정당화된 것으로 보는 반면, 윤리학과 미학의 가치평가적 판단을 부정적인 것으로 보는 근거를 제공한다. 심층생태주의자들이 개체와 자연의 구분에 도전하는 것은 결국 객관과 주관의 엄격한 구분에 도전하는 것이다. 그리고 이것을 통해 야생의 가치와 아름다움에 대한 가치 판단이 과학적 판단만큼 합리적으로 정당화될 가능성이 열린다.

네스는 단순한 감정적 반응과 감정의 폭발이 합리적 판단은 아니라는 점을 조심스럽게 인정한다. 단순한 감정 표현은 합리적인 논증과 대화로

---

14 Arne Naess, *Ecology, Community, and Lifestyle*, 66쪽.

연결되지는 않는다. 하지만 강렬한 감정에 의해 촉발된 가치 판단은 '명확한 인지적 기능'을 갖는다. 숲의 파괴에 대한 분노의 **감정**이나 '파괴하지 말라'와 같은 명령은 그 자체 참인 문장도 거짓인 문장도 아니다. 하지만 '이 산허리가 파괴되고 황폐화되었다'라는 판단은 합리적 평가에 열려 있고, 참일 수도 있다.

심층생태주의자들이 해결해야 할 과제는 환경에 대한 판단이 참이고 합리적인 것으로 증명될 수 있는 조건을 규명하는 것이다. 네스는 이 문제를 관계적 속성과 게슈탈트(gestalt, 게슈탈트는 심리학 용어로 경험적 사실을 구성하는 요소의 총체로부터 도출되지 않는 동일성, 총체성을 의미한다. 게슈탈트 심리학에 따르면 생리적, 심리적 현상은 반사 또는 감각과 같은 개별적 요소의 총화가 아니라 전체성, 내적 법칙을 가진 형태를 통해 일어난다 – 옮긴이)라는 개념을 가지고 접근한다. '파괴되었다' 그리고 '황폐화되었다'와 같은 속성은 네스가 게슈탈트 또는 총체성(totality)이라고 부른 맥락에서만 이해될 수 있다. 환경보호주의자와 개발론자는 서로 다른 실재를 경험한다. 그들의 개념과 지각은 서로 다른 맥락에서 발생하고, 서로 다른 개념과 지각에 관계된다. 이러한 맥락을 가정한다면, 이들의 판단은 모두 의미 있고, 그러한 방식에서 '합리적'이다. 동시에 둘 중의 어느 것도 자신이 '더 잘 실재를 반영한다'고 특권을 주장할 수 없다.

하지만 문제는 환경보호주의자와 개발론자는 무엇을 해야 하는가에 대해 서로 다른 결론을 내놓는다는 것이다. 그들의 실천적 처방은 서로 다른 게슈탈트에 놓여 있는 것이다. 그리고 각각의 게슈탈트가 의미 있다면, 둘 중 어느 것도 특권적 지위를 누릴 수 없다면, 우리는 어떤 행위가 더 합리적인가를 결정할 방도가 없다. 그렇다면 과연 우리는 보호주의자의 세계관과 개발론자의 세계관을 어떻게 판단해야 하는가?

어떤 의미에서 합리적 대화는 이 지점에서 끝난다. 각각의 세계관은 합리성에 대한 자기 나름의 표준을 갖고 있으며, 자기 나름의 가치와 실재를 갖는다. 그런데 네스는 계속적인 대화를 통해 구체적 사례에서 어느 것이 낫다는 결론을 이끌어 낼 수 있다고 생각한다. 그는 우리가 자신의 생각만이 옳다는 '절대주의'를 거부하고, 자기의 규범을 명료화하고, 반대자와의 대화를 정직하고 비폭력적으로 한다면 이것이 가능하다고 주장한다.

> 어떤 사람이 "X를 거부하는 것이 옳다"고 말하고, 그 말을 들은 사람이 "X를 거부하는 것은 옳지 않다"고 말했다고 해서 싸움이 일어날 필요가 없다. 그것은 두 사람 사이에 토론이 필요하다는 것을 의미하고, 토론을 통해 가치의 우선성을 밝히면 된다.[15]

이 지점에서 다른 심층생태주의자들은 소설, 시, 이야기, 신화, 의례 등에 의존한다. 목표는 심층생태주의의 세계관을, 이러한 식으로 실재를 바라보지 않는 사람들에게 이해시키기 위한 것이다. 이들은 심층생태주의의 개념, 가치, 형이상학을 공유하지 않기 때문에, 이들에게 언어를 통해 심층생태주의의 이념을 직접적으로 설명하고 설득하기는 어렵다. 심층생태주의의 인식론은 사람들로 하여금 그들의 세계관을 근본적으로 전환하도록 고무하는 방식에 대한 탐구를 포함한다. 시와 의례 이외에 심층생태주의의 세계관을 전달하는 다른 방법은 자신이 사는 방식을 통해 '얻은 체험을 고백하는' 일종의 종교적 방법이다. 그리고 자신의 가치관을 '강력히 공표하고', 그러한 가치관에 따라 살아가는 것이다. 시민

---

15 같은 책, 70-71쪽.

불복종은 세계관의 차이가 얼마나 큰지를 설명하기보다는 분명하게 보여 주는 또 다른 수단이 될 것이다.

6. 자아실현과 생명 중심적 평등

심층생태주의의 실천 윤리는 앞에서 논의한 강령에 잘 나타나 있다. 그리고 이러한 원리는 환경운동을 설명하고 정당화하기 위해 직접 구체적인 상황에 적용할 수 있다. 그러나 추상적, 철학적 수준에서 심층생태주의 윤리는 두 가지 '궁극적인 규범'에 초점이 맞추어져 있다. 이 두 가지 규범은 그보다 더 근본적인 원리나 가치로부터 도출되지 않는다는 의미에서 궁극적인 규범이다. 따라서 이 두 규범에 대한 더 이상의 윤리적 정당화는 불가능하다. 이 규범들은 심층생태주의의 추상적 형이상학과 구체적인 윤리 강령을 연결시켜 주는 것으로 볼 수 있다.

두 가지의 궁극적인 규범은 '**자아실현**'과 '**생명 중심적 평등**'의 원리다. 자아실현은 자신을 자연과의 상호연관을 통해서 존재하는 것으로 이해하는 과정이다. 생명 중심적 평등은 모든 생명체가 상호연관된 전체의 평등한 구성원이며, 따라서 동등한 본래적 가치를 갖는다는 사실을 인정하는 것이다.

자아실현이란 개념은 철학의 역사만큼 오래된 것이긴 하지만, 심층생태주의에서는 독특한 의미로 사용된다. '너 자신을 알라'와 같은 고대 그리스의 지침과 '반성되지 않은 삶은 살 가치가 없다'는 소크라테스의 주장은 좋은 삶이 '자기반성'과 '자아실현' 과정과 관계가 있음을 함축한다. 선을 내적 가능성의 실현으로 보는 목적론도 같은 맥락이다. 이러한 전통이 말하는 바는 자기반성 과정을 통해서 사소하고 피상적이고 일시적인 이익을 넘어 더 깊고 중요하며, 지속적인 이익을 추구할 수 있게 된다는 것이다.

자아실현의 개념을 이해하기 위해 먼저 이 책의 앞부분에서 이루어진 '필요', '이익', '욕구'에 대한 구분에서 논의를 시작해 보자. 필요는 생존에 필요한 요소로 음식, 옷, 집, 오염되지 않은 공기와 물 등이다. 이익은 복지에 이바지하는 요소로 우정, 교육, 건강 등이다. 욕구는 직접적인 욕망이자 원하는 목표로 방학, 주스 한 컵, 자유로운 점심 등이다.

필요, 이익, 욕구는 겹치는 부분이 있을 수 있다. 영양가 있는 음식과 깨끗한 공기는 우리가 필요로 하는 부분이면서 우리에게 이익이 되고 실제로 원하는 것이다. 하지만 이것들은 서로 충돌하는 부분도 있다. 양질의 교육 기회를 얻고, 집에서 공부하는 것이 우리에게 이익이긴 하지만, 우리는 친구들과 파티를 즐기기를 원한다.

욕구는 개인의 심리와 관련이 있다. 또한 행위의 동기가 되기도 한다. 욕구는 계발되고, 선택되고, 학습되고, 광고에 의해 창출되기도 한다. 반면 이익은 직접적인 심리 상태와는 관련이 없다. 그것은 개인의 선(善)과 관계되며, 따라서 선택의 문제는 아니다(자유로운 것이 개인에게는 이익이지만, 그러한 사실은 단순한 개인적인 선택의 문제는 아니다). 이익은 이해되고 결정될 수 있지만 선택될 수는 없다.

욕구는 보통 개인적 선택, 사회 문화의 산물로 간주될 수 있다. 욕구는 그것이 개인의 사적 배경, 역사와 문화에 의존한다는 면에서 피상적이고 일시적인 것이다. 다양한 윤리적 전통은 인간으로 하여금 일시적인 욕구와 이성적 존재로서의 근본적인 이익을 분리시키도록 가르쳐 왔다. 좋은 삶은 근본적이고 참된 이익을 추구하는 삶이다. 적절하게 이해되는 한에서, 자기 이익은 인간의 선이라 할 수 있다.

실제로 이러한 전통은 '두 개의 자아'를 구분한다. 하나는 자기(ego)의 의식적인 신념, 욕구, 의도 등으로 구성된 자아다. 다른 하나는 이런 자아의 배후에 있는 인간의 참된 본성이다. '너 자신을 알라'는 말은 피상적 자아를 넘어 자신의 참된 배후의 본성을 발견하라는 말이다. 그리스 철학, 기독교, 불교, 낭만주의, 마르크시즘 등 다양한 전통에서 자아실현을 좋은 삶의 근간으로 본다.

자아실현은 심층생태주의에서도 비슷한 역할을 담당한다. 그러나 심층생태주의에서, 배후의 '큰 자아(Self)'는 자연과 함께 있는 자아다. 큰 자아를 실현한다는 것은 사람들이 스스로를 보다 더 큰 전체의 부분으로 이해하게 되는 자기반성의 과정이다. 이것은 '인간과 비인간 사이에', 그리고 자기와 타자 사이에 '어떤 확고한 존재론적 구분도 없다'는 것을 이해하는 과정이다. 우리가 우리 스스로를 자연과 분리되고 구별되는 것으로 이해하는 것이 아니라, 보다 더 큰 '자아'의 일부로서 이해하는 과정이다. 이러한 자아는 형이상학적 전체주의에서 말하는 자아다. 만약 인간으로서 우리의 본질이 자연계의 다른 부분과의 관계에 의해 규정된다면, 큰 자아의 실현은 자연과 내가 하나임을 이해하고 인정하는 과정이라고 할 수 있다.

서양의 많은 철학적 전통에서 자아실현은 자신의 분리된, 개인적, 개별적 본성을 발전시키기 위한 수단이었을 것이다. 심층생태주의자들은 그들의 자아에 대한 전체주의적이고 관계적인 견해를 보다 더 개체주의적인 모델과 구별하면서, 일반적으로 자아에 대한 전체주의적인 견해를 가리키기 위해서는 대문자로 된 '큰 자아(Self)'라는 말을 사용하고 개체주의적인 견해를 가리키기 위해서는 소문자로 된 '작은 자아(self)'라는 말을 사용한다. 그래서 '큰 자아실현(Self-realization)'은 '작은 자아(self)가 그 자신을 큰 자아(Self)로서 이해하게' 되어 '작은 자기이익(self-interest)'이 '큰 자기이익(Self-interest)'으로 보여지게 되는 과정이다.

디벌과 세션스는 이것을 다음과 같이 요약한다.

> 상당수의 종교가 갖는 영성적 전통과 마찬가지로, 큰 자아실현이라는 심층생태주의의 규범은 기본적으로 쾌락적 기쁨을 추구하는 고립된 자아로 정의되는 근대 서구적 자아를 넘어선다. ……사회적으로 짜맞추어진 편협한 자아나 사회적 자아에 대한 의식은 우리를 뒤바뀌게 하고, 우리를 사회에 만연한 유행이나 관습의 제물로 만든다. ……우리가 우리 자신을 고립되고 협소한 경쟁적 자아로 보지 않고 가족과 친구, 궁극적으로는 모든 인간과 동일시할 때, 우리는 정신적으로 성장하는 것이다. 그러나 심층생태주의에서는 자아의 더 큰 성숙과 성장을 요구해, 인간을 넘어 모든 자연과의 일체화를 요구한다.[16]

두 번째 궁극적 규범은 생명 중심적 평등의 원리다. 디벌과 세션스는 이러한 직관을 다음과 같이 설명한다.

> 생물권에 존재하는 모든 것은 살고 번성하여, 결국 큰 자아실현의 맥락 안에서 자기 나름의 개별적인 삶을 전개하고 자아실현에 이르게 될 동등한 권리를 갖는다. 이러한 기본적인 직관은 생태권에 존재하는 모든 유기체와 모든 실재는 상호연관된 전체의 부분들로서, 본래적 가치에서

---

16 Devall and Sessions, *Deep Ecology: Living As If Nature Mattered*, 66-67쪽.

동등하다는 것이다.[17]

어떤 수준에서 보자면 생명 중심적 평등사상은 6장에서 다룬 테일러의 생명 중심주의와 같은 입장이다. 예를 들어 테일러의 『자연에 대한 존중』은 평등한 고유의 가치 개념에 기초해 생명 중심 윤리를 옹호한다. 하지만 테일러의 생명 중심주의는 전통적인 서양 철학에 뿌리박은 것으로 유기체를 개별적 삶의 중심으로 보는 '개체주의'에서 발전한 것이다. 반면 심층생태주의의 생명 중심적 평등은 서양에서 오랜 역사를 지닌 '형이상학적 전체주의'에서 발전한 것이다. 생명 공동체의 구성원들은 그것들이 본래적 가치를 갖는 개체이기 때문이 아니라, 단순히 생명 공동체의 구성원이기 때문에 평등한 도덕적 가치를 소유한다는 것이다.

테일러와 심층생태주의의 입장은 차이가 있는가? 만약 차이가 있다면, 심층생태주의자들이 인간의 이익과 자연의 이익이 충돌할 때 더 타협하지 않으려 할 것이다. 인간의 이익과 자연의 이익이 갈등할 때, 심층생태주의자들이 인간의 간섭에 더 반대한다. 앞서 보았듯이, 테일러는 갈등 해결의 합리적인 수단을 내놓으려고 상당히 노력한다. 반면 심층생태주의자들은 테일러의 이러한 시도는 인간의 이익을 상위에 놓는 위계를 가져올 가능성이 높다고 본다. 심층생태주의는 보다 민주적이면서 덜 위계적인 평등을 추구하려고 한다.

심층생태주의자들은 첫째, 지구에 부담을 주지 않은 생활양식을 발전시켜야 한다고 주장한다. 이것은 단순하고, 기술에 지나치게 의존하지 않고, 자급자족적이고 탈중심적인 공동체 안에서 살아야 한다는 것을 의

---

17 같은 책, 67쪽.

미한다. 둘째, 생태계 개념에 따라 공동체는 전통적인 정치 조직이 아니라 생물 지역에 맞게 지역적으로 조직되어야 한다. 그리고 생활양식은 최소한의 소비적 물질적 욕구만 인정되는 간소한 것이어야 한다. 우리는 물질적 욕망이란 것도 그 자체로 절대적인 것이 아니라, 인간 사회의 인위적 산물이라는 점을 알 필요가 있다. 지역공동체는 주위 환경과 조화를 이루는 방향으로 자신을 조절하는 관계를 맺어야 한다. 이것은 자연에 대한 지배가 아니라, 자연과의 조화를 추구하는 공동체로, 이른바 '에코토피아(ecotopia)'의 이념이다.

7. 심층생태주의에 대한 비판

환경주의에 대한 비판과 반론은 모두 심층생태주의에 몰리는 것 같다. 심층생태주의는 지배적 세계관을 비판하기 때문에 그런 반론이 몰리는 것에 대해 놀랄 필요는 없다. 이번 장을 시작하면서 언급했듯이, **심층생태주의**라는 용어는 어떤 하나의 특정한 체계적인 철학을 지칭하는 것이 아니다. 그것은 탈인간 중심적이고 생태 중심적인 기본 가정을 공유하는 철학과 환경운동적 접근을 통칭한다. 철학과 환경운동적 측면을 모두 포괄하는 하나의 운동인 것이다.

이러한 다양성을 감안한다면 심층생태주의에 대한 엄밀한 비판이 나오기는 어렵다. 예를 들어 어스 퍼스트!의 전략은 심층생태주의자들에 의해 논점을 벗어난 것으로 거부될 수 있다. 왜냐하면 모든 심층생태주의자들이 어스 퍼스트!의 전략에 다 동의하는 것은 아니기 때문이다. 마찬가지로 심층생태주의의 '큰 자아실현' 개념이 추상적이고 애매하다는 반론은 정치운동을 선호하는 성향이 있는 심층생태주의자들에게는 적절하지 않을 것이다.

물론 심층생태주의자들에게서 나타나는 이 애매함 자체가 비판의 대상이 된다. 사실 심층생태주의의 주장은 너무 일반적이고 광범위해 공허한 측면마저 있다. 도교, 헤라클레이토스, 스피노자, 화이트헤드, 간디, 불교, 토착 인디언 문화, 토머스 제퍼슨, 소로, 우디 거스리(Woody Guthrie) 등 다양한 인물이나 사상에서 영감을 얻기 때문에, 잘해야 절충적이고, 최악의 경우 규정하기 어려운 것이 된다.

심층생태주의의 애매함은 비판자들을 좌절시키기도 한다. 왜냐하면 비판자들이 심층생태주의의 특정 주장을 비판했을 때, 어느새 그들의 비판 표적이 이동했다는 것을 볼 수 있기 때문이다. 그것은 또한 대화의 중단을 낳을 수도 있다. 왜냐하면 비판자들이 포인트를 놓친다든지, 아니면 부적절하다든지, 또는 심층생태주의를 오해했다는 식으로 치부해 버릴 수도 있기 때문이다.[18]

또 다른 비판으로는 심층생태주의가 갖는 전체주의적이고 탈인간 중심적 성향과 관련해 파시즘이라는 비판이 있다. 생명 중심적 평등은 인간의 이익을 생명 공동체뿐만 아니라 다른 생명체의 이익과 동등한 것으로 보는 이념이다. 하지만 이 평등의 이념이 개인은 실재하지 않고 전체가 실재한다는 형이상학적 주장이나 인간이 환경 파괴의 주범이라는 주장과 결합하면 심층생태주의는 인간 혐오주의로 비친다. 즉 인간은 다른 생명체와 다를 바가 없고, 실제로는 환경 파괴를 자행한 죄인이라는

---

18 예를 들어 세션스는 심층생태주의에 대한 일련의 비판을 한 페이지도 안 되는 분량으로 다루면서, "잘못된 해석과 오해에 기초하고 있다"고 하면서 일소해 버린다. Sessions(편), *Deep Ecology for the Twenty-First Century*, 12-13쪽 참고.

것이다. 이런 관점에서 본다면 인간의 안녕은 도덕적 우선성을 지니지 않는다. 뱀을 죽이느니 차라리 인간을 죽이겠다는 『태양이 머무는 곳, 아치스*Desert Solitaire*』에서의 에드워드 애비의 주장[19]과 에티오피아 사람들이 굶어 죽도록 내버려 두어야 한다는 데이브 포먼(Dave Foreman)의 주장[20]이 인간 혐오를 보여 주는 좋은 예일 것이다.

심층생태주의자들이 그런 주장에 동의하지 않는다는 점도 말할 필요가 있다. 예를 들어 폭스는 심층생태주의는 "인간 자체를 비판하는 것이 아니라 인간 중심주의를 비판하는 것"이라고 지적한다.[21] 이 주장은 심층생태주의는 인간이 본래적 가치를 갖는다는 것을 부정하는 것이 아니라, 단지 인간만이 본래적 가치를 갖는다는 것을 부정하는 것이라는 견해로 나아갈 수 있다.

그러나 6장에서 제기했던 동일한 반론이 여기에도 적용될 수 있다. 인간의 이익과 자연계의 이익이 충돌할 때 어떻게 해야 하는가? 그럴 때 인간의 편을 든다면 이는 탈인간 중심적 전체주의를 포기하는 것이다. 반면 자연의 편을 든다면 이는 심층생태주의가 부정하길 원했던 인간 혐오주의에 빠지는 것이다. 여기서 심층생태주의자들은 기본 필요의 명확한 위계를 확정해야 한다는 요구가 나올 수 있다.

이외에도 다양한 반론이 다양한 집단에 의해 제기된다. 비판자들이 보

---

19 애비는 "나는 휴머니스트다. 따라서 뱀을 죽이느니 차라리 인간을 죽이겠다"고 말했는데, 이런 표현은 *Desert Solitaire: A Season in the Wilderness*(New York, McGraw-Hill, 1판, 1968)에 나온다.

20 포먼은 "개별 인간의 생명은 개별 회색 곰의 생명보다 더 본질적 가치를 갖는다고 할 수 없다. 에티오피아에서 가뭄과 기근으로 사람들이 고통받는 것은 비극이다. 하지만 거기서 다른 생명들과 서식지를 파괴하는 것은 더 큰 비극이다." 이런 표현은 *Confessions of an Eco-Warrior*(New York Crown Publishers, 1991)에 나온다.

21 Warwick Fox, "The Deep Ecology-Ecofeminism Debate", Sessions(편), *Deep Ecology for the Twenty-First Century*, 279쪽.

3부 환경윤리학의 이론들

기에 심층생태주의의 문제점은 인간 중심주의와 지배적인 세계관을 비판하면서 지나치게 일반화하는 것이다. 하지만 비판자들이 보기에 모든 인간이, 그리고 모든 인간의 시각이 환경 문제에 똑같이 책임이 있는 것이 아니다. 심층생태주의자들은 지배적인 세계관을 비판하면서, 모든 인간이 다 지배의 원흉은 아니라는 점을 인식하지 못한다. 그 결과 심층생태주의의 비판은 너무 산만하며, 그 대안 역시 마찬가지다.[22]

인도의 생태학자 라마찬드라 구하(Ramachandra Guha)도 비판을 제기했다. 구하는 심층생태주의자들은 자신들의 주장이 보편적이라고 말하지만, 실상은 미국의 이데올로기, 구체적으로는 야생지 보존 운동 급진파의 견해를 대변한다고 주장한다. 그가 보기에 심층생태주의가 실행에 옮겨질 경우 비참한 결과를 초래하는데, 특히 후진국의 빈민과 농부들에게 끔찍한 결과를 가져온다. 그에 따르면, "인도는 사람들이 정착한 지 오래되고 인구 밀도가 높은 나라이며, 이 나라의 농업은 자연과 상당히 균형 있는 관계를 유지하고 있다." 그런데 생명 중심적 평등과 야생지 보존 정책을 인도 같은 나라에 적용한다면, 부는 가난한 자에서 부자에게로 이전되고, 가난한 자는 자신이 살던 곳에서 쫓겨나는 결과를 초래할 것이다.

이러한 관점에서 보자면 심층생태주의의 강령을 후진국에 적용하는 것은 다음과 같은 서구 제국주의의 논리다. 즉 "우리(서양의 환경주의자)는 너희(후진국 국민)에게 어떤 것이 좋은지를 잘 안다. 우리의 경험과 문화로부터 일반화하라. 그러면 너희가 어떻게 살아야 하는지를 알 수 있을 것이다. 자연을 더 이상 자원으로 보지 마라. 설령 그것이 너희들의 최저 생활

---

22 Ramachandra Guha, "Radical American Environmentalism and Wilderness Preservation: A Third World Critique", *Environmental Ethics* 11(1989년 봄), 71-84쪽.

을 고착화하는 것일지라도. 자연을 보존하고 존중하라."

또한 구하는 심층생태주의가 동양의 철학과 전통을 잘못 인용하고 있다고 비판한다. 힌두교와 불교, 도교를 마치 환경주의와 일치된 하나의 세계관인 양 인용하는 것은 "역사를 심각하게 왜곡하는 것"이다. 서양 문화뿐만 아니라 동양 문화도 자연을 조작해 왔고, 심각한 환경 파괴를 야기해 왔다.

따라서 심층생태주의는 후진국 국민의 환경 문제 해결에는 별 도움이 안 된다. 기껏해야 그것은 적절하지 못한 해결책이며, 최악의 경우 이미 사회적, 정치적 지배의 희생자인 그들에게 해를 끼치는 일이다.

이와 유사한 비판이 **생태여성주의** 계열의 학자들에 의해 제기되었다. 이들은 환경 위기의 근본 원인을 찾는다는 측면에서는 심층생태주의와 동일하나, 심층생태주의자의 관심이 지나치게 추상적인 수준에 머물러 있다고 비판한다. 그들이 보기에 환경 위기의 원인들은 훨씬 더 국지적인 수준에서 존재한다. 즉 현대 사회의 사회적, 경제적, 가부장적 구조에 원인이 있다. 그들에 따르면, 심층생태주의는 인간 중심주의를 비판하면서, 사람들 사이의 중요한 차이를 인식하지 못한다. 설사 '단 하나의' 지배적인 세계관이 존재한다고 할지라도, 많은 사람들이 그것에 의해 억압되어 있다는 사실을 심층생태주의자는 인정해야 한다. 즉 모든 인간이 환경 파괴에 똑같이 책임이 있는 것은 아니며, 모든 인간이 인간 중심적인 지배적 세계관을 신봉하는 것도 아니다. 비판자들은 더 이상 추상적인 지배적 세계관에서 원인을 찾을 것이 아니라 자연과 인간 모두를 지배하는 구체적인 관행과 제도를 밝히려고 노력해야 한다. 구하는 후진국, 특히 가난한 사람들의 시각에 초점을 맞추어야 한다고 주장한다. 생태여성주의자들은 환경 지배의 원인과 여성 억압의 원인은 서로 연관된 것이라고 주장한다. 이제 생태여성주의적 환경철학을 살펴보기로 하자.

8. 생태여성주의: 연관 짓기

생태여성주의는 사회의 지배와 자연의 지배의 연관성을 고찰하는 다양한 접근 방식들을 포괄한다. 프랑수아즈 드본(Françoise d'Eaubonne)이 1974년 처음 언급한 이래 생태여성주의 진영에서 흥미로운 저술과 연구가 많이 나왔다.[23] 캐런 워런(Karren Warren)이 기술한 대로, 여성주의와 생태적인 관심 사이의 연관성에 대한 연구는 문학, 종교, 과학, 철학 등 다양한 영역에서 이루어졌다. 생태여성주의는 환경철학에서도 최근에 발전한 것이어서, 여전히 많은 저작들이 페미니즘과 생태운동의 연관성을 탐구하는 데 관심을 두고 있다.

여성의 억압에 대한 페미니스트들의 입장이 다양하기 때문에 여성에 대한 지배와 자연에 대한 지배의 관계에 대해서도 다양한 입장이 있을 수밖에 없다. 다음에서 나는 자연의 지배와 여성의 지배와의 연관성에 대한 여러 입장을 개괄하고, 그것들이 갖는 철학적, 환경적 의미에 대해서 설명할 것이다.

먼저 지배 체계의 가장 일반적 특징, 즉 워런이 '지배의 논리'라고 불렀던 것에서 논의를 시작해 보자.[24] 지배의 논리는 다음과 같은 사고 과

---

23 Françoise d'Eaubonne, *Le Feminisme ou la Mort*(Paris: Pierre Horay, 1974). 철학적으로 유용한 최근의 자료는 *Hypatia* 6. no. 1(1991년 봄), 그리고 생태여성주의에 대한 자료는 *American Philosophical Association Newsletter on Feminism and Philosophy* 90, no. 3(1991년 가을)과 91, no. 1(1992년 봄). 논문과 인터뷰 외에 유용한 실러버스와 문헌목록이 수록되어 있다.

정을 거친다. 먼저 두 집단(예를 들어 남성과 여성)은 몇 가지 특징을 갖는다(예를 들어 남성은 합리적이고 여성은 감정적이다). 이러한 특징에 대해 가치 위계가 부여된다(예를 들어 이성은 감정보다 우월하다). 우월한 특징을 갖고 있지 못한다는 사실로부터 어느 한 집단의 종속을 정당화한다(예를 들어 남성은 여성보다 더 이성적이고 덜 감정적이기 때문에 여성을 지배해야 한다). 이것이 페미니스트들이 거부하는 가장 일반적 사고 유형이다. 그리고 이러한 지배 논리에 대한 분석에 따라 다양한 페미니즘으로 구분될 수 있다.

페미니즘 사상을 분류하는 하나의 틀이 앨리슨 재거(Alison Jaggar)에 의해 개발되었는데[25], 이것은 이후 많은 생태여성주의자들에게 영향을 미쳤다. 재거는 페미니즘을 자유주의, 마르크시즘, 급진주의, 사회주의로 구분한다. 이들 각각은 여성의 억압과 대안적 사회철학에 대해 나름의 설명과 대안을 제시한다. 예를 들어 **자유주의적 페미니스트**들은 남성과 여성의 어떤 차이도 거부한다. 이들은 칸트와 공리주의자처럼 모든 인간은 자유롭고 이성적인 존재이기 때문에 여성에 대한 그 어떠한 불평등한 대우도 도덕적 평등을 부인하는 것이며, 따라서 부당하다고 주장한다. 이러한 분석을 통해 자유주의적 페미니스트들은 차별의 구조를 밝히고

---

24 Karen J. Warren, "Feminism and Ecology: Making Connections", *Environmental Ethics* 9(1987년 봄), 3-20쪽. "The Power and Promise of Ecological Feminism", *Environmental Ethics* 12(1990년 여름), 125-146쪽 참고. 초기의 논문에서 워런은 지배의 논리를 가부장제의 특징으로 보았다. 하지만 최근에는 모든 억압적 형태를 포함하는 것으로 입장을 바꾸었다. 이러한 점에서 그의 입장은 위계에 대한 북친의 일반적인 논의와 더욱 가깝게 되었다.

25 자유주의적, 마르크스주의적, 급진주의적, 사회주의적 페미니즘에 대한 고전적 논의는 재거의 글에서 발견할 수 있다. Alison Jaggar, *Feminist Politics and Human Nature*. 이러한 입장들과 생태 문제의 관계에 대해서는 다음을 참고하라. Karen Warren, "Feminism and Ecology: Making Connections"; Carolyn Merchant, "Ecofeminism and Feminist Theory"; Irene Diamond and Gloria Feman Orenstein(편), *Reweaving the World*(San Francisco: Sierra club Books, 1990), 100-105쪽; Val Plumwood, "Feminism and Ecofeminism", *The Ecologist* 22, no. 1(1992년 1-2월), 8-13쪽.

평등한 권리와 기회를 확보하기 위해 노력한다.

마르크스주의적 페미니스트들은 여성의 억압은 가사노동, 즉 의존적인 노동에 종사하는 것에서 발생한다고 주장한다. 이들은 예를 들면 로크의 사유재산권 이론은 여성의 노동이 무시되는 맥락에서만 의미가 있다고 주장한다. 무소유의 땅에 '남성'이 '자신의 노동을 결합시키기 위한' 전제조건은 여성이 온종일 가사노동에 종사함으로써 남성이 땅을 확보하는 데 필요한 자유 시간을 확보해 주는 것이다. 물론 가사노동을 한다고 해서 그것이 여성에게 가정에 대한 소유권을 부여하지는 않는다. 여성이 경제적, 정치적 착취로부터 해방되기 위해서는 독립적이고 생산적인 노동 형태에 참여하는 방법밖에 없다.

사회주의적 페미니스트들은 마르크스주의자들의 엄격한 계급 분석을 거부한다. 그들에 따르면, 여성의 억압 배후에는 복잡한 사회관계망이 존재한다. 이러한 관계에는 경제적 요소도 있지만 성 역할과 성 정체성에 대한 전통적인 유형도 포함된다.

급진주의적 페미니스트들은 남녀의 생물학적, 성적 차이가 여성 억압의 토대라고 본다. 이 입장은 여성의 억압이 더 근본적인 다른 억압 형태로 환원될 수 있다는 것을 거부한다는 의미에서 '급진적'이다. 우리의 문화는 여성을 생물학적 관점에서 규정해 왔다. 생물학적 차이로 말미암아 여성은 오로지 어머니, 아내, 성적 배우자의 역할에 전념하게 되었고, 그래서 여성에 대한 남성의 지배는 정당하다는 논리가 나오게 된다. 임신, 양육, 성적 배우자의 역할로 인해 여성은 남성보다 자신의 신체에 의해 더 통제되고, 더 소극적이고, 더 감정적이게 된다. 여기에 지배의 논리가 더해져서 남성이 여성보다 이성적이고 능동적이기 때문에 여성을 지배해야 한다는 결론이 나오게 된다.

이러한 사고방식의 문제점을 인식한 몇몇 급진적 페미니스트들은 전통적인 성 역할을 없앨 때에만 여성의 억압을 종식시킬 수 있다고 주장한다. 초기의 몇몇 급진적 페미니스트 중에는 '유니섹스' 또는 여성을 남성화시키는(androgynous) 문화를 추구해야 한다는 사람도 있고, 반면 여성과 남성의 분리를 주장한 사람도 있다. 한편 지배의 논리를 완전히 거꾸로 반전시킨 사람도 있다. 그것은 남녀의 생물학적, 성적 차이를 거부하지 않고 오히려 여성성을 고무하고 널리 알리는 것이다. 즉 여성이 남성과 다르게 경험하고 이해하고 가치평가한다는 입장을 받아들이면서, 전통적인 남성 중심적이고 가부장적인 정치, 문화, 윤리에 대한 대안으로서 페미니즘적 정치, 문화, 윤리를 모색하는 것이다.

생태 문제에 대한 저작 중 상당 부분이 급진주의적 페미니즘에서 나왔다. 이른바 문화적 생태여성주의라는 입장[26]은 세계를 경험하고, 이해하고, 가치평가하는 '여성 특유의' 신뢰할 만한 방식이 있다는 관점을 취한다. 문화적 생태여성주의는 여성의 시각이 자연과 거의 유사한 것이었고, 그러한 과정에서 여성은 자연과 마찬가지로 체계적으로 억압되어 왔다고 본다. 그러나 그들은 자유주의적 생태여성주의자들과는 달리 여성과 자연의 연관을 부정하지 않고, "여성, 자연, 육체, 감정 등 가부장적 문화가 폄하해 왔던 것들을 재평가하고, 찬미하고, 옹호하는 것에 기반을 둔 대안적인 여성 문화를 창출함으로써 생태 문제와 다른 문제들을 치유하려 한다."[27]

대안적인 여성 문화와 생태 문제의 연관성은 다양한 방식으로 탐구되

---

26 Val Plumwood, "Current Trends in Ecofeminism", *The Ecologist* 22, no.1(1992년 1-2월), 10쪽.
27 같은 책, 10쪽.

어 왔다. 여기서는 다음 두 가지를 간략히 다루려 한다. 돌봄과 관계에 기반한 생태윤리와, 여성의 영성 운동이다.

과거에 남성은 이성적이고 객관적인 존재로 보고, 반면 여성은 감정적이고 사사로운 것에 관심을 쏟는 존재로 봤는데, 이것은 여성에 대한 일종의 억압 기제로 작용했다. 그리고 이러한 틀 안에서 지배적인 모델은 도덕의 영역을 추상적, 이성적, 보편적 원리로 이해했다. 자연법, 공리주의, 의무론 등 전통적인 윤리 이론이 이런 윤리학의 구체적인 예다. 어머니로서 아내로서 여성에게 중요한 가치(돌봄, 관계성, 사랑, 책임)는 윤리 이론의 중심부가 아니라 변방에 머물게 된다.

최근 수십 년 동안 몇몇 페미니스트들은 여성의 역할과 전통적으로 관계되어 왔던 것들, 즉 '돌봄의 윤리'로 불렸던 것들을 윤리 이론의 전면에 부각시켰다. 캐럴 길리건(Carol Gilligan), 넬 나딩스, 사라 루딕(Sara Ruddick) 등의 저작에 기대어[28], 이들은 추상적 규칙과 원리를 폄하하는 대신 돌봄과 관계성에 초점을 맞추는 맥락적 윤리를 규명하고 옹호했다. 도덕 법칙, 권리, 의무, 책무, 정의 등과 같은 전통적인 윤리 개념은 이익이 상충하는 세계, 그래서 정의의 요구가 인간의 자유를 제한하는 세계, 그래서 도덕과 이기주의가 싸우는 세계를 전제한다. 반면 돌봄의 윤리는 갈등 대신 협력이 있고, 대립 대신 관계성이 있으며, 권리와 의무 대신 타인에 대한 배려가 있는 세계에서 논의를 시작한다. 그러한 세계는 '개인의 자율', '간섭으로부터 자유' 같은 추상적 원리 대신 모성애와 우정이 도덕 이념으로 기능하는 도덕적 세계다.

---

28 Carol Gilligan, *In a Different Voice: Psychological Theory and Women's Development*(Cambridge: Harvard University Press, 1982); Nel Noddings, *Caring: A Feminine Approach to Ethics and Moral Education*(Berkeley: University of California Press, 1984); Sara Ruddick, *Maternal Thinking*(New York: Ballantine, 1989).

왜 돌봄의 윤리가 특별히 여성의 관점인가에 대해서 페미니스트들은 여러 가지 설명을 한다. 일반적으로 나딩스와 루딕 같은 페미니스트들은 돌봄의 윤리가 출산의 경험이나 어머니의 경험과 같은 여성의 삶의 경험에 더 적절하다고 본다. 추상적인 윤리 원리나 규칙은 아이를 낳고 기르는 생활과는 맞지 않는다. 권리, 의무, 자율, 정의, 규칙, 법 등의 개념은 어머니와 자식의 관계에서는 어색하고 부적절하다.

이러한 관찰에 기초해 몇몇 문화적 생태여성주의자들은 돌봄의 윤리학을 구축한다. 그들은 역사적으로 여성이 남성보다 자연에 가까운 존재로 묘사되었다는 사실을 인정한다. 하지만 이러한 묘사가 여성에 대한 폭력의 기초로 사용되었다고 비판한 수전 그리핀(Susan Griffin)과는 달리[29], 그들은 이것을 인간과 자연의 자애로운 관계의 기초로 본다. 이러한 관점에서 돌봄의 윤리학은 인간과 자연의 관계를 어머니와 자식의 관계로 규정한다. 그리고 돌봄을 남성보다 더 직접적이고 즉각적으로 경험하도록 교육받은 여성이 자연의 이익을 위한 더 적절한 대변자라고 여긴다.

돌봄의 윤리학과 이 책 앞부분에서 다룬 덕과 성품의 문제를 연관시켜 보자. 돌봄의 관점은 우리가 특정한 문제들에 적용하거나 어떤 결정을 해야 할지를 추론할 수 있는 추상적이고 보편적인 규칙으로 이해되는 윤리를 초월한다. 여기서 도덕적 인간은 "나는 무엇을 해야만 하는가?"를 묻는 자유롭고 독립적인 개인이 아니다. 대신 돌봄의 관점은 돌봄의 관계와 결속의 본질을 규명하면서, 구체적 관계에 초점을 맞춘다. 구체적 관계를

---

29 여성과 자연의 관계, 그리고 거기에서 나오는 억압과 폭력의 문제를 다룬 최초의, 그리고 가장 뛰어난 글은 다음 두 가지다. Susan Griffin, *Women and Nature: The Roaring Inside Her*(New York: Harper & Row, 1978); Carolyn Merchant, *The Death of Nature: Women, Ecology, and the Scientific Revolution*(New York: Harper & Row, 1980).

3부 환경윤리학의 이론들

탐구하는 과정에서 추상적이고 일반적인 원리들은 성품 윤리학과 덕 윤리학으로 대체된다. 예를 들면 '자애로운 어머니' 같은 좋은 인간이 돌봄의 윤리가 지향하는 것이다. 도덕적 행위는 추상적, 일반적 원리에 일치하는 행위가 아니라, 좋은 사람에 의해 행해지는 행위다.

이것과 환경 문제는 어떻게 관계되는가? 다시 앞의 문제를 고찰해 보자. 많은 철학자들은 '미래 세대에 대한 의무'에 대해 의문을 제기해 왔다. 왜냐하면 미래 세대는 도덕적 지위가 부여되는 추상적, 일반적 조건에 해당되지 않기 때문이다. 돌봄의 윤리학은 그런 추상적인 문제에는 관심이 없다. 그것은 많은 사람들이 실제로 미래의 사람들에게 닥칠 일들을 걱정하고 있다는 생생한 실제 경험에서 논의를 출발한다. 또한 돌봄의 윤리학은 동물해방론과는 달리 동물의 도덕적 지위 같은 추상적 문제에서 헤매지 않는다. 대신 "우리는 동물을 배려하는가?", "우리는 동물과 관계를 맺는가?", "동물에 대한 우리의 사랑의 기초는 무엇인가?" 하는 것들이 중요한 문제가 된다.[30] 또한 도덕적 지위나 도덕적 고려 가능성 같은 전반적 논의도 마찬가지로 물음의 방향이 바뀐다. 우리는 자연환경과 실제 관계를 맺으며, 또한 관계를 맺을 수 있다. 그리고 이러한 사실을 무시하는 추상적 윤리 이론은 부적절하다. 끝으로 돌봄의 윤리는 레오폴드의 입장과도 일맥상통한다. 레오폴드는 땅의 윤리의 추상적 원리를 적용하기 전에 먼저 "땅을 사랑하고, 존경하고, 감탄해야" 한다고 주장한 바 있다.

여성의 영성 운동은 자연과 여성의 유대를 탐구해 왔던 문화적 생태여

---

30 '여성과 동물'에 대한 유용한 문헌 목록이 캐럴 애덤스와 캐런 워런이 편집한 '여성과 환경'의 문헌 목록 속에 포함되어 있다. *American Philosophical Association Newsletter on Feminism and Philosophy* 90, no. 3(1991년 가을), 148-157쪽.

성주의자들의 또 다른 영역이다.[31] 서양의 주류 종교에서 신은 자연의 밖에서 자연을 초월해 존재하는 것으로 간주되었다. 자연은 단순한 질료일 뿐이며 수동적이고, 비활성의, 형태 없는, 죽은 존재였다. 신은 생명을 창조해 대기 안으로 불어넣었다. 그런 전통은 여성과 자연을 결부시킨다. 여성은 신체에 의존하고 수동적이라는 이유에서다. 여성은 성직자, 랍비, 주교, 교황이 될 자격을 부여하는 특별한 영성을 결핍한 존재로 간주된다. 그래서 주류 종교에서 여성과 자연은 함께 저평가된다.

많은 문화적 생태여성주의자들은 이러한 경향을 반전시키는 신학이나 영성주의를 추구한다.[32] 그들에 따르면, 우리는 여성, 자연, 신성의 하나됨을 알고 경배해야 한다. 신을 지구로, 여성으로 이해하는 고대의 종교에 주목하면서, 그들은 여신이 자연 안에 영원히 존재하고, 자연계에서 신성함을 드러낸다고 본다. 그래서 지구는 신성한 존재로 경배되고, 지구를 사랑하거나 돌보는 것은 생태적 책임일 뿐만 아니라 영성적인 것이다. 예를 들면 어머니 자연이나 그리스의 여신 가이아를 찬미하는 것은 여성과 자연의 신성함을 찬미하는 것이다.

---

31 이렌 다이아몬드와 글로리아 퍼먼 오렌스타인이 편집한 *Reweaving the World*는 여성의 영성에 대한 여러 논문들과 유용한 문헌 목록을 수록하고 있다. 또한 다음의 책들을 참고하라. Carol Christ, *Laughter of Aphrodite: Reflections on a Journey to the Goddess*(San Francisco: Harper & Row, 1987); Rosemary Radford Reuther, *New Woman/New Earth*(New York: Seabury Press, 1975); Starhawk, *The Spiral Dance: A Rebirth of the Ancient Religion of the Great Goddess*(San Francisco: Harper & Row, 1986).

32 '여성의 영성주의'라는 보다 일반적 주제에 대한 고전적 논의로는 다음 두 가지가 있다. Rosemary Radford Reuther, *New Woman/New Earth*; Mary Daly, *GYN/Ecology: The Metaethics of Radical Feminism*(Boston: Beacon, 1978). 하지만 이들은 영성주의에 대한 나의 개괄에는 동의하지 않을 것이다.

3부 환경윤리학의 이론들

9. 생태여성주의: 최근의 전개

생태여성주의의 발전에도 불구하고 많은 페미니스트들이 세계를 이해하고 경험하며 가치 평가하는 '여성 고유의 방식'이 존재한다는 견해를 받아들이기를 꺼린다. 그들은 여성을 남성보다 '자연에 가까운' 존재로 보는 것에 내재된 이원론을 승인할 경우, 위계와 지배의 사유 방식을 오히려 강화할 가능성이 있다고 우려한다. 철학자 발 플럼우드(Val Plumwood)는 문화적 생태여성주의를 "무비판적 전도의 페미니즘"이라고 부르면서, "새롭고 정교한 형태로 여성의 억압을 영속화한다"고 본다.[33] 또한 이네스트라 킹(Ynestra King)은 문화적 생태여성주의는 문화와 자연의 이분법을 가정하는데, 이러한 가정의 배후에는 가부장적 심리 상태에 대한 "무의식적 연루"가 깔려 있다고 주장한다.[34]

플럼우드와 워런은 급진주의적 페미니즘에 뿌리를 둔 문화적 생태여성주의 대신 페미니즘의 '제3의 물결'을 추구한다. 그들에 따르면, "그것은 통합적이고 이행적인 페미니즘으로 우리를 네 가지 주요 페미니즘 이론에서 벗어나 페미니즘의 이론과 실천에 핵심적인 책임 있는 생태적 시각을 추구하게 해준다."[35]

여기서 우리가 살펴보고자 하는 견해는 워런과 플럼우드의 저작에서 나타나는 것들이다.[36] 페미니즘의 제3의 물결을 소개하기 위해서는 제

---

33 Val Plumwood, "Feminism and Ecofeminism", 12쪽.

34 Ynestra King, "Feminism and the Revolt against Nature", *Heresies #13: Feminism and Ecology* 4, no.1(1981), 15쪽.

35 Karen Warren, "Feminism and Ecology", 17-18쪽. 플럼우드가 제3의 물결의 페미니즘(third wave of feminism)이란 표현을 사용했다. Val Plumwood, "Feminism and Ecofeminism", 12-13쪽.

1의 물결, 제2의 물결의 페미니즘에 대한 플럼우드의 논의를 살펴볼 필요가 있다. 플럼우드에 따르면, 제1의 물결의 페미니즘의 전형은 자유주의적 페미니즘이다. 그것은 차별을 종식시키고, 여성의 평등을 추구한다. 그러나 이것의 문제점은 남성적 특징과 특질이 지배하는 문화에서, 여성의 평등은 여성에게 지배적인 남성적 특질을 채택하도록 요구하는 것에 불과한 것이 아니냐는 점이다. 실제로 여성은 남성이 될 때에만 비로소 남성과 평등해질 수 있다. 그런데 문화적 압력은 이와 반대로 강하게 작용하기 때문에 여성은 완전한 평등에 도달할 수 없다(이 점은 5장에서의 동물해방론에 대한 비판과 유사하다. 운이 좋아 인간과 닮은 동물만이, 닮은 정도만큼만 도덕적 지위를 부여받는다). 제1의 물결의 페미니즘이 갖는 생태적 함의는 끔찍한 것이다. 여성은 남성처럼 자연의 억압자가 될 때에만 자신을 자연과 동일시하는 억압으로부터 스스로를 해방시킬 수 있다.

페미니즘의 제2의 물결은 앞서 언급한 '무비판적 전도'를 하는 몇몇 페미니스트들이 해당한다. 여기서는 여성 특유의 관점이 고무되고 찬양된다. 하지만 앞에서 말했듯이 이것은 지배의 논리를 통하여 여성의 억압을 정당화해 왔던 이원론을 받아들임으로써 지배적인 남성 문화에 의해 오히려 선호될 위험이 있다.

제3의 물결은 자유주의와 급진주의에 대한 대안이다. 이것은 자연의 지배와 여성의 지배가 아주 복잡하게 연관된 것으로 본다. 자연의 지배와 여성의 지배는 그것들이 일반적인 두 가지 지배 유형이라는 것 이상으로 아주 복잡하게 연결되어 있다. 여성은 자연에 가까운 것으로 인식되고, 자연은 여성에 가까운 존재로 인식된다. 이러한 인식은 양자의 억

---

36 Karen Warren, *Ecological Feminism* (New York: Routledge, 1994); Val Plumwood, *Feminism and the Mastery of Nature* (London: Routledge, 1993).

압을 상호 강화한다. 환경철학과 페미니즘은 각각 공동의 이해와 목표를 갖고 있다는 점을 인식하면서, 서로 단결하여 발전할 필요가 있다.

플럼우드와 워런은 가장 일반적 수준에서 페미니즘과 생태운동 모두가 이 이원론의 문제를 다루어야 하고, 지배의 논리 배후에 깔린 이원론적 사고방식에 대해 다루어야 한다고 본다. 이것은 물론 이러한 구분을 할 수 없다거나, 차이를 인정할 수 없다고 말하는 것이 아니다. 단지 우리는 이러한 구분이 강자의 강제된 틀을 강화하는 데 사용되는 것을 막아야 한다는 것이다. 이러한 생태여성주의는 여성과 자연의 억압에 공통된 지배의 형태를 규명하고, 인간과 자연에 대한 대안적, 비이원론적 사고방식을 모색한다는 점에서 페미니즘과 생태주의의 공통점을 발견한다. 이러한 유형의 생태여성주의는 위계와 지배에 대한 북친의 보다 일반적인 분석과도 상당한 공통점을 지닌다.

생태여성주의가 특히 관심을 갖는 이원론적 사고방식은 남성과 여성, 인간과 자연, 이성과 감정, 정신과 육체, 객관과 주관의 분리다. 이것들은 여성에 대한 남성의 지배, 자연에 대한 인간의 지배, 감정에 대한 이성의 지배, 육체에 대한 정신의 지배, 주관에 대한 객관의 지배를 뒷받침하고, 그것들의 문화적 배경이 된다. 따라서 생태여성주의의 목표는 이원론을 제거하고 대안적인 사고방식을 발전시키는 것이다.

이러한 생태여성주의가 나아갔던 가장 흥미로운 방향 중의 하나는 과학과 기술, 그리고 자연에 대한 과학적 지식과 관계된 부분이다. 앞에서 지적했듯이 많은 페미니스트들은 문화가 어떻게 여성과 자연을 동일시해 왔는가에 대해 다양한 방식으로 그 역사를 추적해 왔다. 또한 이러한 동일시가 서구 과학에 미친 영향을 탐구한 매우 흥미 있는 연구도 있다. 과학은 이원론의 지배적인 부분으로, 즉 남성적이고, 인간적이고, 이성적이고, 정신적이고, 객관적인 것으로 규정되어 왔다.[37] 페미니스트 과학자인 에블린 폭스 켈러(Evelyn Fox Keller)는 자연, 여성, 결혼에 대한 특정한 이해 방식이 서구 과학의 초기 발전에 미친 영향을 상세히 설명한다.[38]

켈러는 초기 과학자 프랜시스 베이컨(Francis Bacon)을 인용하면서, 초기 과학의 얼마나 많은 모델과 메타포들이 여성과 자연에 대한 적대적 태도를 무심코 드러내고 있는지를 보여 준다. 베이컨에 따르면 과학은 "정신과 자연의 정숙하고 합법적인 결혼"을 추구한다. 그는 말하기를, "나는 자연에 이르는 진리에 도달해서, 자연을 당신을 위한 존재로, 당신을 위한 노예로 만들 것이다." 과학과 기술은 "단순히 자연 과정을 친절하게 안내하지 않고, 자연을 정복하고 복속시켜, 그 밑바닥에서부터 흔들 힘을 갖고 있다."[39] 베이컨의 이러한 묘사는 명확하다. 자연은 여성이고, 그녀는 남자와 결혼했다. 그리고 남자는 그녀를 복속시켜 노예로 만들었다. 베이컨은 자연을 여성이나 결혼과 연관 지었을 뿐만 아니라, 그것을 특별하게 지배적이고 학대적인 결혼 형태와 연관시키고 있는 것이다.

이와 유사한 태도를 근대 과학에서도 발견할 수 있다. 일반적으로 과학 이론들은 자연 현상을 설명하고 예측하는 능력에 의해 평가된다. 그러나 자연 현상을 예측하는 능력은 '자연을 정복하고 복속시켜', '인간의 노예로 만들게' 하기 위해 자연 현상을 통제하는 기술을 개발하기 위한 전초 단계일 뿐이다. 이것은 가치를 도구적 관점에서만 바라보는 과학이자 기술이다. 즉 우리는 인간의 이익을 위해 자연을 어떻게 이용할

---

37 특히 다음의 글들을 참고하라. Carolyn Merchant, *Death of Nature: Women, Ecology, and the Scientific Revolution*. 그리고 Evelyn Fox Keller, *Reflections on Gender and Science*(New Haven, Conn.: Yale University Press, 1985).

38 Evelyn Fox Keller, 앞의 책, 특히 3장 "근대 과학의 탄생에서 영혼과 이성"을 참고하라.

39 Evelyn Fox Keller, 앞의 책, 36쪽.

수 있는가? 이러한 과학과 기술은 자연의 도구적 가치 이외의 가치를 거의 인정하지 않는다. 비도구적 가치는 '감정'과 '느낌'의 문제이기 때문에 주관적이고, 따라서 과학적으로 부적합하다고 거부된다.

최근의 페미니즘 계열의 학자들은 이러한 사고와 행위 방식이 매우 미묘하면서도 공격적이라고 경고하면서 나름의 대안을 제시한다. 켈러는 유전학자 바버라 매클린턱(Barbara McClintock)의 전기 『유기체에 대한 감정: 바버라 매클린턱의 생애와 저작』에서 '유기체에 대한 감정'을 드러내는 과학적 접근, 즉 '여성 고유의 사고방식'으로 불리면서 거부되어 왔던 접근 방식에 대해 기술한다. 켈러는 지식에 대한 이러한 접근법을 위해 주류 과학을 포기해야 한다고 주장하지는 않지만, 통제와 지배의 관점에서만 나오는 과학은 중요한 많은 것들을 놓칠 것이라고 말한다. 독자 여러분은 지배와 통제 경향이 있는 과학이 자연에 대한 어떤 감정도 용납하지 않는다는 것을 보기 위해서 이 책에서 논의된 여러 사례들을 참고할 수 있을 것이다. 특히 살충제, 핵에너지, 야생지 개발, 동물 실험, 해충과 포식동물 박멸 등과 관련된 과학과 기술을 살펴보기 바란다. 그리고 대안으로서 지속가능한 농업을 뒷받침해 주는 과학과 기술을 고려해 보기 바란다.

이러한 생태여성주의가 고무하는 환경 사상의 두 번째 방향은 인간의 행위, 윤리, 지식에 대한 훨씬 더 겸손한 시각에서 나온다. 생태여성주의의 제3의 물결은 '맥락주의적', '다원적', '포괄적', '전체주의적' 사고를 고무한다.[40] 그것은 추상적이고 보편적인 윤리적 단언을 피한다는 의미에서 맥락주의적이다. 추상화 과정은 인간과 자연 안에 있는 풍부한 다

---

40 Karen Warren, "The Power and Promise of Ecological Feminism", 141-145쪽.

양성의 인식을 방해한다. 보편으로의 추상화 과정은 지배 집단의 특징을 포착해서 그것을 윤리적, 철학적 이념으로 전환시키는 경향이 강하다. 우리는 이것이 여성, 동물, 자연의 억압을 어떻게 강화하는지를 이미 보았다.

생태여성주의의 제3의 물결은 다양성과 차이를 존중한다는 의미에서 다원주의적이고 포괄적이다. 아마도 지배적인 이데올로기의 주요 특징은 존재, 사고, 행위에는 단 하나의 올바른 방식만이 있다는 믿음이다. 위계와 지배를 의식적으로 피하는 철학이라면 다양성을 찬미하면서 하나의 '올바른' 환경 이론을 확립하려는 시도에 저항할 것이다.

끝으로 이러한 생태여성주의는 인간이 인간적, 자연적 환경의 한 부분이라는 점을 강조한다는 점에서 전체주의적이다(인간 공동체가 '자연적'이지 않은 것처럼, 보통 이렇게 말하는 것은 이미 이원론을 가정한다는 것을 주목하라). 그뿐만 아니라 인간이 전적으로 자신의 개인적 의식, 사고, 선택에 의해 형성되는 추상적인 개인이라는 관점을 거부한다. 이와는 정반대로 인간은 사회적이고 자연적인 환경에 의해 창조되며 그것들과 분리될 수 없는 부분으로 남아 있다.

10. 요약 및 결론

이 책을 처음 시작할 때, 철학적 윤리학은 우리 문화에 대한 관습적인 신념과 태도, 가치로부터 한 걸음 뒤로 물러나서 그것들로부터 자유롭게 사고하는 과정이라고 말했다. 우리의 문화 내부에서 보았을 때, 이런 추상화의 과정은 다소 급진적이고 이상하게 보일 수도 있다. 관습적인 신넘으로부터 벗어나 생각하는 것, 그리고 통념적 가치로부터 벗어나 행동하는 것은 그것의 정의(定義)에 의해 이미 비정상적인 것이기 때문이다. 심층생태주의와 생태여성주의는 모두 현재의 환경 문제를 해결하기 위해서는 급진적인 사회개혁이 요구된다고 믿기 때문에 관습적인 사고와 행동방식에 대해 비판적인 입장을 취한다.

급진적인 사회운동은 모두 이와 유사한 문제에 직면할 것이다. 급진적인 변화를 주장하는 것 자체가 현재 관습적인 것과 다르게 생각하고 행동할 것을 요구한다. 하지만 문화와 가치는 이러한 생각과 행동을 힘들게 해서 이런 대안적인 입장을 이해하는 사람은 거의 없다. 심층생태주의와 생태여성주의에 대한 초기 저작들은 1980년대에 나왔고, 당시 사회 분위기는 급진적 사회 변화에 대한 이들의 요구에 별로 좋은 토양은 아니었다. 이런 사회운동은 환경주의자들 내에서도 지속적인 영향력을 행사한 것 같지는 않아 보인다. 아마도 심층생태주의자들이 그 시대의 '지배적인 세계관'이라고 묘사한 것이 심층주의자들의 메시지를 받아들일 준비가 안 되었거나, 심층주의자들이 바꾸려고 노력했던 '경제적 이데올로기적 기본 구조'가 지나치게 강고했을 것이다. 아니면 심층주의자들의 메시지 자체가 깊이와 지속적인 통찰력을 결여한 것일 수도 있다.

어떻게 설명해야 할지는 잘 모르겠지만, 지난 10년 동안 환경주의자들은 보다 더 실용적인 접근을 취했던 것 같다. 21세기 환경주의는 환경이 요구하는 것들과 경제와 사회정의가 요구하는 것들 사이에서 균형을 잡기 위해 노력해 왔다. 다음 두 장에서 이 문제를 다룰 것이다.

생각해 봅시다

1. 3장에서 다루었던 고전파 경제학자들은 인간은 항상 자기 이익이라는 동기를 갖는다고 주장한다. 이번 장에서는 '자아'와 '큰 자아'에 대해 살펴보았는데, 여러분은 인간의 동기에 대한 경제학자의 입장에 동의하는가? 큰 자아실현을 주장하는 심층생태주의의 입장은 3장에서 바텐과 스트로프가 말하듯 인간 본성의 개조를 요구하는가?

2. 인간의 문화에는 '인간 중심적인' 세계관이라고 말할 수 있을 만큼 충분한 일관성과 통일성이 존재하는가? 그중에서도 특히 인간 중심적인 신념과 가치에는 어떤 것들이 있는가?

3. 개체란 무엇인가? 개체적 생명체는 무엇인가? **개체**라는 말은 맥락에 따라 다른 의미를 갖는가? 그것에 대한 답변은 윤리적으로 어떤 의미를 지니는가?

4. '이것은 큰 나무다'라는 문장이 '이것은 장엄한 나무다'라는 문장보다 더 객관적인가? 이 두 문장이 참이라고 옹호하려면 어떻게 해야 하는가?

5. 이번 장에서 다룬 정신과 육체, 이성과 감정, 주관과 객관 등의 이원론을 검토해 보자. 그것들에 함축되어 있는 가치 위계에 대해서도 토론하고 평가해 보자.

6. 1장에서 로빈스는 "어떤 답이 나오느냐는 어떤 물음을 던지느냐에 달려 있다"고 말했다. 과학기술과 관련해 페미니즘적 시각을 취하는 사람들은 핵에너지, 인구 정책, 살충제 사용, 축산업 등을 다루면서 어떻게 '다른 물음'을 던지는가?

10장
환경 정의와
사회생태주의

토론 사례 | 환경 난민

유엔난민기구(UNHCR)는 1949년 "정치와 무관한 인도적인 이유에서 난민에 대한 국제적 보호를 제공하기 위한, 그리고 이들에 대한 영구적인 해결책을 찾기 위한" 임무를 띠고 설립되었다. 원래 2차 세계대전 이후 발생한 수백만 명의 유럽 난민을 돕기 위해 설립되었지만, 이후 식민지 시대 이후의 아프리카, 중동, 방글라데시, 중국, 베트남, 르완다, 소말리아에서 발생한 수백만 명의 난민들을 돕는 것으로 확대되었다.

　유엔난민기구는 난민을 "인종, 종교, 국적, 그리고 특정 사회집단 또는 정치 의견을 가진 구성원이라는 이유로 박해를 받아, 자신이 속한 국가 밖에 있고, 그 국가의 보호를 받을 수 없거나 박해에 대한 두려움으로 인해 그 국가로부터 보호받기를 원하지 않는 사람"으로 정의한다. 유엔 협약으로 난민은 망명의 권리와 음식, 주거, 보호, 의료 등 기본적인 복리에 대한 권리를 국제적으로 인정받고 있다.

유엔은 빈곤을 피하기 위해 떠난 사람, 이른바 경제 이주민과 난민을 구분해 왔다. 난민의 권리를 정당화해 주는 인도주의적 근거는 빈곤을 피하기 위해 자신의 나라를 떠나는 사람들에게로 확대 적용하지는 않았던 것이다. 그 자체로 경제 이주민은 망명권을 국제적으로 인정받지 못해 왔다.

1970년대부터 '환경 난민', '환경 이주민', 최근에는 '기후 변화 이주민' 등 다양한 이름으로 불리는 새로운 유형의 난민들의 권리를 인정해야 한다는 주장이 나오기 시작했다. 환경 난민은 지역 환경의 변화로 인해 물 부족, 해수면 상승, 사막화, 가뭄, 오염, 홍수, 허리케인, 지진, 쓰나미 같은 자연 재난의 피해를 입어 자신의 집을 떠나게 된 사람이다.

전문가들은 전 지구적 기후 변화로 인해 앞으로 수년 이내에 수천만 명의 사람들이 환경 난민이 될 것이라고 예측한다. 아프리카 사하라 이남 지역에서 수백만 명의 사람들이 이미 물과 음식 부족을 겪고 있는데, 기온 상승과 가뭄으로 인해 이는 더욱 악화될 전망이다. 소말리아의 지속적인 가뭄과 기근은 수십만 명의 사람들로 하여금 집을 떠나 인근 국가로 피난하게 만들었다. 인근 국가인 케냐에는 40만 명이 거주하는 세계 최대의 난민촌이 있다. 방글라데시에는 1억 5,000만 명의 사람이 해수면보다 낮은 저지대에 살고 있고, 마셜 제도는 전 주민이 낮은 산호초 지대에서 살고 있어서 해수면이 조금만 상승해도 수백만 명의 사람들이 거주할 수 없게 된다.

난민들은 생존을 위해 자신이 살던 집을 떠날 수밖에 없다. 사실상 매년 환경 문제에 따른 부담은 최빈국, 그중에서도 최고 빈민층에게 압도적으로 부과된다. 부유한 국가는 기후 변화에 적응할 기회를 더 많이 갖게 되고, 부자는 자신을 환영해 주는 나라들을 더 쉽게 찾을 수 있다.

그러나 유엔, 미국, 유럽연합은 모두 환경 파괴로 인해 합법적인 난민이 발생한다는 점을 인정하지 않는다. 이런 시각에서 환경 재해를 피하기 위한 난민은 박해를 피하기 위해 나온 정치 난민이 아니라 경제 난민의 대우를 받는다. 환경 난민에게는 정치 난민에게 주어지는 망명과 관련된 법적 지위와 인도주의적 도움이 제공되지 않는다.

케냐 다다브(Dadaab) 난민캠프에서 지내는 40만 명의 난민 중에서 절반이 아이들인데, 이들도 사정은 마찬가지다. 이들 난민은 인근 소말리아에서 20여 년에 걸친 가뭄과 기근, 그리고 내전을 피해서 이곳으로 왔다. 2011년 7월 매일 거의 1,000명의 새로운 난민들이 도착하는 것으로 추산되는데, 이들 대부분이 수백 마일을 이동해 온 여성과 아이들이다. 그렇다면 그들은 수십 년 동안 중앙 정부를 갖고 있지 않고 전쟁에 찌든 소말리아를 탈출한 정치 난민인가, 아니면 가뭄과 기근을 탈출하려는 환경 난민인가? 만약 소말리아에 중앙 정부가 있고 내전이 없었더라면 이들에게 인도주의적 도움을 제공할 근거는 약화되는가?

토론 주제

1. 경제 난민과 정치 난민은 어떻게 다른가? 한쪽에게는 망명권을 인정하고, 다른 쪽에게는 인정하지 않을 만한 도덕적 차이가 존재하는가? 환경 난민은 정치 난민에 가까운가, 아니면 경제 난민에 가까운가? 그 이유는 무엇인가?

2. 경제 난민이나 환경 난민은 다른 나라로의 입국을 정당화해 주는 생명권이 있다고 주장한다. 마찬가지로 이들에게 국경을 폐쇄한 국가들은 자신들의 생활양식과 재산을 유지하기 위해 그럴 권리가 있다고 주장

한다. 이들 권리가 서로 충돌할 때, 이를 해결할 합리적인 방법이 있는가? 아니면 그것은 단지 자신들의 입장을 상대방에게 강요할 수 있는 힘이 있는가의 문제인가?

3. 부유한 국가들은 환경 재해의 피해자들을 도와야 할 특별한 책임이 있는가? 그것은 의무의 문제인가, 아니면 자선의 문제인가?

4. "한쪽의 빈곤은 다른 쪽의 풍요를 위태롭게 한다"는 속담이 있다. 사하라 이남의 아프리카와 남아시아의 빈곤은 미국과 서유럽의 풍요를 위태롭게 하는가? 만약 그렇다면 왜 그런가?

1. 서론

앞 장에서 우리는 윤리학을 어떻게 살아야 하는가와 같은 근본 물음을 다루는 학문이라고 정의했다. 하지만 '우리'가 각각의 개인을 의미할 수도 있고, 우리 모두를 집합적으로 의미할 수도 있기 때문에 물음이 애매하다고 지적했다. 우리가 첫 번째 의미라면 윤리학은 **개인의 도덕**과 관련되고, 두 번째 의미라면 **사회정의**와 관련된다. 이 장에서는 사회정의에 대한 이론들을 살펴보고, 그것들이 환경윤리에 주는 함의를 살펴보고자 한다.

공동체에서 함께 산다는 것은 공동생활에서만 발생하는 이득과 부담이 뒤따르기 때문에 오로지 개인의 도덕 또는 권리와 책임이라는 관점에서만 보면 이러한 공동체의 이득과 부담을 설명할 수 없다. 더욱이 사회제도와 관행은 개인에게 많은 영향을 끼쳐, 개인의 욕구와 신념도 때때로 개인이 살고 있는 사회에 의존한다. 개인의 도덕의 관점에서만 사회적 주제를 다룬다면 이런 중요한 사실을 놓치게 된다. 사회정의는 다음과 같은 문제를 다루어야 한다. 사회적 부담과 이득은 어떻게 분배되어야 하는가? 사회제도는 인간을 어떻게 대우해야 하는가? 인간은 사회로부터 무엇을 받을 자격이 있는가? 개인은 사회제도 및 사회구조에 의해 어떻게 형성되고 조건 지어지는가? 윤리적으로 적절한 사회구조는 어떤 것인가?

정의는 사회를 지배하는 기본 규범이며, 우리가 공동체에서 따라야 할 규칙과 원리를 제공한다. 미국의 철학자 존 롤스(John Rawls)는 『정의론*A Theory of Justice*』에서 "정의는 사회제도의 제1덕목이고, 진리는 사고체계의 제1덕목"이라고 설명한다. 일반적인 의미에서 정의는 사람들이 무엇을 받을 자격이 있는가, 또는 각자에게 합당한 몫은 무엇인가에 관한 것이다. 이와 관련해 다양한 이론이 존재한다.

사람들이 무엇을 받을 자격이 있는가 하는 문제에 대한 하나의 접근 방법은 사람들이 받아야 할 선의 목록을 작성하는 것이다. 이것은 고대와 중세 서양 철학의 전통 안에 존재하는 정의 이론들의 공통된 토대였다. 사람들이 무엇을 받을 자격이 있는가의 문제는 사람들의 생존과 번성을 위해 요구되는 선들은 무엇인가에 대한 해석과 관련이 있다. 즉 정의는 좋고 의미 있는 삶을 사는 데 요구되는 것은 무엇인가와 관련이 있는 것이다.

그렇다면 좋고 의미 있는 삶은 무엇인가, 그리고 이것을 위해 요구되는 것은 무엇인가. 이와 관련해 다양한 의견이 제기되었고, 그로 인해 현대의 정의론은 정의를 좋은 삶에 대한 이론에 근거 지우려는 것에서 멀어지게 되었다. 실제로 어떤 사회도 의미 있는 삶에 대한 단일하면서도 폭넓게 받아들여진 의견을 내놓지 못하고 있다. 대신 현대의 정의론은 선에 대한 각자 자신의 견해를 추구할 개인의 권리를 존중해야 한다고 강조한다. 따라서 현대의 정의론은 사람들은 **무엇을** 받을 자격이 있는가가 아니라 **사람들은 어떻게 대우받아야 하는가**의 문제에 초점을 맞추는 경향이 있다.

일반적인 의미에서 정의는 사람들이 존중받아야 한다는 것을 요구한다. 특히 현대의 정의론은 존중의 개념을 자유와 평등이라는 인간의 두 가지 근본 가치로 설명한다. 개별적 인간 존재를 존중한다는 것은 가능한 한 개인 자신의 결정에 맡기는 것(자유)을, 그리고 각각의 개인은 동등하게 존중받을 자격이 있다는 것을 인정한다는 것을 의미한다.

2. 사유재산권과 자유지상주의적 정의

환경 문제에 중대한 영향을 미치는 사회정의에 대한 하나의 영향력 있는 접근은 개인의 자유권에서 출발한다. 자유지상주의적 정의관에 따르면, 개인의 자유와 간섭받지 않을 권리는 사회가 개인을 존중하는 가장 기본적인 방식이다. 자유지상주의자들은 평등을 각 개인이 자유에 대한 동등한 권리를 향유하는 것으로 본다. 그래서 자유는 각자 자기가 원하는 것을 무엇이든지 할 권리가 아니라(만약 그렇다면 그것은 다른 사람의 자유를 위태롭게 할 것이다) 다른 사람에게 간섭받지 않을 권리로 이해한다. 달리 말하면 자유지상주의자들은 자유를 다른 사람의 동등한 권리를 침해하지 않는 한에서 자신이 원하는 것을 선택할 권리, 또는 모든 사람의 평등한 자유와 양립 가능한 최대한의 자유의 권리로 이해한다.

자유지상주의적 정의관에 따르면, 개인의 소유권과 자유시장이 개인의 자유를 보장하는 핵심 요소다. 시장에서의 자유로운 교환은 개인의 자유의 본질이다. 사유재산은 개인의 자유에 필요한 수단이면서 동시에 다른 사람의 간섭으로부터 자유로운 것의 결과물이다.

많은 사람들은 야생지 보존, 오염 방지 및 탄소 배출 규제, 습지 보호, 멸종위기종보호법 등 다양한 환경적 관심이 개인의 자유권과 재산권을 침해한다고 주장해 왔다. 이들은 개인의 자유권과 재산권이 사회정의의 핵심인데 환경 입법이 이런 권리를 침해하는 것은 부당하다고 말한다. 최근 미국에서의 티파티 운동(Tea Party Movement, 2009년 미국의 길거리 시위에서 시작한 보수주의 정치 운동으로, 보스턴 차 사건에서 이름을 따왔다. 이 운동은 오바마 행정부의 의료보험 개혁정책에 반발하여 등장했는데, 가난한 사람들을 위하는 복지라는 명목으로 중산층, 부자에게 세금을 부과하는 행위는 부당하다고 본다 - 옮긴이)은 자유지상주의적 정의와 사유재산권에 강력한 철학적 기반을 두고 있다.

입헌 민주주의라는 정치제도는 윤리 이론과 사유재산권과 같은 개인의 권리, 사회정의 간의 관계를 살펴보는 데 유용한 틀이다. '다수결에 의한 통치'라는 개념은 행복을 극대화하는 공리주의의 목표에 일치하는 것으로 볼 수 있다. 최대 다수의 최대 행복을 추구한다면 투표를 통해 다수의 의지를 따르는 것은 잘못된 것이 아니다. 반면 헌법에 의해 시민의 권리와 자유를 보장하는 것은 개인의 자율이라는 칸트의 목표에 일치하는 것으로 볼 수 있다. 그래서 헌법에 규정된 권리는 입법 과정에 나타나는 다수의 결정에 대해 일정한 제한을 부과한다. 의무론 윤리의 오랜 전통을 따른다면 개인의 권리는 다수의 의지에 우선한다.

물론 어떤 권리가 다수의 결정에 우선할 만큼 중요한 것이냐를 설명하는 것이 과제일 것이다. 권리의 개념을 너무 넓게 설정하면 모든 사회적 결정에 대해 한 개인이 거부권을 행사하는 것을 허용할 것이다. 반면 너무 좁게 설정하면 개인들에 대한 다수의 전횡을 허용하게 될 것이다. 개인의 사유·재산권이 모든 사회적, 환경적 복지에 우선할 만큼 중요하다고 주장하는 사람들도 있다.

사유재산권만큼 서양의 정치철학 전통에서 중요한 역할을 한 개인의 권리는 없었으며, 그만큼 환경 문제에서 쟁점이 되는 권리도 없었다. 소유 및 그것과 관련된 개념은 우리가 이 책에서 살펴보려고 하는 많은 쟁점과도 관련이 있다.

서양에서 소유권이 현대적 의미로 이해되기 시작한 것은 17세기 영국의 철학자 존 로크에게로 그 기원을 거슬러 올라간다.[1] 로크의 정치철학은 '자연 상태'에 대한 분석에서 시작한다. 자연 상태는 정부가 없었다면 존재했을 상태를 의미한다. 자연 상태에서 땅은 누구의 소유도 아니었다 (17세기 당시의 입장에서 본다면 신이 소유했다고 하는 편이 정확할 것이다). 그런데 누군가가 그런 소유되지 않은 땅에 '자신의 노동을 결합시킬' 때, 땅은 그의 소유가 된다. 로크의 주장의 핵심은 다음과 같다.

1. 인간은 자신의 신체와 노동에 대해서 독점적인 권리, 즉 소유권을 갖는다.
2. 자연 상태에서 땅은 누구의 소유도 아니다. 즉 어느 누구도 땅에 대한 독점적인 사용권을 주장할 수 없다.
3. 따라서 소유되지 않은 땅에 누군가의 노동이 결합되면, 그 사람의

---

1 사유재산에 대한 로크의 견해는 저서 『정부론』, 특히 5장을 참고하라. 사유재산권과 경제적 정의에 대한 유용한 논문 모음집으로는 Virginia Held, *Property, Profits, and Economic Justice*(Wadsworth, 1980)가 있다. 그리고 토지이용정책과 윤리학에 대한 탁월한 선집으로는 Lynton Caldwell and Kristin Shrader-Frechtte, *Policy for Land*(Rowman & Littlefield, 1993)가 있다.

3부 환경윤리학의 이론들

자기 노동에 대한 소유권은 땅으로 옮겨진다. 그래서 그 사람은 땅을 소유하게 된다.

예를 들면 누군가가 야생지에 집을 짓고, 땅을 갈고, 곡식을 재배하면, 그는 그 땅에 대한 권리 주장을 할 수 있다. 그리고 그 권리 주장에서 사유재산권이 확립된다.

일단 사유재산권이 확립되면 자유지상주의적 정의는 시장에서의 교환을 재산 교환의 유일하게 정당한 수단으로 본다. 정부의 시장 규제같이 자유롭고 비강제적인 교환에 대한 간섭이나 또는 정부의 과세나 공적 사용을 위한 사유재산의 몰수 같은 강압적 재산 탈취는 정의에 어긋난다.

사유재산에 대한 이런 관점에 두 가지 반론이 제기되었다. 첫째, 사유재산에 대한 로크의 견해는 치명적인 논리적, 철학적 결점을 갖고 있다는 것이고, 둘째, 사유재산권에 대한 어떤 이해도 그것이 환경과 관련된 가치들을 윤리적으로 압도할 만큼 강하지 않다는 것이다.

사유재산에 대한 로크의 견해에 대해서 다양한 반론이 제기되었다. 우선 '결합한다(mixing)'는 말의 의미가 애매하다는 것이다. 무소유의 땅에 소유한 것을 결합시킨다고 해서 땅까지 소유할 이유가 있는가? 노동력을 상실한다면 이전에 소유했던 것에 대한 권리도 상실해야 한다고 가정해서는 안 되는가? 그리고 증식된 부분에 대해서만, 즉 땅 자체가 아니라 수확한 작물에 대해서만 소유한다고 가정해서는 안 되는가? 만약 우리의 노동이 땅을 기름지게 하는 것이 아니라 황폐하게 한다면 어떻게 되는가? 자연 상태의 인간이 원형 그대로 땅을 보존하고 싶어서 자신의 노동을 결합시키지 않겠다고 결정한다면 어떻게 되는가? 가치 있고 소유하기 위해서 모든 땅을 다 개발해야 하는가?

또한 거대한 무소유의 땅이 남아 있다는 17세기 유럽인의 로크적인 사고는 역사적 사실에 대한 왜곡이라는 비판도 제기된다. 서부의 땅에 자기의 노동력을 결합시키고 그것에 대한 권리주장을 했던 초기 아메리카의 개척민들은 토착민들이 수백만 년 동안 이미 그 땅을 사용하고 있었다는 사실을 무시한다. 실제로 소유에 대한 로크의 견해는 소유에 대한 농업 사회 또는 산업 사회의 관점을 전제한다. 예를 들어 유목 문화는 계절이 바뀌면 이동하는 짐승 떼를 따라 광대한 지역을 떠돌아다닌다. 그런 문화에서는 땅에 대한 사유와 독점적 권리를 인정한다는 생각이 매우 낯설 것이다.

끝으로 로크의 입장에서 본다면 타인을 위해 '그만한 땅이 충분하게' 남아 있을 때만이 사유재산권은 정당화될 수 있다. 로크의 소유권은 개인의 자유라는 보다 근본적인 권리('자기의 신체에 대해 갖는 독점적 권리')에서 도출된다. 그래서 그것이 타인의 자유를 침해하지 않는 경우에만 소유권은 정당화될 수 있다. 로크에 따르면, 타인을 위해 충분한 땅이 남아 있는 경우에는 타인의 자유를 침해하는 일이 발생하지 않는다. 하지만 70억의 인구가 사는 현대에는 이러한 조건이 만족되기 힘들다.

사유재산권을 옹호하는 공리주의적 근거는 개인의 사유재산권을 인정하는 것이 인센티브와 생산성 향상을 통해 더 큰 사회적 이득을 가져온다는 데 있다. 하지만 사유재산권에 대한 이런 정당화는 결과적인 측면에서 이루어지는 것이기 때문에, 우리는 사유재산권의 제한이 미치는 모든 결과를 고려해야 한다. 그런데 환경 규제보다 사유재산권을 완전히 인정하는 것이 모든 경우에 항상 더 나은 사회적 결과를 가져온다고 가정할 이유는 없다.

사유재산권을 인정해야 한다는 두 번째 근거는 사유재산권을 인정할 때 개인의 자유와 자율을 보호할 수 있다는 것이다. 사유재산권을 인정해야만 개인은 다른 사람들로부터는 물론 삶에 필요한 물질적 조건으로부터도 자유로울 수 있다. 하지만 환경 규제도 많은 경우 개인의 자유(가령 오염으로부터의 자유)를 보호하기 위한 것이기 때문에, 환경 규제보다 사유재산권이 자유를 보호하기 위해 더 요구되는 수단이라고 가정할 수는 없다.

끝으로 사유재산권의 정당화는 종종 공정성의 원리와 관련된다. 로크가 주장했듯이 자신의 노동을 통해 생산한 재화와 가치의 소유권을 부정하는 것은 불공정하다. 하지만 다음 절에서 보듯이, 공정성의 가치는 종종 환경 규제의 목적이기도 하다. 그렇다면 환경정책이 사유재산권을 부정하기 때문에 사회정의에 위배된다는 주장에 대해 사유재산권은 충분한 근거가 될 수 없다.

이러한 난점들로 인해 사유재산권을 '하나의 단일 권리'가 아니라 '다양한 권리들의 묶음'으로 보는 보다 현대적인 해석이 나온다. 이런 권리들의 묶음에는 소유하고, 통제하고, 사용하고, 그것으로부터 이득을 얻고, 처분하고, 타인들을 그것으로부터 배제하는 권리가 포함된다. 소유권의 의미는 매우 다양하고 복잡하기 때문에, 차라리 소유권을 다양한 '권리들의 묶음'이라고 보는 것이 나을 수 있다.

소유권은 원하는 모든 것을 할 수 있는 권리를 의미하지는 않는다. 또한 다른 사람들의 권리에 의해 다양한 방식으로 제한된다. 예를 들어 우리는 마음대로 자기 집 뒷마당에 유독성 폐기물을 버릴 수 없다. 토지구획법은 사유지에 건설할 수 있는 빌딩의 유형은 물론 빌딩의 용도에 대해서도 제한을 한다. 그리고 우리는 회사의 주식을 소유함으로써 배당이나 시세 차익을 얻을 수는 있지만, 그렇다고 해서 경영권을 갖거나 다른 사람이 회사 재산을 이용하지 못하게 할 권리는 없다. 심지어 어떤 경우에는 자기가 원하는 사람에게 주식을 팔 권리도 없다.

소유권을 권리들의 묶음으로 본다면, 소유권은 더 이상 모든 것을 다할 수 있는 권리도, 또한 아무것도 할 수 없는 권리도 아니라는 결론이 나온다. 토지구획법이 소유권을 제한하긴 하지만 그것을 침해하는 것이 아닌 것처럼, 많은 법이 환경보호를 위해 권리의 일부를 제한한다. '현명한 사용 운동(wise-use movement)'이나 환경정책에 대한 티파티의 비판 같은 것을 둘러싸고 벌어지는 현대의 환경 쟁점을 고려할 때, 이러한 사실에 유념할 필요가 있다. 환경을 파괴할 것이냐, 아니면 우리의 재산권을 포기할 것이냐의 양자택일을 강요하는 식의 환경 쟁점은 거의 없다. 오히려 대개의 논쟁은 소유자들이 자기의 이익을 위해 어느 한계까지 권리를 행사할 수 있느냐에 대한 것이다.

3. 공정성으로서의 정의

미국의 철학자 롤스는 정의에 관한 가장 강력하고 영향력 있는 이론을 발전시켰다.[2] 정의에 대한 롤스의 설명은 개인의 자유와 평등을 균형 있게 추구하고, 정의를 공정성의 원리 안에서 근거 지우고 있다. 롤스의 정의 이론은 두 가지 중요한 구성 요소로 이루어졌다. 정의의 원리를 결정하는 방법과 그 방법으로부터 도출되는 구체적 원리가 그것이다.

롤스의 방법은 일찍이 로크와 칸트에 의해 사용된 일종의 가상적인 사회계약이다. 합리적이고, 자기 이익에 관심 있는 개인들이 사회의 기본

---

2 John Rawls, *A Theory of Justice* (Cambridge, Mass.: Harvard University Press, 1971).

원리를 선택하고 합의하기 위해 모였다고 가정하자. 원리의 공정성과 공평무사성을 확보하기 위해 각 개인들은 자기 자신의 구체적인 신상에 대해 모른다. 즉 각 개인들은 자신의 능력과 무능력, 재능과 약점을 모른다. 롤스의 개념을 사용하자면, 그들은 '무지의 베일' 뒤에서, 나중에 베일 밖으로 나왔을 때 따르게 될 원리들을 선택해야 한다. 각 개인들이 수단이 아니라 목적으로서 대우받기 위해서, 최종적으로 이들 개인은 원리들에 대해 만장일치로 합의해야 한다고 가정하자. 롤스가 '원초적 입장'이라고 부르는 이러한 공평무사한 최초의 조건들은 선택된 원리가 공정하리라는 것을 보장해 준다.

무지의 베일 뒤에서 의사결정을 하는 '원초적 입장'의 이념은 롤스 이론의 핵심으로, 여기서 공정성은 정의로운 결정과 정의로운 제도를 확보하기 위한 중요한 요소다. 롤스는 **우리가 누구의 관점을 취하든** 받아들일 수 있는 방식으로 우리의 결정이 이루어져야 하고, 사회제도도 그러한 방식으로 편성되어야 한다고 주장한다. 공정한 결정이란 공평무사한 결정이다. 그는 우리가 이러한 결론에 도달할 수 있는 유일한 방법은 무지의 베일 뒤의 원초적 관점을 찾아내고, 스스로 우리 입장에 대해서는 무지하다고 가정하고 공평무사성을 추구해야 한다고 주장한다.

롤스는 원초적 입장에서 정의의 기본적인 두 가지 원리를 이끌어 낸다. 첫 번째 원리는 각 개인들은 최대한의 자유에 대한 동등한 권리를 갖는다는 것이다. 개인들은 가능한 한 많은 자유를 요구할 것이고, 합리적이고 자기 이익을 추구하는 개인이라면 다른 사람에게 더 많은 자유를 주기 위해 자신의 평등을 희생하려고 하지 않기 때문이다. 두 번째 원리는 불평등한 분배가 최소 수혜자에게 이득이 되지 않는 한, 사회적 경제적 이득과 부담은 평등하게 분배되어야 한다는 것이다. 그리고 불평등으로 인한 이득은 각자가 평등한 기회를 가진 직책에 개방될 때에만 허용될 수 있다는 것이다.

정의의 이 두 가지 원리는 경제학과 환경정책에 대해 고려할 때 가치 있는 도구다. 첫 번째 원리에 따르면, 각 개인은 최대한의 자유에 대한 동등한 권리를 갖는다. 누구도 무제한적으로 개인의 자유를 추구할 권리는 없다. 첫 번째 원리는 개인의 자유에 대한 제한이 필요하다면, 그런 제한은 불균등하게 이루어져서는 안 된다고 주장한다.

두 번째 원리에 따르면, 사회의 이득과 부담은 평등하게 분배되어야 한다. 원초적 입장에 있는 사람들은 누구도 다른 사람이 더 이득을 얻을 수 있도록 하기 위해 자신이 추가적인 부담을 지는 것을 받아들이지 않을 것이다. 사회의 최소 수혜자에게 이득이 될 때에만, 그리고 이런 이득이 각각의 사람들이 동등한 기회를 가진 상황에서 도출될 때에만 불평등한 분배는 정당화될 수 있다. 롤스의 공정으로서의 정의는 환경 난민과 환경 비극의 희생자 같은 주제와 관련해 특정한 결론을 함의할 것이다.

롤스는 합리적인 사람이라면 '최소극대화(maximin)' 전략을 따를 것이기 때문에 이 원리들을 받아들일 것이라고 믿는다. 즉 우리가 사회의 어떤 위치에 처했는지 알지 못하는 상황에서 이득과 부담의 분배 문제에 대해 합의해야 한다면, 우리는 잠재적 이득을 극대화하기보다는 피해를 최소화하는 보수적인 전략을 선택할 것이라는 것이다. 예를 들어 보자. 저금을 모두 털어 복권을 사겠는가, 아니면 안전한 저축 구좌에 돈을 넣어 두겠는가? 즉 최대의 이득을 위해 큰 위험을 감수하겠는가, 아니면 약간의 이득을 위해 사소한 위험만을 감수하겠는가?

합리적 의사결정에 대한 이런 설명에서 사전 예방 원칙(precautionary principle)의 철학적 근거를 발견하는 사람도 있다. 사전 예방 원칙은 환경

정책의 결정에서 종종 사용된다. 이 원칙에 따르면, 불확실성에 직면하여 어떤 행위가 커다란 해를 야기할 가능성이 있다면, 일을 진행하기 전에 강한 정당화를 요구하는 것이 합리적이다. 이것을 지구적 기후 변화 문제에 적용하는 사람도 있다. 대기의 이산화탄소가 지구온난화를 초래할지 확실히 알지 못한다 할지라도, 지구온난화의 해로운 결과가 심각한 것이라면 우리는 다른 사람들보다 회의론자들에게 더 큰 증거를 요구해야 한다.

이제 환경 정의의 문제로 다시 돌아가 보자. 사회의 이득과 부담은 어떻게 분배되어야 하는가? 누가 이득을 취하고, 누가 부담을 감수하는가? 이득과 부담에 대한 현재의 분배는 공정한가? 더 나아가 사회는 어떤 인간, 즉 어떤 성품을 갖고, 어떤 가치와 태도를 취하는 인간을 만들기 위해 노력해야 하는가?

구체적으로 환경 편익과 부담은 무엇인가? 대기 오염과 수질 오염, 유독성 폐기물 방출, 살충제 중독, 인구 과잉, 야생지의 상실, 개발, 지구온난화 등 지금까지 이 책에서 다룬 사례들을 고려해 보자. 이 문제들과 관련해 누가 환경 피해라는 부담을 감수하고, 또 누가 이득을 취하는가? 환경론자들이 추진하는 정책으로 인한 이득은 누가 갖는가? 그런 정책에 대한 부담은 누가 지는가? '인간은 환경 파괴로 인해 고통을 겪고 있다'거나 '인간은 야생지 보존을 통해 이득을 얻을 것이다'와 같은 인간 일반의 차원에서 이 문제를 답변할 수도 있겠지만, 그런 일반적 차원의 논의는 사람들 간의 중요한 차이를 놓친다. 대신 우리는 환경 문제와 환경론자들의 해결책에 있어서 구체적으로 누가 이득을 취하고, 누가 그 부담을 감수하는가 하는 문제를 논의할 필요가 있다. 또한 환경 문제에 있어서 누구에게 과실이 있는가도 논의해야 한다.

4. 환경 정의와 환경 인종주의

환경 정의는 환경 편익과 환경 부담의 사회적 분배 문제를 다룬다. 편익과 부담을 불평등하게 분배하는 사회는 기본적으로 정의롭지 못한 사회다. 많은 전문가들에 따르면, 사회는 너무나 자주 가장 열악한 위치에 있는 사람들, 예를 들어 빈민과 유색인에게 부담을 지운다. 이런 불평등한 정책은 '환경 인종주의'의 사례로서 잘 설명된다.

오염 및 유독성 폐기물이 야기하는 건강 및 안전에 대한 위험의 분배 문제를 고려해 보자. 1970년대 중반 이후 많은 연구자들과 활동가들은 유색인 마을이 직면한 불공평한 위험에 주목하기 시작했다. 사회학자 로버트 불러드(Robert D. Bullard)는 이 연구의 선두 주자다. 그는 여러 번에 걸쳐 유독성 폐기물 더미, 쓰레기 매립지, 소각장, 그리고 오염 산업체가 빈민과 소수민족이 사는 인구 밀집 지역이나 인근 지역에 위치한다는 사실을 확인했다. 그는 『미국 법률 저널*National Law Journal*』이 수행한 1992년 연구를 인용하면서, 다음과 같이 결론짓는다.

미국 정부가 유독성 폐기물 부지를 청소하고, 오염 유발자들을 처벌하는 방식은 인종에 따라 차이가 있다. 흑인이나 라틴아메리카계 미국인, 기타 소수민족이 사는 마을보다 백인 마을에서 정부의 조치는 더 신속하고 말끔하게 이루어지고, 처벌 또한 더 엄격하다. 마을이 부유한가 가난한가에 따라 정부의 환경 보호도 차이가 나는 것이다.[3]

---

3 Marianne Lavelle and Marcia Coyle, "Unequal Protection", *National Law Journal* 21(1992년 9월). 이것은 불러드에 의해 인용됐다. Robert D. Bullard, *Unequal Protection*(San Francisco: Sierra Club Books, 1994), 9쪽.

이 연구에 따르면 환경 파괴의 예방, 정화, 그리고 오염 유발자 처벌에 이르기까지 환경법은 백인의 마을보다는 소수민족의 마을에서 훨씬 더 제도적으로 느슨하게 실행된다.

이 연구는 기독교교회연합인종정의위원회(United Church of Christ Commission on Racial Justice)가 수행한 이전의 연구 결과들을 확증해 주었다. 1982년에 이루어진 「미국에서의 유독성 폐기물과 인종」이란 연구 보고서는 인종이야말로 유독성 폐기물 처리 장소의 위치를 잘 보여 주는 시금석이라고 주장한다. 그리고 이 보고서는 강력한 증거에 의해 뒷받침된다. 여러분이 유색인이라면 유독성 폐기물 더미, 쓰레기 매립지, 소각장, 오염 산업체가 들어설 지역에서 살 가능성이 훨씬 높다. 또한 그것들이 백인이 사는 지역에 위치했을 때보다 오염이 제거될 가능성은 더 적고, 오염 유발자들도 더 가벼운 처벌을 받을 것이다.[4]

이와 유사한 결과가 국가들 간에도 발견된다. 가난한 국가는 부유한 국가보다 환경 파괴(산림 개간, 사막화, 대기 및 수질 오염)를 겪을 가능성이 더 높다. 그리고 가난한 국가에서도 가장 가난한 사람이 환경 파괴로 더 고통을 당할 것이다. 식민주의의 역사적 유산을 보면 이런 사실을 알 수 있다. 오늘날 많은 후진국이 지난 수십 년 동안 식민지나 준식민지 상태로, 유럽과 미국이 산업을 발전시키고 높은 생활수준을 유지하는 데 필요한

---

4 불러드의 저작은 이런 주장의 탄탄한 기초가 된다. 그 외의 참고문헌으로는 Robert D. Bullard, *Dumping in Dixie: Race, Class, and Environmental Quality*(Boulder: Westview, 1990); Bunyan Bryant(편), *Environmental Justice*(Washington, D.C.: Island Press, 1995); Laura Westra and Peter Wenz, *Faces of Environmental Racism*(Lanham, Md.: Rowman and Littlefield, 1995). 불러드와 브라이언트의 책은 정책에 대한 것으로 활동가들을 위한 책이다. 반면 웨스트라와 웬즈는 철학자다. 정의론적 관점에서 환경 문제를 다룬 책으로는 Peter Wenz, *Environmental Justice*(Albany: State University of New York Press, 1988). 또한 기독교교회연합인종정의위원회, *Toxic Wastes and Race in the United States*(New York: United Church of Christ, 1987).

자연자원을 공급해 왔다. 식민 통치자들은 이들 국가의 자연자원을 수탈하면서 지역 공동체에는 환경 비용을 전혀 지불하지 않았다.

3장에서 다룬 경제적 사고방식에도 이런 부정의의 유산이 숨어 있다. 우리가 비용 편익 분석을 할 때 '가장 가치가 적은' 사람과 장소에 환경 위험을 분배하는 것이 효율적이다. 가장 비용이 적게 들기 때문이다. 예를 들어 쓰레기 소각장을 건설할 때, 가장 재산 가치가 낮은 지역에 건설하는 것이 경제적으로 타당하다. 이런 식으로 비용은 최소화된다.

철학자 로라 웨스트라(Laura Westra)는 이런 사고방식이 잘 드러난 예로 세계은행(World Bank)의 문서를 든다. 웨스트라는 세계은행의 수석 경제학자 로런스 서머스(Lawrence Summers)의 주장을 인용한다.

> 건강에 유해한 오염 비용의 측정은 바로 그 오염으로 증대된 환자와 사망자들이 이전에 벌어들였으리라 예상되는 수입에 의존한다. 이러한 관점에서 볼 때 건강에 유해한 오염의 일정 양은 가장 비용이 적게 드는 국가에서 처리되어야 하는데, 이러한 국가는 결국 임금이 가장 낮은 국가일 것이다. 나는 임금이 가장 낮은 국가에 오염 폐기물을 잔뜩 퍼다 버리는 행동을 지지하는 이러한 경제 논리는 흠잡을 데 없고, 우리는 이러한 엄연한 사실을 직시해야 한다고 생각한다.[5]

세계은행이 국제 채무 업무를 맡고 있어 후진국의 경제에 엄청난 영향력을 행사한다는 점을 감안한다면, 이런 태도에는 정말 중요한 문제점이

---

5 Laura Westra, "A Transgenic Dinner? Ethical and Social Issues in Biotechnology and Agriculture", *Journal of Social Philosophy* 24(1993년 겨울), 215-232쪽. Westra and Wenz(편), *Faces of Environmental Racism*, 16쪽.

있다고 생각한다. 아마도 가장 조야한 형태의 공리주의를 예외로 한다면, 이 사례를 공정하다거나 정의롭다고 말하는 정의에 관한 이론은 없을 것이다. 이들 사례 대부분은 확실히 불평등은 그것이 최소 수혜자에게 이득이 될 경우에만 정당화된다는 롤스의 원칙에 어긋난다. 또한 이 정책으로 인해 부담을 지는 사람들에게는 정책 결정과 관련된 발언권이 부여되지 않았기 때문에 롤스의 제1원리에도 어긋난다.

환경 부정의와 인종주의를 강화하는 정책들을 멀리서 찾을 필요가 없다. 인구 정책 중 많은 것들이 가난한 자와 소수민족에 부당하게 부담을 주는 것으로 보인다. 인구 성장을 환경 파괴의 주요 원인으로 보는 사람들은 가난한 자, 특히 가난한 여성들로 하여금 아이를 많이 갖도록 장려하는 문화적, 경제적 요인들을 무시한다. 소수민족에 대한 억압적인 인구 조절 정책의 역사(여기에는 노예제, 나치즘, 인종 분리 정책, 소수민족이 모두 포함된다)를 감안하면 부유한 백인 환경주의자들이 주장하는 인구 정책에 대해 소수민족이 회의적인 태도를 갖는 이유가 납득이 된다.

생태학자 개럿 하딘(Garrett Hardin)은 세계의 기아와 인구 성장에 대한 고전적 논문에서 인구 과잉이 인간의 생존에 심각한 위협이라고 주장했다.[6] 구명보트의 비유를 통해서 그는 인구 과잉은 지구의 수용 능력을 초과함으로써 우리 모두를 침몰시킬 것이라고 말했다. 이에 대한 대안으로 기아로 굶어 죽어 가는 사람들에 대한 식량 원조를 중단해야 한다고 주장했다. 식량 원조는 가난한 자들 사이에서 더 큰 인구 폭발을 야기할 것이고, 이것은 지구의 수용 능력에 더 큰 부담을 준다는 이유에서다.

---

6 Garrett Hardin, "Lifeboat Ethics: The Case Against Helping the Poor", *Psychology Today* 8(1974년 9월), 38-126쪽. 이것은 다음의 책에 재수록되었다. William Aiken and Hugh LaFollette, *World Hunger and Morality*(Prentice Hall, 1996), 5-15쪽.

그러나 비판자들은 그런 정책이 가장 불리한 위치에 있는 인간, 자기를 보호할 능력이 없는 인간에게 막대한 피해를 끼칠 것이라고 주장한다. 그들에 따르면, 그런 정책은 또한 가장 좋은 위치에 있는 사람(이미 구명보트에 승선한 사람)의 이익만을 보호해 준다. 하딘이 제안한 정책은 선진국의 사람들, 특히 권력과 특권을 가진 사람은 자신의 안락한 생활수준을 유지할 수 있는 반면, 가장 불리한 위치에 있는 사람은 굶어 죽을 수밖에 없다는 것을 의미한다. 즉 우리는 구명보트 안에 있지만 그들은 그렇지 않은 것이다. 구명보트에는 우리와 함께 소비사회의 안락한 온갖 창조물들이 있기 때문에 그들을 태울 공간이 없다. 정의의 관점에서 보면 이 정책은 도저히 받아들이기 어렵다.

또한 많은 보존주의 정책은 엘리트 계층에는 이득이 되는 반면 취약 계층에는 피해를 야기한다. 우리는 심층생태주의에 대한 구하의 비판을 9장에서 이미 살펴보았다. 이것은 1992년 리우데자네이루에서 열린 지구정상회담의 주요 의제이기도 했다. 유럽과 북미에서 온 많은 환경론자들은 야생지와 열대우림, 생물 다양성을 보전하기 위해 개발과 인구 성장을 제한해야 한다고 주장했다. 물론 이 정책은 상당 부분 후진국을 표적으로 삼았다. 산업화가 덜 된 지구 남반구에서 온 많은 사람들이 보기에 이 정책으로 인한 이득은 산업화된 북반구 사람들이 갖는 반면, 정작 그 비용은 남반구 사람들이 져야 하는 것이었다. 그것은 마치 북반구의 환경론자들이 "우리 문화는 안락하고 건강한 생활수준을 향유하기 위해 환경 재난을 초래했다. 우리가 그랬다고 해서 너희들도 우리와 유사한 생활수준을 추구해서는 안 된다. 그러면 남아 있는 야생지와 열대우림, 생물 다양성이 파괴될 것이기 때문이다. 물론 우리는 이런 것들보다 경제 발전을 더 소중히 여긴다. 그러나 너희는 그래서는 안 된다"라고 말하는 것과 같다.

끝으로, 몇몇 전문가들은 환경 부정의가 드러나는 대부분의 사례에서 여성과 아이들이 특히 환경 파괴에 노출되어 있다고 지적한다. 오염물 질, 살충제, 독극물 등이 야기하는 잠재적 피해는 여성들에게 불공평하게 배분된다.[7] 앞에서 사례로 다룬 소말리아의 비극적인 가뭄과 기근이 여성과 아이들에게 어떻게 집중적으로 충격을 주었는지를 살펴볼 필요가 있다.

많은 개발도상국에서 여성들은 삼중의 부담을 떠안아야 한다. 우선 요리나 집안 유지 등 가사를 돌보아야 한다. 또한 집 밖에서도 일을 해야 한다. 가축과 작물을 돌보는 것이 대표적인 예다. 여성은 남성보다 기동성이 부족해 오염이나 비위생적 상황 등을 피하기가 어렵다. 기계화되지 않은 작물 수확을 더 많이 담당해야 하고, 그래서 농약에 노출될 위험이 높다. 땔감용 나무를 주워 모으고 식수를 퍼 나르는 것도 주로 여성이 담당한다. 그래서 여성은 숲에 접근하지 못하는 것으로 인해 심히 고통스러울 수밖에 없고, 물의 오염 때문에 더 고통스러울 수밖에 없다.

한 관찰자에 따르면, 후진국에서 죽는 아이들 중 34.6%가 깨끗한 식수를 이용하지 못해서라고 한다.[8] 후진국에서의 환경 파괴와 개발은 여성들에게 특히 부담을 준다. 물론 인구 정책도 남성이 경험하지 못하는 방식으로 여성에게 부담을 준다. 여성과 아이들은 인구 과잉으로 인한 피

---

7 Leonie Caldecott and Stephanie LeLan(편), *Reclaim the Earth*(London: Women's Press, 1983); Vandana Shiva, *Staying Alive: Women, Ecology, and Development*(London: Zed Books, 1988).

8 이 추산은 유니세프에 의한 것이다. UNICEF, *State of the World's Children*(1988). 그리고 이것은 다음에서 인용했다. Vandana Shiva, "The Impoverishment of the Environment", *Ecofeminism*, Maria Mies and Vandana Shiva(편) (London: Zed Books, 1993), 81쪽.

해를 더 많이 입게 되고, 보통 인구를 조절할 책임은 여성에게 있는 것으로 생각된다.[9]

5. 북친의 사회생태주의

머레이 북친(Murray Bookchin)은 사회 지배와 자연 지배의 연관성에 대해 40년 이상 글을 써온 사회이론가다. 그의 견해는 '자유주의적 사회생태주의', '생태 아나키즘' 등 다양한 이름으로 불리지만, 가장 일반적으로 알려진 것은 '사회생태주의(social ecology)'라는 용어다. 여기서 나는 북친의 저작에서 발전된 사회철학을 **사회생태주의**라는 이름으로 지칭할 것이다.

사회생태주의는 마르크스주의적 사회주의, 자유주의적 아나키즘, 그리고 아리스토텔레스와 헤겔 등의 철학에서 나타나는 '서양의 유기체주의 전통' 등 다양한 철학적 전통에 뿌리를 두고 있다. 다양한 전통에 대해서 자세히 서술하는 것은 이 책의 범위를 넘어서기 때문에, 여기서는 사회생태주의를 이해하는 데 필요한 부분만을 다룰 것이다.

먼저 북친의 사회생태주의가 의미하는 것과 그것과 생태 문제의 관련성을 살펴볼 필요가 있다. 북친은 특히 **위계**(hierarchies)에 관심이 많았는데, 그는 위계를 다음과 같이 설명한다.

복종과 명령의 문화적, 전통적, 심리적 체계는 계급과 국가라는 개념

---

9 Annabel Rodda, *Women and the Environment*(London: Zed Books, 1991), 68-80쪽.

이 지칭하는 단순한 경제적, 정치적 체계가 아니다. 따라서 위계와 지배는 '계급 없는', '정부 없는' 사회에서도 여전히 지속될 수 있다. 내가 지배라고 말할 때 그것은 늙은이의 젊은이의 지배, 남성의 여성의 지배, 어떤 인종에 의한 다른 인종의 지배, 자신들이 '더 고상한 사회적 이익'을 갖고 있다고 주장하는 관료들에 의한 '대중'의 지배, 도시에 의한 농촌의 지배, 그리고 매우 정교한 심리적 의미에서의 정신에 의한 육체의 지배, 피상적인 도구적 합리성에 의한 영혼의 지배를 말한다.[10]

이러한 견해는 앞 장에서 생태여성주의에 대해 살펴볼 때 등장한 '지배의 논리'를 연상하게 해준다. 위계는 최소한 두 집단, 즉 피지배 집단과 그 집단에 대해 권력을 행사하는 지배 집단의 존재를 함축한다. 이러한 권력이 있기 때문에 '우월한' 집단이 '열등한' 집단에게 복종을 명령하는 것이 가능하다. 위계는 지배의 사회제도를 발전시키고, 이 제도로 인해 우월한 집단은 자신들의 의도대로 열등한 집단을 조작할 수 있게 되고, 열등한 집단은 그들 자신의 참된 목적을 추구하는 것을 방해받게 된다.

이 인용문에서 북친은 자신의 견해를 전통적 마르크스주의 및 전통적 아나키즘과 구분한다. 마르크스주의자와는 달리 북친은 사회적 위계와 지배의 기본 형태가 경제적 계급이라고 생각하지 않는다. 또한 아나키스트와는 달리 근대 국가가 사회적 지배의 주요 기제라고 보지 않는다. 그의 견해에서는 경제적 계급과 국가 관료가 없는 사회 내에서도 지배 구

---

10 Murray Bookchin, *The Ecology of Freedom* (Palo Alto, Calif.: Chesire Books, 1982), 4쪽. 북친의 견해에 대해서는 다음 책을 참고하라. *The Philosophy of Social Ecology* (Montreal: Black Rose Books, 1990).

조가 존재할 수 있다.

또한 이 인용문은 물리적 지배와 권력이 사회적 통제의 유일한 형태라고 보지 않는다. 위계는 사회적 조건이기도 하지만 동시에 '의식 상태'이기도 하다. 사람들은 외부의 힘에 의해서도 억압되지만 자신의 의식, 지식과 믿음에 의해서도 억압될 수 있다. 그래서 북친은 우월한 집단은 쾌락적이고 만족스러운 삶을 즐기는 반면 열등한 집단은 '수고, 죄책감, 희생'으로 점철된 삶을 받아들이게 되는 위계의 사회구조의 '내면화' 과정에 주목한다.[11] 앞에서 말했지만, 자유는 단순히 외적 강제의 부재 상태를 의미하지 않는다. 『자유의 생태학*The Ecology of Freedom*』이라는 고전적 저작에서 북친은 구석기 시대부터 현대에 이르기까지 사회에 존재했던 다양한 위계와 지배 형태의 역사를 보여 준다.

그러나 북친의 견해들 중 가장 타당한 면은 자연의 지배는 이러한 사회적 위계와 지배 유형에서 '연유한다'는 주장과 관련된다. 우리는 이 주장을 어떻게 이해해야 하는가?

먼저 주목할 점은 그가 표준적인 마르크스주의적 관점을 근본적으로 뒤집었다는 점이다. 많은 마르크스주의자들의 견해에서 부와 계급 구조를 산출하고, 계급 갈등과 억압에 이르는 것을 가능하게 했던 것은 사유 재산의 활용을 통해 자연을 지배하는 인간의 능력이었다. 반면 그는 지배의 사회구조가 자연의 지배에 선행한다고 주장한다.

북친은 또한 사회의 지배와 자연의 지배의 필연적 연관을 부정함으로써 마르크스주의와 자신의 입장을 구분한다. 그는 위계적 사회가 자연친화적 관계를 가질 가능성도, 비위계적 사회가 자연을 학대할 가능성도

---

11 같은 책, 4-8쪽.

있다고 본다.[12] 오히려 그는 어떻게 사회 지배의 형태가 자연의 지배를 지지하는 '문화 차원의 심리' 또는 '이데올로기'를 조장하는가를 규명하려 한다.

사회생태주의는 다음과 같이 요약될 수 있다. 고도의 위계를 특징으로 하는 사회가 자연을 학대하고 파괴할 가능성도 높다. 사회적 위계는 자연을 지배하고 착취하는 동기와 수단이 되는 심리적, 물질적 조건을 제공한다. 위계적인 사회에서 사회제도와 사회 관행은 통제를 용이하게 하는 방식으로 만들어진다. 예를 들어 경제적 효율성을 사회 이념으로 하는 사회가 있다고 가정해 보자. 그런 사회에서 성공의 척도는 지배와 통제 능력이다. 자기를 위해 일해 줄 사람이 많을수록, 그리고 부와 권력이 많고 지위가 높을수록 성공한 삶이 된다. 그런 사회에서 인간의 성공은 자연에 대한 지배 및 통제와 동일시된다. 이러한 분석을 더 잘 이해하기 위해서는 사회생태주의의 또 다른 측면, 즉 북친이 '유기체주의 전통'이라고 부른 것을 간략하게나마 살펴볼 필요가 있다.

사회철학에서 유기체주의 전통은 개인과 사회의 관계에 초점을 맞춘다. 그것은 개인은 사회의 산물에 불과하다고 믿는 입장과 사회는 개인의 집합에 불과하다고 믿는 입장의 중간 입장을 취한다. 보통 공동체라고 불리는 유기적 사회는 철학에서 말하는 일종의 변증법적 관계를 개인과 맺는다. 즉 공동체는 인간의 행위와 결정에 의해 만들어지고, 인간은 공동체에 의해 만들어진다. 사회의 제도, 관행, 가치, 신념 등은 개인의 인격 형성에 영향을 미친다. 나의 정체성은 대부분 나의 사회적 역할,

---

12 다음 내용은 상당 부분 북친의 글에서 발췌한 것이다. Murray Bookchin, "Recovering Evolution: A Reply to Eckersley and Fox", *Environmental Ethics* 12(1990년 가을), 253-273쪽.

사회의 역사, 사회 환경에 의해 구성된다. 그러나 유기체주의 전통에서는 사회를 인간 밖에서 인간을 형성하고 통제하는 외적 힘으로 보지 않는다. 사회는 그 자체 인간의 행위와 결정의 산물인 것이다. 그래서 변증법적 관점에 따르면, 인간이 사회를 만들지만, 동시에 사회가 인간을 만든다.

사회의 역사에 대한 이러한 이해를 전제한다면, 우리는 북친의 기본적인 사회적, 윤리적 가치관을 이해할 수 있다. 인간은 사회의 역사에 의해 형성되고 만들어질 수밖에 없다. 하지만 인간은 이러한 사실을 모른 채 살 수도 있고, 또한 이러한 사실을 의식해 그것에 대해 책임을 느끼면서 살 수도 있다. 그런데 인간에게 있어서 가장 중요한 가치는 의식적이고 '자결적인 활동(self-determining activity)'이다. 왜냐하면 이러한 활동을 통해서만 인간은 의식하고 사유하는 존재로서의 자신의 자연적 잠재 능력을 가장 충분하게 실현하기 때문이다. 이러한 가치관이 자유에 대한 북친의 아나키스트적인 생각이다.

어떻게 의식적이고 자결적인 활동이 가능한가? 그것은 인간이 육체적 억압뿐만 아니라 사회적, 법적, 심리적, 지적, 감정적 억압 형태를 포함한 일체의 외부의 통제와 지배로부터 자유로울 때에만 가능하다. 그래서 유일하게 참되고 정의로운 사회는 인간이 모든 형태의 통제와 지배로부터 자유로운 사회다. 이러한 사회가 북친의 '자유주의적 아나키즘'이 목표로 하는 사회다. 철학적 아나키즘은 어떤 강압적인 권위도 정당화될 수 없다고 주장한다. 다른 방식으로 표현하자면 철학적 아나키즘은 권위에 대한 주장은 모두 권력이나 강제의 위장된 형태라고 주장하는 것이다.

이러한 관점에 따르면 정의로운 공동체는 공동의 필요와 목표에 이바지하도록 만들어진 사회다. 그것은 자연에 대한 지배이건 인간에 대한 지배이건 간에 일체의 지배가 없는 사회다. 또한 그것은 참여 및 자유와 같은 민주주의적 가치가 규범이 되는 사회일 것이다. 북친은 이러한 정의로운 사회를 개인이나 집단의 타자에 대한 권력 행사를 가능하게 하는 제도와 관습이 없는 사회라고 보았다. 그러한 사회는 의사결정이 탈중심화되고, 개인들이 서로 보완해 주고 협력하며, 서로를 지배하지 않을 것이다. 그리고 확실히 이상적인 "아나키스트적 사회는 생태계에도 적합할 것이다. 즉 그것은 다양하고, 균형 있고, 조화로운 사회일 것이다."[13]

이러한 철학적 목표를 가정한다면 지속가능한 농업과 같은 관행이 북친의 이상적인 사회적, 생태적 공동체에서 어떻게 핵심적인 역할을 하는지를 알 수 있다. 그는 지속가능한 농업은 개별 영농 문제들에 대한 해결책의 총합이 아니라 인간과 자연환경 모두 지배적인 제도나 관행에 의존하지 않고 살아갈 수 있는 생활양식의 일부로서 본다. 지속가능한 농업은 의사결정기구를 탈중심적이고 다양하게 만든다. 이러한 의미에서 그것은 진실로 민주적인 관행이다. 의사결정은 가장 영향받는 당사자들에 의해 직접적으로 행해진다. 지속가능한 농업은 지역 공동체가 지속가능하고 자급자족하는 방향으로 공동체의 생활양식을 강화한다. 이러한 유형의 세계에서 인간은 참된 자유를 경험하고, 자연환경과 조화롭게 살수 있다. 북친에 따르면, 인간의 지배로부터의 자연의 해방은 인간이 인간의 지배로부터 자유로운 세계에서만 이루어질 수 있다는 것은 우연이 아니다.

---

13 Murray Bookchin, "Ecology and Revolutionary Thought". 이 논문은 1965년에 처음 발표되었으며, 다음의 책에 실려 있다. *Post-Scarcity Anarchism*(Berkeley, Calif.: Ramparts, 1971), 80쪽.

6. 비판적 고찰

북친의 사회생태주의에 대해 크게 두 가지 반론을 제기할 수 있다. 하나는 사회의 지배와 자연의 지배의 관계에 대한 것이고,[14] 다른 하나는 자연의 진화론적 발전에서 인간의 역할에 관한 것이다.[15]

우리는 북친이 사회의 지배와 자연의 지배 사이의 필연적 연관을 명확히 거부한 것을 보았다. 즉 전자가 후자의 **원인**은 아니라는 것이다. 그렇다면 이것들의 관계는 어떤 것인가? 북친의 대답이 항상 명확한 것은 아니다. 하지만 이 문제에 대해 명확한 답변을 할 수 없다면, 사회생태주의는 특히 실천적 문제와 관련해 상당 부분 설득력을 상실하게 된다.

사회의 지배와 자연의 지배의 강력한 인과적 연관을 인정하는 것은 사회의 위계를 없애지 않으면 환경 문제도 해결할 수 없다는 것을 의미한다. 이러한 입장에 서면 정책에 대한 요구 방향은 분명해진다. 즉 생태 문제에 앞서 먼저 사회 문제를 다뤄야 한다. 그러나 이러한 연관이 확실한 것이 아니라고 본다면, 정책의 우선성 또한 확실하지 않게 된다. 그래서 사회 위계의 문제와 무관하게 먼저 환경 문제를 다룰 수 있고, 그렇다면 사회생태주의의 적절성에 대해 의문이 생기게 된다.

공정하게 보자면 북친의 견해는 이러한 반론이 가정하는 것보다는 정교하다. 그가 보기에 연관은 필연적인 것도, 인과적인 것도 아니다. 하지만 그렇다고 해서 단순한 우연도 아니다. 북친은 사회 위계와 자연 지배

---

14 Robin Eckersley, *Environmentalism and Political Theory*(Albany: SUNY Press, 1972), 148-154쪽 참고.

15 Robin Eckersley, *Environmentalism and Political Theory*, 154-160쪽. 그리고 "Divining Evolution: The Ecological Ethics of Murray Bookchin", *Environmental Ethics* 11(1989년 여름), 99-116쪽.

의 **이념** 사이에는 역사적 연관이 존재한다고 주장한다. 역사적으로 볼 때 위계적 사회는 사회의 진보를 자연에 대한 지배와 통제로 보는 것을 조장해 왔다. 결국 이들의 관계는 상호 상승적인 것이다. 따라서 우리는 두 문제를 동시에 다룰 필요가 있다. 하나를 다루는 것은 결국 다른 하나를 다루는 것이다. 보다 자연친화적인 관계로의 변화는 (지속가능한 농업의 정치적 성격에 대한 논의가 보여 주듯이) 사회제도의 변화를 유발할 것이다. 우리의 사회관계를 덜 위계적이고, 더 탈중심적 유대로 바꾸는 것은 (지속가능한 농업에 대한 논의가 보여 주듯이) 자연과의 보다 더 적절한 관계를 촉진한다.

두 번째 반론은 자연의 진화를 이끄는 인간의 역할을 북친이 인정하는 것과 관련된다. 그는 인간을 자연의 진화를 이끌고, 그것을 위해 의식적으로 노력할 능력이 있는 진화의 '관리인(steward)'으로 본다. 비판자들이 보기에 이것은 자연의 이익보다 인간의 이익에 특권을 부여하고, 인간이 '진화의 주도권을 장악하는' 것을 허용하며, 인간 자신의 목적대로 자연을 움직이도록 할 의도를 보인 것이다. 비판자들은 이것은 일종의 인간 중심주의로, 현재의 생태 위기를 낳은 태도라고 주장한다.

이러한 비판은 인간의 합리성과 인간 사회를 자연 진화의 산물로, '자기의식이 부여된 자연'으로 북친이 기술한 데에서 나온다. 이러한 기초 위에서 북친은 인간을 자연으로부터 분리하거나 '인간 존재의 특이성을 부정하거나 폄하하는' 어떤 입장도 거부한다. 그는 생명 중심 윤리와 심층생태주의를 인간의 합리적 능력을 격하하는 철학적 견해의 목록에 포함시킨다. 그에 따르면, 사회생태주의는 "고상한 르네상스적 의미에서 휴머니즘적"인 것이다. "그것은 하늘에서 땅으로, 미신에서 이성으로, 신성에서 인간(회색 곰이나 고래와 마찬가지로 자연 진화의 산물인)으로 관점의 변화를 요구하는 휴머니즘이다."[16]

북친은 합리성, 의사소통 능력, 문화, 사회 등 인간 진화의 특징들을 '제2자연'이라고 해서 원래 상태의 자연을 의미하는 '제1자연'과 구분한다. 그는 이러한 구분이 질적인 차이가 아니라 정도의 차이에 의한 것이라고 강조하지만, 이것은 인간이 생명 중심 윤리, 땅의 윤리, 심층생태주의에서 말하는 '생명 공동체의 평등한 시민'은 아니라는 것을 의미한다. 이런 입장은 비판자들을 곤혹스럽게 하는데, 이것은 특히 북친이 다음과 같이 말할 때 그러하다.

> 자연의 진화는 인간에게 우리가 '사회'라고 부르는 고도로 제도화된 공동체의 형식에 의하여 '제1자연'을 의식적으로 **변화**시키기 위해 '제1자연'에 대한 의도적인 개입자가 될 **능력**을 부여할 뿐만 아니라 **필연성**을 부여해 왔다. ……종합하자면 오로지 자연적 진화에서만 나온 것이 아니고 본질적으로 인간적인 것이며, 그것들은 또한 의식적으로 생명 다양성을 증진시키고, 고통을 줄이고, 생태적으로 가치 있는 새로운 생명체의 진화를 촉진하고, 단순한 변화가 주는 무자비한 결과와 재앙적인 사건이 주는 영향을 줄이는 방향으로 자연 진화에 **이용**될 수 있다.[17]

북친은 자신의 주장이 인간 중심적 목적에서 인간이 자연을 지배하고 통제해야 한다는 것을 의미하는 것은 아니라고 말한다. 그에 따르면, 오늘날 존재하는 제2자연은 사회적 위계와 지배의 이념에 의해 형성된 것이다. 따라서 이것에게 자연계에 대한 통제를 맡기는 것은 잘못이다. 레

---

16 Murray Bookchin, "Social Ecology versus Deep Ecology", *Socialist Review* 18, nos. 1-2(1988), 27-28쪽.
17 같은 책, 28쪽. 강조는 북친이 한 것이다.

오폴드를 상기시키는 어조로 북친은 제1자연의 복잡성을 강조하고, 자연을 변화시키는 여하한 활동에도 보수적이고 신중한 접근을 강력히 추천한다. 그럼에도 불구하고 그는 자신의 원래 입장에서 물러서지 않는다. 자연 진화의 일부이자 정교하고 합리적인 사고 능력을 유일하게 보유한 존재인 인류는 자연 진화 과정의 관리인으로서 행위할 책임이 있다.

　1980년대 후반 벌어진 북친과 심층생태주의자들의 격렬한 논쟁은 이 점과 관련된 것이다. 심층생태주의자들은 북친의 입장을 인간 중심주의라고 비난하면서, 그가 '인간이 **고등한** 생명체'라는 견해를 견지하고 있다고 주장했다.[18] 반면 북친은 심층생태주의를 인간 혐오의 적대적인 철학이라고 비난했다.[19] 이 논쟁을 간략하게나마 개괄하는 것이 북친을 이해하는 데 도움이 될 것이다.

　심층생태주의에 대한 북친의 비판은 모든 생명체에 '동등한 도덕적 가치'를 부여하는 생명 중심 윤리나 생태 중심 윤리 모두에 적용될 수 있다. 이 논쟁에서 북친은 몇몇 심층생태주의자와 어스 퍼스트!의 구성원들에게 비판의 초점을 맞췄다. 그에 따르면, 이들의 견해는 기아나 에이즈가 인구 과잉과 생태 파괴에 대한 '자연의 복수'라는 것을 함의한다. 그리고 이것은 에티오피아나 소말리아 같은 나라에서 굶고 있는 아이들을 수용 능력과 인구 역학에 관한 자연의 생태적 법칙이라는 이름 아래

---

18 Judi Bari, "Why I am Not a Misanthrope", *Earth First!*, February 2, 1991, 25쪽. 그리고 북친에 대한 다른 심층생태주의자의 비판은 Christopher Manes, *Green Rage: Radical Environmentalism and the Unmaking of Civilization*(Boston: Little, Brown, 1990); Warwick Fox, *Toward a Transpersonal Ecology*(Boston: Shambhala, 1990). 이 논쟁에 대한 훌륭한 개괄서는 Steve Chase(편), *Defending the Earth: A Dialogue between Murray Bookchin and Dave Foreman*(Boston: South End Press, 1991).

19 다음의 글을 참고하라. Murray Bookchin, *Social Ecology versus Deep Ecology*(Burlington, Vt.: Green Program Project, 1988). 이 글은 다음의 잡지에 재수록되었다. *Socialist Review* 18, nos. 1-2(1988), 27-28쪽.

죽도록 내버려 둬야 한다는 것을 의미한다. 북친은 생명 중심주의 철학에서 곧바로 이러한 함의가 도출된다고 강력히 비판한다.

> 심층생태주의의 '생명 중심' 원리가 인간이 레밍이라는 다람쥐와 '본래적 가치'와 도덕적 중요성에서 별 차이가 없다고 보는 것이라면, 그리고 인간이 다른 종과 마찬가지로 '자연의 법칙'에 종속된 존재라고 보는 것이라면, 이러한 '극단적' 주장이야말로 진실로 심층생태주의 철학의 논리적인 결론이다.[20]

생명 중심주의 원리가 가진 또 하나의 문제점은 모든 인간을 생태 파괴에 똑같이 책임이 있는 것으로 본다는 것이다. 환경 파괴의 원인이 '인간 중심주의'에 귀속되고, 대안으로서 생명 중심적 윤리가 제시된다. 그러나 북친은 '인류'가 문제의 원인이며, '우리'가 자연계를 파괴하고 있다는 견해를 거부한다.

> '누구'로부터 생명계를 보호해야 할지에 대해 물어보아야 한다. '인류'로부터? '인간 종(種)' 그 자체로부터? 사람들로부터? 아니면 위계적 사회 관계를 가진 특정 사회와 특정 문화로부터……? 탈사회적이고 '종 중심적' 사고방식의 문제점은 피해자들을 비판한다는 점이다. 할렘의 흑인아이가 엑손(Exxon)의 사장과 환경 위기에 똑같은 책임이 있다고 말하는 것은 죄인은 올가미에서 풀어 주고 엉뚱한 사람에게 죄를 뒤집어씌우는 것이다.[21]

---

20 Steve Chase(편), *Defending the Earth: A Dialogue between Murray Bookchin and Dave Foreman*, 125쪽.

여기서 우리는 심층생태주의와 생명 중심주의에 대한 도전으로서 북친 철학의 핵심적 통찰을 엿볼 수 있다. 생태 위기의 원인을 이해하기 위해서는 사회가 어떻게 조직되는가를 살펴볼 필요가 있다. 사회는 인간의 창조물이며, 어떤 사회 형태는 인간으로 하여금 자연을 지배하고 파괴하도록 조장하는 태도를 야기한다. 그러나 사회는 인간의 창조물이기 때문에 인간은 사회를 변화시킬 수 있다. 북친은 인간의 결정과 가치가 환경 파괴의 중요 원인이기도 하지만, 그것은 또한 환경 문제 해결에서 중요한 역할을 할 수 있다는 점을 상기시켜 준다.

7. 요약 및 결론

개체주의로부터 생태학의 전체주의로의 전환은 윤리적인 쟁점이 개인 차원뿐만 아니라 사회제도와 관행 차원에서도 발생한다는 사실을 잘 보여 준다. 환경윤리는 개인의 권리와 의무뿐만 아니라 사회정의의 문제를 다루어야 한다. 심층생태주의자와 마찬가지로 사회정의를 주장하는 사람과 사회생태주의자들은 환경 파괴의 사회적, 문화적 근원에 주목해야 한다. 그러나 심층생태주의자들과 달리 환경정의운동을 주장하는 사람들은 사회적, 문화적 근원을 규명하는 데에 있어서 더 구체적이다. 그들은 자연 지배를 사회 지배와 통제의 보다 더 일반적인 유형의 일부분으로 본다. 그리고 환경 문제를 적절히 다루기 위해서는 사회정의라는 보다 폭넓은 주제를 다루어야 한다고 믿는다.

---

21 같은 책, 30-31쪽.

그러나 환경정의운동은 실천적이면서 철학적인 반론에 봉착한다. 일자리와 경제 성장이 환경 보호와 충돌할 때 실천적으로 환경정의운동은 우선성의 문제에 직면한다. 또한 환경운동은 환경 파괴로 인해 이득을 보는 사람들을 주변화하고 억압할 때가 많다. 철학적으로 환경정의가 반론에 봉착할 때가 있는데, 그것은 사유재산권, 개인의 자유, 자기결정이 환경 보호의 목적과 충돌할 때다. 그래서 환경정의에 대한 완벽한 설명이라면 사회와 정치철학의 주제를 깊이 다루어야 할 것이다.

그럼에도 불구하고 환경정의운동은 환경윤리와 환경철학에 이미 중요한 공헌을 해왔다. 환경윤리와 환경철학의 쟁점들은 더 이상 사회정의와 사회 지배에 대한 논의와 독립해서 이야기할 수 없다. 그런 논의에 주목함으로써 환경정의운동은 11장에서 살펴볼 지속가능성의 세 가지 기둥 중 두 가지 기둥인 환경적 정의와 윤리적 정의의 연관성에 대한 우리의 사고를 자극할 것이다.

생각해 봅시다

1. 어떤 공공정책이 인종이나 성을 차별했다면 그것은 공공정책 결정이 그런 의도를 가지고 이루어졌기 때문인가? 차별은 의도의 문제인가? 여러분은 쓰레기 매립장의 부지 선정과 관련한 결정의 배후에 어떤 의도가 있다고 생각하는가?
2. 미국의 전 부통령 앨 고어(Al Gore)는 『위기의 지구 *Earth in the Balance*』에서 악명 높은 19세기 아일랜드의 감자 기근이 단일종 재배 농법

3부 환경윤리학의 이론들

에서 비롯되었다고 주장했다. 즉 아일랜드가 단일 수입 감자 종에 지나치게 의존해, 한 종류의 해충이 전체 식량을 파괴했다는 것이다. 이것은 기근은 인간의 학대에 대한 '자연의 복수'라는 몇몇 심층생태주의자의 주장을 연상시킨다. 또한 고어는 아일랜드 국민들이 굶주리는 상황에서도 밀과 양이 영국으로 수출되었다고 지적한다. 사회생태주의자들은 아일랜드 대기근의 원인에 대해 어떻게 분석할 것인가?

3. 미연방 헌법은 정부가 공공용도라 할지라도 정당한 보상 없이 개인의 재산을 빼앗는 것을 금지하고 있다. 이 헌법 조항은 주택 건설을 계획하고 있거나 생태적으로 중요한 지역을 상업 용도로 개발하려는 사람들까지도 보호해야 한다고 보는가? 토지 이용을 제한하는 환경법은 이 헌법 조항을 위배한 것인가? 만약 그렇다면 정부는 개발업자가 토지에 지불한 비용을 보상해 주어야 하는가? 아니면 그가 개발했더라면 얻었을 이득을 얻지 못한 것에 대해서 보상해 주어야 하는가?

4. 농촌지역의 땅값이 도시지역의 땅값보다 싸다면, 농촌지역의 땅이 도시지역의 땅보다 덜 가치 있다고 말할 수 있는가? 만약 그렇지 않다면 땅의 가치는 어떻게 평가해야 하는가?

5. 대륙의 유목 민족은 계절에 따라 이동하는 짐승 떼를 좇아 광대한 지역을 여행하면서 생활한다. 재산과 소유에 대한 그들의 입장과 우리의 입장은 어떻게 다른가? '사유재산권'의 개념이 그런 문화권에서도 존재할 수 있는가?

11장
다원주의, 실용주의,
지속가능성

토론 사례 | 탄소 경감과 안정화 쐐기

이 책은 처음 지구온난화와 지구적 기후 변화에 대한 논의로 시작했다. 아마 지구온난화만큼 완전히 두 진영으로 나뉘어 첨예하게 격렬한 논쟁을 벌인 환경 주제도 없는 것 같다. 그래서 지구온난화는 종종 전부 아니면 전무라는 식의 논쟁으로 평가받는다. 지구적 기후 변화는 가까운 미래에 반드시 발생하는 대재앙으로 규정되기도 하지만, 반면 대중의 눈을 속이는 단순한 사기로 규정되기도 한다.

이런 배경에서 환경주의자들은 문제 해결을 위한 전략이나 정책, 해결책이 요구된다고 생각하기 쉽다. 주제가 심각한 만큼이나 다양한 급진적 제안들이 나왔는데, 여기에는 핵융합, 우주에 설치하는 태양 패널, 지구공학 기술이 포함된다. 이것들은 바다의 광합성을 증가시키고, 햇빛이 지구 표면에 도달하는 것을 막고, 구름의 두께를 증가시키고, 지구의 탄소를 격리시키는 내용을 담고 있다. 그런데 이런 혁명적인 제안들은 1장에서 논의한 반론 유형에 곧바로 봉착한다. 환경 문제 해결을 위한 기술공학적 해결책들은 그것들이 해결한 만큼의 새로운 문제들을 야기한다는 사실을 역사는 보여 준다. 그러나 지구온난화를 해결하기 위한 확실한 하나의 방안을 찾을 수 없다는 것은 또한 우리를 쉽게 절망으로 이끌기도 한다. 도대체 이런 과제를 해결하기 위해 우리가 할 수 있는 방법은 없는 것일까?

프린스턴 대학교 탄소경감연구소(Carbon Mitigation Institute, CMI)의 과학자, 공학자, 정책 전문가들은 수십 개의 독립된 전략과 기술을 내놓았는데, 이것들을 잘 활용하면 지구의 탄소 배출 수준을 낮추고 앞으로 50년 동안 그 수준을 유지할 수 있다고 믿는다. 이런 현재 이용할 수 있는 발달된 도구들을 가지고 새로운 대체에너지가 탄소 기반 연료들을 대체할 수 있을 정도로 발전할 때까지 시간을 벌 수 있다. 그리고 중요한 것은 이런 접근은 심각한 경제적, 정치적 변화를 야기하지 않으며, 급진적인 지구공학 계획에 의존하지 않아도 된다는 점이다.

현재의 추세에 따르면 앞으로 50년 동안 화석연료 사용에 따른 탄소 배출은 두 배로 증가할 것으로 예측된다. CMI의 전략은 탄소 배출을 현재 수준으로 유지하면서도 증가하는 범지구적 에너지 수요를 만족시키는 것이다. 이런 목적을 달성하기 위해서는 2060년까지 매년 80억 톤의 탄소 배출을 줄여야 한다. CMI는 이런 전략을 설명하기 위해 '안정화 쐐기(stabilization wedges)'라는 개념을 사용한다.

산업화 시대에 시작된 탄소 배출은 현재 가파른 오르막선을 그리고 있다. 탄소 배출을 현재 수준으로 유지한다는 것은 앞으로 오르막선이 아니라 수평선을 그려야 한다는 것을 의미한다. CMI는 이 오르막선과 수평선 간의 차이를 '안정화 삼각형(stabilization triangle)'이라 부른다. 이 삼각형의 크기는 매우 커서 단일 전략을 사용해서는 이 차이를 없앨 수가 없다. 그러나 삼각형 전체를 8등분하고, 하나가 10억 톤의 축소를 의미한다고 보면 문제는 덜 위압적인 것이 된다. 8등분된 안정화 삼각형의 조각들은 삼각형을 얇게 썰어 놓은 쐐기처럼 보이기 때문에, 이를 '안정화 쐐기'라고 부른다.

CMI는 연간 10억 톤의 탄소 배출을 줄이기 위해서 현재 수십 가지의 방법을 사용할 수 있다고 믿는다. 어떤 하나의 방법으로는 이 추세를 바꿀 수 없지만, 여러 가지의 방법을 잘 활용하면 안정화 삼각형을 완전히 없애고 최적 상태로, 그래서 탄소 배출을 현재의 수준 또는 그 이하로 줄일 수 있다는 것이다. 이런 방법에는 다음의 것들이 포함된다. 자동차 연료의 효율화, 대중교통의 효율화, 주택 및 빌딩의 에너지 이용의 효율화, 전력 생산의 효율화, 탄소 포집 및 저장, 석탄에서 천연가스로 전력 생산의 전환, 석탄발전소를 원자력발전소로 전환, 풍력·바이오에너지·태양에너지 생산 증가, 삼림 벌채 축소와 보존 농업의 개선에 의한 자연적인 탄소 흡수장치를 만드는 것 등이 그것이다.

이런 접근에 대해 다양한 근거에서 비판이 이루어졌다. 먼저 CMI가 이런 전략에 사용되는 경제적 비용을 과소평가했다고 비판하는 사람들이 있다. 그래서 이런 기술들을 사용할 수는 있지만, 이 정도 수준으로 탄소를 줄이기 위해서는 엄청난 비용이 소요된다는 것이다. 한편 이런 기술들이 광범위하게 사용될 만큼 충분히 발전하지도 않았고 안전하지도 않다는 비판도 있다. 그러나 환경단체의 비판자들은 이 책 앞부분에서 보았던 반론에 집중하는 경향이 있다.

이런 탄소 경감 전략은 지구온난화 문제를 해결하는 데 오로지 기술적 접근에 의존한다는 것이다. 이것은 1장에서 로빈스가 제기했던 문제, 즉

"우리가 얻는 답은 우리가 던지는 질문에 달려 있다"는 것을 생각나게 해준다. 로빈스에 따르면, 우리가 에너지 문제를 공급의 문제라고 정의하면, 우리는 에너지를 다 쓰고 새로운 에너지원을 개발해야 한다는 식으로 결론짓게 된다. 이는 에너지 문제를 수요의 문제로 정의하는 것과 다른 방식으로 답을 찾는 것이다. 그래서 환경론자들은 CMI가 탄소 배출의 증가를 이끌어 내는 수요의 증가를 주어진 전제로 가정한다고 비판한다. 끝으로 비판자들은 CMI가 포드 자동차와 BP의 지원을 받는다는 점, 그리고 이 두 회사는 탄소 기반 경제체제의 최대 수혜자라는 점을 지적한다.

토론 주제

1. 여러분은 지구의 탄소 배출 증가를 수요의 문제(인간은 화석연료에 너무 많은 에너지를 요구하고 있다)로 보는가, 아니면 공급의 문제(우리는 대체에너지를 생산할 수 있을 만큼 또는 탄소를 통제할 수 있을 만큼 충분한 기술을 갖고 있지 못하다)로 보는가?

2. 여러분은 CMI가 포드나 BP의 지원을 받는다고 해서, CMI를 신뢰할 수 없다고 보는가?

3. CMI가 제시한 탄소 배출 감축 수단에 대해 어떻게 생각하는가?(더 자세한 내용을 알고 싶으면 홈페이지(http://cmi.princeton.edu/)를 참고하라) 여러분이 찬성하는 감축 수단에는 어떤 것이 있는가? 그리고 반대하는 감축 수단은 어떤 것인가? 여러분이 찬성하는 감축 수단들을 결합할 방안이 있는가?

4. 9장에서 개량주의적 접근과 개혁주의적 접근을 구분했다. CMI는 명확히 개량주의적 접근에 속한다. 여러분은 CMI에 대한 개혁주의자들의 비판을 어떻게 생각하는가?

1. 서론: 환경윤리에서 일치하는 것과 불일치하는 것

다양한 환경철학에 대한 지적 여행을 통해 우리는 다음과 같은 문제를 제기하게 된다. 올바른 것이 있는가, 만약 있다면 그것은 어떤 것인가? 생명 중심주의, 땅의 윤리, 심층생태주의, 사회생태주의, 생태여성주의 등 다양한 이론을 설명했지만 그것은 철학의 과제 중 절반에 불과하다. 이제 이중에서 윤리적으로 철학적으로 가장 타당하고 참된 것을 선택해야 하지 않겠는가? 우리의 결정을 인도하는 것은 무엇인가? 만약 명확한 결론에 도달하지 못한다면, 우리는 불일치와 모순, 또는 혼돈 상태에 빠지지 않겠는가? 이제 1장에서 제기된 문제, 즉 회의주의의 문제로 돌아가 보자. 과연 누가 옳고 그름을 말할 수 있는가?

이 지점에서 상대주의가 매력적으로 보일지도 모른다. 우리는 다양한 환경철학 이론을 살펴보면서 그것들 간에 의견의 불일치가 많았음을 보았다. 동물권 철학과 땅의 윤리가 다르고, 심층생태주의와 사회생태주의가 다르고, 또 사회생태주의는 생태여성주의와 다르다. 더욱이 환경윤리 분야는 인간 중심주의 대 탈인간 중심주의, 전체주의 대 개체주의, 본래적 가치 대 도구적 가치 등 다양한 대립적인 이원론으로 규정되는 것처럼 보인다. 환경윤리는 결국 불일치와 논란만 남기는 것으로 여겨진다. 우리가 단 하나의 정답을 결정하지 못한다면 상대주의자들이 계속 주장했듯이 윤리학은 어떤 객관성도 갖지 못하는 것처럼 보인다. 그렇다면 윤리학은 단지 의견의 영역으로 추락하는가?

우리는 회의적인 결론을 내리기에 앞서 이 이론들 사이에 불일치뿐만 아니라 일치도 있음을 인정해야 한다. 다시 앞으로 돌아가서 이 이론들 간에 일치하는 점이 있는지 살펴보자. 일치하는 점에는 환경 문제의 진단, 그리고 환경 문제 해결과 관련된 몇 가지 지침들이 있다.

환경철학자들은 선호 공리주의와 그것을 기반으로 한 고전경제학이 협소한 세계관에 둘러싸여 있기 때문에 거부해야 한다는 데 강력한 합의에 도달했다. 그래서 소비자 수요만으로 환경정책과 환경가치를 결정해서는 안 된다는 합의를 이끌어 냈다. 그리고 자연계를 시장에서 나타나는 단기적인 소비자 선호를 위해 조작되고 소비되는 단순한 자원으로 보는 것이 상당 부분 환경 파괴의 원인이라는 점에 동의했다. 이에 대해서는 인간 중심적 접근이나 탈인간 중심적 접근, 생명 중심주의나 생태 중심주의, 그리고 미래 세대에 관심 있는 사람이나 동물 해방에 관심 있는 사람, 가난한 사람과 소외된 사람을 위한 사회정의에 관심 있는 사람 모두 의견을 같이했다.

물론 왜 이러한 접근이 잘못된 것인지에 대해서는 환경철학자들마다 설명이 다르다. 혹자는 그것이 인간의 중요한 가치를 잘못 이해하거나 무시하기 때문이라고 주장한다. 또한 그것은 멀고 가까운 미래 세대의 이익을 무시하기 때문이라고 주장하는 사람도 있다. 사회의 소외된 사람들, 즉 가난한 사람들, 억압받는 사람들, 소수민족이 제도적으로 시장에서 배제되기 때문이라고 주장하기도 한다. 또한 선호 공리주의가 식물이나 동물, 그리고 자연을 존중하지 않기 때문이라고 주장하는 사람도 있다. 이들은 모두 서로 다른 근거에서 비판한다. 하지만 그럼에도 불구하고 이들은 경제적 세계관의 가정과 가치들이 철학적으로 윤리적으로 잘못된 것이라는 점에 대해서는 동의한다.

더욱이 이들 다양한 철학이 서로 다른 처방을 제시한다 할지라도 몇 가지 생태적 판단에 대해서는 합의점이 나타나고 있다. 환경철학자들은 깨끗한 공기와 물, 음식, 비옥한 토양 같은 꼭 필요한 것들을 생산하는 생태계의 능력이 유한하다는 점에 동의한다. 그리고 자연 생태계는 쓰레기와 오염물질을 흡수하고 환경 파괴를 회복시키는 데 제한된 능력을 갖는다는 점도 모두 인정한다. 자연계와 자연의 생태적 과정(적어도 인간의 생존을 위해 필요한)은 우리가 이전에 생각했던 것보다 더 취약하고 상호 의존적이다.

미래 세대나 다른 생명체를 위해서뿐만 아니라 우리 자신을 위해서도 인간의 활동은 보다 더 겸손해질 필요가 있다. 자연계에 오직 도구적 가치만을 부여하는 편협한 인간 중심주의에 찬성하는 사람들조차도 이 점은 인정한다.

2. 도덕다원론과 도덕일원론

그럼에도 불구하고 환경철학에서의 합의의 부족은 우리를 곤혹스럽게 만든다. 확실히 통일된 윤리적 관점을 모색해야 할 충분한 이유가 있다. 1장에서는 무엇이 참인지를 알기 위해서는 우리가 말하는 것을 검토하라는 소크라테스의 요청을 바탕으로 윤리학을 소개한 바 있다. 중요한 문제에 대한 해소 불가능한 갈등은 윤리적 삶의 토대와 무엇이 참인지를 아는 우리의 능력을 위협하는 것처럼 보인다. 의사결정을 위한 확고한 절차가 없다면, 우리는 의사결정을 위한 어떤 지침도 갖고 있지 못한 것이다. 더 나아가 통일되고 일관된 윤리 없이 산다는 것은 온전하지 못한 삶, 원칙도 중심도 없는 삶을 사는 것일지도 모른다.

도덕철학에서 이 문제는 도덕일원론과 도덕다원론 간에 벌어지는 논쟁의 일부다. 일원론자는 오직 한 가지 타당한, 올바른 도덕 이론이 있을 뿐이라고 주장하는 반면, 다원론자는 하나 이상의 기본적 접근이 타당할 수 있다는 가능성을 받아들인다. 환경정책에 대한 광범위한 불일치와 환경을 바라보는 다양한 관점으로 인해, 도덕다원론을 둘러싼 논쟁은 최근 환경철학자들 사이에서 가열되어 왔다.[1] 도덕다원론은 이 책의 내용을 최종적으로 숙고하는 데 유용한 주제이기도 하다.

도덕일원론의 배후에 깔린 한 가지 강렬한 동기는 일원론이 무너졌을 경우 발생할 사태에 대한 두려움이다. 하나의 통일되고 일관된 윤리 이론이 없다면, 우리는 윤리적 상대주의로 내려앉는다는 것이다. 단 하나의 윤리 이론을 채택할 것인가, 아니면 합리적 윤리에 대한 탐구를 포기할 것인가의 문제로 보는 것이다.

그러나 도덕다원론은 이러한 양자택일을 부정한다. 다원론은 일원론도 거부하지만 상대주의도 인정하지 않는다. 다원론자들은 윤리학에는 단 한 가지 정답만이 있다는 일원론자들의 주장도 부정하지만, 어떤 정답도 없다는 상대주의자들의 주장도 거부하는 것이다. 대신 그들은 단 한 가지 원리로 (아마 불행하게도) 환원될 수 없는 다수의 도덕적 진리가 존재한다고 주장한다. 하지만 일원론자가 보기에 그런 주장은 상대주의와 다름없다.

우리는 이 책의 곳곳에서 여러 종류의 환경 가치를 보았다. 실제로 이 책에서는 윤리적 가치들의 계속적인 확장을 시사해 왔다. 수질 오염과

---

1 최근의 논쟁은 상당 부분 스톤의 책에 의해 촉발됐다. *Earth and Other Ethics: The Case For Moral Pluralism*(New York: Harper and Row, 1987), 그리고 그의 이후의 논문 "Moral Pluralism and the Course of Environmental Ethics", *Environmental Ethics* 10(1988년 여름), 139-154쪽. 스톤의 견해는 캘리코트에 의해 곧바로 비판을 받았다. J. Baird Callicott, "The Case against Moral Pluralism", *Environmental Ethics* 12(1990년 여름), 99-112쪽. 이 주제에 대해서는 다음 글들로부터 많이 도움을 받았다. Peter Wenz, "Minimal, Moderate, and Extreme Pluralism", *Environmental Ethics* 15(1993년 봄), 61-74쪽; Bryan Norton, *Toward Unity among Environmentalists*(New York: Oxford, 1991).

살충제 오염 같은 문제는 곧바로 인간을 위협하며, 우리에게 낯익은 윤리적 문제를 제기한다. 반면 핵폐기물 저장, 지구온난화 같은 문제는 이러한 관심을 미래 세대에게로 확장시킨다. 야생지 보존 같은 문제는 심미적, 영성적, 역사적, 상징적 가치로 우리의 관심을 확대시킨다. 더 나아가 동물, 식물, 생태계, 지구 등과 같은 자연물의 도덕적 가치를 고려하도록 촉구하는 주제도 있다. 자연에 있는 생물 다양성에 비견될 만큼 환경윤리에도 가치 다양성이 존재하는 것이다.

우리는 다양한 가치들에 직면해 일원론적 접근을 유지하기 위한 몇몇 전략을 살펴보았다. 동물해방과 관련된 논쟁에서 보았던 기본적 이익과 비기본적 이익의 구분은 가치 다양성을 통일하려는 한 시도라고 할 수 있다. 생명체들의 이익의 상충 문제를 해결하기 위해 폴 테일러가 제시한 일련의 절차적 규칙들도 마찬가지 일환으로 볼 수 있다. 캘리코트가 말한 도덕감의 동심원 이미지도 사실 같은 맥락이다. 각각의 기획들은 가치의 영역에 통일성과 일관성을 부여하기 위한 것이다. 이러한 전략은 우리가 갈등을 해소하고 경험하는 가치들 간의 우선성을 확립하는 단 하나의 길을 발견하지 못한다면 윤리 이론은 불완전하다는 가정을 공유한다.

그러나 가치의 다양성은 보이는 것처럼 그렇게 나쁜 것은 아니다. 1장에서 우리는 윤리적 판단을 내릴 때, 과학적 모델에 오도되어서는 안 된다는 경고를 받은 바 있다. 과학과 수학은 스스로가 갖는 합리성의 기준으로서 확실성과 명확한 정답을 요구할 것이다. 그러나 이러한 과학적이고 수학적인 기준을 윤리학에 적용하는 것은 잘못된 일이다. 윤리 문제에 대한 명쾌하고 애매하지 않은 확실한 결정을 추구하는 것은 윤리학에 너무 많은 것을 요구하는 것이다. 우리는 만장일치의 확실한 답 없이도 윤리 문제에 있어서 합리적일 수 있다.

크리스토퍼 스톤은 도덕다원론과 환경윤리에 대한 최근의 저작들에서 그런 엄밀한 기준을 다루었다. 그는 일원론이 "모든 도덕적 난제들을 좌지우지하면서" "각각의 난제들에 대해 하나의 올바른 답을" 산출할 수 있는 "단 하나의 일관된 원리들의 집합"을 포함하고 있다고 주장한다. 모든 전통적인 윤리 이론들은 이런 능력이 없고, 그리고 상대주의는 받아들일 수 없기 때문에, 스톤은 다원론이 대안이라고 결론짓는다.[2]

그러나 왜 우리는 윤리학이 답을 만들어 내는 데 있어서 그렇게 기계적이어야 한다고 기대해야 하는가? 수학, 논리학, 그리고 아마도 수리과학이나 공학을 예외로 한다면, 확실한 결론을 산출하는 학문은 없다. 우리는 수학 문제를 풀 때, 관련 공식을 제대로 적용한다면 단 하나의 답변에 도달하리라는 것을 안다(이것은 컴퓨터가 잘하는 것이다). 그러나 의학과 같은 과학을 생각해 보자. 의학은 진단과 예측에서 단 하나의 정답을 제공하기도 하지만, 때로는 몇 가지 대답이 똑같이 타당할 때도 있다. 훌륭한 의사는 수술, 약물, 운동, 휴식, 영양, 상담 등 다양한 방법으로 치료를 한다. 이렇듯 의학은 만장일치의 규칙을 특정 상황에 적용하고 하나의 정답을 찾는 기계적인 과학이 아닌 것이다. 언제, 어디서, 어떤 수단을 적용할 것인가를 결정하는 것이 훌륭한 의사가 되는 본질이다. 그리고 확고한 규칙에 대한 대안이 무질서(카오스)가 아니라는 사실을 인식하는 것이 중요하다. 훌륭한 의사와 돌팔이 의사 간에는 큰 차이가 있다.

우리가 어떤 훌륭한 의사에게 다음과 같이 묻는다고 가정하자. 당신이 갖고 있는 다양한 치료 방법들 중에서 질병을 막고 건강을 유지하기 위한 가장 좋은 방법은 무엇인가? 이 경우 적용되는 단 하나의 최선의 대

---

2 Christopher Stone, *Earth and Other Ethics: The Case for Moral Pluralism* (New York: Harper and Row, 1987), 116쪽.

답은 없으며, 또 모든 것이 다 최선의 대답이 될 수도 있다. 모든 상황에서 최선이 되는 단 하나의 답변은 있을 수 없고, 개별 상황에서 개별적 답변만이 최선이 될 뿐이다. 아마도 이것이 이 책에서 다룬 다양한 환경철학에 대해 생각해야 하는 방식일 것이다. 어떤 이론도 모든 상황에 적용되는 정답을 가질 수 없지만, 각각의 이론은 환경윤리에 공헌하는 중요한 무엇인가를 가지고 있다. 각각의 이론은 자연의 가치와 자연 안에서의 인간의 위치에 대한 다양한 시각을 제공한다.

그래서 일반적이면서 환경과 관련되어 논란이 되는 윤리적 주제들에 대해서 구체적으로 고찰할 때는 윤리학은 수학과 비슷한가 아니면 의학과 비슷한가를 먼저 고려해야 한다. 우리가 의학이나 윤리학에서 만장일치의 답변을 얻을 수 있다면 매우 좋을 것이다. 하지만 건강에 있어서도, 그리고 좋은 삶에 있어서도 그런 답변을 기대하기는 힘들다.

또한 여기서 우리는 철학사로부터 무엇인가를 배울 수 있을 것이다. 아리스토텔레스는 윤리학에 대한 저작 첫 부분에서 독자들에게 그 주제가 허용하는 것보다 많은 엄밀함과 정확성을 요구해서는 안 된다는 사실을 일깨워 준다. 수학자에게 엄밀한 증명을 요구하는 것과, 수사학자에게 그런 증명을 요구하는 것은 다르다. "정치학의 주제인 덕과 정의(正義)의 문제에는 많은 차이와 불확실성이 있을 수밖에 없다. 그래서 어떤 사람들은 덕과 정의는 자연적이거나 참의 문제라기보다는 규약의 문제라고 생각할 정도다."[3] 하지만 윤리학에서 엄밀한 과학적 증명이 불가능하다고 해서, 윤리를 단순히 규약의 문제라고 규정해서는 안 된다. 그것은 윤리학이 복잡하고 미묘한 문제와 관련된다는 사실을 말해 줄 뿐이다. 이러

---

3 아리스토텔레스, 『니코마코스 윤리학』, 1권 3장.

한 경우에 확실한 답변을 요구하는 것은 불합리하다.

아리스토텔레스는 윤리학이 어떤 것이 참이냐가 아니라 어떤 것을 해야만 하는가를 판단하는 것으로, 실천적인 이성과 관련된다는 사실을 일깨워 주었다. 종종 실천적 의사결정은 배제적이다. 즉 하나를 하면 다른 것을 못하게 된다. 여기서 일원론에의 유혹이 나온다. 나는 단지 하나만을 할 수 있기 때문에, 윤리학은 구체적인 명확한 충고를 주어야 한다는 것이다. 그러나 다원론은 그런 유혹을 거부한다. 그리고 서로 다른 여러 행위들이 똑같이 합리적이고, 똑같이 정당화될 수 있다고 주장한다.

훌륭한 부모가 되는 법에 대해 생각해 보자. 부모는 뭔가를 결정해야 하는 상황에 봉착하는데, 그중에는 쉬운 결정도, 어려운 결정도 있다. 훌륭한 부모라면 모든 문제에 대해서 정답을 낼 수 있는 하나의 일관된 원리 체계를 고수해야 한다고 주장하는 것은 이치에 맞지 않다. 물론 어떤 행위는 명확히 배제되어야 한다. 가령 훌륭한 부모라면 아이를 학대해서는 안 된다. 그러나 하나의 정답이 없는 문제들도 있다. 예를 들어 훌륭한 부모는 아이에게 자신감을 키워 주어야 하지만, 때로는 편안하고 안전한 안식처를 제공해야 한다. 한발 물러나 아이 스스로 난관을 헤쳐 나가게 돕는 한편으로 적극 개입해서 아이를 이끌어야 하는 것이다. 때때로 이런 원리들은 서로 갈등하는 충고를 제공한다.

이런 문제를 결정해 주는 기계적인 방법은 없다(그리고 이것은 컴퓨터가 할 수 있는 일도 아니다). 다원론은 이런 복잡성을 인정하고, 윤리적 삶을 다양하고 똑같이 중요한 가치들이 균형을 이루어야 하는 상황과 관계된 것으로 본다. 아리스토텔레스에 따르면, 그런 상황은 다양하고 많은 경험을 쌓은 나이 많은 성숙한 사람에게 맡기는 것이 최선이다. 즉 '훌륭한 사람'의 판단에 의존하는 것이다. 불확실성과 복잡성에 직면하여 윤리적 지침을 찾기 위해 우리는 경험, 지혜, 도덕적 성품을 지닌 사람의 판단에 의존해야만 한다. 복잡한 의료 문제나 부모의 결정에 직면했을 때도 마찬가지다. 우리가 희망할 수 있는 최선의 것은 경험과 지식이 많으면서 타인을 돌보려는 자세를 갖고 있는 사람의 판단이다.

이러한 식으로 우리는 이 책에서 다룬 이론들을, 의사가 가지고 있는 다양한 수단과 같은 것들로 간주할 수 있다. 이 이론들은 우리가 환경 문제를 진단하고 처방할 때 사용할 수 있는 수단인 셈이다. 어떤 단 하나의 이론도 모든 상황에 적용될 수 있는 정답을 주지 못하지만, 우리에게는 이것들 모두가 필요하다. 책임 있는 시민이라면 각각의 이론이 갖는 한계뿐만 아니라, 그것들이 제시하는 가치들을 잘 알아야 한다. 특히 민주주의 사회에서 우리는 다양한 가치와 관점을 만날 준비가 되어 있어야 한다. 이러한 시각이 용기, 겸손, 배려 등의 중요한 덕목들과 함께 우리가 희망할 수 있는 최선일 것이다.

3. 환경실용주의

최근 여러 해 전부터 몇몇 환경철학자들은 환경 문제에 관련해 보다 실용적인 접근에 눈을 돌리기 시작했다.[4] 환경실용주의는 도덕다원론을 진지하게 받아들이면서, 도덕일원론과 '어떤 것도 다 좋다'는 상대주의도 아닌 그것들의 중간 지대를 추구한다.

---

4   환경실용주의에 대한 가장 좋은 자료는 Andrew Light and Eric Katz(편), *Environmental Pragmatism*(New York: Routledge, 1996). 여기에 실린 논문들 중에 상당수는 저널 *Environmental Ethics*에 실렸던 것들이다.

'실용적'과 '실용주의'란 단어는 일상어에서 서로 관련된 두 가지 의미를 담고 있다. 한편에서 '실용적'이란 실제적이면서, 실현될 수 없는 이념이 아니라 실현될 수 있는 것을 목표로 한다. 실용적 인간은 실제적이고, 합리적이고, 현실적이고, 타협적이다. 실용적 인간은 이데올로기를 거부하는데, 이는 결코 의심되지 않는 절대적인 단일 원리 또는 이념이 있다는 것을 거부하는 것이다. CMI가 개발한 다양한 탄소 경감 전략이 이런 실용적인 접근의 좋은 예다.

반면 실용주의는 윌리엄 제임스(William James)와 존 듀이(John Dewey) 등 미국 철학자들에 의해 19세기와 20세기 초 발전된 철학적 전통이다. 철학적 실용주의는 인식론과 윤리학에서 일원론적 원리에 대해 회의적이다. 대신 실용주의는 맥락 의존적인 실천적 설명에 초점을 맞춘다. 실용주의는 때때로 급진적 경험주의로 묘사된다. 경험주의는 모든 지식은 경험으로부터 나온다고 주장한다. 실용주의는 경험의 특수성을 강조한다. 만약 경험을 진지하게 살펴본다면, 경험의 세계는 다양성, 변화, 다원성의 세계라는 점을 인정해야 할 것이다.

실용주의의 이런 두 가지 의미는 환경철학자들의 최근 논의에서 발견할 수 있다. 몇몇 학자들은 환경철학이 지나치게 추상적인 개념적 주제에 매몰되어 당면한 환경정책에 대한 관심을 제대로 반영하지 못한다고 생각한다. 이러한 견해에 따르면, 이제 철학자들은 오염, 환경 파괴, 환경 정의 같은 실제 세계의 보다 현실적 주제들에 관심을 가져야 한다. 구름에서 내려와서(소크라테스에 대한 아리스토텔레스의 이미지를 사용한다면) 보다 실용적이 되어야 한다. 이들은 미국 실용주의 철학이 현대 환경 관련 논쟁에 유용할 수 있다고 믿는다.

실용주의는 이전에 우리가 다루었던 주제들을 연상시킨다. 의사와 마찬가지로 실용주의자들은 어떤 방법과 도구가 적절한가는 개별 상황의 특수성에 달려 있다는 점을 인정한다. 단일적 접근은 추상적이어서, 구체적인 맥락과는 단절되어 있다. 아리스토텔레스와 마찬가지로 실용주의자들은 무엇이 **참된** 것인가에서 무엇이 **실천적**인가로 윤리학의 관심을 바꾼다. 그리고 실용적 추론은 항상 분명한 충고를 제시할 수는 없다고 본다. 또한 실용주의는 다양한 의견에 대한 관용과 존중 같은 민주적 가치들을 강조하면서, 단 하나의 '참된' 결정보다는 자유롭고 개방된 의사 결정 절차를 추구한다.

환경실용주의를 설명하는 데 있어 최근의 내 경험이 도움이 될 것 같다. 몇 년 전 나는 시장이 임명한 지역 TF팀의 일원으로 경제 발전도 생각하면서 환경적으로 중요한 지역도 보존하는 환경 조례를 입안하는 역할을 맡았다. 내가 사는 도시는 최근 주변의 군 지역과 통합했다. 원래 도시였던 지역은 거의 개발된 상태였고, 주변의 군 지역은 대부분 농촌이었다. TF팀의 과제는 이 농촌 지역을 어떻게 개발할 것인가를 결정하는 것이었다. 구성원들은 다양한 유권자층을 대표했는데, 여기에는 토지 소유자, 농부, 부동산 개발업자, 건축업자, 시에라클럽과 오듀본협회 같은 환경단체의 대표자, 지역과 주의 공무원이 포함되었다.

어떻게 보면 이들은 다양한 집단이라고 할 수 없을 것이다. 구성원 전부는 백인, 즉 유럽 출신의 미국인이었고, 경제적으로 중산층 또는 중상층이었으며, 많은 사람들은 대학 졸업자였고, 절반 이상이 남자였다. 하지만 환경철학의 관점에서 보면 이들은 다양한 집단이라고 말할 수 있을 것이다. 개발업자들이 이미 충분한 환경 규제를 받고 있다고 생각하는 사람들이 꽤 있었고, 이들은 새로운 어떠한 규제에도 반대했다. 그리고 새로운 개발 지역의 50%는 공터로 남겨 두어야 한다고 생각하는 사람도 있었다. 또 경제적 시장과 새로운 주거지에 대한 수요를 고려하여 토지 사용 방법을 결정하자는 사람도 있었다. 한 사람은 모든 개발 가능한 지역을 개발해 전체 공동체의 이익을 위한 세원으로 사용해야 한다고 주장하기까지 했다. 공터를 남겨 두길 원하는 사람 중에는 야생동물과 식물을 보존하기 위해 그래야만 한다는 사람도 있었고, 반면 사냥과 낚시를 위해 그래야 한다는 사람도 있었다. 어떤 지역을 보호할 것인가와 관련해서는 생태학자가 결정해야 한다는 사람도 있었지만, 시의회가 결정해야 한다는 사람도 있었다.

일을 시작하면서 처음 두 해 동안 TF팀의 양상은 환경윤리 분야의 양상과 유사했다. 대부분의 참가자들은 자신이 생각하는 이론에 따라(물론 자신의 이론을 분명히 말할 수 있는 사람은 드물었지만) 정책이 결정되어야 한다고 생각했다. 사람들은 특정 '이론'과 원리를 가지고 와서, 그것들을 구체적 상황에 적용했고, 그렇게 해서 나온 결론을 받아들여야 한다고 다른 사람들을 설득했다. 처음 두 해 동안 TF팀의 활동은 전혀 성공적이지 않았다. 사람들은 의견이 서로 달랐을 뿐만 아니라(달라도 너무 달랐다), 상대방이 무슨 말을 하는지를 이해하는 데에도 어려움이 있었다. 그 와중에 구 조례에 따라 개발이 진행되었는데, 그것은 어떤 땅도 보호해 주지 못했다.

일정 시점이 지나자 몇몇 사람이 서로 동의한 주제들의 목록을 하나하나 작성하면서 집단에 활력을 주기 시작했다. 많은 사람들은 그 결과에 놀랐다. 도시 지역 안의 몇몇 자연지역을 보존해야 하며, 이 지역의 보존을 위해서는 도시가 그 지역을 구입해야 한다는 것에 대해서까지도 광범위한 합의가 있었다. 또한 보다 많은 주택 개발이 필요하며, 특히 도시 지역 안에 저렴한 주택 개발이 필요하다는 점에 대해서도 광범위한 합의가 있었다. 개발될 지역 안에서도 공터가 있어야 한다는 것에 대해서도 합의했다. 또 생태학에 정통한 생물학자와 과학자들이 보호지역을 결정할 때 상담역을 담당해야 한다는 데도 동의했다. 그래서 TF팀은 이런 목표들을 수행하는 데 필요한 개발 지침을 만들었고, 몇 달 안에 작업을 마칠 수 있었다. 사실상 실행에 대한 합의가 나옴으로써 원칙에 대한 합의도 나온 것이다.

이런 경험은 환경실용주의에 대한 많은 통찰을 담고 있다. 사람들이 이미 갖고 있는 이론과 원칙을 적용하려고 시도하면서 문제에 접근했을 때는 의견 일치를 이루기가 쉽지 않았다. 출발점의 다양성과 추상성으로 인해 이해와 합의가 어렵게 되고, 이것은 참가자들 사이에 증오와 좌절을 야기했다. 그리고 시장의 효율성을 토론하거나 희귀 선인장의 도덕적 지위를 논의하는 와중에도, 전혀 규제가 이루어지지 않은 상태에서 개발은 계속되었다. 실제로 일이 진행되면서 대안도 나타나기 시작했는데, 사람들이 합의했던 쟁점들을 가지고 머리를 맞대면서부터였다. 결국 '이론'이 실천을 따라갔다는 얘기인데, 이는 최종적인 원칙들이 합의된 출발점에서 나왔다는 의미에서 그러하다. 실제로 TF팀은 실제 결론에서는 일원론적이었지만, 왜 우리가 그런 결론을 채택해야 하는가에 대한 이론에서는 다원론적이었다. 구성원들은 무엇을 해야 하느냐에 대해서는 견해가 일치했지만, 왜 그런가에 대해서는 견해가 달랐던 것이다. 이런 의미에서 실용주의는 일원론과 다원론의 요소를 모두 갖고 있다. 물론 공동체에 따라 서로 다른 합의 내용을 가지고 출발할 것이고, 따라서 정책의 내용도 달라지겠지만 말이다.

문제 해결의 과정은 현실적인 타협의 과정이다. 새로운 조례는 모든 개발안이 거쳐야 할 절차를 만들었다. 처음 조사를 통해 생태적으로 민감하고 역사적으로 중요한 지역이 어디인가를 확인한다. 자연 초지, 희귀 관목지대, 강의 둔치, 희귀종의 서식지 등이 목록의 앞자리에 오른다. 만약 개발안이 이런 지역 중 한 곳에라도 영향을 미칠 경우, 자연 지역의 보존을 위해 개발업자들과 도시기획자들이 모여 협상에 돌입한다. 협상의 일부로서 시는 자연 지역을 보호하는 데 따르는 재정적 충격을 최소화하기 위해 다른 지대 설정 법규들(예를 들어 도로의 폭, 주택 밀도 등)에 대한 타협을 제안할 법적 권한이 주어진다. 그 절차는 어느 쪽도 보장해 주지 않으면서 많은 사람들의 선의의 노력에 의지한다. 이 절차는 지금까지는 잘 작동하는 것으로 보인다.

어떤 당사자도 최초에 원했던 것 모두를 얻지 못했으며, 어느 쪽도 일방적으로 '승리'하지는 못했다. 한 참가자가 지적했듯이 진정한 승자는 민주적인 시민정신이었다. 사람들은 모여서 함께 토론하고 논쟁하고 끝내는 공통의 근거를 발견했다. 타협이 '작동해서' 대개의 사람들이 나름대로 인정할 만한 결론을 이끌어 냈다. 민주주의에서 그것은 다양한 관점이 충돌하는 상황인데, 어떤 일방이 상대방에 대해 완전히 승리하는 것을 기대하거나 원하는 것은 현실적이지도 합리적이지도 공정하지도 않다. 이것이 '실용적인' 해결책인 것이다.

탄소 배출을 줄이기 위한 CMI의 접근을 예로 들어 보자. 이것을 현재의 에너지 징책과 관련된 이익에 투항한 것으로 보는 사람도 있지만, 현명하고 실용적인 접근으로 보는 사람도 있다. 과세 정책, 부채 한도, 재정 적자에 대한 미국에서의 최근 논쟁을 살펴보자. 정치적 논쟁을 원칙의 문제로 보고, 타협은 원칙을 배신하는 것으로 생각하는 사람도 있긴 하다. 반면 실용적인 정치가들은 누구도 자신이 원하는 것 모두를 얻지는 못하지만 공동의 근거를 발견하는 것은 민주주의의 승리라고 본다.

환경실용주의를 옹호하는 사람들도 많지만 비판자들도 있다. 비판자들이 보기에 실용주의적 해결의 특징인 현실적 타협은 현 상황에 대한 흐리멍덩한 투항 이상이 아니다. 만약 우리가 환경정책을 그것이 특정 상황에서 잘 '작동하는가', 그리고 '현실적인가'와 관련해 평가한다면, 우리는 현 상황을 고착화시키는 기대와 가치에 대해 순응하는 것에 지나지 않을 수도 있다. 우리가 바로 이러한 현 상황으로부터 발생해 왔던 환경적 도전들에 직면하고 있다는 것을 가정할 경우, 이러한 실용주의적 접근 방식은 기껏해야 역효과를 낳는 것으로 판명될 수도 있다. CMI의 탄소 경감 전략에 대해 비판자들은 포드와 BP에 의해 옹호되는 정책에 대해 이런 비난을 제기한다. 두 번째 비판은 실용주의적 해결이 갖는 맥락 의존적 성격은 실용주의가 결코 윤리적 상대주의를 벗어날 수 없다는 것을 의미한다고 주장한다.

첫 번째 반론에 대해 실용주의자는 이러한 비판이 가정하는 것처럼 실용주의적 접근은 현 상황에 대해 특권을 부여하지 않는다고 주장한다. 앤서니 웨스턴(Anthony Weston)의 말을 빌리자면, 가치와 실천은 '공진화 (co-evolve)'한다.[5] 가치와 실천 중 어느 하나가 다른 것에 대해 절대적 우위를 지니지 않는다. 가치는 실천과 나란히 갈 때, 미래의 실천을 지도할 수 있고, 또한 미래의 실천은 미래의 가치를 형성하게 된다. 우리의 실천을 통해 상승하는 가치와 원리도 있고, 반대로 추락하는 가치와 원리도 있다. 예를 들어 내가 속한 공동체에서 TF팀에 의해 타협에 이른 이후에 '환경은 저주받았다'라는 태도를 옹호하기란 매우 어려울 것이다. 합의를 통해 일정한 가치들이 정당화되고, 이 가치들은 분명히 미래의 발전을 이룰 것이다. 그렇다면 이런 반론은 실천이라고 하는 것이 결코 변화

---

5 Anthony Weston, "Before Environmental Ethics", *Environmental Ethics* 14, no 4(1992년 겨울). Light and Katz(편), *Environmental Pragmatism*, 139-160쪽에 재수록.

하지 않고 진보하지 않는다고 잘못 가정하는 것이다.

실용주의자들은 자신이 상대주의라는 비판에 대해서도 할 말이 있다. 윤리적 평가는 이것 아니면 저것, 참 아니면 거짓의 이분법적인 것이라고 가정할 때만이 실용주의적 해결은 상대주의적인 것이 된다. 하지만 실용주의는 가치에 대한 이런 일원론적 견해를 거부한다. 여기서 우리는 아리스토텔레스의 주장, 즉 윤리학은 실천이성과 관련되며, 실천이성은 무엇이 참인가를 판단하는 것이 아니라 우리가 무엇을 해야 하는가를 판단하는 것이라는 주장을 되새길 필요가 있다. 윤리학의 기준은 진리라기보다는 합리성이다. 실용주의자들에 있어서는 두 개의 양립 불가능한 윤리적 판단도 모두 마찬가지로 합리적일 수 있다. 오로지 일원론자들만이 최소한 하나는 잘못된 것이라고 가정한다. 그래서 일원론자들은 단지 하나의 판단만이 옳다고 생각하기 때문에 대립, 갈등, 승리를 추구하는 경향이 있다.

하지만 실용주의자들이 주장하듯이 서로 경쟁하는 견해들이 모두 동등하게 합리적일 수 있다면, 우리는 관용, 존중, 타협, 공존을 추구해야 할 것이다. 실용주의자들은 합리성의 표준이 있다고 주장하는데, 여기에는 지적이고 도덕적인 개방성, 지적이고 도덕적인 배려, 그리고 세세한 것들에 대한 관심이 포함된다. 그리고 실용주의자들은 이러한 표준은 실용주의가 상대주의로 빠지는 것을 방지해 준다고 주장한다.

4. 결론: 지속가능성에 대한 재고

이렇듯 다원주의적이고 실용주의적인 결론을 전제한다면, '여기에서 우리는 정확히 어디로 가야 하는가'라는 질문이 나올 수 있다. 우리를 지도할 환경윤리의 절대적인 이론이 없다고 할 때, 다원주의적이고 실용주의적인 해결책은 과연 지침을 제공할 수 있는가? 우리는 미래로 나아갈 방향도 잡지 못한 채 헤매는 것이 아닌가? 이에 대해 대답하기 위해 4장에서 다룬 지속가능한 발전의 문제를 살펴보자.

환경윤리 교재나 강의에서 환경에 대한 관심은 다양한 윤리적 관점들 중의 단지 하나라는 점을 망각하기 쉽다. 사회생태주의자와 생태여성주의자들이 우리에게 말해 주듯이 환경 파괴의 문제는 더 넓은 윤리적 맥락에서 이해해야 한다. 환경주의자라고 해서 사회정의의 문제를 무시해서는 안 된다. 또한 경제적, 정치적 요소도 무시해서는 안 된다. 미래의 사회와 정치를 계획할 때에는 환경적인 것뿐만 아니라 윤리적, 경제적인 것도 고려해야 한다. 지속가능한 발전을 주장하는 많은 학자들은 경제적, 환경적, 윤리적 지속가능성을 '지속가능성의 세 기둥'이라고 표현한다. 이 세 가지 중 어느 하나라도 충족시키지 못한다면 자신을 지속시키는 사회의 능력은 그 토대가 허물어질 것이다.

케냐의 정책 결정자의 관점을 고찰해 보자. 케냐는 상대적으로 가난한 나라로, 도시 인구가 끊임없이 늘어나고 있다. 수백만의 사람들이 빈곤 속에서 집도 없이 살아가고 있는 실정이다. 케냐와 인근 소말리아의 수백만의 사람들은 장기간의 가뭄으로 고생하고 있다. 사하라 이남의 아프리카의 많은 국가들에서 에이즈 전염병은 상존하는 위협이다. 어림잡아 15%의 인구가 HIV 양성 반응을 보이고 있고, 에이즈로 인해 거의 100만 명에 달하는 아이들이 고아가 되었다. 이런 규모의 문제를 해결하기 위해서는 막대한 경제적 재원이 필요하다.

사회정의와 윤리적인 문제도 심각하다. 빈곤 및 에이즈와 관련된 윤리적 문제도 그렇지만, 사회정의의 관점에서는 마사이 족 및 토착 부족의 문화를 보존해야 하며, 야생지 및 야생생물을 보존하기 위한 사회적 수단으로 이들을 이주시키거나 이들의 문화를 파괴해서는 안 된다. 케냐의 정치 구조에 만연한 부패로 인해 정책을 개혁하고 전환하는 데 어려움이 있다.

이런 상황에서 야생생물을 보호하고, 광대한 지역을 보존하고, 그리고 이 과정에서 토착민을 다른 지역으로 이주시키라는 요구는 가혹한 일일 것이다. 경제적으로 발전한 서구 세계의 사람들이 이런 보존주의적 요구를 할 때, 이들 토착민은 화가 날 수밖에 없다.

그러나 누구도 마구잡이식의 경제 성장과 산업화가 환경적으로 윤리적으로 파괴적 측면을 갖고 있다는 사실을 간과해서는 안 된다. 19세기 유럽부터 현재의 중국에 이르기까지 족쇄 풀린 경제 성장은 생태적으로 사회적으로 파괴적이었다는 점을 역사는 잘 보여 준다. 이에 지속가능한 발전, 이른바 윤리적이고 생태학적인 원리의 안내를 받아 이루어진 경제 발전이 적절한 대안일 것이다. 지역사회에 토대를 둔 보전 계획은 지속가능한 발전의 원리와 맥을 같이하는 것 같다. 사람들로 하여금 그들의 안녕은, 그것이 단기적인 것이든 장기적인 것이든, 생태계의 건강과 연결되어 있다는 사실을 이해하도록 돕는 것이 생태계를 보호하기 위한 합리적인 전략일 것이다. 지역주민들을 의사결정 과정에 참여시키는 방법을 통해 이런 사실을 이해하도록 돕는 것이 훌륭한 전략이자 훌륭한 윤리인 것 같다.

하지만 (그리고 여기에 문제가 있다) 지속가능한 실천은 단일한 환경 원리나 이론에 몰입된 사람을 설득시킬 어떤 증거도 제공하지 못한다. 거래는 불가피하다. 사람들이 서로 다른 견해를 가지고 있고, 서로 다른 가치들이 충돌할 때, 민주적 의사결정은 타협을 요구한다. 지속가능한 발전이라는 목표는 이런 타협이 어떤 제한도 없는 것은 아니라는 점을 시사해 준다. 실천이나 정책이 반드시 지속가능한 발전과 일치하는 것은 아니다. 그리고 지속가능성은 자연을 자원으로서 이용하는 것과 관련이 있다. 그런데 이것은 몇몇 일원론적 환경윤리 이론들이 원칙적으로 거부하는 결론이다.

그렇다면 우리는 여기서 어디로 가야 하는가? 결론으로 비유를 들어 보자. 다양한 길이 있겠지만, 나는 크게 두 가지 기본 방향을 제시하고자 한다. 하나의 방향은 여러 길이 있고, 그 길은 모두 하나의 환경적 종착점을 지향한다. 그 종착점은 어떤 사람들에게는 명확하다. 하지만 그곳에 도달하기 위해 가야 할 길은 명확하지 않은데, 이는 극복해야 할 장애물이 많기 때문이다. 또 다른 하나의 방향은 보다 큰 길이다. 그 길은 명확한 방향은 갖고 있지만, 종착점은 정해져 있지 않다. 거기에는 의사결정자들이 길을 잃고 잘못된 방향으로 너무 멀리까지 가는 것을 방지하기 위한 지침들이 있다. 그러나 일단 길이 정해지면 의사결정자들은 때로는 한쪽 방향을 강조하고 때로는 다른 방향을 강조하면서 타협해야 한다.

이것은 결코 환경윤리에 대해 이론화하는 것이 무의미하다고 말하는 것이 아니다. 그러나 다원주의, 실용주의, 지속가능성에 대한 논의에 비추어 볼 때, 우리는 철학적 윤리학의 적절성에 대해 최종적으로 주의 깊게 평가해야 할 필요가 있다. 윤리 이론과 윤리적 분석은 환경 논의에서 중요한 역할을 차지한다. 하지만 실용주의자들이 충고하듯이, 윤리 이론을 환경 논쟁을 해결하기 위해 위로부터 부과되는 독립된 원리로 간주해서는 안 된다. 윤리 이론은 우리의 삶을 지도하는 추상적인 이론적 사색의 유일한 길은 아니다. 환경윤리의 세부적이고 정교한 이론들을 주의 깊게 분석하고 지속적으로 염두에 두지 않는다면, 우리는 고작해야 독단적이고 편견에 사로잡힌 환경윤리를 기대할 수 있을 뿐이다. 명쾌하고 지적으로 엄밀한 원리들을 제공함으로써 환경철학은 사고와 의사결정에서 지적인 경계 조건을 확립한다. 우리 자신의 지적인 강직성도 그렇지만, 환경적으로 지속가능한 미래는 단순히 진지한 견해와 좋은 느낌 이상의 것들을 요구한다. 좋은 의도만으로는 미래로 나아갈 수 없다. 나는 환경철학에 대한 이러한 검토가 경제적으로는 물론 윤리적으로도, 생태적으로도 지속가능한 미래로 향하는 합리적이고 사려 깊은 첫 발걸음에 공헌할 수 있기를 희망한다.

용어 해설

공동체 모델(community model) 생태계는 사회 공동체와 같다는 견해로, 이러한 견해에 따르면 개별 구성원들은 공동체 안에서 기능적인 역할을 담당한다.

공동체에 기반한 보전(community-based conservation, CBS) 발전과 보존을 동시에 추구하면서 이들 간의 균형을 추구하는 보전에 대한 한 접근 방식이다. CBS는 보전의 초점을 집중화된 국가의 통제로부터 지역적인 통제와 관리로 전환한다. CBS에서 생태계에 대한 적절한 보호는 지역 공동체 내에 기반을 두어야 하고, 지역 주민들의 사회적, 경제적, 정치적 요구를 중점적으로 다루어야 한다.

공리주의(utilitarianism) 전체적인 사회적 이익을 극대화하는 방식으로 행동할 것을 권고하는 윤리학의 한 접근 방식이다.

규범 윤리학(normative ethics) 당위, 즉 해야만 하는 것에 대한 윤리적 판단, 충고, 평가를 의미한다. 규범 윤리학은 일차적 수준의 추상화된 사유로, 대부분의 사람들이 윤리학 하면 연상하는 추리 유형이다. 이런 규범적 판단을 통해 행위가 규정된다.

다원론(pluralism) 윤리적 일원론과는 달리 가치의 문제에 대한 하나 이상의 기본적인 접근 방식이 적합할 수 있다는 가능성을 받아들인다. 반면 일원론자들은 윤리학과 가치들에 대한 모든 물음은 단 하나의 근본적인 윤리적 원리, 이론, 진리로 환원될 수 있다고 주장한다.

덕, 그리고 덕 윤리학(virtues and virtue ethics) 덕은 윤리적으로 선한 사람들의 성격적 특성 혹은 습관으로, 덕 윤리학은 덕의 중요성과 "나는 어떤 유형의 인간이 되어야 하는가"와 같은 물음의 중요성을 강조한다. 이것은 행위를 안내하는 윤리적 규칙과 원리를 강조하는 공리주의 및 의무론 같은 윤리 이론과 대비된다.

도구적 가치(instrumental value) 유용성을 의미한다. 도구적 가치를 갖는 대상은 그것이 어떤 가치를 갖는 다른 것을 얻는 데 이용될 수 있기 때문에 그러한 가치를 소유하는 것이다. 한 대상의 도구적 가치는 대상 그 자체에 있는 것이 아니라 그 대상이 이용될 수 있다는 데 있다.

도덕적 지위 혹은 도덕적 고려 가능성(moral standing or moral considerability) 어떤 것들이 도덕적으로 고려되어야만 하는가 하는 문제들과 관련된 것이다. 어떤 대상이 합리적인 도덕적 고려가 이루어져야 하는 유형의 존재라면 도덕적 지위를 갖거나 도덕적으로 고려될 만한 자격이 있는 것이다.

돌봄의 윤리(ethics of care) 대결과 갈등보다는 협력과 관계의 측면에서 도덕성을 해석하는 것으로, 돌봄의 윤리는 추상적인 도덕적 원리보다는 특정한 개인적인 관계를 강조한다. 많은 여성주의 철학자들은 이러한 접근 방식은 아이를 낳고 기르는 여성의 삶의 경험에 적합하다고 생각한다.

목적론(teleology) 모든 자연 대상에게는 자연적 목적이나 특징적인 활동이 있다고 주장하는 형이상학의 한 접근 방식이다. 과학과 인식론에 대한 접근 방식으로서의 목적론은 자연 대상은 그것의 자연적 목적이나 활동을 언급하지 않고는 충분하게 설명될 수 없다고 주장한다. 윤리학에 대한 접근 방식으로서의 목적론은 각각의 자연 대상들이 자연적 목적을 달성하는 것은 그것들에게 선이라고 주장한다.

본래적 혹은 고유의 가치(intrinsic or inherent value) 주어지는 것이 아니라 발견되거나 인정되는 가치로, 한 대상이 본래적으로 가치 있다고 말하는 것은 그것이 그 자신의 선을 갖는다고 말하는 것이고, 그것에 좋은 것이 외부의 요인이나 판단에 의존하지 않는다고 말하는 것이다. 그것은 그 자체로 가치를 갖는 것이지, 단순히 그것의 용도 때문에 가치를 갖는 것은 아니다. 그러한 것들의 가치는 그것들에 본래적인 것이다.

브룬트란트 위원회(Brundtland Commission) 당시 의장이었던 그로 할렘 브룬트란트(Gro Harlem Brundtland) 총리의 이름을 딴 유엔 위원회인 이 위원회는 각 나라들이 생명을 부양하는 지구의 능력을 위험에 빠뜨리지 않으면서 경제 발전을 성취하는 데 이바지하는 장기적인 전략들을 연구했다.

브리티시 페트롤룸의 딥워터 호라이즌 호(BP's Deep Water Horizon) 2010년 여름 멕시코 만에서 재앙적인 원유 유출 사고를 일으킨 브리티시 페트롤룸 소유의 시추선이다.

생명 중심 윤리학(biocentric ethics) 모든 생명체들이 본래적 가치를 소유하는 것으로 보는 이론으로, 생명 중심적(biocentric)이라는 단어는 "생명이 중심에 있다(life-centered)"는 의미다.

생태여성주의(ecofeminism) 여성에 대한 지배와 자연에 대한 지배 사이에 중요한 관련성이 있다는 사고방식으로, 이러한 관련성은 철학적 윤리학에서 문학, 종교, 과학에 이르는 분야들에서 연구되어 왔다.

생태학(ecology) 생명체들과 그것들의 생물적, 무생물적 환경과의 관계를 연구하는 과학이다.

생태학적 윤리학(ecological ethics) 환경윤리학은 생태계, 종, 무생물, 그리고 그것들 간의 관계와 같은 생태적 전체가 윤리적으로 고려할 가치가 있다는 의미에서 전체주의적이어야 한다는 견해로, 이는 개별 생명체에 초점을 맞추는 생명 중심 윤리와 구분되는 의미에서 전체주의적이다.

실용주의(pragmatism) 진리와 가치에 대한 맥락 의존적인 실제적 설명에 초점을 맞추는 철학적 관점이다. 실용주의는 종종 근본적인 경험주의로 묘사된다. 경험주의는 모든 지식이 경험으로부터 얻어진다고 주장한다. 실용주의는 경험의 특수성을 강조한다. 우리가 경험을 진지하게 받아들인다면, 경험의 세계는 다양성, 변화, 그리고 다원론의 세계라는 것을 인정해야 한다.

심리학적 이기주의(psychological egoism) 인간의 동기에 대한 경험적 주장으로, 인간은 오로지 자기이익에 의해서만 동기가 부여된다고 주장한다. 그것은 종종 자기이익을 미리 전제하는 특정 경제학 이론들을 뒷받침하는 것으로 이용된다. 심리학적 이기주의는 인간은 정당하게 이해된 그 자신의 자기이익을 추구해야 한다고 주장하는 윤리학적 이기주의와 구별되어야 한다.

유기체 모델(organic model) 생태학에서는 개체와 생태계의 관계를 장기와 육체

의 관계와 유사하다고 본다. 개체와 장기는 보다 큰 독립적이고 분리된 전체
의 부분이다.

윤리 이론(ethical theory) 윤리학에 대한 기술적이고 규범적인 접근 방식에 의해
제기된 철학적 문제들에 대한 체계적인 대답을 제공하기 위한 시도로, 윤리
적 문제는 개인적인 도덕적 관점에서뿐만 아니라 사회나 공공정책의 관점에
서도 제기된다.

윤리적 상대주의(ethical relativism) 객관적인 윤리적 판단이 가능하지 않다는 견해
로, 상대주의자들은 윤리적 표준은 개인들의 느낌, 문화, 종교 등에 의존하거
나 상대적(relative to)이라고 주장한다. 어떤 상대주의자는 윤리는 단순히 그
리고 오로지 관습적인 것의 문제라고 주장한다. 그러므로 상대주의자들은 윤
리적 행위와 판단을 평가할 수 있는 객관적인 규범들이 있을 수 있다는 것을
부정한다.

윤리적 이기주의(ethical egoism) 인간은 자신의 이익을 추구해야 한다는 규범적
주장을 하는 윤리 이론으로, 대부분의 윤리적 이기주의 이론들은 사람들이
생각하는 자기이익 혹은 현실적 욕구나 요구를, 그들의 윤리적이거나 진정한
최선의 이익과 구별한다.

윤리적 확장주의(ethical extensionism) 전통적인 윤리 이론과 개념을 동물이나 미래
세대와 같이 이전에는 고려되지 못한 대상이나 주제로 확장하는 관행이다.

윤리학(ethics) 순수하게 기술적인 의미에서 윤리학은 행위를 안내하는 일반적
인 믿음, 태도, 가치 혹은 표준으로 이루어진다. 규범적 의미에서 윤리학은 행
위를 지도해야 하는 믿음, 태도, 가치, 표준 등으로 이루어진다. 철학의 한 분
야로서의 윤리학은 그러한 믿음, 태도, 가치, 표준 등에 대한 체계적인 연구
다. 윤리학은 때때로 개인적인 도덕성에 대한 질문들과 사회적이고 공공의
정의에 대한 질문들로 분류된다.

의무론적 윤리학(deontological ethics) 우리로 하여금 일정한 방식들로 행위하게
하고, 다른 식으로 행위하는 것을 금지하게 하는 근본적인 의무들에 대한 것
이다.

이타주의(altruism) 다른 사람들의 최선의 이익에 관심을 갖는 행위 동기로 이기
주의(egoism) 혹은 자기이익(self-interest)으로부터의 동기와 대조된다.

인간 중심적 윤리학(anthropocentric ethics) 인간만이 도덕적 가치를 갖는다는 이론으로, 우리가 자연계에 관련해서(regarding) 책임을 가질 수 있을지라도 자연계에 대한(to) 직접적 책임을 갖지는 않는다는 것이다.

인식론(epistemology) 지식과 진리의 문제를 연구하는 철학의 한 분야다.

자연법 윤리학(natural law ethics) 자연적인 권리와 원리가 있다는 사고방식이다. 이러한 사고의 한 형태는 그것들이 신의 명령으로부터 도출된다고 본다.

전체주의적 윤리학(holistic ethics) 우리는 개별자들이 아니라 개별자들의 집합(혹은 개별자들 간의 관계)에 대해 도덕적 책임을 갖는다는 사고방식이다. 예를 들어 전체주의적 환경윤리학은 종들의 개체군들이 위태롭게 되지 않는 한 개별 동물들을 선별적으로 사냥하는 것을 허용할 수도 있다.

정언명령(categorical imperative) 칸트의 도덕철학에서 이것은 근본적인 윤리적 의무의 논리는 물론 내용 모두를 표현한다. 명령(imperative)은 당위 진술로, 가언적으로("당신은 만약… 이라면, 이것을 해야 한다") 혹은 정언적으로("당신은 이것을 해야 한다") 표현될 수 있다. 칸트에서 도덕적 명령은 정언적 명령이다. 그래서 모든 합리적인 존재들을 구속하는 데에 있어서 어떤 다른 고려 사항에는 의존하지 않는다. 칸트에 따르면, 근본적인 도덕적 의무는 오로지 보편적으로 구속력을 가진 법칙으로 의지될 수 있는 방식으로만 행위하는 것이다. 칸트 정언명령의 다른 형식은 인격체를 단순히 수단으로서만이 아니라 목적으로서, 그리고 대상으로서가 아니라 주체로서 대우하라는 것이다.

지구적 기후 변화(global climate change) 이산화탄소와 같은 대기의 온실가스 증가로 발생하는 다양한 기후 변화로, 결국에는 전 지구적인 기온의 상승을 가져온다.

지속가능한 발전(sustainable development) 미래 세대가 그들 자신의 필요(needs)를 충족시킬 수 있는 능력을 손상시키지 않고 현재의 필요를 충족시키는 발전이다. 삶의 질을 개선하는 발전은 단순하게 경제적인 활동의 전체적인 크기를 확대하는 것을 의미하는 경제적 성장과는 구별된다.

철학적 윤리학(philosophical ethics) 여기에서는 규범적 판단과 그것을 뒷받침하는 추론들이 일반적이고 추상적인 수준에서 분석되고 평가된다. 규범적인 주장을 옹호하고 설명할 때, 우리는 이런 일반적 수준의 개념, 원리, 이론에 의존한다.

탄소 경감(carbon mitigation) 대기의 이산화탄소 양을 줄임으로써 지구 기후 변화를 완화하는 것을 목적으로 하는 다양한 전략을 가리킨다.

탈인간 중심적 윤리학(nonanthropocentric ethics) 동물이나 식물과 같은 자연 대상들에게 도덕적 지위를 부여하는 윤리학이다.

형이상학(metaphysics) 궁극적 실재의 본성에 관한 문제들을 연구하는 철학의 한 분야다.

환경 난민(environmental refugees) '환경 이민(environmental migrants)' 혹은 '기후 변화 이민(climate change migrants)'이라고도 불리는데, 이는 물 부족, 해수면 상승, 사막화, 가뭄, 오염과 같은 지역 환경 변화의 결과로 인해, 혹은 홍수나 허리케인, 지진, 해일 등과 같은 자연 재앙으로 인해 집을 떠나 이주하는 사람들이다.

환경윤리학(environmental ethics) 인간과 자연환경 사이의 도덕적 관계에 대한 체계적인 설명이다. 환경윤리학은 환경론과도 관련된 규범 판단들에 대한 체계적인 연구와 평가를 포함하는 철학의 한 분야다.

환경철학(environmental philosophy) 환경 쟁점에서 제기된 보다 폭넓은 철학적 문제들을 다룬다. 환경철학이 다루는 주제에는 윤리적 문제는 물론이고 형이상학('자연'의 본성, 인격성 개념, 생태계와 개체들의 실재), 인식론(객관적인 것과 주관적인 것의 구별, 본래적 가치에 대한 지식, 과학적 지식의 본성), 사회정치적 문제(정의 사회)가 포함된다.

역자 후기

이 책은 조제프 R. 데자르댕의 책 『*Environmental Ethics: An Introduction to Environmental Philosophy*』5판을 번역한 것이다. 이 책은 1993년에 초판이 나온 이래 여러 번 개정되었고, 5판은 2013년에 나왔다. 국내에서는 이 책의 초판이 1998년 『환경윤리의 이론과 전망』으로, 2판은 1999년 『환경윤리: 환경윤리의 이론과 쟁점』이라는 제목으로 김명식에 의해 번역되었다.

이 책은 환경윤리 이론 전반에 대한 소개도 명쾌하지만, 이론과 쟁점을 긴밀하게 잘 연결시켜 주는 환경윤리 분야의 개론서로 정평이 나 있다. 이론을 잘 소개한 책은 이 책 이외에도 몇 권 더 있지만, 이론과 현실을 연결시키는 능력에서 이 책은 독보적이다. 환경윤리가 단순히 이론적인 학문이 아니라 환경위기에 대응하는 실천적 학문이라는 점에서 이 책의 이런 장점은 매우 의미가 있다고 생각한다. 그래서인지 이 책은 그동안 우리나라에서 환경윤리에 관한 입문서로 많이 이용되었고, 외국에서도 환경윤리 개론서로 애용된다.

1999년 2판이 번역되었지만, 계속 개정판이 나오면서 최신 개정판을 번역해 달라는 요구가 많았다. 그래서 2015년 당시 한국환경철학회 회장이었던 김명식이 총무이사였던 김완구 선생에게 부탁해 함께 새 개정판을 번역하게 되었다. 1장부터 6장까지는 김완구가, 7장부터 11장, 서론은 김명식이 번역했다. 김완구는 저자 입장에 충실한 직역을 선호했고, 김명식은 독자 입장에서 이해하기 쉬운 의역을 선호했다. 각자의 번역 스타일을 존중해 번역은 진행되었지만, 상호교정을 보는 과정에서 서로의 문제점이 많이 수정되었다. 그럼에도 잘못된 부분이 있다면 역자 공동의 책임일 것이다. 독자들의 질정을 바라고, 문제점이 발견되는 대로 수정해 나갈 것이다.

용어가 수정된 것이 꽤 있다. 리건의 'inherent value'와 테일러의 'inherent worth'는 이전 판에서는 '내재적 가치'로 번역했으나 여기서는 '고유의 가치'로 번역했다. 'intrinsic value'는 '목적적 가치'로 번역했으나 여기서는 '본래적 가치'로 번역했다. 'conservation'은 '보호관리'에서 '보전'으로, 'preservation'은 '보전'에서 '보존'으로 번역이 바뀌었다. 네스의 'deep ecology'도 '근본생태주의'에서 '심층생태주의'로, 레오폴드의 'land ethic'은 '대지윤리'에서 '땅의 윤리'로 바뀌었다. 그 이외에 인명 표기도 많이 바뀌었는데 'Devall'은 '드볼'에서 '디벌'로, 'Thoreau'는 '소로우'에서 '소로'로 바뀐 것이 그 예다. 혼동을 준 것에 대해 독자 여러분에게 양해를 구한다. 아무쪼록 이 책이 환경윤리에 관심 있는 독자들에게 도움이 되기를 간절히 소망한다.

2016년 12월
역자를 대표해 김명식

찾아보기